U0902725

新营销组织力

迪智成咨询团队◎著

New marketing organization

中华工商联合出版社

图书在版编目（CIP）数据

新营销组织力/迪智成咨询团队著. —北京：中华工商联合出版社，2019. 12

ISBN 978-7-5158-2614-1

Ⅰ. ①新…　Ⅱ. ①迪…　Ⅲ. ①营销管理　Ⅳ. ①F713. 56

中国版本图书馆 CIP 数据核字（2019）第 246605 号

新营销组织力

作　　者： 迪智成咨询团队
责任编辑： 于建廷　臧赞杰
责任审读： 郭敬梅
封面设计： 仙　境
责任印制： 迈致红
出版发行： 中华工商联合出版社有限责任公司
印　　刷： 河北宝昌佳彩印刷有限公司
版　　次： 2020 年 1 月第 1 版
印　　次： 2020 年 1 月第 1 次印刷
开　　本： 710mm × 1000mm　1/16
字　　数： 365 千字
印　　张： 24. 5
书　　号： ISBN 978-7-5158-2614-1
定　　价： 98. 00 元

服务热线： 010 – 58301130
团购热线： 010 – 58302813
地址邮编： 北京市西城区西环广场 A 座
19 – 20 层，100044
http：//www. chgslcbs. cn
E-mail：cicap1202@ sina. com（营销中心）
E-mail：gslzbs@ sina. com（总编室）

营销组织能力的建设是企业经营管理的难点和重点，本书写作的立意在于适应最新的、以数字化生存为方向的外部环境变化，营销组织建设的核心命题在于系统化协同组织能力建设。

如今这种数字化环境使得企业面临两方面的挑战：一方面数字化催生的客户需求在不断变化，要在产品和服务上不断随着技术迭代创新；另一方面企业面对的外部竞争不仅来自于传统的竞争对手，互联网企业的威胁已经渗透到了各个方面，互联网企业从线上走向线下的力度越来越大，速度越来越快；跨界发展和生态延伸的环境下，传统企业的竞争对抗性越来越强，要求企业的专业能力越来越高。策略创新的同时，企业参与竞争更加强调基于系统的组织能力竞争，而营销承担的是企业传递价值“临门一脚”的职能，在新营销背景下，营销组织建设更强调组织能力的构建。

本书在承接经典理论对营销组织建设基本的、不变的原则外，本着更加强调组织化能力建设、赋能型团队建设的目的，分十二章进行阐述：

第一章从新时代背景下，企业面临的内外部环境分析出发，阐述营销组织需要构建的具体组织化能力；

第二章基于第一章的营销组织能力要求，依据时代特点更新了营销组织的定位、功能，理论结合案例分析营销组织结构如何设计；

第三章针对营销组织区分总部和区域市场的特点，从统一性和灵活性统一的角度，结合案例分析营销组织总部、区域中心、基层（含经销商）三个层级的职能和组织设计方法；

第四章强调的是组织结构设计之后，营销组织基础的四大体系：目标责任体系、计划预算体系、绩效管理体系、薪酬激励体系的有效建设；

本书的最大特点在于第五章到第八章，专门增加了营销协同的内容，包括营销前后台，以及营销和研发、制造、财务等内部价值链的协同，体现营销组织化能力建设的整体性，并提出解决思路及案例分析；

第九章针对驻外营销机构是营销组织管理的难点问题，阐述在灵活的小前台的打造过程中，如何利用互联网数字技术进行有效的支持和管理；

第十章是本书的另一大特点，在全书及本章着重阐明依靠领导力打造、赋能建设团队的内容，强调了新营销时代激活团队主要依靠领导力，而不仅仅是管理提升的问题；

最后两章结合传统企业变革的迫切性、互联网企业营销组织发展的特点分析，通过案例，对传统企业及互联网企业营销组织的变革提出了建设性意见，并对营销组织未来的发展进行了畅想。

本书是迪智成咨询团队近年来在营销模式升级、营销组织能力构建等领域咨询实践的智慧结晶，是我们团队学习的结果，面向的读者主要是企业的高层、营销操作和管理人员。我们希望及时将咨询实践中点点滴滴的想法，以及最新的案例分析和读者进行分享，以匹配我们团队“以持续、紧贴企业营销实践的理论、工具、方法的创新，站在国内营销思想和实践的前沿，‘启迪智慧，引领成功’”的咨询使命。

读者有任何疑问和观点，欢迎和我们联系，沟通交流。

目录

第一章
新营销组织力

程绍珊

随着移动和智能互联网时代的到来，企业的竞争与发展的内外部环境都发生了巨大的变化，使得营销模式必须进行颠覆性的创新，本章从营销创新的背景、新营销组织的六大核心能力、营销组织管理的新导向三个方面对新营销组织力进行详细的剖析，为企业营销创新提供参考。

第一节　回归本源的营销创新

企业的市场营销模式一直在不断创新，但这次要“出大招”——营销模式系统创新的时刻到了，企业的市场营销要真正回归本源！

中国改革开放四十多年，国内市场经济的发展可谓一日千里。随着一批批优秀企业的成功崛起，国内企业的管理实践经验得到认可，随之发展出具有本土特色的管理理论，总结了很多成功的经营管理模式。市场营销作为企业核心的管理职能之一，其成功模式更是层出不穷，且各有所长，一时间百花争艳。但深究其背后的原因，都是把握住市场发展机会，或者是发挥出一个竞争制胜关键因素而成功的，如我们团队一直致力于推广和运用于实践的深度营销理论，就是基于国内市场需求爆发，且同质化、低端竞争的背景下以价格战为特点的营销模式，迅速冲击竞争对手，获取一二级市场的销量和份额。在形成规模优势的背景下，我们看到市场增量的风口开始转向以县城和乡镇为代表的三四级市场。而在价格战之下，一二级市场逐步成为鸡肋的情况下，将营销资源投向渠道建设，整合和利用国内庞大的流通分销体系，积极渗透，精耕细作区域市场，提出“渠道为王、决胜终端”的口号，取得巨大成功。一批优秀的品牌和行业龙头企业崛起，如当年彩电行业的“TCL 以速度抗击规模”的案例，深度营销的渠道战击败了“长虹”的价格战；当年的照明灯具“欧普照明”首先在国内市场建设品牌专卖店，以终端战成功阻击了外资国际品牌“飞利浦”和“松下”的广告战，同时又战胜了国内对手的价格战，实现逆袭。

这种营销模式创新和迭代的逻辑到了移动和智能互联网时代也没有改变，反而变得更加明显。我们处在数据化、智能化的社会变革时代，企业的竞争与发展的内外部环境都发生了巨大的变化，仅就企业营销而言，其市场环境几乎都发生了颠覆性的变化，使得营销模式必须进行颠覆性的创新。

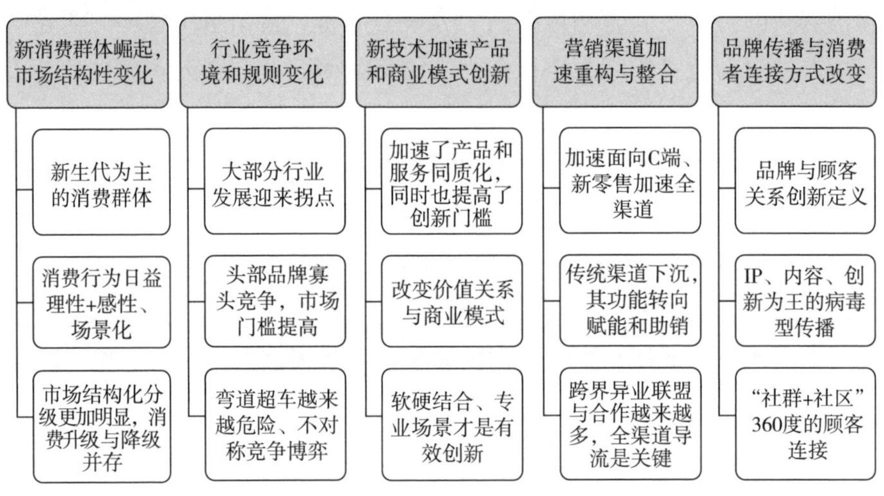

图1－1　发生巨大变化的核心市场因素

如图1－1所示，主要是以下几个核心市场因素发生了巨大变化：

（1）新消费群体崛起，市场结构性变化。

以“90后”为主体的新一代消费者崛起，成为拉动消费市场的主要力量，他们的消费价值取向和需求特点与“70后”和“80后”相比有很大不同，在个性化、参与性、体验感等方面都有新主张，要求原生态、高品质、新科技、高颜值的魅力化产品和增值温情的贴心服务。智能化的消费电子、家电及家居类产品逐步热销，一些提供专业服务和情感互动的母婴行业企业，如孩子王、宝宝树等，也快速成长起来，都是得益于消费升级的风口！

作为互联网的“原住民”，新生代消费者早已在PC、移动互联网电商环境下如鱼得水，其生活的数字化、智能化程度较高，信息高度对称。对品牌和产品的认知途径和手段更加丰富，且购物和消费的场景发生巨大变化，更加注重社交娱乐、实景体验、即时便利和专业服务等方面。这种购买行为的变化直接导致近年来城市商圈的变化——中心商圈越来越趋向娱乐化和社交化，而社区商圈越来越趋向便利化。

国内消费类市场结构化分级更加明显，由于宏观经济进入低速增长阶段，加上高房价，教育、医疗等基本保障各地增长不一，消费市场的消费升级与降级并存，中高收入阶层由于财富集中化，其消费需求不断升级，追求高品质生活；而大部分中低端收入阶层在各种重压和焦虑下，选择了减少消费和降级消费，近年来发展得不错的社交电商“拼多多”就是对这种趋势的一种印证。

这种营销模式原动力的变化，使得原来致力于仅在线下应对统一化市场、同质化竞争的营销模式失效，一些传统品牌销售疲软就是一种表现！

（2）行业竞争环境和规则变化。

由于宏观经济发展到了新的拐点，原来在风口下享受各种红利的高速度发展基本结束，再加上国家近年来大力推动的供给侧改革，各种去杠杆政策，以及环保要求提高、规范市场监管等一系列措施，都大大加速了很多竞争型行业的整合与优胜劣汰，纷纷出现“头部品牌迅速崛起，中小企业加速出局”的状况，逐步进入寡头竞争阶段，比如国内家电空调行业的“格力＋美的”、乳品行业的“伊利＋蒙牛”、啤酒行业的“青岛＋华润”，等等。

这种竞争格局的制胜要素发生了巨变，市场营销由“细分＋精耕”的运动战转向“规模＋实力”的阵地战。市场的进入门槛越来越高，细分市场的进入壁垒逐渐降低，相对领先的市场空间被压缩，中小企业在市场上想利用某一个新产品、新渠道或新点子来实现弯道超车的目的变得越来越困难。比如我们服务的某区域乳品企业曾经成功创意出“香蕉牛奶”的新品类，好不容易局部市场取得成功，可伊利迅速跟进，大规模、高投入地在全国市场采用高举高打的营销模式抢占市场，成为大家认同的创新者和领先者，而该区域乳品企业发展放缓。这种简单的、间歇式的不对称竞争博弈的威力减弱了，而基于核心能力和优势的持续创新、动态博弈的营销模式得以奏效。

（3）新技术加速产品和商业模式创新。

在移动互联、智能互联的今天，各种先进的技术研发管理方式和手段被企业普遍采用，如智能化、模块化、平台化的技术研发方式、集成产品开发管理（Integrated Product Development，简称 IPD），再加上集成化供应链管理（Integrated Supply Chain）和大数据支持下的物流管理，这一系列在研发和供应方面的管理提升都使得产品创新速度加快，生命周期缩短，加剧了产品和服务的同质化竞争激烈程度，同时也提高了技术和产品创新的门槛，一般小打小闹的山寨创新没用了，要“出大品”才行！

这种智能互联的格局下，企业与消费者、企业与其上下游企业，以及企业与竞争者和合作者的连接关系发生转变。这一变化导致各种新的商业模式令人感觉“乱花渐欲迷人眼”，很是热闹。但在风口过后只剩一地鸡毛的市场环境中，“软硬结合 + 专业场景”的商业模式才是有效可持续的创新！低价爆款、高额补贴和网红导流等所谓新营销模式都难以存续。“创造客户价值 + 提升运营效率”的营销创新依旧是最根本的基点！

（4）营销渠道加速重构与整合。

多年高速发展的国内电商，推动虚拟零售业基础建设规模化和超前化，如移动支付、互联网金融、基于大数据的运营体系、高效物流配送体系等使得新零售的发展有了基础，而国内实体零售业等渠道分散、效率低，在消费升级和电商冲击的大环境下，变革创新已迫在眉睫。所以很多品牌企业都加速面向 C 端，推进新零售转型，如家电行业的美的集团和泛家居行业的顾家家居都提出“面向零售、经营转型”的营销变革方向。“新零售”模式主要在客户价值创造和运营效率提升两个方面有明显的创新和提高，比如现在的“超级物种”和“盒马鲜生”等新终端业态给消费者带来的全新体验。

“新零售”模式的快速发展还得益于原来赖以成功的传统营销模式

失效，不管是做电商，还是做线下实体分销的企业都不得不加速转型，加入“新零售”模式的行列。传统营销渠道的经销商们都在品牌厂家的要求与支持下强化开发和服务乡镇网点，其功能由原来的批发贸易转向给终端门店赋能提升和助销拉动。

同时跨界异业联盟的合作越来越多，大部分企业开始进行“线上+线下”全渠道的导流合作，打造围绕目标客户的营销生态圈。

（本节内容，请读者参见《新零售 新终端》一书）

（5）品牌传播与消费者连接方式改变。

在信息对称的互联网时代，企业品牌的基本功能发生了改变：由原来的识别与区隔变成与顾客达成共识，产生共鸣的价值体现和情感载体，品牌与顾客的关系变成朋友和闺密的关系，是一种持续互动的连接关系。这样原有高举高打的广告语推广策略逐渐失效，也不需要了，而娱乐化和社交性的IP、内容、创意为王的病毒型传播却很有效，线上有“社群+社区”全方位的顾客连接方式行之有“奇效”。（本节具体内容参见施炜博士的著作《连接》）

基于以上的市场趋势分析和判断，我们不难得出结论：企业的营销战略与模式到了必须创新与升级的历史时刻——这场某种意义上决定大部分企业生死存亡的营销变革，首先要从企业营销理念及导向的更新开始。

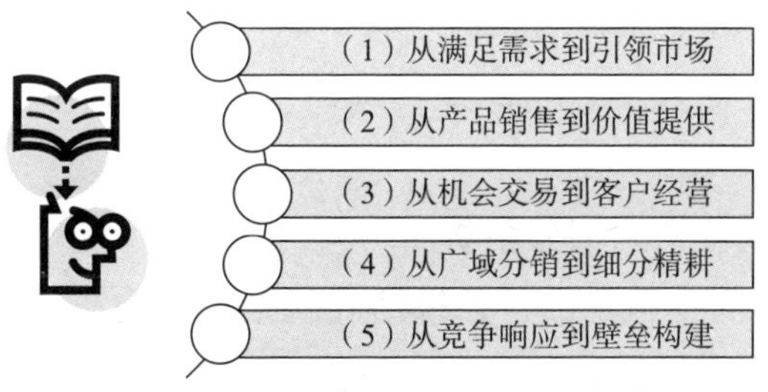

图1－2　营销模式的几种创新方向

如图1－2所示，企业营销决策者及各级营销人员必须明确以下营销模式的创新方向：

（1）从满足需求到引领市场。

从被动满足顾客需求，到主动了解、引导消费者需求和行为，利用大数据、VR 等技术手段，使消费者画像清晰，构建典型使用场景，把握其中的痛点与爽点，从而有效定义产品概念，以便精准确定新品研发方向与市场推广策略，也就是说营销要进一步起到“无中生有”的作用，且要有更多的提前量。如雷军的小米就是典型案例，在没有核心能力的条件下利用与目标顾客互动中的大数据，精确描绘出消费者画像，锁定典型场景，让意见领袖参与产品设计与开发，这一系列动作使得新品推出效率高、周期短，市场成功率也高。

（2）从产品销售到价值提供。

我们的顾客其实是为价值买单，所以营销导向要由从前仅仅卖产品的竞争比拼消耗中解脱出来，转向以顾客为中心的价值创造，为目标客户提供系统解决方案。如近年来高速发展的工程机械行业的领先者——三一重工，其在面对国际巨头“卡特彼勒”和“小松”品质与技术的压制的同时，在应对国内中小品牌的价格战和“零首付”的政策战的环境下另辟蹊径，提出针对不同类型客户的全周期管理与服务的解决方案，提高了设备的使用效率和机主的投资回报率，让自己的挖掘机真正成为“挖钱机器”！

（3）从机会交易到客户经营。

过去的营销是把主要资源投向广告与促销，以图能迅速聚客引流，实现短期销售增量，但现在的导流获客成本越来越高，同时移动互联网时代连接消费者的手段越来越多，成本低，有的甚至免费，“持续与顾客互动、深化顾客关系、经营客户价值”就成为新的营销导向，其实就是回归营销原本的初心。

（4）从广域分销到细分精耕。

过去营销是简单粗暴的，归根结底就是销量为王，企业采用渠道为王的策略，企图广域覆盖市场，同时极尽“压货吸款”之能事，掠夺性开发市场。但现在渠道红利消失，原来在很多行业所向披靡的深度分销模式效果越来越不好，所以未来的营销需要精准确定市场定位与营销策略，聚焦细分市场与核心客户，基于此建设 360 度的“O + O”全渠道，以构建绝对领先优势和竞争壁垒，在这方面六个核桃、劲酒等品牌营销都是案例。

（5）从竞争响应到壁垒构建。

以前的营销策略设计与销售政策制度总是在与竞争对手比拼，于是价格战、促销战和广告战等消耗越来越大，但效果却越来越差。如今很多行业已经进入头部品牌的寡头竞争阶段，意味着将由传统的“攻坚战”转向“阵地战”的全面战役，营销就要承担起构建关键竞争壁垒，建立市场“护城河”的使命。所以，今后营销的导向就是要谋求在目标市场上建立核心优势，如在大单品打造、新零售终端建设和顾客体验与服务等方面让对手难以超越。

如图 1－3 所示，这些营销创新的理念和导向反映在企业具体的市场策略组合上就是在六个策略方面进行转型与创新。

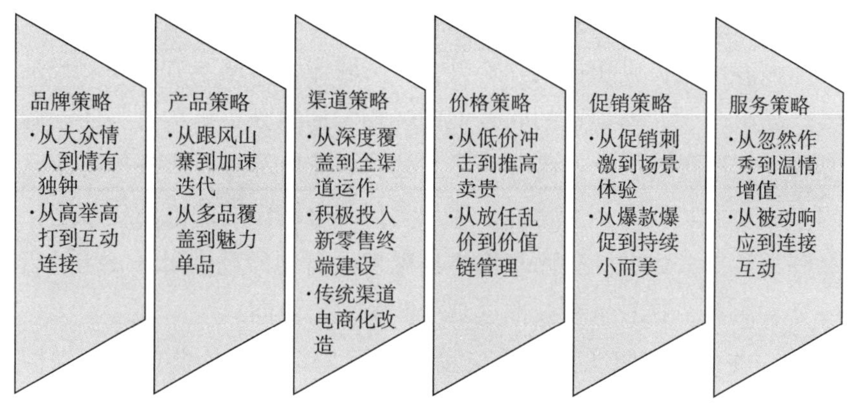

图 1－3　企业在六个策略方面进行转型与创新

基于以上企业市场营销的创新理念，我们咨询团队结合近年的一些成功案例，总结了一系列具体的市场营销创新策略与实战打法，主要包括下面六大营销策略：

（1）在品牌定位及传播策略方面，要认识到品牌功能的变迁，从以前的识别与区隔变成与顾客的连接关系与情感载体，所以品牌调性要从“大众情人”转型到“情有独钟”，成为目标顾客的挚爱；传播方式也要从高举高打的单向传播转型为互动连接，把顾客当作朋友和闺密，进行沟通、交流，提供贴心服务。小米品牌能在竞争激烈的手机行业中迅速崛起，几乎成为年轻群体的代名词，就是很好的诠释。

（2）产品策略的创新要点：要从以前同质化“山寨”多个产品型

号“SKU”企图打群架的思路转向真正基于技术创新的魅力化精品打造，使得主打产品既能“天生丽质”，又能“风情万种”（具体实施细节参阅书籍《这样打造大单品》）。坚持产品为王的导向，致力于为顾客提供魅力化精品，基于顾客价值持续升级产品和服务，着力打“推高卖贵”的价值战。格力和美的代表的品牌家电都在不断进行产品升级，推出中高端精品。

（3）积极构建“O + O”全渠道模式，实现高效分销与市场精耕，结合“新零售”发展，打造全新顾客体验的新终端。品牌厂家需要对接和打造的新终端具备这些特点：结合消费者消费场景的立体化布局、IP 化的情景形象、社交娱乐化的推广促销、朋友和闺密式的温情服务和基于大数据的智能高效运维，如顾家家居、小米的专卖店，等等。围绕目标顾客价值提供积极展开跨界合作与联盟，其基本方向和形式是互补型产品组合、共享渠道的联合推广、相关的服务资源整合和同一调性的品牌共振造势等，这些跨界合作在建材、家电和旅游服务等行业已经有很多成功的实践案例。另外，要加大传统分销渠道的电商化改造，提高其分销效率，如美的集团积极推进渠道电商化，直接面对终端门店进行交易和服务，TCL 也积极推进其“T 售客”协同。

（4）在最令厂家头痛的价格策略方面，要坚持从低价冲击到推高卖贵的转变。新生代消费者属于价值敏感型，企业在积极以“闪电战”应对价格战的同时，要坚持“价值为王”的长期价值战。我们看到家用空调行业的格力就是长期坚持价值战，用好的产品和优质服务为顾客提供高价值的感受，不但市场份额遥遥领先，而且利润可观，让对手望而生畏。

（5）在以前“疲兵耗战”的促销推广策略方面，我们要从粗暴的利益刺激转向贴近顾客场景的产品与服务体验，把顾客当朋友和闺密，以娱乐化和社交性的策略手段进行市场推广与促销，比如西单大悦城开展的各种主题促销活动；从烧钱的广告宣传轰炸到小而美的娱乐互动，国内婴童奶粉领先品牌飞鹤奶粉近年来就是贴近各级市场的母婴店进行“嘉年华”主题的促销活动，效果非常好（这部分内容详见《新零售 新终端》）。

（6）在顾客服务方面，我们倡导从被动响应到温情增值的升级。理性的消费者越来越愿意为体验好的服务买单，企业服务制胜的关键在于能针对顾客痛点与刚需，做好感动服务和增值服务，并且有真诚的态度与情感的投入，真正实现温情关怀，以深化顾客关系，持续开发其终身价值。婴童行业的孩子王就是这方面的成功案例，还有海底捞火锅店员像对待家人一般服务于顾客。

未来制胜的营销模式不但在理念和导向上明确和坚定，而且在市场策略组合上也需要系统创新和高效执行，这种市场“阵地战”的取胜一定是需要核心能力支撑的，所以我们的营销组织和团队需要“硬功夫”！

第二节　新营销组织的六大核心能力

任何成功的商业模式和营销模式都是在**客户价值创造和组织运营效率**两个方面建立优势，这是经济学和管理学的基本常识，至今无法颠覆！这些年来，很多行业，尤其是互联网行业，不论是提出了颠覆性的创新理念的企业，还是烧了很多钱的企业，只要违背这一原则，最后无一不是以“一地鸡毛”收场！

成功的营销模式创新必须是基于这一基本原则，企业如何在客户价值创造和组织运营效率这两个基本点上打造出核心优势，培育出核心能力，成为经营成败的关键所在。

首先，如何创造更好的客户价值，尤其是在企业暂时没有核心科技、稀缺资源和垄断性政策保护的前提条件下，如何在营销环节实现客户价值最大化？客户让渡价值理论和成功案例都告诉我们，只有极力增加客户综合价值，同时降低其综合成本，才能有效提高客户让渡价值，如图1－4所示。

在营销环节实现客户价值最大化需要做到以下两点：

（1）增加产品价值、服务价值、人员价值、形象价值，如“尖叫”型的产品、场景的体验、专业温情的服务、朋友和闺密般的亲密互动和关系连接等。这方面大家耳熟能详的案例是母婴零售行业的孩子王、餐

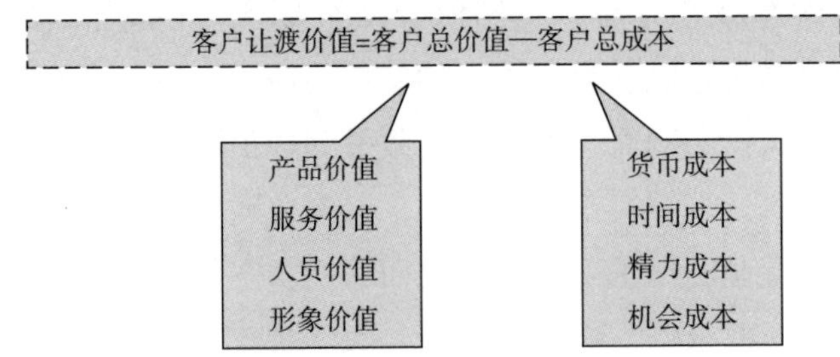

图1－4　客户让渡价值公式

饮行业的海底捞，以及新零售的代表盒马鲜生等。

（2）降低货币成本、时间成本、精力成本和机会成本，如便利交易、一站式采购、个性化解决方案、全周期成本管理和无忧服务保障等。这方面顾家家居、三一重工都有很好的案例示范供大家参考。

除了在为客户提供价值方面创造优势外，现代营销组织还要大力提升运营效率。传统的营销组织要在管理理念、组织结构、专业职能、管理体系、运行机制和技术手段等方面与时俱进，借鉴和参考一些互联网营销组织的有效管理创新与最佳实践经验，以便在营销组织的点、线、面的效率方面实现系统和全面的提升。

- **点效率**：就是营销组织的各个岗位和人员在产品销售、客户开发、终端建设、促销活动和服务提供等环节的动作有效与执行到位的工作效率，这是整个营销运营效率的基础。只有我们在营销组织文化建设、职能支持、激励机制、作业标准、授权赋能、工具及方法等方面提供系统的保障，才能让大部分“90后”的新生代营销人员提高其工作愿意与技能。

- **线效率**：就是营销组织的主要流程效率，比如订单交易流程、促销策划与执行流程、客户管理流程，等等。这些流程效率直接决定了企业资金流、物流、信息流等的效率。这些营销环节的流程效率是刚性的，是由客户和对手决定的，所以营销组织更需要在架构扁平化、管理流程化、机制市场化和手段智能化等方面进行系统再造。

- **面效率**：不但是指企业内部的研、产、供、销等环节的协同效率，也是产业链上下游的协同效率，如分销渠道各级经销商的协同、用户服务链各环节的合作方整合与协同。移动互联网时代，营销的面效率还来自于生态圈的系统整合与协同效率，如异业联盟、跨界整合、全渠道导流等营销新动作的效率。

当我们明白了营销模式的有效创新来自客户价值和运营效率两个方面的时候，就不难理解新营销组织需要具备的六大核心能力，这些组织能力是以前传统营销组织所缺失或薄弱的，如图 1－5 所示。

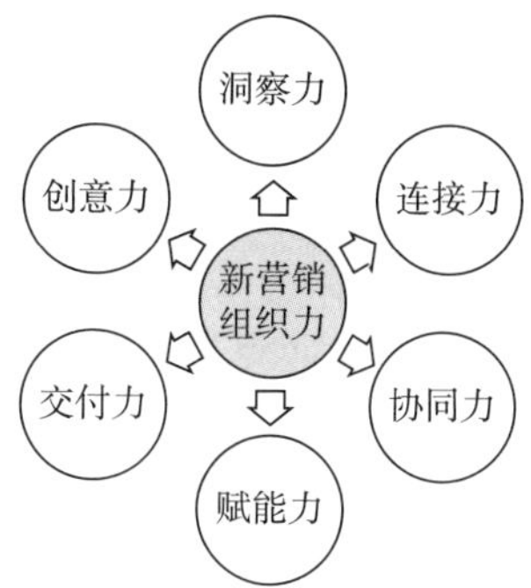

图 1－5　新营销组织需要具备的六大核心能力

新营销组织需要具备的核心能力包括以下几点：

1. 洞察力

我们的营销团队要具备在快速变化和高度差异化的市场中发现和把握市场机会的能力，比如国内各级市场差异非常大，且企业在不同市场的竞争优势、品牌影响和客户基础都不一样，一线经理们通过解读区域市场，发现突破方向，职能部门的策划方案和资源政策能贴近实际市场需要。同时，经济发展、技术创新等外部变化又极快地催生市场的新需求、新机会，我们的营销队伍要能有效理解和把握消费者新需求点，抢先开发新品和服务，占领市场先机，取得先发优势。乔布斯那令人尖叫的苹果产品就是基于他的敏锐洞察力！

2. 创意力

在同质化超竞争环境中，引导目标消费人群的潜在需求，成功进行相关场景定义，清晰独特价值及体验点，率先获得心智注册，并快速形成新品概念，获得差异化竞争优势，这需要创意能力的支持。另外，在品牌传播和产品推广中，自媒体时代信息爆炸的背景下，如何通过打造和借势社会热点内容和大 IP，创新促销主题和形式，获得高效精准的营销推广效果，这也需要一流的创意能力，例如杜蕾斯的火爆文案就是其独特的营销创意力。

3. 交付力

面对个性化需求，如何能比竞争对手更好、更快、更低成本地实现灵活的产品组合与服务的交付，这是大部分行业市场面临的瓶颈问题，要求营销环节必须有精准的市场预测、有效的客户引导、端到端的闭环流程保证和大数据支持的运营管理等方面的能力。项目型营销的华为、个性化定制的顾家家居等在这方面具有核心能力与优势。

4. 连接力

在智能互联网时代，传统企业都在进行“面向零售，经营转型”的变革，就是要直接面向用户，真正倾听他们的声音，服务于他们的需求。企业的营销部门首当其冲地担负起与目标客户与用户直接连接的使命，如何与各细分客户群进行360度互动，持续深化关系，提高其转化率、活跃度和转介绍率等指标，这种客户的连接力成为新营销的核心优势。小米手机品牌就是连接了上千万粉丝消费者而成功的，同样母婴零售业的孩子王品牌成功运用了接触、转化、留存和转介绍等连接手段，黏住了国内五百万个中产阶层妈妈，使得其经营发展风生水起。

5. 协同力

现在大部分企业的“快、灵、准”的竞争优势表面上体现在市场营销环节，其实是企业内外部系统协同的结果。首先是企业内部以营销为龙头的研、产、销、供等环节的协同；其次是营销部门内部的前、后台协同，营销的销售管理、市场策划、客户管理、信息支持和客户服务等专业职能对一线业务的协同与支持；最后是企业外部的产业链上各环节的系统协同，如和各级代理商、服务商的协同。现在更需要在整个产业生态圈的系统协同力，如小米与生态圈中企业的协同，成功实现了高性价比的产品和快速高效的新品研发等市场优势。

6. 赋能力

现在企业各级营销人员的主要工作就是支持和帮助其内外部客户，为客户排忧解难，提升能力。对外要从以前的压货吸款的“sell-in”转向终端有效动销的“sell-out”，这就要求我们为各级经销商进行助销支持，不仅是帮助其在订货、陈列、促销和服务等经营方面提升，同时还要在其内部运营管理、团队建设等方面提供培训与指导，所以很多品牌企业纷纷成立企业商学院，以系统培训和提升经销商能力。对内部的各级营销人员也是同样道理，在职业素质、工作指引、知识技能和职业发展等方面，提升其奋斗意愿和工作能力。

第三节　营销组织管理的新导向

相对于营销创新对组织的能力要求，我们现在很多企业的营销组织管理还受困于一些基础的管理问题，更谈不上如何培育和提升这些新能力。我们的营销咨询团队近二十年来一直服务于国内领先的品牌企业和高速成长中的企业，它们可以说已经算是国内企业的优秀代表，但其营销组织管理依然滞后于市场发展与竞争要求，一些营销组织管理中的痼疾在市场创新与竞争节奏加速中越来越成为瓶颈，再好的市场策略和竞争手段都无法有效实施，使得企业领导常常感觉到“有心无力”。

这些营销组织管理问题主要表现在以下几个方面：

（1）营销管理理念与模式落后，没有真正体现市场导向和客户驱动的运营原则，往往是内部要求导向，过度集权与管控，忽视客户与市场的声音，导致策略手段僵化，营销资源无法有效配置，营销队伍失去活力，企业陷入被动应付的局面，正所谓“一管就死”。

（2）营销组织管理层级过多，指挥链太长，同时一些管理职能交叉，多头管理，导致权责不清，信息指令泛滥，流程过长和制度繁杂，使得运营低效，反应迟缓。其实这些是组织管理中常见的问题，面对瞬息万变的市场，对于营销管理环节而言，却是致命的问题。

（3）营销战略与市场导向不清，没有上下共识的目标，也没有基于战略的营销资源配置，结果只能是以包代管，化整为零，导致各级营销人员各自为政，严重的短视行为使得企业营销整体失效，正所谓“一放就乱”。

（4）一些营销专业职能发育滞后和缺失，尤其是面对新客户、新渠道、新媒体的营销职能，如新零售、新电商、社交媒体、粉丝互动管理等，无法满足支持和开展新营销的需要。

（5）面对日益差异化的客户需求，需要我们高效、低成本地提供个性化的解决方案，真正体现企业营销创造客户价值的优势，可是在研、产、供、销等环节协同差，加上营销组织内部的前后台管理脱节，无法响应和支持一线营销人员的要求，使得无法满足客户个性化与多样化的需求，导致我们的营销失去差异化和动态的竞争优势，只能在同质化市场上“疲兵耗战”。

（6）营销队伍建设滞后。面对“90 后”为主的新生代营销人员，很多企业在文化导向、领导风格、管理方式和激励手段等方面难以满足他们日益差异化的需求，加之营销组织的赋能能力缺失，没有支持和培训，导致团队氛围差、抱怨多、能动性弱，结果必然是队伍执行力差，稳定性差，骨干流失，新员工感到迷茫，成长缓慢。

面对市场越来越强化的新趋势和日益加剧的竞争压力，企业的营销模式创新已迫在眉睫，而营销有效创新的组织能力需求也更加紧迫。所以，企业的营销组织管理的变革与提升需要立即执行。我们营销管理咨询团队近年来服务的客户都是在这方面有强烈认识的，并将其列为“一把手工程”，自上而下，全员参与，积极推动营销组织变革与转型，取得了满意的效果。总结其中的成功经验，我们认为，新形势下应该从七个方面提升营销组织管理能力，如图 1－6 所示。

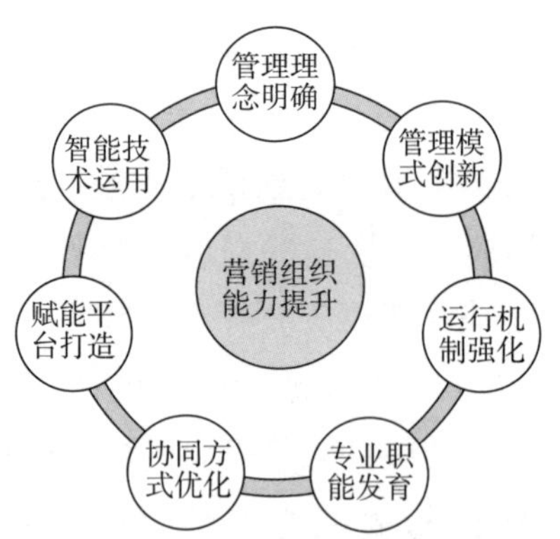

图 1－6　七个方面提升营销组织管理能力

企业应该从以下七个方面提升营销组织管理能力：

（1）管理理念明确。

要让以市场与客户为导向的理念真正落地，真正做到敬畏市场、客户至上！在很多企业中这些都是多年的口号，但在实际操作中却被一些企业管理者置于脑后。品牌强势、优势明显的企业往往店大欺客，对客户要求多于支持，如不管客户的市场情况和盈利状况，强压任务、强改政策和逼迫投入等，这在一些家电头部品牌企业营销人员的做法中体现得很明显。企业内部管理也是如此，单方面考虑自身利益和管理惯性，只要求一线业务人员和客户改变以适应公司要求，如价格调整、订单计划和费用核销等规定往往都是公司自己说了算。

这一点我们要向华为学习，其将“以客户为导向”写进基本法，融入流程制度，落实在各级干部管理行为中，而且领导带头，以身作则！

（2）管理模式创新。

在智能互联网时代，企业与客户的价值和关系在重构，需要我们的营销组织在“价值”+“效率”方面做到卓越，才能满足客户需求，在竞争中取胜。营销组织管理要针对市场需求特点与竞争要点进行管理模式创新，其基本方向是在组织层级上实现扁平化，管理定位为权责对等的市场化经营主体，优化授权、资源配置和奖惩等机制，体现就近决策与权责对等的组织原则，以激发各级营销人员潜能，提升组织效能。近年来华为、韩都衣舍和 OPPO 等企业做了很多成功的探索，值得借鉴。

众所周知的领先科技型企业华为，其市场营销面对的是大客户个性化的项目需求，需要高效、快速和增值地提供解决方案，所以华为采用的是“后台大三角+前线铁三角”营销组织模式。

作为互联网快时尚服装企业，韩都衣舍的市场营销面对广大年轻消费者，其需求是个性化、高性价比和快速交付，所以其采用的是“运营平台+产品小组”营销组织模式。

手机品牌 OPPO 和 vivo 面对广大三四级市场和中低端感性年轻消费群体，其营销管理命题是实现“终端为王，区域精耕”，所以其采用“小职能后台+大合伙代理商”的营销组织模式，充分整合和调动代理商的资源与积极性。

（3）运行机制强化。

营销组织管理不管是管理对象，还是管理内容，都是高度不确定和存在差异的，几乎没有办法实现“一竿子到底”的集权管理方式，这决定了其管理必须本着“三分管理、七分机制”的导向，注重运行机制的创新。近年来，在为企业提供深度咨询的过程中，我们团队认为适合国内企业的营销管理机制是这样的：

谁代表市场，谁拥有权力。

谁配置资源，谁承担责任。

以责任担当获得信任。

以目标达成获得资源。

以规范透明获得授权。

以积极主动获得支持。

这些营销管理机制是很多优秀企业通过成功管理实践而总结提炼出来的，在后面的章节中会结合实践案例进行详细阐述。

（4）专业职能发育。

现在企业营销越来越专业化，也越来越整合化，所以“单兵作战”几乎没有胜算，必须像特战队一样，有强大的后台支撑，才能发挥最大效能。营销各项职能的建设也成为营销管理提升的必修课，尤其是在互联网时代，不但原有的营销职能要提升，一些电商渠道运营、社交媒体运用和跨界合作运作等新管理职能，大部分传统企业都没有，急需建立。同时又要避免过于庞大的管理后台，否则容易出现官僚主义、人浮于事和成本高企等弊端。我们建议在营销职能建设中坚持“服务职能综合化、业务职能专业化”的原则，即物流、信息、行政和 HR 等服务支持职能部门尽可能整合成大部制，而产品线管理、大客户管理、品牌管理和市场推广等营销职能要专业化，这样既能精兵简政，又有很好地提供职能支持。

（5）协同方式优化。

营销管理效率越来越多取决于组织内外部的协同。首先如何实现营销组织内部的有效协同，提升市场部门与销售部、营销中心与驻外机构、财务、HR 等部门与一线业务部门的协同效率，这部分内容在笔者和吴越舟的专著《有机性营销组织》一书中有详细阐述；其次是营销部门与企业的研发、生产和供应等部门的一体化协同，实现低成本、短交期和高品质，满足个性化客户需求，形成核心竞争优势，需要营销部门在文化、机制、流程和技术等方面进行系统提升，本书有四章内容重点阐述；最后营销组织还要与外部渠道经销商和大客户进行协同，如生意规划、需求确认、订单计划、交付和运营维护等方面进行对接，加之异业联盟和跨界合作越来越多，营销组织还要推进企业经营生态圈的打造和协同，这些都是我们需要学习和提升的。

（6）赋能平台打造。

我们可以肯定，营销优势越来越多地建立在组织能力和队伍能力的基础上。在超竞争状态下，企业处于高对抗、快变化和动态博弈的竞争条件下，任何营销模式的成功都是相对的，有约束条件和时间限制，需要不断调整与创新，所以营销唯一不变的就是变！这就需要营销组织不断地对各级营销人员和外部客户及相关合作者有效地赋能，才能实现营销的有效创新，如在专业职能支持、管理平台建设、知识技能培训、激励方式创新等方面赋能，以激发与提升相关人员的学习意愿与能力。现在企业大学、经销商商学院等越来越多地为企业所重视。

（7）智能技术运用。

随着 CRM、ERP、OA、钉钉等信息管理工具的成熟与普及，营销组织管理与时俱进，进入大数据的管理时代，主要业务管理 IDU 实现了数据化和智能化管理，使得信息上交、责任下沉，极大地提高了管理效率。企业还积极向外部客户和合作商推广这些管理技术手段，以便可以进行数据与管理对接，获得更大效率的提升，如很多品牌企业都在加速传统渠道的电商化改造，利用企业自身的电子商务平台进行业务操作和日程管理。

第二章
新营销组织设计

叶　宁

随着互联网时代的到来，面对新的市场环境和竞争要求，企业要设计新的营销组织管理模式，及时响应市场要求，实现精准营销。

第一节　新营销组织管理的特点、设计理念和原则

下面我们就新营销组织管理的特点、新营销组织设计理念和原则展开讨论。

一、新营销组织管理的特点

在网络持续升级，线上、线下相互融合，互联网企业盈利模式和营销模式不断迭代创新，并有效冲击和改变传统企业的年代，面对新的营销背景，营销组织管理有其新的时代特点，如图 2－1 所示。

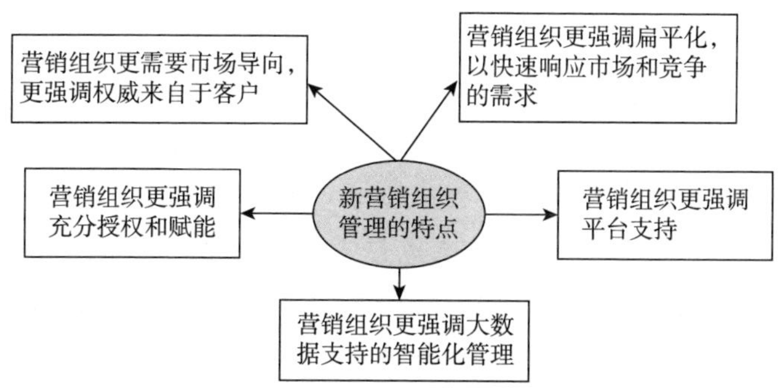

图 2－1　新营销组织管理的特点

新营销组织管理的特点包括以下几个方面：

1. 营销组织更需要市场导向，更强调权威来自于客户

如果说营销是推拉结合，把产品和服务销售给客户，那么在新的营销背景下，以客户为中心的拉力将越来越大于渠道和促销的推力。信息对称的新营销时代是消费者主权时代，以往忽悠消费者，主要依靠渠道利益保障进行推销的模式作用越来越小。以消费者为核心不仅仅是口号，必须落实到以客户价值为核心的营销模式的策略组合设计上。策略是需要组织职能支持的，以消费者为中心就需要更多地研究为消费者服务的职能发育，从而就要落实到营销组织的设计上。

2. 营销组织更强调扁平化，以快速响应市场和竞争需求

数字化技术的进步，特别是移动信息时代的来临，在市场端体现出来就是，消费者随时随地都能感知企业产品和服务的信息，能充分比较不同企业产品和服务的优劣势，从而快速进行选择。在竞争端，一方面原有的竞争对手能快速迭代使用技术进行产品和服务改进，从而有效进行竞争；另一方面很多互联网企业携带技术的优势，直接给消费者带来更好的或性价比更高的产品和服务。企业面对这样的形势，不得不强调营销组织扁平化，以响应市场和竞争的需求。

3. 营销组织更强调充分授权和赋能

由于统一的策略难以匹配个性化的需求和竞争，在扁平化的组织设计基础上，要快速响应市场和竞争需求，新的营销组织就更需要划小“作战单位”，并对前端进行授权。另外，策略的灵活性要求前端人员比统一执行策略的人员能力高，赋能与授权必须同步进行。

4. 营销组织更强调平台支持

客户个性化需求和竞争动态化要求，单纯依靠前端灵活化是远远不够的，后台的有效“炮火”支持也是关键，比如有效的产品组合、有效的客户信息的收集归纳、客户画像的精准描绘、有效的后台客户综合服务响应等，都需要强大的中后台进行支持。在此背景下，不难理解华为、阿里巴巴不断强化“小前台、大中台、强后台”的组织模式打造。这就是我们常提到的有机性营销组织建设的模式。

5. 营销组织更强调大数据支持的智能化管理

新营销是精准的以客户为导向的营销，没有大数据的有效支持是不

可能赢得客户和竞争的。企业构建有效的信息体系，获得客户和竞争的精准数据以支持营销策略的有效设计、执行、实施和反馈，并形成不断升级的闭环体系，这是精准营销的关键。落实到营销组织职能上就是大数据支持的智能化营销管理能力，落实到组织结构上就是构建数据中台的能力。

二、新营销组织设计理念和原则

由于新营销组织面临的市场和竞争环境与旧有的营销组织不同，我们在设计新营销组织时要依据新营销组织管理的特点确定一些基本原则，以有效指导新营销组织设计，如图 2－2 所示。

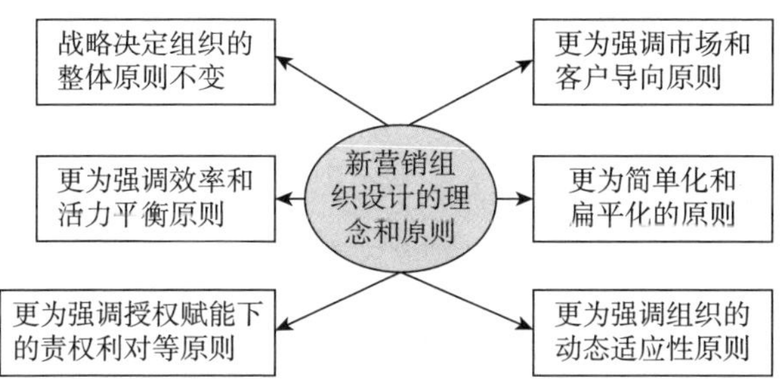

图 2－2　新营销组织设计的理念和原则

新营销组织设计理念和原则包括以下几点：

1. 战略决定组织的整体原则不变

营销组织面临新的环境及不同于以往的管理特点，在营销组织设计上“战略决定组织，组织决定人事”的经典理论依然适用，只是经营战略环境发生变化，由战略决定的经营模式、营销模式变化了，对营销组织的能力要求随之变化，也就是说营销组织的定位要改变。

我们从理论上解释一下企业的经营模式、营销模式和营销组织管理模式的关系。自然界的金刚石与石墨都是由碳元素组成的，但为什么金刚石非常坚硬而石墨却十分柔软？两者的差异就在于内部的原子排列结构不同。虽然它们的构成物质相同，但金刚石的内部结构是相互支持、相互耦合、共为一体的，所以才会坚硬无比。类比到营销组织，就是战略导向的经营、营销模式决定组织模式，也就是要基于第一章谈到的从营销能力要求出发，按照平衡效率和活力的原则来构建匹配的营销组织，这就是营销组织的基本设计原理：经营和营销模式要求的能力决定营销组织定位，定位决定营销组织的结构设计，如图 2－3 所示。

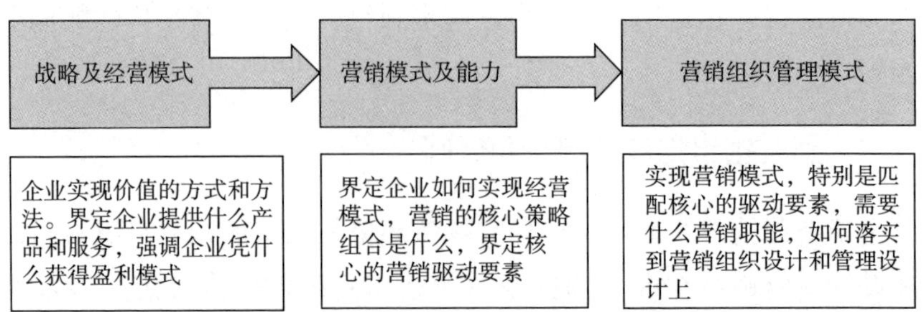

图 2－3　新营销组织的基本设计原理

由于不同的营销模式要求的营销组织定位和职能不一样，本章在第一节中将针对不同营销模式的要求分析营销组织设计。

2. 更为强调市场和客户导向原则

营销组织从设计的重心上真正回归以客户为中心，兼顾竞争的需求，而不是以往以竞争为导向，以渠道推力为重心，忽视客户研究。很多企业都开始进行这样的转变，笔者提供咨询服务的一家企业就在原有的市场部内增加相应人员配置，强化消费者研究和推广职能，减少渠道商务人员的匹配，在销售管理部设计上增加消费者档案的建立和分析职能，同时将这些以客户为中心的职能落实到区域市场人员的工作要求上。

3. 更为简单化和扁平化的原则

新营销环境下的竞争是高速动态的博弈竞争，营销组织需要足够简单化和扁平化，以响应市场和竞争要求。具体实践上可以对自身行业的标杆企业进行参照，特别是在有互联网企业参与的行业，如常规的食品快消品、家居、家电行业，参考互联网企业的项目制和扁平化模式尤其重要。如笔者咨询的某快消品企业，“简单化”就是分兵合围，划小“作战单位”，建立虚拟营销事业部模式，进行市场争夺；“扁平化”就是砍掉大区，由营销总部在大数据支持下直接管理省区，从而快速响应市场和竞争需求。

4. 更为强调效率和活力平衡原则

新营销强调系统性的创新，做到如现代化作战模式一样，既要求前端人员“作战”能力强，又要求有系统的后台支持。落实到组织设计上就是要构建“小前台，大中后”的营销组织模式，实质上就是强调平衡效率和活力的原则。活力就是要释放一线的呼唤“炮火”的权限，效率就是要让后台人员在专业化基础上对一线人员进行有效的支持。在构建中后台的时候，特别是在人力资源编制和能力有限的前提下，在中后台的人员匹配上要避免由外行支持内行的无效性。中后台的营销策略支持人员就得有前端作战的能力，所以华为强调没有一线业务能力的人不能加入管理部门，后台营销策略和管理人员强调“将军是打出来的”这一原则，充分体现了活力和效率平衡原则。

5. 更为强调授权赋能下的责权利对等原则

权责利对等原则是经典的组织设计理论，在客户导向、扁平化的原则上，在授权赋能的要求下，营销组织的升级和变革更需要责权利之间的匹配。如华为构建前端“铁三角”模式中，前端“铁三角”在共同承担业绩责任的同时，可以在精准定位客户需求和竞争点的基础上，获得及时呼唤后台响应和执行一线要求的权力。同时华为也意识到前端这种权力需要相关人员具备很强的客户需求捕捉和挖掘能力，需要强调总部对前端赋能的责任，并匹配赋能的权力，这样在整体的“小前台，大中后台”的组织模式构建上，通过系统关联的设计，最终做到每个层级都处于责权利的动态匹配状态。

6. 更为强调组织的动态适应性原则

面对新的营销组织职能要求，企业不能面面俱到，要依据现实的资源能力，抓住关键、掌握好方向进行动态适应，否则很容易产生我们在很多企业看到的变革现象，老板头脑一热要求一步到位，资源和能力脱节，结果往往事与愿违，导致业绩不能有效持续提升，反过来走极端，否定变革的方向和模式，企业总是处于推倒重来的组织状态。也是我们常说的企业经营管理的原则虽然是“变化是永远不变的”，但是要掌握好节奏，“领先一步成先烈，只有领先半步才能步步为营”。动态适应性原则同时也是活力和效率平衡原则的体现。

第二节　营销组织设计的内容和六大步骤

一、营销组织设计的内容

组织结构中的结构是指组织中的相对稳定的关系和方面。组织结构是与分工、部门化和授权有关的一系列管理决策的产物。部门化是建立组织结构的重要环节和基本途径，通过部门化将整个组织划分为若干个管理单位。组织结构的建立过程实质上是部门化的开展过程。

营销组织设计的内容主要包括以下六个部分，前五部分是静态的结构设计，流程规范是保证组织动态运营的设计部分。

二、营销组织设计的六大步骤

如图2－4所示，营销组织设计包括六大步骤。

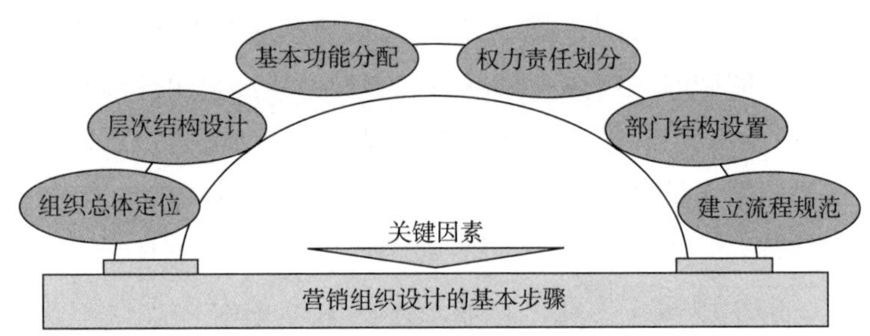

图2－4　营销组织设计的基本步骤

1. 定地位，即营销组织总体定位

战略决定组织，第一步就是基于不同的经营和营销模式要求的能力不同，从而确定营销组织的定位，也就是经营模式和营销模式决定营销组织需要构建什么能力，从而形成组织模式和管理模式的规划设计。按照营销组织在企业中发挥的功能，我们将营销组织的总体定位分为以下三类：

第一类，支持服务型的营销组织，是企业的成本中心；

第二类，专业职能型的营销组织，是企业的收入＋费用中心；

第三类，经营盈利型的营销组织，是企业的（模拟）利润中心。

基于企业所处行业和营销的战略作用不同，确定企业营销组织所属类型，即是属于支持服务型，是企业的成本中心；还是专业职能型，是企业的收入＋费用中心；还是经营盈利型，是企业的（模拟）利润中心。

（1）营销组织的低、中、高定位。

低定位的营销组织（支持服务型）常见于垄断型的资源型企业。如石油石化、煤矿类企业，营销组织在这些企业中起到的只是“龙尾”的作用。

中定位的营销组织（专业职能型）常见于高新技术企业及大多数的工业企业。这些企业往往研发与营销并重，或生产与营销并重。如华为集团是较为典型的研发与营销并重的企业，充分发挥营销职能，起到“龙身”的作用。

高定位的营销组织（经营盈利型）则常见于众多的快消品企业或同质化产品竞争充分的工业类企业。如大家所熟知的娃哈哈集团就是典型的以营销为“龙头”的企业。又可以区分为整个营销组织是单一利润中心，或者在营销组织内部划分为多个模拟利润中心，如很多营销组织的区域分公司虚拟利润中心模式。

（2）营销组织中高定位的类型划分。

组织设计中的部门化有各种类型，根据不同的原则可以按照职能、产品、地理位置、顾客划分。本书主要聚焦市场化比较充分的行业企业，也就是主要聚焦中高定位型的营销组织模式设计管理体系。为此我们通过产品业务复杂性和客户需求复杂度两个维度，对市场化的、中高定位的营销组织进行类型的划分，以指导在新的营销背景下具体的企业营销组织设计和升级。

企业营销包含两个要素，即客户需求复杂度和产品复杂度，如图2－5所示。

第一要素“客户需求复杂度”：是指当前企业客户群的具体数量、质量与总体结构等指标的详细情况，包括客户需求服务简单化和个性化两种状态。

第二要素“产品复杂度”：是指企业的产品体现的业务，无论是在技术含量上还是在产品类别上，都划分为简单和复杂两种状况。

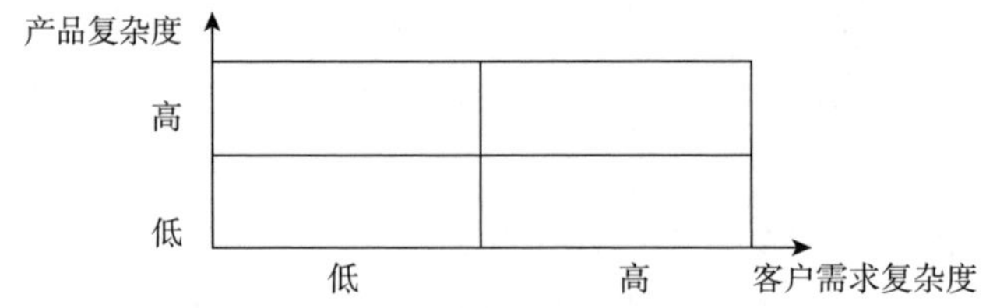

图 2-5　企业营销要素

通过以上两个要素，依据企业直接面对的客户类型，可以将**中高定位的**企业营销组织分为四类，如表 2-1 所示。

表 2-1　四类中高定位的企业营销组织

典型客户类型	典型企业
产品复杂度高、客户需求复杂度高	产品+服务解决方案提供，华为、迈瑞等技术型制造企业，建筑设计院等服务型企业
产品复杂度高、客户需求复杂度低	美的、海尔等技术性产品家电企业，三一重工等工程标准化、产品较为复杂的工业品企业
产品复杂度低、客户需求复杂度高（产品单一或模块化产品+个性化客户需求）	产品标准化，拥有多元化需求客户的中央空调、定制家居企业，银行按揭贷款业务，劲酒、六个核桃等快消品企业
产品复杂度低、客户需求复杂度低（单一产品，单一渠道）	单一产品直接面对统一的经销商，典型企业：老干妈

基于以上模型进行的分类，不同营销组织的定位是不一样的。定位不同决定了承载的组织使命不一样，营销组织在职能要求、结构设计、管理设计上就有了区分。本章第三节就针对以上的分类加上创业型企业的类型进行典型企业的营销组织设计案例分析。

2. 建框架，即层次结构设计

一般来说，企业的组织结构主要是指部门结构，以及部门层面上关键职能的衔接关系。组织架构是以职能设计为基础的。

根据管理幅度、集权化与正规化的程度，美国组织行为专家麦克沙恩教授把企业的组织结构划分为如下五种类型：

（1）简单型结构。

（2）职能型结构。

（3）事业部结构。

（4）矩阵型结构。

（5）团队型结构。

大多数企业都是从简单型结构开始的，随着企业的成长，逐步向其他结构类型演化。

职能型结构，是指把拥有专业化知识的员工组织起来的组织结构，比如将拥有市场专业知识的员工组合到市场部与销售部，将工程师组合到产品研发部。

事业部结构，是指把员工按照地理区域、产品类型或客户类型组合起来，形成相应的经营核算实体。

矩阵型结构，是指一种为了平衡双方利益，覆盖两种组织形式的组织结构。

团队型结构，是一种扁平与松散式的组织结构，具有较高的响应度与灵活度，团队成员具有较大的权力，节省了管理成本，目前已成为一种时尚的结构类型。

上述组织类型各有特色，企业应根据自身需求酌情选择，适合的就是最佳的。就国内营销组织来说，目前以职能型结构与事业部结构两种类型居多。

营销组织的定位和结构如表 2－2 所示。

表 2－2　营销组织的定位和结构

营销组织总体定位	组织结构配置标准	常见组织结构类型
支持服务型	低配置	简单型、职能型
专业职能型	中配置	职能型、事业部
经营盈利型	高配置	矩阵型、团队型、事业部

3. 装功能，即基本功能分配

一般来说，营销组织体系从大类上划分主要由**营销总部与驻外营销机构**组成，而**营销总部又由市场部、销售部、售后服务部**等专业部门组成。各部门人员能否各司其职，能否实现整个体系的营销功能，在于能否把各个部门的职能分配清楚。

营销组织各部门功能分配如表 2 – 3 所示。

表 2 – 3　营销组织各部门功能分配

部门		主要功能	对外	对内	对后台
营销总部	市场部	市场研究功能（信息收集与情报、信息分析与研究等） 营销规划功能（品牌规划、市场规划、产品规划、策略规划等） 营销管理功能（信息管理、品牌管理、预算管理、其他支持类管理活动等）	大型客户、渠道、行业协会、竞争对手等	销售部、驻外机构等	研发、生产、财务、HR 等
营销总部	销售部	管理功能（制定销售策略、销售目标与计划、业务流程等） 执行功能（分解与落实销售目标与计划、处理订单、处理客户投诉、检查考核驻外营销机构等） 市场支持功能（售点研究、业务人员培训、营销体系内部的行政事务等）	客户	市场部、售后部、驻外机构等	研发、生产、财务、HR 等
	售后服务部	执行功能（售后服务、客户投诉处理等） 支持功能（收集客户信息、协助货款回收等）	客户	销售部、驻外机构等	生产、品管、财务等
驻外营销机构		市场功能（市场调研、市场开发等） 销售功能（产品销售、货款回收、客户维护等） 组织功能（员工培训、队伍管理等）	客户、竞争对手等	市场部、销售部、售后部等	生产、财务、HR 等

4. 分权责，即权力责任划分

责权利对等，这是一个组织正常运行的基本要求。因此，一个组织被赋予责任与使命后，便需要赋予相应的权限。营销组织体系中各部门的权力、责任分配，简单介绍如下：

（1）市场部三项权限：一是产品建议权；二是市场规划权；三是营销管理权。

（2）销售部两项权限：一是销售策略制定权；二是对驻外营销机构的考核监督权。

（3）售后服务部两项权限：一是售后服务与流程的制定权；二是对产品质量改进或技术标准的建议权。

（4）驻外营销机构三项权限：一是在一定范围内的价格弹性；二是对团队成员的考核分配权；三是招收或裁减本团队员工的建议权。

对营销组织体系的权限分配，主要的边界存在于营销总部与驻外营销机构两者之间。权限是上收还是下放，与整个企业的集分权程度相关。山东六和饲料就是一个典型的分权模式组织结构，整个集团营销总部只有二三十个人，把资源全部投放到下面的各营销分公司。

随着市场区域逐步扩大，市场情况瞬息万变，很多原来采取集权式的营销组织逐步向分权化发展，营销总部把控住关键的职能与权限，赋予一线部门更多的决策自由度，以此提升一线部门的市场反应速度，增强对抗竞争对手的能力。

5. 描部门，即部门结构设置

部门结构设置通常是以岗位分析为基础，对各部门进行定岗、定编、定职责的工作过程。工作内容主要包括部门内具体岗位的设置、工作职责的确定、各岗位相互关系的描述等。这一工作过程是将工作具体落实到每一个岗位的每一个员工，确保整个体系执行力的关键环节。

具体到各企业的营销组织体系，受组织的总体定位、团队管理能力等因素影响，即使是同类部门（如销售部），结构设置上也可能存在较大区别。市场部、销售部的基本架构形式如图 2 –6、图 2 –7 所示。

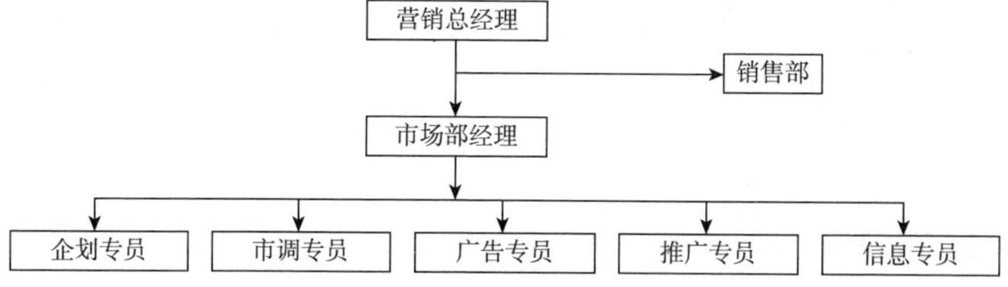

图 2 –6　市场部基本架构形式

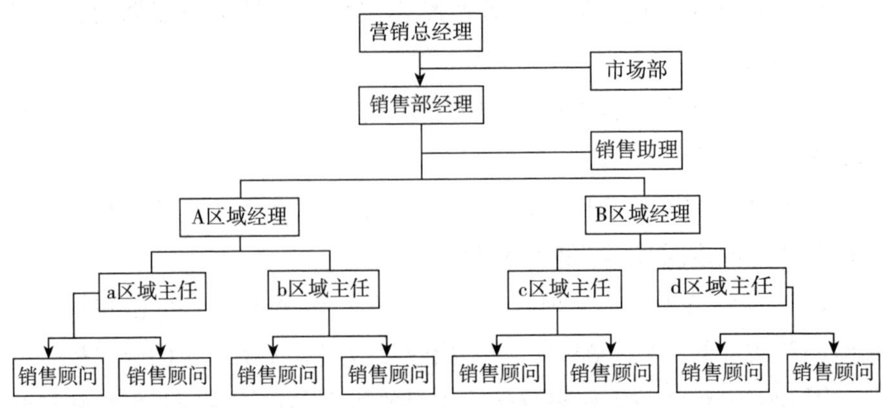

图 2－7　销售部基本架构形式

部门结构的设置，因主要侧重于人力资源范畴，所以此项工作一般由营销组织部门会同 HR 部门共同完成。

6. 建流程，即建立流程规范

营销组织设计的最后一个步骤是建流程、立规范，这也是整个体系履行营销职能的制度性保障。流程科学合理，有利于在体系内部建立起顺畅的“工作流”，最大限度地提升系统效率，使整个组织逐步由“人的管理”向“机制管理”转变。

营销组织的核心管理流程主要包括**销售管理流程、市场管理流程、信息系统流程、风险控制流程、人员管理流程、财务管理流程、协调管理流程**七大类，各大类又包含若干子流程，如表 2－4 所示。

表 2－4　营销组织的七大核心管理流程

流程项目	包含内容
销售管理流程	开单与发货流程、结算与返利流程、供货与收款流程、售后服务管理流程、网络开发与维护流程、价格与市场秩序管理流程
市场管理流程	营销资源的分配及效果监测、品牌规划与管理、主题营销策划和管理、产品组合策略、广告管理、促销策略与推进管理、重点客户管理
信息系统流程	整体结构设计、收集及分析产出的信息内容，收集、分析及传递信息的流程，主要信息报告的具体表格格式
风险控制流程	信用额度管理、应收账款管理、营销审计流程、违规处理流程

续表

流程项目	包含内容
人员管理流程	例会管理流程、招聘与选拔流程、考核与激励流程、人员培训与计划制定流程
财务管理流程	预算确立与分配流程、现金流管理流程、费用报销流程、货款核销流程
协调管理流程	新产品研发上市流程、产销协调流程、销售系统与经营系统的协调流程、购销协调流程

企业一定要尽可能将管理简化和扁平化，复杂的管理程序只会造成执行困难。例如有些企业在做客户关系管理时，填一个客户档案有100多项，这其中有很多项目都是没有必要的，无形中降低了流程的效率。

第三节　创业型企业营销组织设计要点和案例

上述是一般营销组织设计的内容和步骤，实际上不同类型的企业营销组织设计的内容和步骤不一样，要依据企业的战略和经营模式而有所侧重。我们依据上述产品复杂程度和客户需求复杂程度的分类，挑选前三类的企业加上创业型企业的营销组织设计，通过案例的形式进行具体的营销组织设计要点的分析，如图2－8所示。

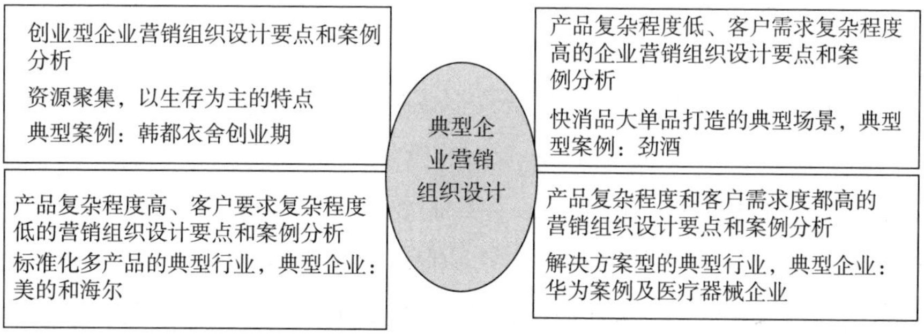

创业型企业营销组织设计要点和案例分析
资源聚集，以生存为主的特点
典型案例：韩都衣舍创业期

产品复杂程度低、客户需求复杂程度高的企业营销组织设计要点和案例分析
快消品大单品打造的典型场景，典型型案例：劲酒

典型企业营销组织设计

产品复杂程度高、客户要求复杂程度低的营销组织设计要点和案例分析
标准化多产品的典型行业，典型企业：美的和海尔

产品复杂程度和客户需求度都高的营销组织设计要点和案例分析
解决方案型的典型行业，典型企业：华为案例及医疗器械企业

图2－8　典型企业营销组织设计

首先我们来看看创业型企业的营销组织设计要点，并做创业型企业

营销组织设计的案例分析。

一、创业型企业的营销组织设计要点

创业型企业决定组织的核心是自己的资源和能力，往往讲逻辑是行不通的，生存是第一位的，不属于我们前述的分类模型，但是很典型，我们单独来分析。创业型企业都是资源、能力和机会快速匹配导向型，如何生存下来是经营的关键。创业型企业面临着各种约束条件，组织模式上不能按照理论的模式进行职能分工，构建理想的组织模式。其组织模式是在资源、能力短缺的条件下形成团队力量，以协同为主，分工为辅，快速形成规模，跨越生死线的要求。

在具体的以团队为主的组织模式设计上，一方面由于资源有限要求聚焦；另一方面由于没有经验积累，需要有一定空间的试错，所以创业期的营销组织设计需要匹配这样的业务模式的要求，体现出以下特点：

（1）创业型企业的营销组织模式特点是资源聚焦。

创业型企业生存的经营导向是要保证方向和模式的一致性，强调总部的战略职能，以保证战略的聚焦性，以及资源的聚焦性；而在执行性如区域营销组织设计上，需要保证有策略灵活的授权模式，这样才能匹配相应的经营模式，在市场竞争中占有一席之地。

（2）创业型企业在营销组织结构设计上强调协同为主，分工为辅。

创业型企业强调一专多能、团队作业、全员营销，组织设计上要遵循“业务职能专业化，服务综合化”的原则，组织模式强调协同为主，相互补位基础上的分工为辅。

（3）员工素质强调一专多能，企业强调标杆作用。

打一场“胜仗”对创业型企业的营销人员来说十分重要，而创业型企业的员工要取得好的业绩，往往需要在客户沟通、产品提供、售后服务上下功夫。员工素质强调一专多能，企业要塑造标杆人物，强调标杆作用，以此激励各个成员积极工作。企业虽然是机会成长导向，但员工只要肯奋斗，就可以和企业共同成长，成就自我。

（4）强调领军人物对团队的领导力。

创业型企业的条件有限，领导者的信心对团队成员的影响至关重要。如果没有强有力的领导者，团队看不到希望，企业是不可能成功的。阿里巴巴、小米、京东等互联网企业创业成功和马云、雷军、刘强东等人的领导力是分不开的。

（5）营销组织文化上强调持续学习。

创业型企业的营销队伍成员都很年轻，营销经验不足，所以一开始就要养成持续学习的习惯。在营销团队的学习上要形成“早上带一个方案出去，晚上带一个报告回来”的持续的团队学习氛围。一方面使团队成员在艰苦的创业期苦中作乐，保持乐观的工作态度；另一方面在持续改善生存条件的同时，能够让团队成员获得能力上的提升。

（6）组织激励上强调及时的利益机制牵引。

创业型企业的激励机制是短期的物质+愿景牵引结合。对创业型企业来说，短期的物质利益机制更重要，创业型企业的利益机制设计更刺激，不是平均主义，而是和呼唤英雄主义一样，在打造标杆人物的同时，更强调短期及时的有足够力度的利益机制牵引，这样才能取得创业企业的“饿狼效应”。

二、某医疗器械企业营销突破阶段营销总部组织设计案例

某医疗器械企业在推出定量产品时的营销组织设计，抓住了创业型企业的资源聚焦和策略灵活性，战略上聚焦竞争对手，进行量化 PK 策略的有效制定。在实际的市场突破中，由于行业的特点，每个区域市场的收费不一样，渠道合作方的能力不一样，企业的资源和能力有限，营销队伍人员数量严重不足，人员素质参差不齐，为了响应市场的需求，在快速上量的前两年，营销总部的组织设计以统一的策略制定和响应区域市场服务为主，将统一竞争策略下的资源大部分释放到中台，即全国的六大区（六大区能选拔出具备操盘能力的六个大区经理，能有效解决策略的统一性和应对区域市场的灵活性）。这样就能保证在正常模式一致性的前提下，充分授权大区依据各自的特点，快速响应市场需求，在短期内获得营销规模的突破，快速度过新产品、新模式推出后的生存期。

三、韩都衣舍创业阶段的营销组织设计案例

2008－2011年是韩都衣舍的单品牌阶段。业内有句话，“女装看款式，男装看品牌”，女装的一个重要关注因素是款式。消费者上淘宝网买女装最看重什么？很重要的一个方面是多元化选择。所以，想在淘宝网上把女装卖好，一定要给消费者丰富的可选择性，款式要多，上新品要快。为此韩都衣舍战略上进行资源聚焦，同时做到低成本快速试错（多款少量，以销定产）和低成本快速学习（紧盯市场，随机应变）。

创业阶段韩都衣舍独创“单品全程运营体系”，如图2－9所示，每一款产品，从设计、生产到销售，以“产品小组”为核心，企划、摄影、生产、营销、客服、物流等相关业务环节配合，采用全程数据化、精细化的运营管理系统，“多款少量，以销定产”，最大限度地发挥互联网的优势，建立“款式多，更新快，性价比高”的竞争优势。为此营销组织设计采用一体化的小组模式，小组只有三个岗位，因为在服装行业里，最关键的岗位是设计、生产、营销，是以3～4个人为单位，组成最小的组织。将运营体系放到每一个小组里面，使得小组产出的正是用户需求的服装。

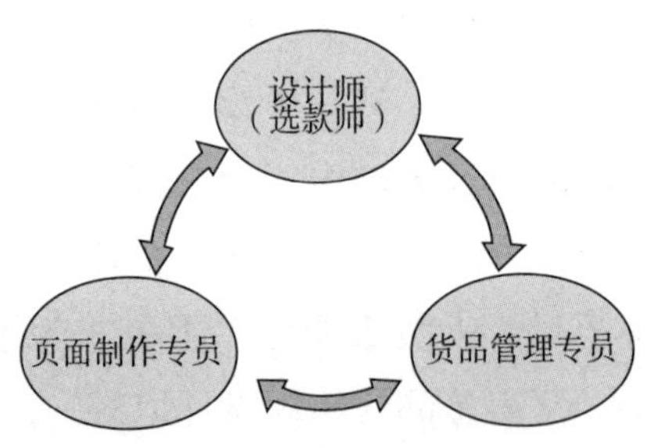

图2－9　单品全程运营体系

小组的责、权、利：

责任：自下而上确定销售任务指标（销售额、毛利率、库存周转天数）。

权力：

（1）款式由小组自己决定，自己设计。

（2）小组自己确定尺码及库存深度。

（3）小组自己确定基准销售价格。

（4）小组自己确定参加哪些活动。

（5）小组自己确定打折节奏和深度。

利益：

业绩提成 = 销售额 × 毛利率 × 提成系数。

在最小的业务单元上实现了“责、权、利”的相对统一，对设计、生产、销售、库存等环节进行全程数据化跟踪，实现针对每一款商品的精细化运营。

第四节　不同类型营销组织设计要点和案例

一、产品复杂程度低、客户需求复杂程度高的营销组织

（一）企业营销组织设计要点

产品复杂程度低、客户需求复杂程度高的典型就是快消品行业的大单品打造模式。单一大单品从策略到执行强调统一性大于灵活性，是典型的三级营销组织平台结构，一级平台就是营销的后台，其策略能力需要很强；中台的大区或者省区要能在主题一致下，依据区域的特点做到战术的灵活性；而基层需要做到执行刚性。鉴于大单品为主的企业的特点，大单品的策略执行容不得半点闪失，而且基层的市场面比较广，基层涉及的渠道成员和自身队伍也比较庞大，加之每个区域的人文特点和营销方式不一样，要做到执行的刚性，则更具挑战性。

（二）劲酒打造单一大单品的营销组织设计案例

劲牌有限公司的产品以保健酒为主，健康白酒和生物医药为辅。劲酒一直定位为酒类行业的快消品，劲牌有限公司长期以来依托单一产品模式成为保健酒行业的领军企业。

劲酒营销组织是典型的三级平台模式，能有效做到“总部战略统一性，分公司策略灵活性，基层有效执行的刚性”。劲酒集团的省区办事处一般管理一百多人，做到区域策略的灵活性不难，难的

是基层数千人能做到有效的刚性执行，所以劲酒集团一直强调军事化的管理文化。

1. 劲酒集团打造大单品的营销模式和策略要点

单一产品要放大规模，劲酒集团意识到要走深度营销掌控终端之路。劲酒集团以125毫升“小方瓶”为主打产品，在市场推广和渠道构建上有意识地参考了很多国内外优秀的快消品模式。“远连线，近作面”是劲酒集团市场布局的核心思想，核心市区重点突破，利用边缘效应拉动周边市县市场，精耕细作，向乡镇网点纵深发展，全面覆盖。终端餐饮启动，跟进批发零售，渗透家庭用户。具体而言，劲酒集团首先在餐饮线上大量铺货，通过对核心市区重点实施突破，利用示范效应拉动周边市县市场，最终渗透到底层的乡镇网点，多年坚持，逐渐建立起自己独具特色的营销渠道。因为要走餐饮渠道，针对餐饮点比较多的特点，劲酒集团强调铺货的覆盖面及速度。统一策略下执行力就是关键，劲酒集团始终坚持市场要由厂家控制，实行以厂家控制为主，经销商配合为辅的深度分销策略。

打通了餐饮渠道，适应市场需求的125毫升“小方瓶”成为劲酒集团的开路先锋。导入期通过餐饮渠道启动，再逐步渗透到商超、家庭，让劲酒的市场推广省心又省力。依据单品突破，多点围攻，细分覆盖的原则进行发展，劲酒有中国劲酒、参茸劲酒、精品劲酒三大系列，根据不同的定位和价格占领了不同的细分市场，但其中中国劲酒是最为畅销的产品，分为125毫升、500毫升两种规格。而125毫升“小方瓶”则是劲酒中销量最大的单品，在劲酒系列产品的销售中占据了70%的份额。

2. 劲酒匹配单一大单品策略的营销组织设计

（1）劲酒总体的组织结构。

劲牌有限公司组织发展规划如图2－10所示。

营销组织设计上强调集权模式下的有效执行，劲牌建立策略、执行和支持三大职能平台，以此来实现指令—执行—控制的有效衔接，提高总部职能的统一性价值和策略一致性。

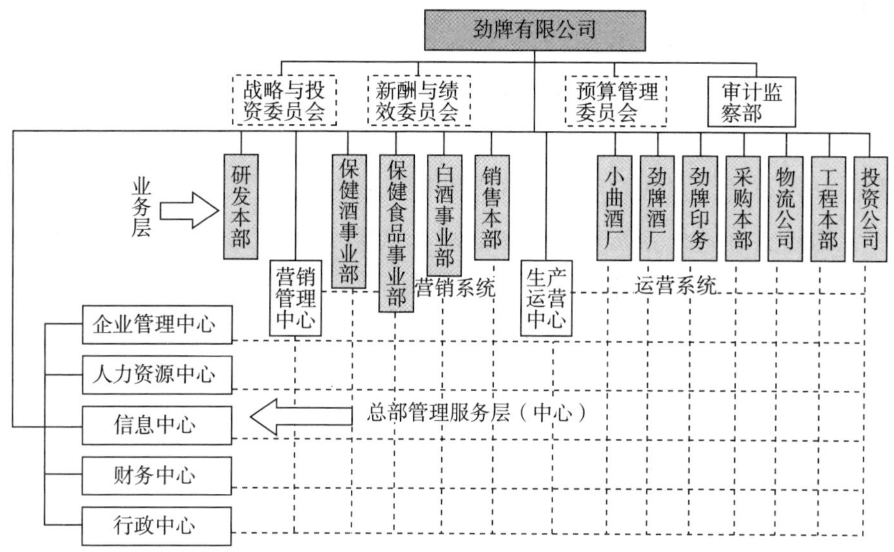

图 2－10　劲牌有限公司组织发展规划

（2）劲酒简单有效、强调执行的营销组织结构。

在这样统一的策略下，就需要强化营销的执行能力，为此劲酒在广告＋终端掌控模式下，强调执行力简单有效的中台和前台营销组织架构设计，如图 2－11 所示。

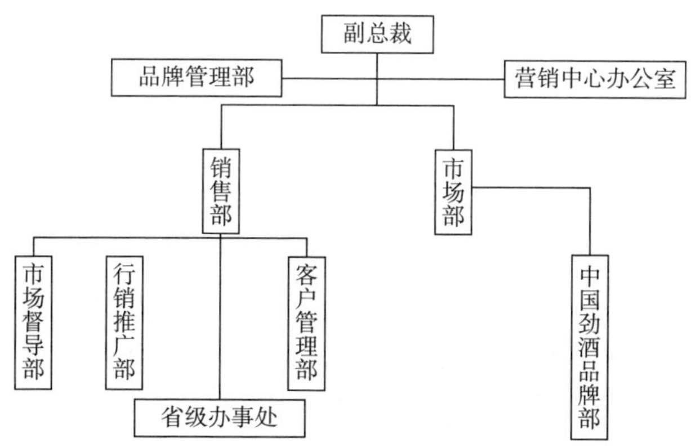

图 2－11　劲酒中台和前台营销组织架构设计

（3）厂商价值一体化的营销组织延伸。

劲牌有限公司的渠道渗透力强，销售团队比较稳定，经销商的忠诚度高，这是策略统一性执行好的表现。劲酒集团始终坚持市场要由厂家控制，实行以厂家控制为主，经销商配合为辅，厂家办事处深入二级市场的深度分销策略。在地级市和二级城市发展区域经销商，区域经销商除经销劲酒外还要在当地成立办事处，厂家派出人员到办事处和经销商共同开拓市场，并做好市场管理、维护、服务等工作。

通过实施“广告费用、进店费用、POP、易拉宝、菜牌等终端物料由劲酒集团提供，招聘的业务员由经销商管理并安排工作，工资由厂家和经销商按比例承担”的基本策略和队伍军事化管理，将深度营销的厂商价值一体化模式在执行上的效率做到极致，由此做到“未访问客户为零原则，坚持拜访最后一个终端”。这种团队坚持力使得劲酒集团不但做大了自身，也将保健酒行业做得更大、更深、更细致。坚持形成的执行力让劲酒集团紧紧抓住餐饮渠道的终端建设，逐步培养出消费者的饮用习惯和品牌忠诚度，最终销售额形成井喷式增长。

3. 打造军事化标准的基层执行力的核心营销组织能力是关键

匹配单一大单品的打造，劲酒集团构建了简单有效的三级营销组织平台，特别是对基层有效执行的管理很到位。强调军事化管理，强调基层动作的标准化和规范性，通过标准化的动作要求和有效的监督管理，使得劲酒集团拥有大单品打造所需的核心营销执行能力。这种组织执行力使得劲酒集团能做到很多企业想做却做不到的极致深度营销效果。比如劲酒集团能做到在产品覆盖率高的基础上，全国范围内的终端基础建设全面到位和持续优化，其中包括以下几点：

（1）四项达标。要求市场部进行终端档案管理和更新，推进网点开发工作，做好产品陈列和终端样板建设。

（2）两项拓展。通过劲酒美食季等餐饮活动加强消费培育，进行意见领袖开发和回馈，同步开展口碑宣传说词应用及终端从业人员联谊等知识营销工作；成长型市场推进团购推广业务的开展。

（3）三项管控。活动同步完成价格规范、货龄合格、市场净化工作。

有效执行的前提是策略必须精准有效并得到很好的理解。劲酒的活动策划经常由总部统一规划，并要求区域执行前后做好各项准备工作，比如一个铺货和促销活动要求就包括以下几点：

①方案学习：办事处组织市场部对活动方案进行认真学习，熟悉掌握活动方案内容。市场部提前做好销售代表、市场代表关于劲酒知识营销的培训工作。

②计划推进：办事处须将个性化方案提前发送到公司沟通审批，办事处须在规定时间内将活动计划反馈回公司。

③奖惩考核：市场部须制定具体的销售代表、市场代表奖惩措施。

④资源配置：市场部在制定活动计划后，提前做好经销商和各级渠道商的沟通，将各项后勤资源全面落实到位。

⑤检核评估：市场部须定期对活动执行情况进行检核，要求对活动中存在的问题及时进行整改；须协助其他部门解决疑难问题，将工作落实到位。

指令性的要求很多，经常要求是认真细致、从实从严，公司市场督导部将组织巡查检核，对于瞒报漏报的将严肃处理。为保证执行力，劲酒集团进行军事化管理，督查是一个重要手段，常态化在终端全面开展以“查档案、查覆盖、查库存”为内容的“三查”工作：

①查档案：要求所有市场组织销售团队对登记在册的终端网点档案进行全面复查，对于变更、缺漏、新增的终端网点及时登记补缺，并纳入常规拜访计划，定期维护。

②查覆盖：常规终端要求中国劲酒覆盖不少于两个单品（125 毫升、258 毫升、500 毫升、520 毫升、680 毫升，任意取两种）。要求全国市场在终端普查过程中，对于空白网点、流失网点及覆盖不达标的网点进行登记，列入网点开发计划，通过人员推广、铺市、陈列激励、终端从业人员激励等形式实现覆盖达标。

③查库存：要求全国市场根据渠道管理部的要求，对节后劲酒经销商、销售商（含特约销售商）及核心终端（重点商超等）的库存进行清查，对于超出其消化能力可能造成积压或临期的库存产品，特别是大瓶盒装产品，要求市场部根据指导意见制定消化措施，并报审执行。

二、产品复杂程度高、客户需求复杂程度低的营销组织

（一）产品复杂程度高、客户需求复杂程度低的企业的营销组织设计要点

标准化多产品意味着产品线复杂，而且是在独立基础上的规模化。一个企业拥有多个标准化、规模化的产品线，对于组织结构而言，有两种类型的选择，一种是研产销一体化的完全事业部模式；另一种是和总部一体化的区域营销公司模式。最恰当的案例就是美的事业部模式和海尔的工贸公司模式的对比，美的是抓住了标准化多产品模式的营销组织设计要点，从而取得竞争优势。

（二）美的和海尔的营销组织设计对比分析案例

美的事业部模式充分利用机制，海尔的工贸公司模式是利用综合化管理体系进行一体化的模式。实践证明，在标准化的多产品经营中，要利用规模优势快速上量，机制优于管理。

美的营销组织设计如图 2－12 所示。

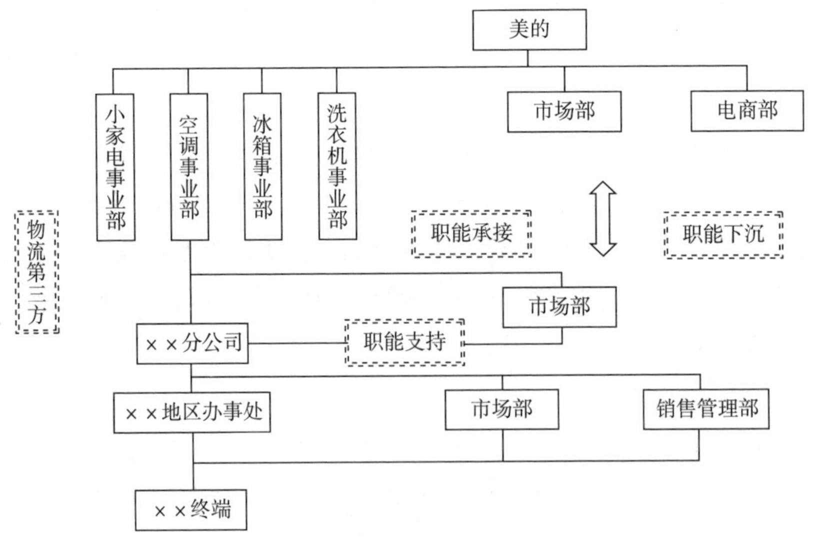

图 2－12　美的营销组织设计示意

海尔工贸公司的组织架构如图 2－13 所示。

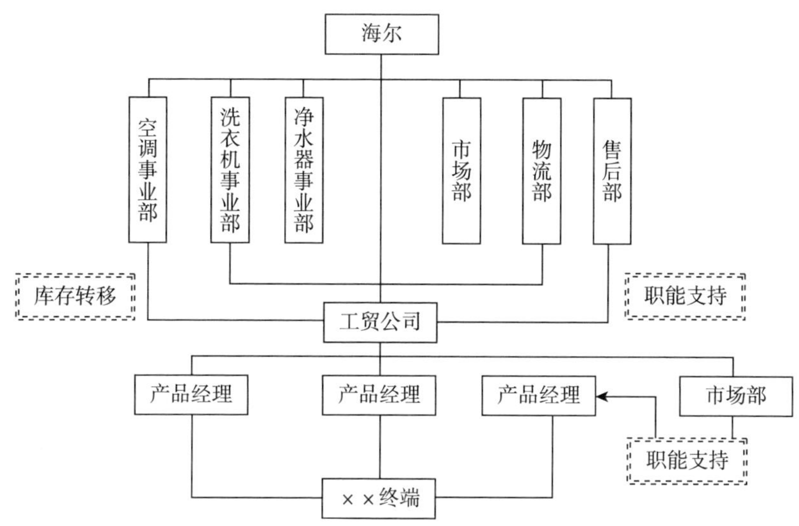

图 2－13　海尔工贸公司的组织架构

美的与海尔营销组织设计和管理各个环节对比：

（1）中台与总部的关系：

①美的对于区域分公司的要求是按照年度预算完成单一品类销量规模目标。

②海尔对于工贸公司的要求是完成区域内所有海尔品类的销量规模目标。

（2）中台市场部与总部市场部门的关系：

①美的分公司的市场部除了承接总部的职能外，还要根据自身市场的不同特性进行活动创新，在分公司预算范围内部进行统筹的安排。

②海尔的工贸市场部除了承接总部的职能外，也会对总部策略进行区域创新，但是受限于区域资源，很多策略不容易落地，策略性质的资源也会集中于销量规模比较大的品类。

（3）中台运作：

①美的的中台建设是分公司拥有相对独立的人、财、物的权力，对于分公司内部的运营，总部及事业部不过多干预，分公司便于集中资源在单一品类上进行深耕。

②海尔的工贸公司虽说也属于独立核算，但是这个平台上运营的产品过于繁杂，工贸公司出于利益等诸多因素考虑，资源肯定会向着易于

完成销售指标，获得规模效应的品类倾斜，致使一部分品类的发展被忽视，发育不良。

（4）中台对于经销商的运营：

①美的按照区域精耕的原则将原来的区域代理提升为区域服务商，降低代理商的销售毛利，预留一部分利润用于代理商服务终端，将大部分毛利转移至经销商手中，提高终端毛利率，增强品类竞争能力。

②海尔将销售触角直接垂直到零售商，零售价格等销售主要因素由工贸公司直接控制，经销商的毛利更多的不是来自零售贡献，而是来自于完成销量规模的工厂返点，加剧渠道库存积压，动销不畅，经销商大量流失。

（5）经销商开发：

①美的是分公司选择区域代理商，代理商进行区域的开发与维护，分公司的营销成本比较低，资源更多集中于渠道政策。

②海尔主要是直接面向终端零售商，人员成本比较高，而且按照产品品类进行运作看似更加精细化，实质上还停留在压货层面，终端动销的动作没有执行下去。

（6）中台对于经销商的支持：

①美的在销售支持上，分公司会根据区域不同的特点，形成有针对性的政策进行投入，由于是单一品类，运作更容易聚焦。

②海尔的客户相对分散，并且经营的海尔产品品类也比较多，往往会形成多品类打包的政策投入，政策性投入不聚焦，没有形成真正的主推概念。

面对互联网时代的末临，两家公司都在进行整合创新或分散经营，美的在整合小企业病，而海尔在治大企业病（现在已经是小微模式），但是在主体的营销模式和组织管理上还是依据以上总体的模式。我们也期待能看到两家企业的持续创新，标准依旧是能否适应环境、业绩持续增长。

三、产品复杂程度和客户需求复杂程度都高的营销组织

（一）企业营销组织设计要点

这种模式的典型是个性化多产品组合，同时强调产品 + 服务的有效

组合，通常是解决方案型企业，营销组织设计上需要平衡效率和灵活性。成熟企业如华为典型的“大后台，小前台”的“铁三角”模式。这种模式在快速成长期，营销组织设计也可以采用多虚拟利润中心模式，进行内部营销事业部的裂变，但是保持后台独立性，以强化大平台的综合策略和服务能力规划及其输出，以符合业务专业化、服务综合化的模式要求。

（二）某医疗器械 IVD① 企业快速成长期的营销组织设计案例

笔者咨询的 IVD 行业某厂家进入多产品发展阶段之后，由单一营销组织模式裂变为多事业部的营销组织模式，就具备典型的个性化多产品企业的组织模式设计特点。

当该企业在一个技术平台的产品规模做大之后，原有的以医院检验科装机为主的产品线逐步往临床装机发展，服务范围扩大，企业的技术平台随之拓展。不同技术平台的产品线扩大之后，原有的以检验科为主的经销商就不是新技术平台产品的目标经销商了。不同的产品线需要由不同的经销商进行覆盖，企业进入内部多虚拟利润中心的组织裂变阶段。具体而言，依据技术平台的不同，经销商经营范围不同，以及最终用户单元的不同，国内营销中心先后裂变为五个独立运作的虚拟营销组织模式，完成对医院终端，从检验科到临床科室最大范围的覆盖。同时，在虚拟营销事业部小前台的运作模式下，企业不断整合中台的数据统计分析、市场策略、技术服务、售后服务等平台职能。一方面有效支持前端的营销事业部的工作；另一方面整合多事业部的产品需求，拉动后台的研发和制造系统进行有效的匹配。

如图 2－14 所示，营销组织中台由总部的市场部、销售管理部、技术部组建和国内板块下的多事业部，以及国际板块内部的市场部、销售管理部、技术部是矩阵关系。在“分兵合围”阶段，强调虚拟事业部作战的灵活性，总部中台在做好有效响应服务之外，强化数字化的驱动作用，在数字化的客户关系管理上进行必要的整合，做到客户资源最大

① 医疗器械、体外诊断试剂及药品。

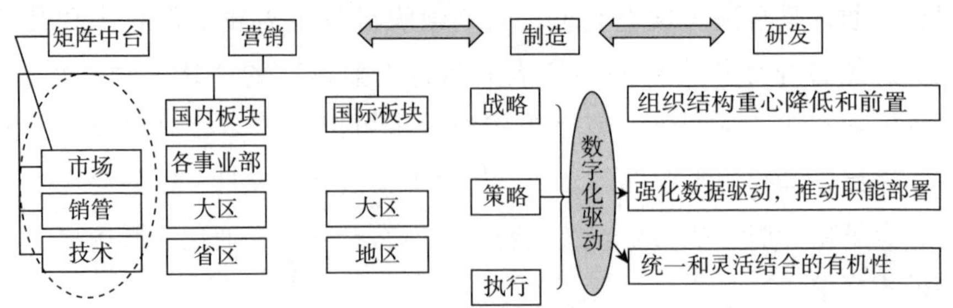

图 2－14　某医疗器械 IVD 企业快速成长期的营销组织设计

化并且保持界面统一。这是由于优秀的客户资源是稀缺的，一方面成立多事业部的好处在于不同的事业部有各自的职能，能够最大化地占有市场上优质的客户资源；另一方面企业要进行整体整合，就是在终端上要有一个从技术到市场的统一界面提供给客户，做到既有分工，又有协同，很好地做到战略一致性、多事业部策略灵活性，以及执行上有效的整合性。

多事业部的“分兵合围”模式是该企业处于快速成长期的模式规划，以便通过机制的释放快速抓住市场中的机会。需要强调的是组织匹配战略和模式，在进行当下的组织模式变革的同时需要关注未来的变化趋势。例如笔者咨询的该企业的长远规划上，“分兵合围”到一定阶段，在区域上就需要进行整合，也就是区域设置分公司，强调区域“主战”，以快速整合资源，响应客户需求，和对手竞争。事业部将会随之变化为军队一样的“军种主建”，转变为以专业性技术和推广拉动的职能配合分公司区域“主战”模式。

第三章

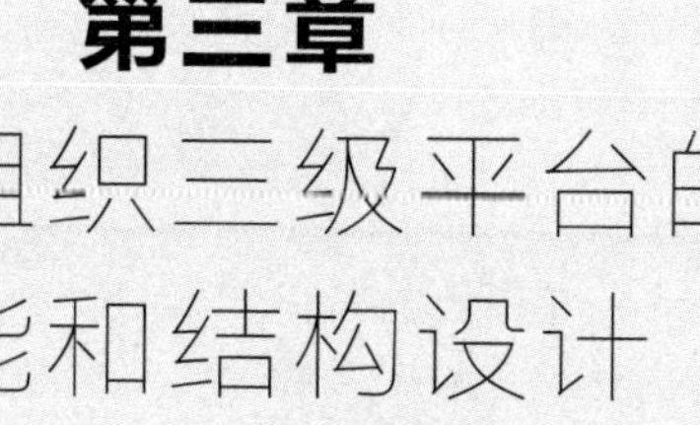

营销组织三级平台的职能和结构设计

叶 宁

在数字化智能营销背景下，为提高市场竞争力，企业必须建设包括总部战略平台、区域或分部策略平台、基层和经销商执行平台在内的营销组织三级平台，并赋予其新的内涵。

第一节　三级平台建设的意义和主要内容

在新营销背景下，企业要在激烈的市场竞争中占据优势，建设营销组织三级平台尤为重要。

一、新营销背景下，营销组织三级平台建设的意义

有效的营销模式需要统一性和灵活性的结合，同时又是营销组织系统效能的竞争，也是营销团队能力的竞争。这也是我们常说的有效的营销模式升级是“三分设计，七分执行”，知易行难，需要营销组织能力的有效承接，不但要强调个体的执行力，更要强调有组织的努力。三级平台建设就是做到统一性和灵活性的有机性营销组织建设的有效模式。

在数字化智能营销背景下，包括总部战略平台、区域或分部策略平台、基层和经销商执行平台的营销组织三级平台建设，依然是营销组织设计的核心出发点，只是有了新的内涵。这种新的内涵是从更为以客户为中心的营销模式体现出很多策略升级的特点开始的，如技术驱动的以大数据为基准的客户画像描绘，匹配的强调客户体验的互动营销，以及数字化手段在产品开发和品牌推广上的应用。这些能力要求必将带动营销组织的变革，并决定三级营销平台的职能，但万变不离其宗，如何做

到战略的一致性、策略的灵活性，以及执行的权威性，这些依然是核心的主题，如图3－1所示。

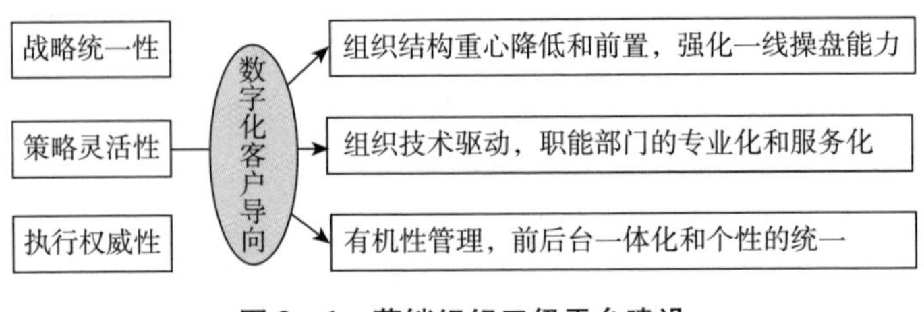

图3－1　营销组织三级平台建设

1. 组织结构更强调营销管理重心的降低和前置，构建小前台能力

在新的营销背景下，营销组织更应该将动力和重心置于市场一线经理和销售管理部门，依据“谁代表市场，谁拥有权力；谁配置资源，谁承担责任”的原则，着重强调一线的“市场操盘”功能，区域（分部）对市场操盘责任。要通过培养基层办事处经理的核心操盘能力，实现对整个区域团队的传、帮、带，带动组织能力的提升，向客户顾问的方向转变。华为的前端“铁三角”、互联网企业强调的小前台也是符合这样的规则。

2. 更强调营销职能部门的专业化和服务化，构建中后台能力

有组织的营销能力强调总部的“刚性管理”和一线的“柔性执行”之间的平衡，如果某一方面失衡，就会造成高度集权、反应不灵或监管不到位的弊端。后台职能部门专业化发展，成为服务支持性平台是有机性营销组织系统建设不可或缺的重要一环，同时后台职能部门专业化发展是研产销环节统一针对市场的中间环节，往往也是企业不能处理好的组织建设瓶颈之一。这个过程需要遵循“业务职能专业化，支持职能综合化”的原则。

3. 强调数据驱动、简单有效的三级管理体系，实现一体化与个性化的统一

三级平台规划要注重过程与结果，以及总部与分支机构的管理结合。有好的营销过程就有好的营销结果，在组织建设过程中需要建立科学的流程与管理规范，掌握授权与分权的平衡，要通过过程指标和结果指标的双重管理，动态处理好总部和分支机构的矛盾。同时，需要有效

利用数字技术，培育基于大数据分析的智能化营销管理职能，支持前台和拉动后台。如产品设备如何互联网化，用于传输客户数据；利用大数据支持的 CRM 系统如何构建客户画像；利用有效的移动办公软件如何进行销售人员管理；在实施 ERP 系统的时候，如何做好 sop 基础上的产销协同；在导入 IPD 系统的时候如何让研发体系和营销体系有效对接，打通端到端的产品全生命周期管理。

三级平台营造组织构建不仅适用于传统企业，同样适用于互联网企业的升级。传统企业的基因缺乏以客户为核心，而互联网企业的基因自带“以客户为核心”，但是缺乏组织化能力。互联网企业走过快速发展的机遇期，面对竞争愈加激烈的市场，纷纷提出“小前台，大中后台”组织化建设的命题，和我们一直提倡的营销组织的三级平台建设是一致的，同样是要做到战略的一致性、策略的灵活性和执行的权威性。总结互联网巨头走过的路，阿里巴巴是组织化建设方面的典范，不同于腾讯、京东、小米的先发展后整理模式，阿里巴巴很早就有了互联网模式和传统组织管理模式融合的思考和安排，其不仅是最注重 KPI 的互联网企业，还大量招聘和提拔来自于优秀传统企业的高管，阿里巴巴内部很早就有以中高管为主的宝洁群，这就是一个很好的例证。

二、营销三级平台职能建设的主要内容

在营销三级平台的具体职能设计上，我们首先从组织建设通常的职能出发，这些职能包括：

（1）计划职能——统计分析进销存数据，协调产销及各环节物流。

（2）财务职能——监控目标管理过程，控制现金流量与费用。

（3）市场职能——加强市场竞争研究与应对，组织广宣促销和服务。

（4）销售职能——优化网络管理，促进有效出货，实现有效销售。

（5）信息职能——强化信息管理，支持一体化，快速响应市场需求。

（6）人事职能——加强营销人力资源管理，持续提高队伍战斗力。

而三级平台具体的职能设计是以“管理为业务服务”的原则进行的，以上这些职能是在企业的动态经营过程落实到营销组织能力上。营销组织能力包括以下五种：

①把握市场，强调销售组织获取和反馈市场动态的信息和情报的能力，这是正确认知市场的“情报力”。

②接近市场，强调降低销售重心，建立以企业为主导的有效分销网络，构建营销价值链，并对其进行系统管理，提高分销效率，克服流通领域中“自然交易”与企业市场目的的差异性，这是企业掌控网络和接近客户的“分销力”。

③影响市场，强调依靠分销网络整体的努力，发挥企业和产品的内在影响力，影响市场需求，使竞争规则向有利于企业的方向变化，是企业影响市场的“促销力”。

④渗透市场，强调销售组织不断地渗透市场、掌控终端，蚕食竞争对手的市场，使企业品牌和产品逐步扩大市场份额，深入把握顾客需求，这是企业强化竞争的“推销力”。

⑤维护市场，强调对客户资源进行系统地开发和管理，深化客户关系，为客户提供增值服务，这是企业服务于市场的“服务力”。

本节基于三级平台的以上职能建设要求，自上而下进行分层职能建设分析，如图3－2所示。

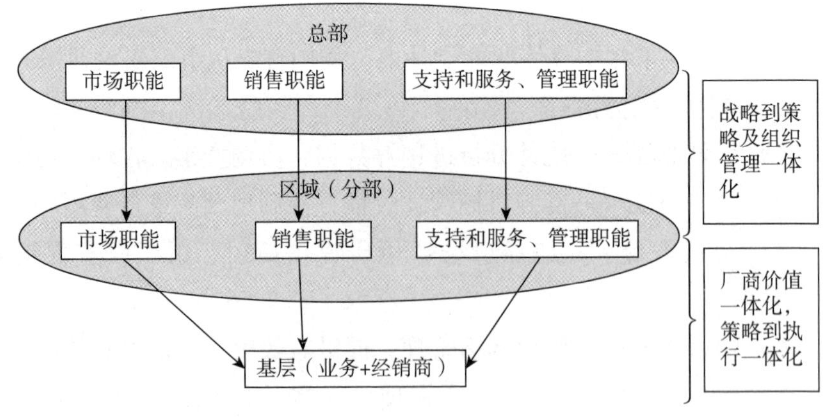

图3－2　分层职能建设分析

第二节 总部到区域市场的“龙头”职能

营销总部居于营销体系的枢纽地位，既连接着生产与研发系统，又对接着与营销相关的人、财、物系统；既遵循着企业战略方向，又管理着各层级、各区域市场业务政策与执行的具体工作。因此，把营销总部形象地比喻为“海陆空”总指挥部也不为过。

营销总部的职能主要有三大类：市场职能、销售管理职能、支持与服务性职能。营销总部一般通过设立市场部、销售部、服务支持部及其相关部门来履行这三项职能。随着规模的扩大，这三大职能往往要落实到区域或者分部平台的职能建设上，形成矩阵管理关系。

总部到区域市场的“龙头”职能主要体现在市场部的职能建设。在整个营销体系中，市场部及其相关部门的位置举足轻重，由于它的策略性、整体性与专业性，经常被称为“情报部”“策略部”或“参谋部”。市场部在营销系统中承担的职能居于“龙头”地位，非常重要，概括来讲主要有四个职能：市场研究职能、规划性职能（企划）、管理性职能、支持服务性职能。

一、数字化驱动、贯通三级平台的市场研究职能

市场研究是市场部的首要职能，也是市场部发挥“情报部”与“参谋部”功能的具体职能体现。这项职能主要包括两方面：一方面是信息收集；另一方面是对信息的研究与分析。在智能营销时代，这个过程需要和信息化、数字化建设结合起来。

1. 注重一线的信息收集

信息是企业了解和研究市场的基础元素，市场调研最主要的任务就是收集对企业有效的各类市场信息。对于市场部来说，市场信息主要包括四个方面的内容：一是市场宏观信息；二是客户背景与需求信息；三是竞争背景与对手的信息；四是企业背景与产品信息。

在销售工作中，市场信息的收集既是一项最基础的业务技能活动，又是制定营销策略过程中不可或缺的工作。信息收集是一项集经验与理

论为一体的艰苦复杂的工作。在企业的实践中，信息的前期收集“质与量”往往决定了调研的成败，收集者的市场阅历、经验与独特的眼光，常常使得信息的收集事半功倍。

互联网大数据时代是一个信息海量的时代，收集信息的渠道与方法也是非常多的。利用有限的资源，在有限的时空范围内搜集到独具市场价值的宝贵信息，并通过甄别、筛选、归纳、整理，最终将有限的信息去伪存真，成为市场分析与研究的重要依据。这的确是一项极具挑战性的创新实践，也是历练与考验市场部市调专员（信息专员）专业水准的一项艰巨工作。注重大数据的收集、挖掘和分析技术，通过信息系统固化前端信息收集行为，做到智能化的信息收集，这在新营销环境下尤为重要。

2. 充分利用数字技术对信息的研究与分析

信息收集后，关键在于研究分析。企业制定营销目标、营销计划、营销策略，乃至市场定位、品牌推广、与竞争对手争夺订单等，无不基于对市场信息的研究与分析，以及在此基础上的系统思考。管理者与决策者的这一复杂的思维活动依赖于其过往的市场经验与实践，依赖于其具备的理论知识与逻辑思考，更依赖于其大胆实践不断创新的胆略与见识，三者缺一不可。不同市场信息的分析方法、研究目的和效果，如表3－1所示。

表3－1　市场信息的分析方法、研究目的和效果

信息内容项目	分析方法	研究目的/分析效果
市场背景的宏观信息	定性、定量分析等	有助于企业科学合理地制定营销目标与计划
客户背景与需求信息	定性、定量分析等	有助于企业制定有效的客户跟进、客户开发、调整等策略
竞争背景与对手信息	定量、比较分析等	有助于企业制定有效的营销策略
企业背景与产品信息	定量、比较分析等	有助于企业制定有效的营销广告、促销推广、品牌管理等方面的策略

在信息收集和处理上，企业要依据自身数字化转型中的阶段性要

求，有效利用数字技术助力信息的收集和分析，如CRM等信息化手段乃至人工智能技术诸如机器学习、数据清洗、数据挖掘、商业智能或知识发现等。

二、规划性职能（企划）建设

市场部规划性职能（企划）建设是市场部职能建设的重要一环，我们就其核心职能和职能具体内容进行分析。

1. *核心是方向规划和节奏规划*

市场部作为企业的“策略中心”，规划工作是其核心职能。在规划工作中，“方向规划”与“节奏规划”同样重要。“方向规划”就是找到策略方向，决策者必须指明企业未来向哪个方向走，指出从当下走向未来的发展路径，如在市场选择上，是走向城市还是走向农村。“节奏规划”就是围绕着方向规划而部署资源所进行的时空配置。时间配置是指前期、中期与后期的资源分配先后次序、轻重缓急，投放时机的把握。空间配置是指根据各类区域和渠道重要程度，确定投放比例。例如开发一个新市场，如何规划资源的总体配置，如何选择高空（各类媒体广告）、低空（户外及周边广告，还包括线上的广告）与地面（线下终端陈列与促销）的资源投放比例？在渠道选择上，主渠道、次渠道与分渠道的分配比例怎么确定？在季节的选择上，旺季、淡季与转化季应保持多大的市场热度？

六个核桃在“方向规划”与“节奏规划”上就做得比较好，作为六个核桃的生产公司，河北养元智汇饮品股份有限公司是近年来崛起的植物蛋白饮品类的领军企业。其产销总额2007年达到5亿元，2008年8亿元，2009年10亿元，2010年12亿元，2011年15亿元。五年来的稳健发展充分体现了一家基础薄弱的中小企业在市场规划与拓展中的成功。在总体市场策划中，市场部首先确定了企业策略方向：“销量第一，品牌第二”“扎根三四级市场，农村包围城市”。销售是“肚子”，品牌是“面子”，只有填饱“肚子”，才有精力顾及“面子”。生存是一切的前提，是未来成长的基础，逐步增长的销量、稳定的销量是日后品牌塑造的基础。六个核桃把正在茁壮成长的农村县乡三四级市场确定为

“核心根据地”，精耕细作。扎住根基，见利见效之后，再考虑逐步向二类地级市和核心城市市场渗透。这在某种程度上可以说避开了“竞争列强”们在一二级城市的争夺战，保存了自身的实力，有效把握了市场推进的“两大节奏”。具体来说，**一是“稳住衡水，立足河北，扩散周边”**。以所在地衡水为大本营，以河北省内区域为“根据地”，向周边500千米以内的外埠区域逐步渗透，滚动复制，梯度发展，最大限度地做透周边市场。2008年之前，“六个核桃”已牢牢地扎根于河北与河南两省，之后又逐步根据自身的资源条件，有选择、有重点地向周边省市拓展，一步一个脚印，目前的市场已辐射到华北区、东北区。**二是“主次分明，精耕细作，步步为营”**。明确重点市场重点投入，筛选出最具价值的地、县、乡级市场作为战略市场，聚焦最优秀的操盘手与经理人，进行扎实的地面推进。建立渠道、终端与客户三位一体的优质市场结构，打造一批样板市场，进而以点带面，谋求区域优势。在这一过程中，区域市场从单纯的销量增长逐渐发展为盈利性销量增长，最终形成稳定的盈利模式。

有战略远见的“方向规划”是“节奏规划”制定与实施的前提，而有效的“节奏规划”的实施与执行又是“方向规划”持续发挥引导作用的基础与根基。六个核桃说明了“方向规划”与“节奏规划”相辅相成，有机协同的辩证关系。

2. 市场规划的具体职能

市场部以产品和品牌为对象，具体规划性职能主要包括：品牌规划、市场规划、产品规划、广告与推广规划及相应的管理规划。

品牌规划主要包括：根据市场及产品阶段性特点制定品牌发展策略；结合市场需求及企业实际情况，制定和实施品牌形象的建设规划；规划与设计贴近企业的总体品牌形象。

市场规划主要包括：通过市场调研做出销售预测，提出对未来市场的分析与发展方向预测；对目标市场的需求进行分析，并有针对性地进行策略设计与规划；在各区域市场，会同一线人员寻找企业的准确目标群体，并对该群体的购买心理和行为进行周密调查。

产品规划主要包括：制定产品企划策略；根据市场需求，制定产品的品类、价格、包装、概念等；对企业新产品上市做规划（建渠道、市场推广等）；提出产品的创新方向。

广告与推广规划主要包括：根据市场需求确定广告创意及发布形式，并与销售终端的推广有机协调；随时掌握与分析竞争品牌的广告策略、竞争手段及市场反应等；制定及实施必要的市场推广与公关活动，引导客户需求；制定人员推广计划和渠道推广计划等。

三、管理性职能

市场部的管理性职能主要是指完成市场部内部各项事务性管理工作，包括品牌与市场管理、预算管理、信息管理、专业培训等。

品牌与市场管理上，一方面具体推进品牌规划的实施并制定监督与考核计划；及时调整与处理各类偏差，如品牌定位与执行中的偏差、品牌扩张上的偏差、品牌维护上的偏差等；对企业的各类品牌行为（如VI、DI）进行规范管理，防止错误行为的产生（如产品的颜色、标识不能乱）。另一方面定期派专员到各区域进行市场环境、客户需求、购买行为、竞争状况等方面的调研；制定及检查渠道与销售终端的市场责任及控制保障体系；负责维护各区域的市场秩序（如渠道商之间的跨区域销售等现象）。

预算管理主要是指本部门费用预算的制定和执行过程中的检查，以及各类市场项目专款审批等。在营销体系中，市场部往往是费用大户，因此为提高企业资源的有效利用率，费用的预算与实施检查十分重要。

信息管理主要包括：借助公司整体的信息化、数字化建设过程的技术，建立和完善各类信息的收集、归纳、处理制度，并建立档案管理制度；设计好各类专用表格，由各驻外营销机构专人定期填报；对接好“产、研、销”系统，及时将相关信息反馈给各部门；建立好企业的信息保密系统。

专业培训包括整个企业与市场工作相关人员的专业培训，培训内容主要涉及市场趋势、行业动态、市场调研、策略企划等方面的各类专业性与管理性培训。

四、支持服务性职能

除上述三项主要职能外，市场部还另外承担了一些支持服务性职能，如表3－2所示。

表3－2　市场部对其他部门的支持服务性功能

对象	职能内容
销售部（包括一线销售）	关键市场的开发、突破与运作方面的支持 重大客户开发的指导支持 重点新产品推广方面的支持 关键促销活动方面的支持与指导 终端市场活动的组织、展示培训与督导等
渠道商	渠道中的市场指导与帮助 渠道促销支持 渠道培训 年节、店庆活动的支持等
生产部门	帮助审核产品包装 帮助控制各品类产量与市场需求的平衡 帮助控制采购标准与产成品的出库标准等 产销之间的对接与沟通
客户	客户投诉处理 产品说明及终端展示物 年节客户回馈等市场活动的组织等
其他	参与对政府及媒体等利益相关部门的公关活动 参与企业年节活动策划 参与对企业焦点事件的处理

五、总部到区域（分部）三级平台的市场职能建设关键

如何在三级平台中履行好市场部的各项职能呢？在实际操作中应注意哪些要点？归纳起来，应包括以下三大要点：

（1）市场核心职能是三个“有机连接”。

战略与战术的连接。营销战略是企业统一的方向、核心的原则、概

括性的总体规划，营销战术则是战略落地的实施步骤与方案。市场部的工作重点是两者都要兼顾，不可偏颇。处理好战略前瞻性与战术务实性的辩证关系，仅有前瞻没有务实，必然成为“空中楼阁”；仅有务实没有前瞻性，则陷入“小本经营”的局限。

方案与执行的连接。从策略的制定到方案的实施，市场部的责任与使命贯穿其中，要使策划具有可操作性，是否能够有效落地是关键。方案本身的科学性、经济性、实用性已经成为能否顺利执行的前提与基础。

前台与后台的连接。如果将营销比喻为“前台”，那么生产、研发、财务与人事就成了“后台”。由于市场部在企业体系中具有一定的视野高度，在内部协同上具有一定跨度，所以在实际工作中往往扮演着“领航员”“引导者”等角色。

（2）市场人员要“能文能武”。

在实际工作中，“能文能武”是一种理想状态，但这充分反映出市场部的职能专业性、实操性与综合性。专业性是指从业者必须具备本行业、本专业与相关市场营销的理论基础；实操性是指从业者最好具备本企业、本行业相关的市场经验与经历；综合性是指前两者的有机融合与相辅相成。他们既能“高空侦察”“参谋策划”，又能“节奏推进”“成功突破”，因此，市场部人员的招聘、使用、培育需要特别关注，要进行资源上的倾斜。选拔的方向既要有一定的营销实战经验，又要有一定的学历与理论水平，理想人才是“土匪加秀才型”的复合型人才。

（3）市场职能构建是一个持续的系统工程。

市场部的调研、策划、管理与支持四大职能的形成、发育、成长与成熟，对任何企业来说都是一个逐步探索的过程，而最终走向成熟的标志是体系的形成。专业团队要发挥市场部的四大职能，有效落实到企业组织长期的行为与习惯上，落实到各部门默契配合的协同方式上。“罗马不是一天建成的”，由于市场部的特殊职能与特性，市场部的建设不可能一蹴而就。对任何企业来说，它都是一项需要高层决策者长期关注、长期投入、长期建设的复杂系统工程，而市场部经理的选拔、使用与培养，也需要高层决策者独具慧眼。

第三节　总部到区域销售部的“龙身”职能

在营销体系中，如果市场职能是完成企业的市场视野与竞争格局的“高度”，那么销售职能是成就企业的市场开拓与分销运作的“宽度”。

市场承担的职能一般侧重于专业性、方向性与全局性，而销售的职能相对来说则是侧重于落地性更强的具体的事务性工作，主要包括业务、客户、内部流程对接等工作。

从职能角度来说，如果把市场部称为营销中心的“空军”或“侦察部队”，销售部则可称为“战区”。相对于市场部的“参谋部”功能而言，销售部则具有“作战部”的功能。

销售部除了承担业绩责任外，还具有以下三大职能：**业务管理职能、支持服务性职能、销售策划性职能。**

一、总部到区域的业务管理职能

如果说策划职能是市场的第一职能，那么业务管理职能就是销售的第一职能。总部到区域销售部的主要工作就体现在其业务管理职能上。总部的销售管理，按管理对象的不同，可分为两类：第一类是对内的业务管理工作，即对一线平台的管理工作；第二类是对外部客户的管理工作。在这两类管理工作中，对内部的管理是直接管理，对外部的管理是间接管理。在管理体系的建立上，应明确两大原则：首先是以市场为导向的原则，外部决定内部，一线需求决定后台的配置与设计的结构。这就要求销售部遵循市场部的策略方向，按照市场的实际情况，管理运营节奏；其次是管理的统一性原则，由营销中心销售部统一制定年度目标、计划与各项预算，由总部统一设计流程、管理与检核预算，并根据实际情况，适度调整计划与追加资源。对于区域平台的策略灵活性，依据“规范和透明的前提下逐步获得授权”的推进原则中实现。

销售部的管理工作主要包括业务管理工作协同和数字化的客户管理工作协同。

1. 业务管理工作协同

对内业务的管理工作主要包括以下六个方面的工作：

（1）营销目标的制定。根据企业发展要求、市场动态、历史销售数据等，综合确定企业年度、季度、月度的营销目标，并分解到各区域（各渠道）。科学合理地制定目标是检验销售部工作有效性的一个重要指标。

（2）营销计划的制定。营销目标一般自上而下分解下达，而营销计划则一般自下而上上报，由销售部汇总，形成整个企业的阶段性（一般以周、月为周期）营销计划。根据 PDCA 的管理原则，销售部在营销目标与计划确定后，接下来的主要工作就是检查、指导与督促各区域市场的业务进程，形成基于数据和事实的目标计划管理 PDCA 闭环循环，以促进持续提升。

（3）主导营销体系人员的绩效考评工作。营销体系因有相当多的员工长期驻外，人力资源部对营销体系人员的信息掌握程度往往不如营销总部，因此，营销体系的绩效考评工作更需要营销中心总部主导。营销总部主导这部分工作，主要是提供资料、信息反馈、安排考评工作的具体实施等。

（4）业务流程处理。主要是指对一线销售签回的销售订单与合同，由销售部负责做好相关的订单评估核算、合同审批、与生产部门联系下单、联系物流发货等一系列流程上的工作。销售部在业务流程上的工作，关键要简洁高效，提高系统效率，提升一线人员的市场反应速度。

（5）预算与费用管理工作。销售部的费用管理工作主要是两项：一是会同财务部门做好销售体系的费用预算，并按销售与时间进度监控好费用的支出，及时对不合理费用的支出项目纠偏。此项也适用 PDCA 管理法则；二是会同一线销售队伍及时对客户应付款项进行核销，并将相应发票等资料反馈给客户。

（6）一线人员的管理工作。一线队伍是营销体系组织的“工兵”，直接承担着“攻营拔寨”的重任，销售部作为后台总管与一线队伍联系最为紧密。管理的内容主要有制定并推进实施奖罚制度与绩效考核标准，会同 HR 部门考核评定，提供考核信息与资料。

对于最后一级执行平台，就是我们常说的厂商价值一体化的渠道协同，要将经销商纳入营销体系的外延，通过合资、合作，以及联合经营的形式进行目标、策略、资源、计划的一体化操作对接和协同。

2. 数字化的客户管理工作协同

在真正以客户为中心的客户数字化时代，借助 CRM 系统的数据化客户管理尤为重要，三级平台对外客户的管理包括以下五个方面的工作：

（1）客户开发。按照彼得·德鲁克的观点，企业经营的宗旨在于“创造客户”。从这个意义上说，企业的一切活动都应围绕客户展开。客户的开发工作包括客户的寻找、交流、谈判、辅导、支持与备案。销售部作为业务主管部门，帮助一线销售团队进行客户的有效开发与科学维护。一线平台的客户开发管理包括两个方面：一方面，对客户开发过程的支持，包括与客户签订合同与协议时，商务条款、技术条款、交货与付款条款、服务条款等事项的确定；另一方面，对客户档案资料的管理，档案管理是一项基础性的工作，在规模比较大的公司可设立一名专员负责。对于客户的档案，除了要求科学分类管理外，还要注意两点：一是客户档案属保密性资料，个别甚至涉及企业商业机密，需由专人管理；二是档案资料管理妥当，不会因人员的流动或调整影响销售部的正常运转。

（2）客户分类与动态管理。对于客户的分类，每个企业都有自身的标准，如根据销售额、客户规模、客户在行业的地位、客户资信、客户发展潜力等指标，把客户分为 A、B、C、D 四个层次，并按不同层次制定不同的客户政策。

在客户分类的动态维护上，某国内知名的专业生产照明灯具的公司就做得比较好。为使公司的资源投放取得最好效果，该公司按照“二八法则”，将公司的三千余家客户划分为四类，即 A 类、B 类、C 类与 D 类客户，如表 3－3 所示。

表 3－3　某企业的客户分类

客户类别	占总客户量比例	分类标准	拜访频率
A 类	15%	交通方便，地理位置优越，客流量大，营业面积大，在当地（地市范围内）有很高的知名度，月均销售额大且稳定	1 次/周

续表

客户类别	占总客户量比例	分类标准	拜访频率
B 类	25%	交通较方便，地理位置较优越，客流量较大，营业面积不低于 A 类的 50%，在当地（县市范围内）有很高的知名度，月均销售额较大且稳定（不低于 A 类的 50%）	2 次/月
C 类	40%	地处县市郊区及乡镇，营业面积较小，月均销售额较小，只有 A 类 30% 以下或 B 类 50% 以下的客户	1 次/月
D 类	20%	批发产品的客户	不定期拜访

（3）客户维护与投诉应对。客户维护是销售部的一项基础工作。在快消品企业中，一般设立客户满意管理岗位；在工业品类企业，常常设立技术类的服务部，由这些部门或岗位全权负责客户的满意度管理，处理各类客户投诉，规避客户的周期性流失。

客户投诉分为以下四类：

①因产品质量方面的问题投诉，如产品存在质量缺陷或产品型号不对。

②因合同履行方面的问题投诉，如交货时间、地点，验货标准，结算方式等。

③因货物运输方面的问题投诉，如产品在运输途中损坏、外包装损坏等。

④因企业方服务不到位的问题投诉，如服务不及时、双方沟通不畅等。

销售部应由专人处理客户投诉，及时将投诉意见转交给相关部门进行处理，明确责任部门与责任人。另外，每一起客户投诉的内容及处理过程与结果应由专人做详细的登记。现在不少企业对于客户投诉制定了处理流程，特别是规模较大的公司处理及时高效，这是好现象。

（4）大客户管理。基于大客户对企业的关键作用及在行业内的影响力，有的企业专门制定大客户营销与管理政策，有的则在销售部专门设立大客户管理组，可见企业对于大客户的重视程度。另外，对于特别关键的大客户的开发、维护，很多企业都由营销总监及以上的领导亲自挂帅出马。对于大客户售后方面的支持及投诉意见的处理，企业也设置了优先程序与“绿色通道”。

（5）注重客户系统建设。数字化智能营销背景下，谁能有效利用数字技术真正做到以客户为中心，谁将取得竞争的胜利。在客户管理上要注重渠道数字化技术能力建设，注重全渠道规划下的客户大数据库建立，并注重各级客户的 Sale in 到 sale out 的大数据收集，做到数据清晰，进行智能化分析。

二、总部到区域的支持服务性职能

总部到区域，销售部除了上述主要的业务管理职能工作外，还要为一线平台承担一些服务性职能工作。按服务对象来划分，主要有一线界面、客户界面与企业内部界面三个部分的服务支持工作，具体内容如表 3－4 所示。

表 3－4　销售部的支持服务性职能

服务对象	服务支持内容	
一线界面	业务指导	政策查询、信息支持等
	销售支持	订单与合同变更处理、标书制作、非标定制、交货安排、调货及改运、垫付费用核算等
	培训指导	工作经验介绍、销售技巧指导、营销理念传播等
客户界面	业务类	订单查询、质量咨询、交货进度查询、产品知识指导、大客返利政策的落实、费用核销等
	其他类	突发事件处理、危急公关等
企业内部界面	研发部门	传递市场需求与客户信息，帮助研发部门确定研发与产品改良的方向
	生产部门	传递市场需求与质量信息，帮助生产部门调整产量计划，整改质量问题

续表

服务对象	服务支持内容	
企业内部界面	采购部门	提供销售计划、市场与客户信息，帮助采购部门合理确定采购数量，控制库存水平
	财务部门	主要就费用结算、核销等提供凭证资料及客户信息等
	人力部门	参与销售系统员工的招聘、面试、考核，提供一线员工考评信息资料等（因一线员工长期驻外，人力资源部可能无法了解到位，销售部进行弥补）

三、总部到区域的销售策划性职能

除管理与服务两项主要的职能外，销售部还承担一定的策划职能。当然，总部到区域的销售部的策划与市场部的策划是有区别的。

从层次上看，总部市场部的策划通常属于战略性、方向性、全局性的，而总部销售部的策划则一般是年度的战术性、局部性、补充性的。从形式与规模上看，市场部的策划一般是面对面的，规模较大、专业性较强，而销售部的策划则一般是当期（月度为主的）点对点、个性化、小型化的。因此，对于营销体系较庞大、营销区域较广阔的企业，市场部的人力与其他资源毕竟有限，需要销售部与一线团队一起另外策划开展一些因地制宜、灵活性较强、更加贴近客户的“落地”性活动。

销售部的策划职能包含三类：销售类、客户关系类与配合类。

销售类策划，主要是指对于销售政策的策划。例如，罚款、贴息、返利（大客户几个点、全款几个点），以及经销商的让利返利政策策划等。

客户关系类策划，目的是深化客情关系。比如开展客户联谊活动，提供资源，走进客户内部商学院，根据各区域客户的文化风俗等因素制定相应的维护策略等。

配合类策划，是指配合和响应市场部的战略性策划，通过小改革、小创造，“短、平、快”，形成有效的战术性活动。比如有的企业就让销售部承担这种“配策”职能。可以在总部销售部设立 1 ~ 2 名专员，负责把经验与成功案例传达给各地小团队，通过群策群力进行二次创新与有效实施。

以上是销售部各项职能内容的大体介绍，关键还在于如何履行这些职能，将其有效地融合到企业营销有关的各个环节。销售部管理、服务、策划三类职能的角色定位分别是“婆婆”“丫鬟”与“管家”，管理的关键是如何科学有效地实现三项职能的平衡，既有阶段性的重点，又不偏向于哪一方。同时，注重销售部在“产、研、销”体系中发挥好平衡协调功能，实现一线界面、客户界面、企业内部界面三者之间的有效对接。

第四节　总部到区域的支持性“龙尾”职能

市场、销售管理是营销三级平台的两项核心职能，也是整个营销组织在企业体系中发挥核心价值的两个方面。但作为一个完整的职能构成体系，除了核心职能外，营销总部到区域（分部）还承担支持性职能。如果把市场职能与销售管理职能分别比喻为“龙头”与“龙身”，那么支持性职能则相当于“龙尾”。

营销总部到区域（分部）的支持性职能主要分为以下四类：业务类支持性职能、财务类支持性职能、行政类支持性职能、人力资源类支持性职能。

一、总部到区域的业务类支持性职能

营销总部到区域平台的一个主要工作目标就是要保障各项业务销售能按计划顺利开展，尽可能减少“阻力”与意外事件的发生。因此，营销总部到区域的管理者要善于处理并协调好与业务相关的内外部关系。

对外方面主要是保证物流畅通，要与货运公司建立良好的合作关系。近年来，国内物流业发展迅猛，现在一个企业要想扩大销售规模，不借助物流企业的“路网”支持，几乎不可能成功。但有些企业经营与管理的意识淡薄，认为物流公司多，可随意选择与压价，不重视经营与稳定具有发展潜质的物流合作伙伴。从长期来看，这对企业来说是不

安全的，如在春运期间交通紧张，或者遇到天气恶劣的情况，企业往往会非常被动。相反，对于那些重视与物流企业建立相对稳定且良好关系的企业而言，上述问题很容易解决。从这个意义上来说，经营“供应商”“外协厂家”与经营“客户”的道理是相同的，都需要在公司的统一策略引导下积极进取，不断创新。

对内方面，营销中心总部主要是与生产、研发两大体系建立良好的协作关系，提高运营系统的整体效率。产销之间往往呈现出“天然”的矛盾，主要表现为生产体系一般偏重于技术与计划性，而营销体系偏重于需求波动与动态竞争的非计划性。国内一些生产型企业“产、研、销”体系不协同，有的营销总监甚至认为企业内部争端与扯皮的时间占到六成以上。一家大型企业，如果高层不介入，为更改一项产品的标识或包装问题，销售部可能要与生产部门协调若干天，企业成了“内耗”型组织。因此，营销中心要有效地实施其本身的支持性职能，应与企业内外部的相关单位和部门建立良好关系，将 CRM 系统和内部的 ERP、SCM 系统有效对接，做到利用用户的数字化支撑产品的数字化，利用用户的数字化、终端的数字化支撑供应链的数字化，从而通过技术手段实现营销为龙头，研产销一体化，以客户为中心的模式。

二、总部为主的财务类支持性职能

营销体系的工作流程也是一个现金流的过程，很多规模型的企业往往专门设立营销财务部，负责整个营销体系的资金预算管理、费用结算、费用核销、客户应收款管理等工作，营销总部则相应设立了财务专员、应收专员等职位，对接财务部门的工作。

资金预算管理工作：在企业管理中一般都会按照销售额的一定比例预算营销费用，而这个比例根据行业、市场竞争程度等因素综合测算考虑。营销组织就是要在企业提供有限资源的条件下取得最大的营销成果。对于预算工作，营销总监与各部门负责人都应予以重视，要在综合市场状况、销售目标与计划、历史记录等全面信息的基础上，会同财务部做好预算。当然，对于预算的执行要注重过程管理，存在的问题及时纠偏，必要时可会同财务部门适度调整预算。

费用管理工作：费用是“营销部队”的“粮草”，而营销中心则是“粮草”的管理与调剂中心，费用如何分配、使用与管理，关系到资源的有效利用问题。部分一线平台管理人员片面地认为会哭的孩子有奶吃，仅用短期资源获得短期销量，促销资源一停，销量骤减。而某些优秀的一线平台管理者则认为会长的孩子才能有奶吃，通过有限的资源，创造性地逐步提升体系与队伍的经营力与管理力，保障业绩稳定持续增长。这就说明了两类一线平台管理者在费用使用的科学性上存在着很大的差异。使用资源的关键是“好钢用在刀刃上”，如何用有限的资源取得更大的成果，是评价各个营销平台管理者的关键指标。在费用管理的具体工作上，要把控好分配、使用、审批、核销各个环节，有三个要点：一是建立一个清晰的管理流程；二是营销管理者把好分配关与审批关；三是对营销驻外机构实行收支两条线，监督资金使用过程。

客户应收款管理工作：应收款是企业资金流入的主要渠道，也是企业维持资金周转的重要环节。对于销售一线人员来说，把产品销售出去只算成功了一半，把货款全部顺利收回来，一项业务工作才算圆满结束。在规模较大的营销组织设有应收专员（一般不止一个），由资深老练的人员担任，定期与客户对账，发催收函。对于某些大型的、单位价格与技术含量较高的工业设备企业，一般由客户采取分期付款方式，根据不同区域市场的实际情况采取不同的策略。但对应收账款的安全性管理应是营销体系的管理底线，从现金流管理的原则来看，“生存是企业唯一永恒的主题，发展只是生存的一种形式”。从这个意义上来看，应收账款的慎重与稳健管理是企业的生命线，对中小企业来说更是如此。

三、行政类支持性职能的分层管理

在一些营销组织体系中，因工作需要设有较多的驻外营销机构。企业行政人事部往往因人手或精力有限，无法顾及这些驻外机构的行政事务工作，因此一般由营销中心总部到区域进行分层管理。

营销体系的行政类支持性工作主要有对内与对外两部分，如表 3－5 所示。

表 3－5　营销体系的行政类支持性工作

类别	主要工作内容
对内	营销体系办公设备的采购与配备 驻外机构的开办与管理 驻外机构办公场所的租赁与装修等 广告、样本、营销人员名片等资料的印制与发放 营销体系员工劳动纪律的督查
对外	来访客户的接待管理 销售法务支持 地方工商行政部门打假工作的配合与支持 营销体系的危机公关

四、总部为主的人力资源类支持性职能

人力资源属于统一管理范围，以营销中心总部为主，涉及配合支持人力资源部门 HRBP 的工作。

首先，参与营销相关的政策与制度的制定。如营销体系的绩效考评方案、营销体系人员的薪资标准、营销人员（企业规划、销售、售后服务等）的招聘标准等，人力资源部一般都会征求营销总部的意见与建议，或者要求总部派出专人配合相关政策与制度的制定。只有这样，与营销相关的政策、标准与制度才可以兼顾宏观的统一性与微观的可操作性。

其次，配合营销体系人员的“招、用、育、留”工作。在人员招聘方面主要参加人力资源部门安排的营销人员面试、笔试评判，并给出聘用与否及薪资待遇标准的意见。在人员使用方面，对于营销体系人员的调任与调岗，企业高层或人力资源部一般都会授权给营销总监，营销总监根据工作需要内部授权。在人员培育方面，为维护营销组织的信心、激情与创新能力，很多营销组织都会定期培训或开展各类团队活动，培训师资一般由内部人员担任，如优秀经理人、销售标兵等。对于营销体系的培训，人力资源部一般只是派专人给予配合，或者给予资源上的支持。可口可乐业务人员的有效内训就是比较典型的案例。对于招聘的业务员，由经理人或业务主任就近实施定期或不定期业务培训；对

于业务主任与经理，则分批到区域总部或专业培训机构（称为可口可乐管理学院）参加培训，不断从实践总结和理论指导上提高业务技能。在员工关系管理方面，在营销体系内，对于需要辞退的员工，一般由其直接上司负责。比如辞退一名业务员，由其所在办事处经理负责。遇到产生劳动争议的员工，也需要由其直接上司或相关同事提供证据资料，配合人力资源部处理。对于想辞职的普通员工，一般由其直接上司沟通挽留；重要人员辞职，一般由人力资源部负责人会同营销管理者共同安排谈话挽留。

通过以上内容，我们对营销中心总部的市场职能、销售职能与支持职能有了了解。按照有机性营销组织的思考，上述三大职能被形象地比喻为传统大家庭中的“婆婆”“管家”与“丫鬟”。市场部体现了策划性与专业性，销售部体现了综合性与管理性，辅助部门则体现了其服务性与安全性。需要特别指出的是，这三项职能的建立需要一个长期的培育过程，不能一蹴而就。根据有机性营销组织的构架思路，营销中心的经营盈利型、专业职能型、服务支持型三种角色定位处于一个动态变化的过程。营销中心的这三项职能在企业的各个阶段也不是均衡发展的，而是在某一个时期与阶段相对稳定，如表3－6所示。

表3－6　营销总部定位和职能侧重点

定位		经营盈利型			专业职能型			服务支持型		
重要程度	职能	重要	次重要	一般	重要	次重要	一般	重要	次重要	一般
市场职能	市场研究职能	√				√				√
	规划（企划）性职能	√				√				√
	管理性职能	√				√				√
销售职能	管理性职能	√			√				√	
	服务性职能	√				√				√
	策划性职能	√					√			√

续表

定位		经营盈利型			专业职能型			服务支持型		
重要程度	职能	重要	次重要	一般	重要	次重要	一般	重要	次重要	一般
支持职能	业务类支持性职能	√			√				√	
	财务类支持性职能	√			√				√	
	行政类支持性职能		√			√				√
	人力资源类支持性职能		√			√				√

第五节　厂商价值一体化模式

一、厂商价值一体化的基本模式和功能定位

区域策略的灵活性要求区域平台的操盘人员能依据区域市场的特点，在总部战略一致性的策略指导下做到“一地一策、一时一策、一客一策”，并且有效地指导基层业务人员和经销商体系执行。在层级化越来越扁平的新营销背景下，区域的策略灵活性和有效执行的两个平台往往是交融的，就是我们提倡的“厂商价值一体化”模式。这不仅是渠道模式的变革，其更深层次的意义在于围绕渠道的“效能”原则，根据区域市场不同特点，和经销商共同建立起策略平台和执行平台，提升区域市场开发和维护的效果和效率。就其“争夺市场”的根本目的而言，这两级平台建设有以下三个基本命题和协作重点：

（1）如何开发市场？包括区域市场的开发重点、开发策略、开发深度等。各驻外区域营销机构作为市场开发的主体，须就这些问题与经销商达成充分共识，根据双方的协作重点形成目标计划。

（2）如何维护市场？包括区域市场的维护重点、维护方式、市场

目标等。经销商作为市场维护的主体，须对市场维护的目标及其计划充分了解，并在驻外区域营销机构的协同和支持下实现对区域市场的充分开发及维护。

（3）如何组织资源？各驻外区域营销机构应充分利用和组织相关资源，指导、支持、牵引经销商，达到开发市场、精耕细作、应对竞争的目的。

厂商价值一体化基本模式如图 3－3 所示。

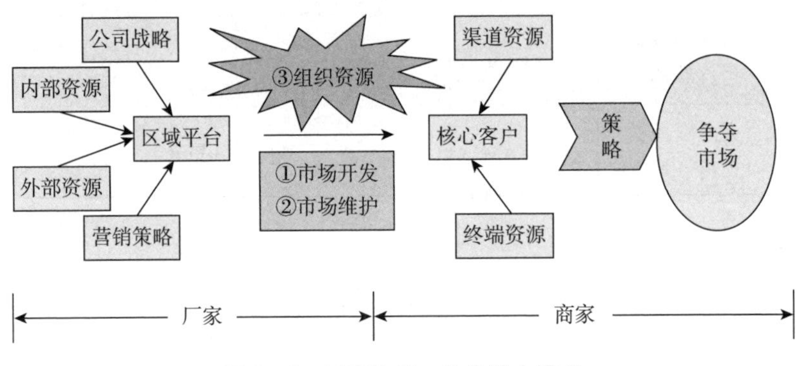

图 3－3　厂商价值一体化基本模式

实践中，区域平台要注意通过开拓和服务终端，反向整合经销商资源，如图 3－4 所示。依据我们多年的咨询实践，以联合经营部的合作模式切入，循序渐进，建立利益共同体、事业共同体、命运共同体是大部分国内企业的最优选择，如图 3－5 所示。

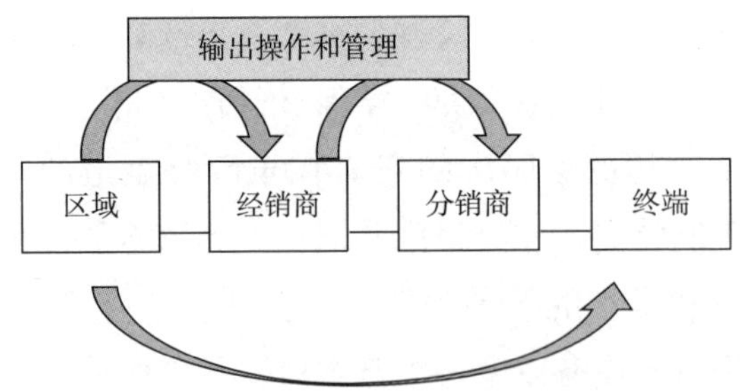

图 3－4　区域平台反向整合经销商资源

具体操作上，策略和执行两个平台的有效对接和融合可以分为以下三个阶段：

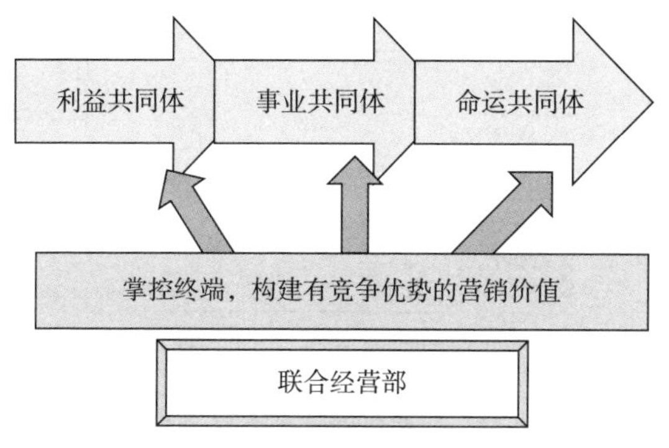

图3－5　联合经营模式

第一阶段：协同运作。

厂家优选经销商，确定双方长期发展的共同愿景和实施规划，并在市场操作中进行有重点的资源倾斜，协助经销商提升管理模式，适当地增派人员支持经销商的市场运作，以规范化的市场推广措施支持区域市场活动，逐步实现厂商双方共同运作。

第二阶段：联合经营。

在第一阶段成功的基础上，对经销商进行更大的支持，但也提出更高的要求。生产厂家与经销商在区域市场上建立联营机制，对投入产出进行共同核算，共同承担费用，共享市场收益。同时要求经销商提高配合程度，例如实现该产品由专人相对独立运营。这方面做得好的有宝洁、拉芳等日化行业企业。

第三阶段：合资公司。

厂商价值一体化的高级形态是建立厂商合资公司，在机制和体制上都实现双方的一体化运营。双方实现深度对接，完成渠道价值链的封闭化，通过规范和精细化的渠道管理极大地提高了市场竞争力。这方面做得好的企业有格力、步步高等。

这三种模式的动态转换是以企业的市场地位发展为依据的。厂商价值一体化的几个阶段如图3－6所示。

二、某医疗器械企业的区域平台联合经营部建设案例

某医疗器械企业建立联合经营部是其构建有效区域策略到执行平台

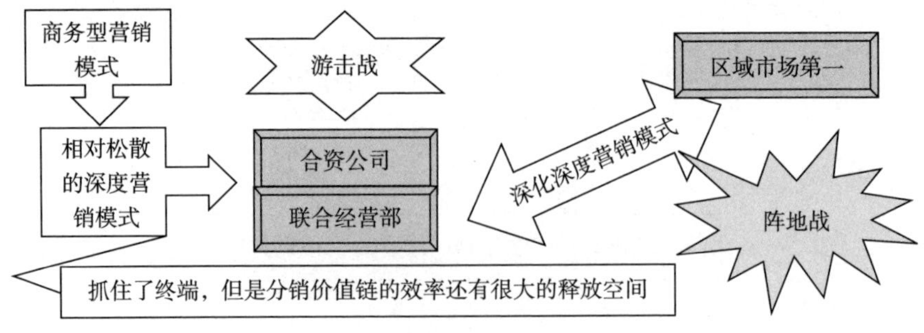

图 3－6　厂商价值一体化的几个阶段

的核心阶段。

具体操作中，首先是确定“1＋N”模式下联合经营部的定位和组织模式，如图 3－7 所示。

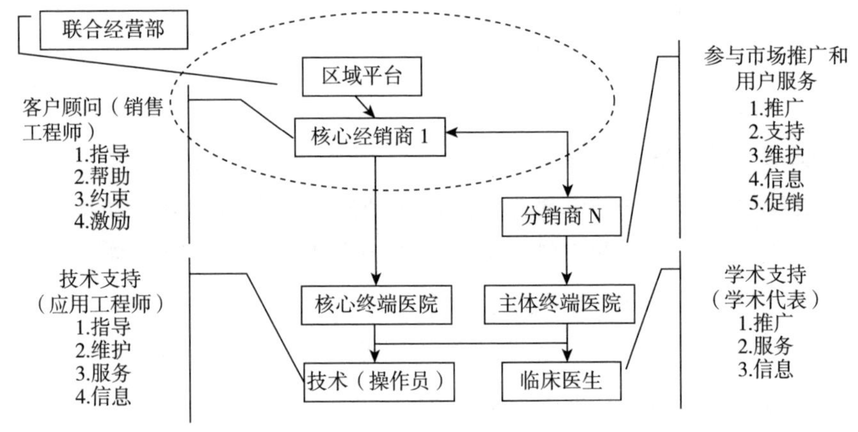

图 3－7　联合经营部的组织模式

（1）厂家的角色和功能：规划和管理者，操作和管理的输出者。

在“1＋N”模式下，厂家是渠道价值链的规划者、管理者和服务者，其主要功能是进行市场规划、品牌传播、产品组合、市场维护、促销推广、信息管理和服务支持。

（2）“1”的角色和功能：标杆医院的建立、资金、物流、推广和服务平台。

核心经销商的主要功能包括执行区域市场方案，负责物流、业务信息、品牌展示和市场推广，以及为下属分销商提供指导和支持，提供维修等售后服务。

（3）“N”的角色和功能：自身区域市场终端的操作和维护提升。

分销商作为一般加盟者，是与“1”紧密衔接的基层渠道力量，其主要功能是有效覆盖市场，进行产品的展示与销售，开展市场推广工作，以及为客户提供售后服务。

联合经营部是在区域中以点带面，建立样板，提炼模式，集中学习和滚动复制的。选择什么类型的经销商进行联合经营很重要，为此我们以经销商的综合定量评估来选择建立联合经营部的标准，如表3－7所示。

建立联合经营部后，要承接输出操作和管理的作用，区域平台的经理等操盘人员就需要具备灵活策略转换能力，制定基于目标、策略、资源、计划的PDCA目标管理体系，通过月度经营例会形式无缝对接经销商的执行体系，如图3－8所示。

该医疗器械企业建设联合经营部过程中区域平台承担的职能如图3－9所示。

表3－7　定量评估经销商

项目	经销产品		意愿			能力						责任		
	定量	定性	合作意愿	对企业认同	对深度营销理念认同	终端掌控能力	专职团队	资金	信誉与口碑	流通辐射能力	行业经验	合同任务占区域总任务的50%	合同任务占区域总任务的30%	合同任务占区域总任务的20%
第一选择														

续表

项目	经销产品		意愿			能力						责任		
	定量	定性	合作意愿	对企业认同	对深度营销理念认同	终端掌控能力	专职团队	资金	信誉与口碑	流通辐射能力	行业经验	合同任务占区域总任务的50%	合同任务占区域总任务的30%	合同任务占区域总任务的20%
第二选择														
第三选择														

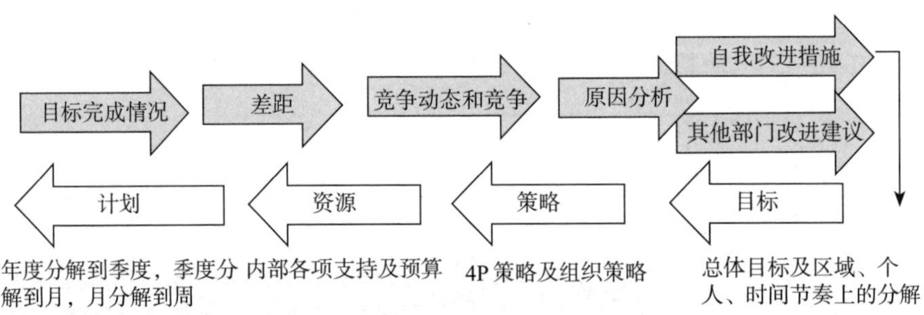

图3-8 制定及落实PDCA目标管理体系

该企业经过2~3年的努力，在全国范围内的核心省份建立了效率极高的联合经营部，构建了从区域操盘的策略灵活性到有效执行的无缝对接平台，为企业每年高于行业平均速度1.5倍的发展奠定了良好的基础。

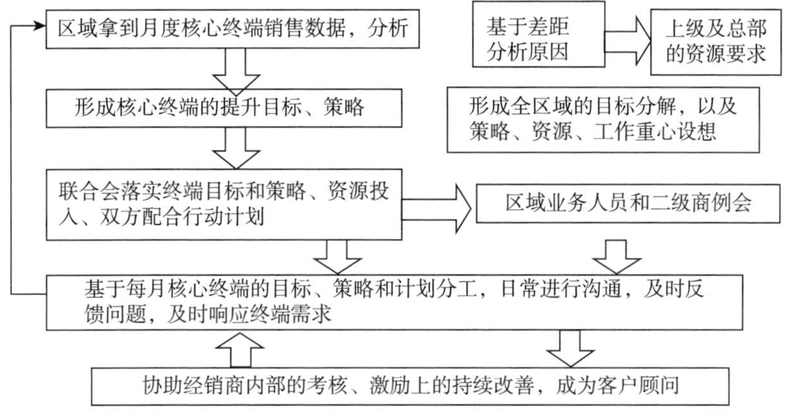

图 3－9　区域平台承担的职能

第六节　三级平台有效协同的要点

企业要实现三级平台有效协同，需遵循以下几点：

一、清晰总部与分支机构的责任边界

企业在建立初期，往往都是典型的机会依赖型模式，通过获取市场机会，利用组织内部资源保证企业的生存和发展，导致企业在成长过程中，由于受资源分配、人员能力等诸多因素的影响，出现组织职能模糊、责任边界不清晰的现象，营销组织同样存在这种问题。企业的进一步发展，对企业组织能力提出了更高要求，组织职责边界不清问题就会暴露出来，影响企业的整体效率。

如果营销总部与分支机构的责任边界不清楚，就有可能直接导致内部权力分配体系紊乱。例如，有些企业的区域经理甚至连自己到底应该有哪些权力都不清楚，客户更是一头雾水。一线产生的问题最终会上交到公司总部，总部疲于应付市场问题，难以集中精力做公司战略规划、品牌战略等关乎企业长期发展的关键工作。所以，在营销组织设计过程中，营销总部与分支机构必须有明确的责任边界，确保各司其职、协同作战。

TCL 集团就建立了清晰的管理体系，各个层级都有明确的定位，如

表3－8所示。

表3－8　TCL集团的管理体系

部门	职能定位	核心营销职能
总部	决策中心 服务中心	负责总部预算内资源的决策和使用 负责向各分公司、经营部提供销售支持服务 负责品牌推广、产销衔接、产品策划
大区	监控中心	控制财务风险和市场秩序 负责检查下属各单位业务
分公司	区域决策中心	负责对本区域市场预算内的营销工作提供决策 负责分公司和各经营部的内部管理，并提供业务指导 负责本区域市场的营销策划 直接向总经理负责
经营部（办事处）	执行中心	负责营销战术的执行 负责区域业务的具体操作 负责完成销量指标 负责创造利润、承担压力

二、构建信息化到智能化的营销管理体系

数字化时代，智慧营销即数据营销进入场景时代，在行业建立全角色、全场景、全渠道、全链路的数字化连接是趋势。以前的用户画像可能模糊，有了超精准数据系统，就做到了4K高清，连人的汗毛都看得清清楚楚，各种智能化技术应用可以使得企业和最终用户之间的距离无限接近，无缝连接。商业机会就蕴藏在同用户零距离的接触中，以客户为中心已经不再是伪命题。

把目光转向企业的现实经营，我们往往看到企业业绩可能还在持续增长，但是产品生产和售后服务部门却忙于响应客户，完整的客户数据建立还未有效完成，对客户的使用和购买场景还处于个人经验认知状态；业务操作没有有效地达到理想的标准化、在线化和流程化，处于机会导向的经验感知主义阶段；组织管理还以人管人为主，体系化进程缓慢，组织的错位、越位、缺位的状态还没有得到有效改变。

所以，构建企业短期业务目标，实现与长期数字化转型之间的动态平衡，是大部分传统企业所面临的最大挑战。依据客户数字化的程度拉动企业的数字化进程是有效的动态手段。

客户数字化程度拉动企业数字化进程如图 3－10 所示。

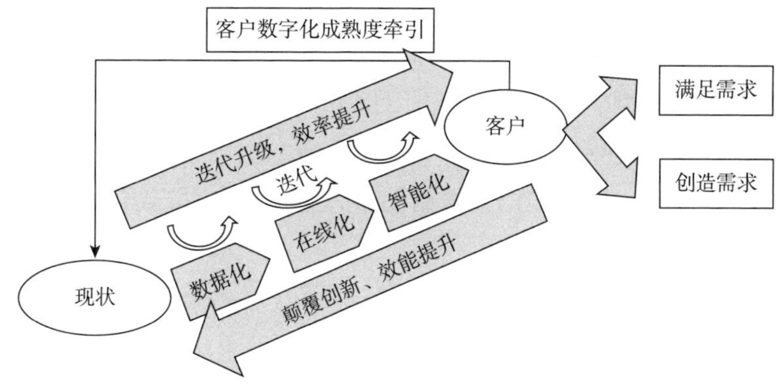

图 3－10　客户数字化程度拉动企业数字化进程

数字化就是要以数据为起点，改变企业的协作方式和每个点的效率（岗位数字化），升级也是“重塑”：营销模式不做根本性颠覆下的效率提升，而是伴随体系的建设，在向管理要效率的内涵下，形成数据化驱动的操作和管理行为习惯，其递进关系如图 3－11 所示。

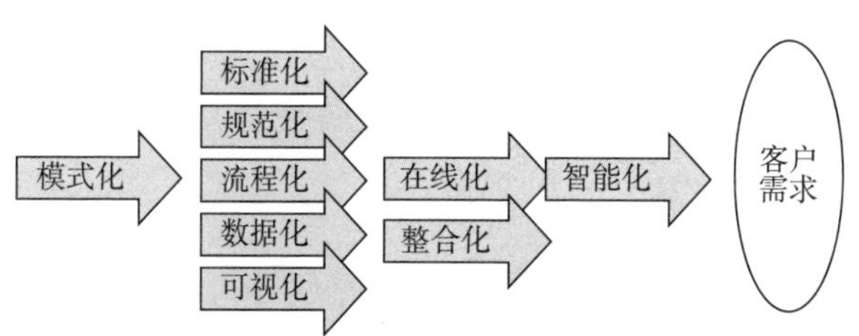

图 3－11　数字化营销模式

模式清晰的基础上，首先是数据化和信息化，就是常说的要基于事实和数据说话，而不是讲故事；其次是业务流程优化后的在线化，构建以客户为中心的业务数据的采集、传输、存储、处理、分析、可视化结果和反馈的闭环，打通企业研产销不同系统、不同技术、不同部门，甚至不同企业、不同产业间的数据壁垒，提高企业、产业、行业整体的运行效率，构建全新的数字经济体系。

其中，客户关系管理（CRM）是营销信息化建设的关键，如成功实现客户关系管理的某个企业，每个销售人员的销售额增加了 51%，顾客的满意度增加了 20%，销售和服务的成本降低了 21%，销售周期减少了 1/3，利润增加了 2%。CRM 最初的定义为企业商务战略，客户关系管理包括企业识别、挑选、获取、发展和保持客户的整个商业过程。但随着 IT 技术的参与，CRM 已经成为管理软件、企业管理信息解决方案的一种类型。为了做好线上的 CRM，企业就需要先做好线下的客户关系管理，建立基本的客户分类和档案数据储备。

为了进行客户分类和档案数据储备，企业相关部门需要制定以下几个表格：

（1）终端档案表（分层分类，动态更新）。

（2）经销商档案表（分层分类，动态更新）。

（3）产品信息表（动态更新）。

（4）动态竞争对手档案表。

需要重视的是，在企业营销领域，数字化营销业务是动态多变的，在不断迭代。伴随着业务试错的过程，信息化也要不断调整，未来企业的运营大都是在数字化世界里开展的，有系统支撑数字化运营流程，生产过程的数据能够沉淀、使用，并形成经营思维的两个方面：管理洞察（数据有所展现）；数据经过统计计算形成指令传达给业务系统。这个过程需要关注竞争对手和客户之间的动态关系，可以通过 3C 模型进行有效的动态规划，如图 3－12 所示。

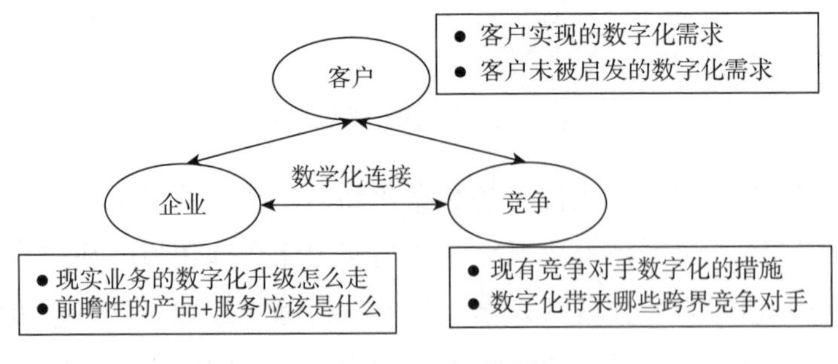

图 3－12　3C 模型

这个过程的原则是“现实见利见效，未来具有意义”，夯实数字化的基础来不得半点偷懒，最终要落实到企业数字中台的建设上。企业的前台和后台就像是两个不同转速的轮子，前台由于要快速响应前端用户的需求，讲究的是快速创新迭代，所以要求转速越快越好；企业后台往往并不能很好地支撑前台快速创新，以响应用户的需求，后台更多解决的是企业管理效率问题。后台由于面对的是相对稳定的后端资源，并且以往系统陈旧复杂，甚至还受到法规等相关约束，所以往往是稳定至上，越稳定越好，转速也自然是越慢越好。数字化要落实到企业的中台能力上，而中台通过数字化要解决的是支持前台的创新问题。

三、市场管理活动：三级平台的“集云”“下雨”和“接水”关系

企业的市场管理活动可以分为以下三个层次：一是战略层次；二是战术层次；三是业务层次。例如，开展战略层次的管理活动。由市场部负责统一品牌管理活动，这个费用由总部财政支出，我们可以把这个活动称为“集云”，把云集起来造势。业务部做什么？组织各地方区域市场执行，就是“下雨”，天上有云了，每个区域经理就要想办法把它变成雨，结合区域市场的特点，把雨下到自己的市场上。最后一个活动是什么？是“接水”，在终端做促销，把天上的云变成雨后，雨不能白下，得变成销量拿回来，得用盆把雨接回来。

因此整个市场的管理活动可以分为以下三个层次：

（1）第一个层次是“集云”，由集团管，费用由集团财政支出。

（2）第二个层次是“下雨”，由集团和地方两个体系一起做。

（3）第三个层次是“接水”，由终端销售部做出业绩，往往是由业务人员与各地方市场配合搞一个促销活动。

市场部的规划非常重要，也非常麻烦。很多企业解决不好和销售部的对接问题，市场部门过于集权，业务部门就没有资源，没有积极性。如果说把资源全放在销售部，那市场部就没有资源，市场部制定的品牌规划、产品组合策略等，下面的部门落实不了。本质上就是集权化管理与授权化管理问题，企业一定要在集权与授权之间找到平衡点。

美的公司的平衡点找得非常好，它总结了16个字，即“集权有道、

分权有序、授权有理、用权有度”。品牌制定权、整体传播权集中到市场部，比如找一支跳水队，由集团总部直接负责；在中央电视台招标，由集团统一预算，集团财政支出。然后，分配给下面的事业部权力，如产品组合权归事业部。

这就是有机性营销组织体现的特点：“战略高度统一、策略高度灵活、执行高度刚性”。只有这样的组织构建，才能完成前后台协同、职能部门和一线部门协同，明确授哪些权、集哪些权。

四、强化人力资源管理和财务的垂直化管理控制

无论是当年的通用，后来的松下，还是现在的美的，在进行事业部制和分公司建设的过程中，总部在财务管理和人力资源管理方面始终掌握决定权。财务线和人力线是企业管控的两条生命线，因此财务管理和人力资源管理一般都采取垂直化管理模式，由总部直接管理，管控财务风险和人员风险。

人力资源统一管理需要解决好四个方面的问题：合理的人事权力分配；间接与直接的关系；基于团队效率的绩效管理；基于组织公理的激励机制。需要强调的是理清间接与直接的关系，做到合理的人事权力分配，即做到“直接人事建议权，间接人事决定权”。在营销体系的人力资源管理中，企业要合理分配人事权力，遵循“直接人事建议权，间接人事决定权”的原则。什么是“直接人事建议权”？比如，营销总监对下面的大区经理和市场部经理有任免的建议权，但没有决定权，决定权在总经理手里，但是营销总监对大区经理下面的区域经理则有决定权。大区经理对其直接下属的区域经理只有任免的建议权，而对业务员这一层级的员工去留则有决定权。这种一环扣一环的人事机制就是“直接人事建议权，间接人事决定权”。为什么不能有对直接下级的决定权呢？因为那样做容易形成“山头主义”与“小团队主义”，一旦形成就很麻烦。所以，一定要构建间接和直接权力，相互制衡，这样才有利于总部控制营销体系的要职人员。

对于营销组织中的大区营销总监、分公司经理、办事处经理、业务员这四级直线结构来说，营销总监有间接下级——办事处经理的人事任

免权，分公司经理作为办事处经理的直接上级，只有其晋升、辞退的人事建议权。同理，业务员的任命由办事处经理建议，由其间接上级——分公司经理裁决。这样才是人力资源管理中合理的组织权力链。如果将所有的决策权力都集中在总部，分公司没有权力，就会导致一线经理没办法指挥业务员；如果总部将所有权力下放给分公司，往往导致分公司经理只手遮天，不利于人才文化的发展，不利于组织制度的建设。

对于财务人员的垂直化管理主要强调几点：第一，实行营销预算管理，健全相关制度；第二，收支两条线管理，防止坐支货款；第三，定期与不定期的财务审计。

人力资源管理方面，引用通用电气（GE）前董事长兼CEO杰克·韦尔奇的一句话："人力资源管理者的地位在企业里的重要性只能是老二或者并列第二，不可能排在第三或之后。"这充分说明了人力资源管理部门的重要性。企业总部的人力资源部门要制定各部门人力资源管理的游戏规则，做到人力资源管理体系垂直一体化。

第七节　三级平台的结构设计和案例

"战略决定组织，组织决定人事"，这是营销组织设计的核心指导思想。承接上一章营销组织设计的内容和六大步骤，以及本章前述的三级平台的职能建设要点，本节从整体的营销组织设计上阐述不同模式下，三级平台具体结构设计的要点。

在很多企业中，营销组织是整个组织系统的"龙头"和"发动机"，责任重大，这就要求企业花费大量时间研究营销组织，提高营销组织的管理能力。营销组织结构具体设计过程中还需要结合组织总体定位、层次结构设计、基本功能分配、权力责任划分、部门结构设置和流程规范等关键性因素，设计出适合企业当前发展阶段并能促进战略实现的组织结构。设计一个与企业特定规模、市场环境、战略与营销模式相符的营销组织，可以决定企业的发展速度和发展轨迹。

一、四种类型的三级营销组织平台结构设计

三级平台的具体设计需要考虑营销组织整体的设计模式。现代营销

组织有多种组织方法，如按职能划分、按产品划分、按地理位置划分、按渠道顾客划分，等等。在产品驱动型模式中，营销职能侧重于产品经理模式和推广职能；在品牌驱动型模式中，营销职能侧重于品牌经理模式和推广职能；在渠道驱动或区域驱动型模式中，营销职能侧重于渠道经理模式和地推职能；在推广驱动型模式中，营销职能侧重于线上推广经理和线下推广经理模式。

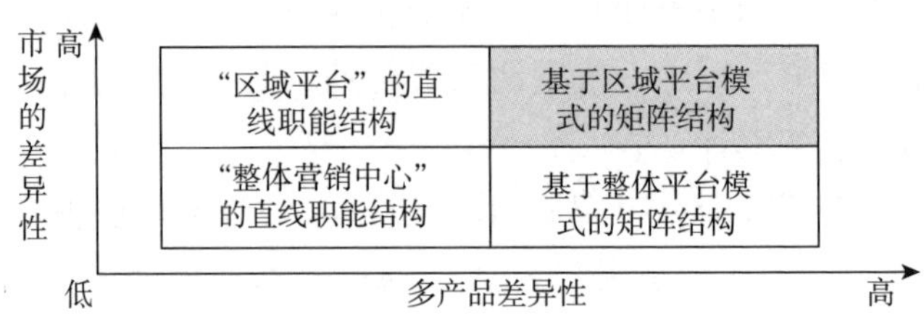

图 3－13　四种结构的三级平台组织模式

如图 3－13 所示，我们可以依据市场差异性和产品差异性将三级平台组织模式分为以下四种结构：

第一种是“整体营销中心”的直线职能结构，比如“老干妈”是国内所有市场定价一样，以一种价格不敏感的大众产品打天下的模式，这是典型的简单的营销组织模式。

第二种是“区域平台”的直线职能结构，产品比较简单，没有太多差异性，但是重视每个市场的特点，比如考虑不同区域气候的工程器械行业企业。

第三种是基于整体平台模式的矩阵结构，这种模式强调多差异性产品的组合，但是看重市场差异性，如饮料行业企业。

第四种是最典型的基于区域平台模式的矩阵结构，是根据区域的复杂性高于产品的复杂性特点而设置以区域为主的模式，如很多高科技跨国公司选择的模式。

第三和第四种矩阵模式是混合型营销组织，矩阵关系是一个能依据当前的业务机会和竞争的重心进行调整的模式，考验的是组织的管理能力，特别是高层的洞察力和领导力，是将传统垂直的金字塔式的指挥链和横向的基于长期或临时项目的以流程为核心的组织模式有机结合的组织模式。这对于动态变化的外部环境有很强的匹配性，同时又保持内部相对的组织层级一致性。

无论是哪种模式，在设计上都要做到两点：第一点是要规划好职能部门与一线业务部门的协同关系，重点在于职能部门如何在首先发育营销支持能力的前提下，以专业权威获得营销信息和政策执行监控的管理权限；第二点是要规划好总部与分支机构的关系，掌握近期谋求“点/线（流程）效率”，远期谋求“面（基于战略的系统）效率”的总部和分支机构的现实和未来关系调节方法。

在新营销模式不断升级的背景下，第四种类型具备很强的实践指导意义，我们通过案例进行具体的三级平台结构设计介绍。

二、某大型医疗器械企业矩阵式三级营销组织平台建设案例

医疗器械子行业众多，不同细分行业，其产品技术、工艺、渠道都有很大的差异。某大型医疗器械企业的业务包括三条基本产品线，分别是生命信息与支持、医学影像、体外诊断，多个细分品种市场占有率居于国内 TOP3，在国内医疗器械行业处于“龙头”地位。能取得这样的成绩，和该企业有效的营销组织设计分不开。

该企业的市场遍布全球，全球雇员达 7600 名，形成了庞大的全球研发、营销和服务网络，国内市场占据其百亿规模的一半，国内 31 个省、市、自治区均设有分公司，分公司功能完整，人员配备齐全，销售和服务团队遍布全国各个地方。在北美洲、欧洲、亚洲、非洲、拉丁美洲等地区的 32 个国家设立子公司。国内设有 1600 名营销人员、1500 家代理商，客户有 10 万多家医疗机构，其中有 95% 以上的三甲医院。在海外设立有 42 家子公司，700 名国际营销人员中有 400 名外籍人士，完全实现了本地化发展，在美国、欧洲等地都是采用直销方式和经销模式结合。在职能部门结构分布方面，60% 员工从事技术研发、市场销售和售后服务。哑铃型的人才结构充分体现出高科技企业人才分布的特点，也是该公司长期发展的人才动力来源。

战略决定组织，该企业采用的是第四种典型矩阵类型：基于区域平台模式的矩阵结构。这种营销组织架构是多产品、专业化营销和区域化为客户提供综合产品 + 服务解决方案的最优化的管理路径设计，便于更

加灵活有效地进行人员管理。随着2018年从美国资本市场回归国内创业板，该公司提出了“三年数一数二”的战略，销售规模在百亿基数上再翻一番。国内市场是以医院为主的市场，面临的是和国际大牌如GE、西门子、美敦力等的竞争。在高速成长的战略要求下，该企业基于多产品线矩阵化模式进行以终端为单元的细分，以匹配终端客户不断细化的产品组合和服务组合的需求。例如，以新生儿科为单元，在原本监护线下设置全国的新生儿科业务总监，各个区域的部门在原有的组织架构下独立进行市场推广，业务人员负责进行专科营销。

1. 总部战略到区域策略的矩阵式协同设计

如图3－14所示，营销总部设置总经理负责全球的销售业绩，营销体系内部设置产线总监负责专业产品线的销售任务，同时配置市场策划和技术支持人员进行有效的专业化产品＋服务的策划和技术支持。

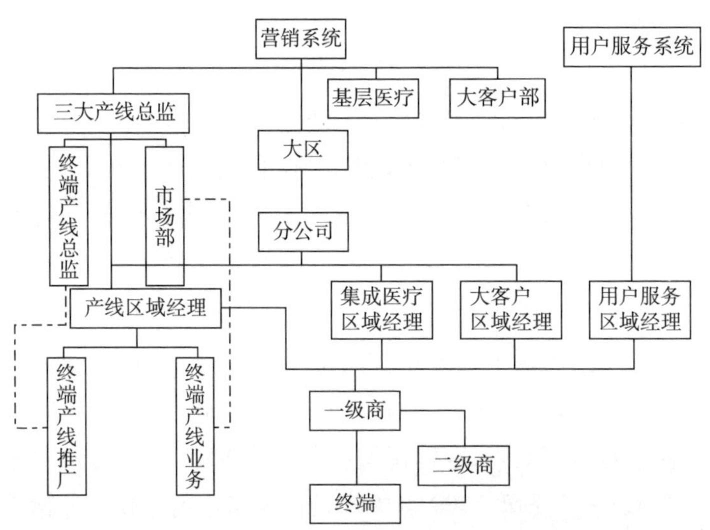

图3－14　某大型医疗器械企业基于区域平台模式的矩阵结构

每条产线的市场部分为三级专业化技术支持构架：一线专项工程师团队、总部技术支持专家团队和总部研发产品经理团队。虽然产品经理属于研发系统，但是需要响应市场的需求及时进行市场支持，同时保障产品的不断升级改进。

依据市场的特点，总部还设置有基层医疗和大客户部，可以经营三条产线的所有产品，为客户提供综合解决方案。

用户服务是独立于营销的单独体系，归属于集团总经理管辖，便于在医疗器械比较专业的行业中发挥独立的作用，更好地服务于客户，同时可以避免业务人员和经销商对于过多地用利益换业绩产生纠结心理。用户系统分为四级用户体系：总部服务中心、全国31个客户服务中心、全国100个二级中心城市直属服务站和200多家授权第三方服务机构，这里的第三方往往是产线的总代理或者特约一级经销商，体现了独立用户系统和渠道的协同。

2. 区域策略到执行平台的矩阵协同历程

和其他创业型企业一样，在发展初期的跑马圈地的“游击战”中以产品线为主，不重视整体区域的协同作战。销售人员只对本产品线领导负责，在处理多个项目时，往往只关心与自己相关的那部分，产线之间交集很少，终端重复工作概率高，资源利用率低。分线操作到了一定规模后，持续增长需要集中资源打“阵地战”，就增设区域总经理和片区经理，实现矩阵式管理。

设立区域总经理的目的主要是统筹区域业务一体化的建设，如统筹管理大的医院打包项目，实现人力资源调配和利用的收益最大化。整个团队由直线式变为矩阵式，任何一个销售人员都处在横向和纵向的交叉点上，同时接受产品线领导和区域分公司总经理的督导。区域分公司总经理可以以项目为轴心，统筹管理整个打包项目的人员调配，抽调优势兵力集中跟进，从而实现团队项目运作效率的最大化。在这种以区域“主战”为主的矩阵架构下，区域总经理负责三条产线的全部区域业绩责任，同时对下属的产线经理有较大比重的用人和考核权限，各产品线依据终端的特点、容量和潜力进行专业队伍的配置。用户服务独立于营销，在区域结构上设置区域经理，对代理商处的用户服务人员进行激励和约束，同时每年进行培训和考核。用户服务每年要评估，产线业务人员可以代表客户投诉，用户服务人员过错轻的将扣减返利，重的则会取消其用户服务资格。

在区域为主的矩阵模式下，渠道布局也依据效率原则，对产线和区域的“条块”进行合理布局规划，以最大化张开网络，有效覆盖各级医疗系统，即以不同的产线独立布局渠道为主，分区域、分医院级别进行总代理、特约一级经销商的设置，经销商承担资金、物流及终端的商务职责，产线承担推广和技术支持职责。对经销商每年进行分级评估，并给予不同的返利和人员、费用等支持，实行有效的厂商价值一体化。随着精细化运作的深入，二级商的布局和管理也逐步进入管理体系，真正地做到和渠道商基于目标的策略、资源和分工的有效协同，构建了策略到执行的有效平台组织模式，如图 3 – 15 所示。

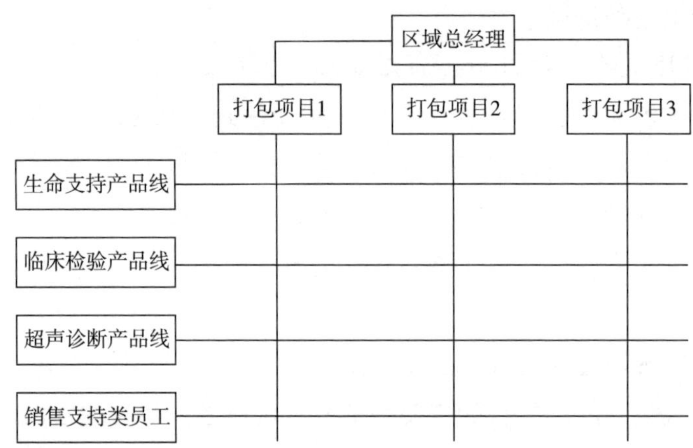

图 3 – 15　矩阵式管理结构示意图

总结起来，该企业在快速增长过程中能审时度势，借鉴国外大企业用过的模式，学习华为的组织模式，通过不断变化的矩阵式营销组织模式调节和优化三级平台的营销职能，有效支持企业不断地高速成长。在开拓市场，贴近终端用户需求，实现渠道多样化的同时，营销团队在商机管理和团队建设上实现了专业化和流程化。

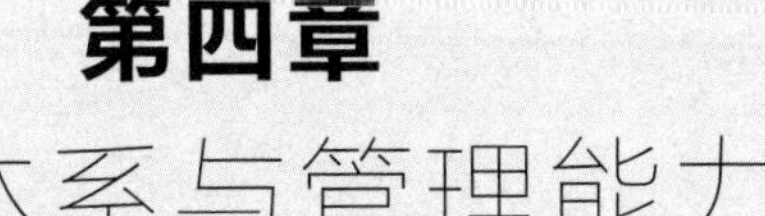

第四章

营销运营体系与管理能力再造

梁明杰

在激烈的市场竞争中，企业能否持续生存与发展下去，关键要看企业是否能够取得综合性的竞争优势。营销组织是连接市场客户界面与企业内部界面的重要载体，在营销新时代，对营销组织的核心能力要求发生了变化，要求营销工作有更大的客户价值，营销组织需要具备更高的运营效率。因此，对于每个企业来说，在新营销理念和技术进步的牵引下，营销运营体系与管理能力需要再造，以适应新时代发展的要求。

对于营销运营体系与管理能力再造，主要从三个角度来进行思考，同时也是企业进行营销组织能力再造的最佳管理实践的总结。第一，是营销运营管理体系的再造；第二，是营销组织管理能力的提升，这主要体现在营销干部领导力的提升；第三，随着互联网的发展，对于企业来说，利用互联网手段促进管理技术和管理手段进步，使内外部管理顺畅，提升运营效率和策略的精准度。

营销运营体系与管理能力再造的三个维度如图 4－1 所示。

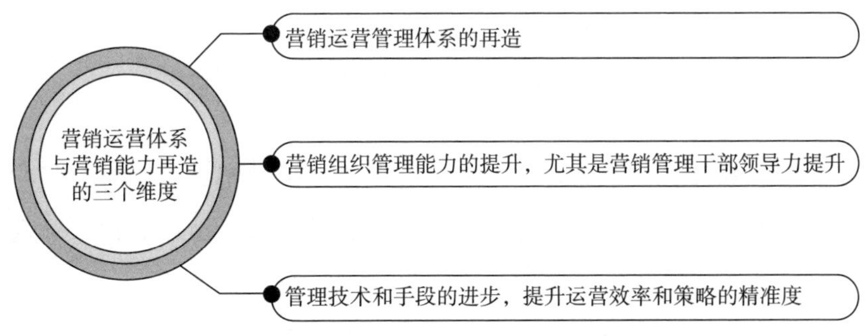

图 4－1　营销运营体系与管理能力再造的三个维度

首先，我们看营销运营管理体系的再造。把营销运营管理体系的具体构成用九格三角叠加表示，如图 4－2 所示。

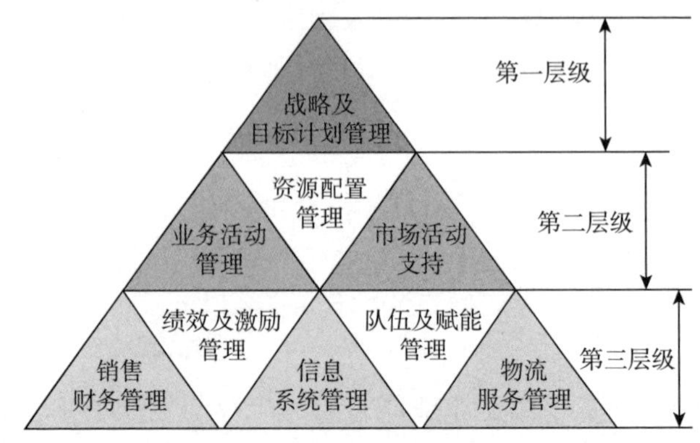

图 4－2　营销运营管理体系

从图 4－2 中我们可以看出，一个有机性营销组织的运营管理体系主要由三个层级九大模块构成。

第一个层级为“战略及目标计划管理”模块，处于塔顶位置，表明任何一个营销组织都要以战略目标为导向。

第二个层级为营销活动层面模块，处于腰部位置，包括“业务活动管理”“资源配置管理”“市场活动支持”三个模块。

第三个层级为营销管理层面模块，包括“销售财务管理”“绩效及激励管理”“信息系统管理”“队伍及赋能管理”“物流服务管理”五个模块。处于塔底位置，表明对这五个模块的有效管理为中间层级的营销活动提供了保障，最终确保塔顶位置的战略目标得以实现。

任何营销组织的有效运作必须在上述三个层面上实现有效统一，才能在宏观经济环境和竞争环境复杂多变的态势下，快速把握客户需求与产品价值，不断满足客户需求，建立起市场竞争中的有利位置，为企业的进一步发展奠定良好的基础。

在营销组织的整体运营体系中，五大模块最关键，分别是：战略及目标计划管理、资源配置管理、业务活动管理、市场活动支持、绩效及激励管理，它们共同组成营销组织最核心的运营管理机制。

随着社会和行业的日益发展，营销管理体系这五大模块发展的滞后是制约大部分企业发展的核心问题，因此营销管理体系五大模块的再造对于企业来说尤为重要。

其次，是营销组织管理能力再造。“90 后”“00 后”已经逐渐成为新生代的员工，对于这些在互联网环境下成长起来的年轻人来说，传统的管理理念、方法很难在他们身上起到很好的效果。传统的管理理念、方法是以工业时代为背景的，低速、稳态、线性、机械化是管理的主要特征。工业化时代背景下所生存的企业最大的风险来自于企业的内部，因此传统的管理是通过控制来提升效率，所以制度、流程成为主要的手段。但互联网时代，在外部的环境已变化为高速、动态、非线性、大数据、生态化的时候，管理承载着一个全新的使命，这个时代企业生存的最大风险来源于外部，管理的核心是通过协作来提升效能，所以“信任、归属、温度”成为管理的主要手段。对于营销组织来说，更加强调的是营销干部的领导力。简单的刚性管理已经失效，要求营销干部提升自身素质；针对员工不同成长阶段，运用情景管理模式进行管理，员工在“协作”的过程中更加强调使命和愿景的牵引，员工要有成就感、参与感和归属感。

最后，营销管理软件等管理技术手段的升级。随着网络技术的发展，以云计算为基础，以移动互联网为载体，以大数据为业务支撑，深度整合 QQ、微信、电话、邮件等主流社交工具的软件管理平台层出不穷。另外，智能终端的普及也为这些管理手段的落地提供了广阔的舞台。CRM、钉钉、移动办公的 OA 等已经耳熟能详，如何把这些高效的管理手段导入营销组织，使其真正连接消费者、连接客户、连接企业内部，使营销组织提高运作效率，这是营销组织能力再造需要考虑的问题。

第一节　不确定条件下的营销战略制定

对于新时代的企业来说，重构营销基础运营管理体系的重点是满足客户的需求。为什么要以客户为中心重构营销管理体系？

许多企业管理者都说过“一切要以客户为中心”，但真正能够做到的却寥寥无几。现代管理学之父彼得·德鲁克说过，“企业存在的理由是创造客户”；企业再造之父迈克尔·哈默则提出“以客户为中心的本质是创造客户价值”这一观点。

以客户为中心是企业存在的根本理由，甚至是唯一理由。创造客户价值的本质就是成就客户，让客户成功，帮客户赚钱，在成就客户的同时厂家获取合理的利润，这也是企业唯一的收入来源，是企业生存的基础。

企业的营销运营管理体系重构应将“以客户为中心”作为核心理念，在具体的营销管理体系重构过程中围绕战略及目标计划管理、资源配置管理、业务活动管理、市场活动支持、绩效及激励管理来构建能力机制，如图 4 –3 所示。

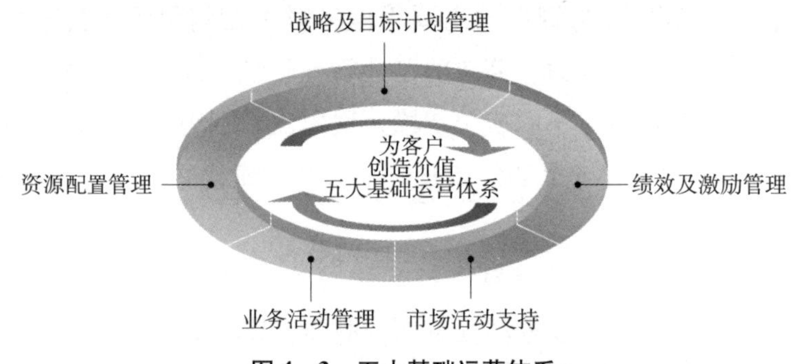

图 4 –3　五大基础运营体系

不确定条件下的营销战略：近几年来，互联网、共享经济、跨界整合、异业联盟等新的业态或者新商业模式的兴起，给企业尤其是传统企业带来了巨大的变化。当前，大家越来越达成共识，即用“不确定”来描述这个时代的变化最合适。那么，企业如何在不确定条件下做到有效的战略及目标计划管理？

我们首先需要了解不确定时代对企业来说到底意味着什么，有什么主要特征。

在这个时代，不确定是就变化而言的，不确定有了更多更深层次的内涵。

著名管理学家陈春花教授在一次演讲过程中把“不确定性”概括为以下三大特征：

第一，它比变化更加多维，也就是说，现在影响事务的维度变得更多。我们无法简单描述价值链或竞争对手，也无法简单地套用波特的五力模型，因为维度变了。

第二，不确定性更具复杂性。在今天这个时代，万事万物变得异常复杂，依据过往的经验，以及任何原有的尺度都无法对它进行判断。

第三，不确定性更加不可预测。我们难以确定它是如何出现，或者是怎样实现的。

不确定性三大特征如图 4 –4 所示。

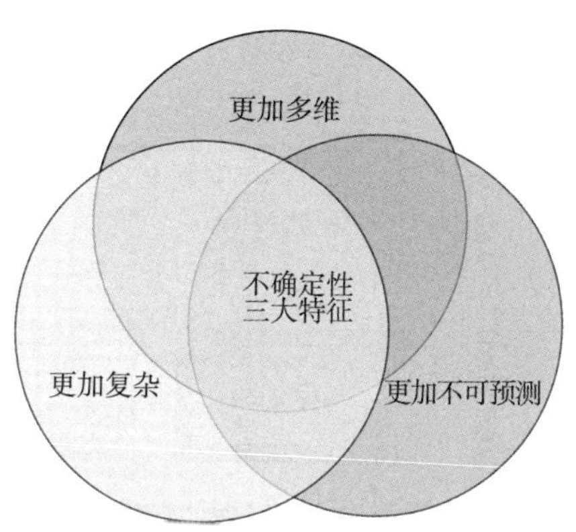

图 4 –4　不确定性三大特征

面对不确定性更加多维、更加复杂和更加不可预测这三个特征，企业如何做好战略及目标计划管理？在这个不确定性时代的条件下，战略来源于对未来的洞察，战略还应基于对未来成长方式的选择与创新，因此战略就是确立和培育企业成长轨迹，打造成长优势。

战略及目标计划管理是以战略为导向、目标计划为基础的营销组织运营管理体系的一部分。在工业文明时代，未来是可预测的，消费者需求和市场是相对稳定的，产业的边界是清晰的，企业的成长有迹可循，成长的时空可控。企业可以基于过去推测未来，可以基于现有资源和能力确定成长的方式与速度。营销战略选择主要就是做加减法，明确决定干什么、不干什么。一旦决定了干什么，就聚焦于确定的战略上，专注于业务领域的目标及计划，集中配置资源于战略关键成功要素上。

面对不确定条件，虽然信息越来越对称，消费者、企业和行业之间的连接越来越紧密，但未来愈来愈看不清、摸不准，一切难以预见。因此，企业的营销战略思维需要转变，营销战略不像工业文明时代那么精准，需要不断地调整，但企业的使命和愿景不变，以客户为中心的战略管理思维不变，这需要营销战略的制定者有更高的洞察力和前瞻性。同时笔者认为企业应该处理好短期目标和中长期目标的关系。短期目标通常是确定的，而中长期目标则具有不确定性。对于企业来说，如果一直处于短期目标的确定性中，就有可能在未来中长期目标上遭遇不确定性的打击。因此，企业在营销目标管理过程中一方面要坚定地围绕着一个方向进行聚焦和用力；另一方面还要保持一定的开放性，在面对未来的不确定性的时候，可以快速迎合变化，迅速地去适应。但无论怎样，企业在进行营销目标管理过程中的原则和方法没有根本性的变化。

营销战略及目标计划制定步骤如图4－5所示。

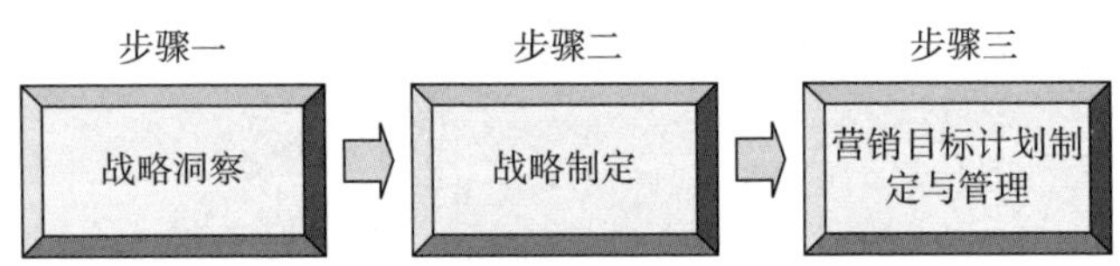

图4－5　营销战略及目标计划制定步骤

在不确定时代，企业的营销战略包括两个步骤：

步骤一：战略洞察。

战略来源于企业对未来的洞察。在不确定条件下，战略洞察与预见的核心是企业领导人对产业趋势的前瞻和感知。战略就是对未来不确定性的选择，战略的选择往往是方向性的、探索性的，甚至是试错性的，而不是来自于预先精确的计算与方案制定。

战略洞察主要的输出是战略的机会点，通过“五看”的方式——看行业趋势、看市场客户、看竞争、看自己、看机会，最后输出战略机会点，这个战略机会点必须是以客户为中心的机会点。

步骤二：战略制定。

通过战略洞察确定企业营销的战略机会点后，要完成以客户为中心的“三一工程”，即三年营销战略规划及一年营销目标计划。

营销战略规划的基本框架分为以下五个部分：

（1）客户选择和价值定位，就是我们选择谁做客户，我们的价值定位是什么。

营销战略规划的第一件事情就是进行客户选择。说得简单一点就是：**我们的产品卖给谁？谁是我们的高价值客户群？**

假如我们是卖安防产品的，以摄像头为例，我们的客户可能是公安部门，也可能是交通部门，还可能是企业或者教育行业的部门，也可能是个人用户。不同的产品，它的客户选择是不一样的。

如果是非常高端的产品，最早用的可能是公安部门，因为在一些反恐的领域或者在一些大的广场等公共设施上会使用这些东西。这就是客户选择的问题。所以，我们必须想明白产品（服务）卖给谁，一个重要的逻辑就是这个客户群对我们有什么价值，我们作为供应商对客户有什么价值。

客户选择还有另外一个逻辑：不同产品的决策者是不一样的。比如工业品销售中，对于确定功能、规格的产品，这个决策者最大的可能性是企业的采购人员；对于基于客户需求新开发的产品，决策者有可能是企业采购人员、运营人员，或者是财务人员，甚至是企业的老板等。

我们要明确我们的客户是谁，购买决策者是谁，基于这样的场景之下，再考虑产品（服务）的价值定位是什么。

还以安防产品摄像头为例。对于公安部门来说，要求摄像头拍摄非常清晰，准确地抓出人脸信息是其核心需求，反恐是有这样需求的；如果是交通部门，把车牌拍得很清楚，这是其核心需求。**因此，哪怕是相同的产品，不同的客户其核心需求是不一样的。**

价值定位还有另外一个逻辑：客户凭什么买我们的产品，而不买竞争对手的产品？

这一点对于价值定位非常重要。举个例子，零售终端已经有了供应商，那我们就要深入分析现有的供应商能满足客户哪些方面的需求，能给客户带来什么价值。我们如何在现有的供应商的基础上提供差异性的竞争优势，比如成本低、服务好，或者是交付快，等等。

（2）价值获取及利润模式，也就是我们怎么赚钱。

我们知道行业不同、企业不同，其赚钱的模式和关键点也会不一样，或是高毛利率，或是高周转率，或是高杠杆率。根据净资产收益率（ROE，Rate of Return on Common Stockholders´Equity）划分的企业类型如表4－1所示。

表 4－1　根据 ROE 划分的企业类型

赚钱模式	主要行业
靠高毛利率赚钱	高科技行业
	奢侈品行业
	生产周期长的行业
靠高周转率赚钱	零售业
	低端的加工制造业
靠高杠杆率赚钱	银行业
	房地产业
	垄断行业
	公用事业

靠高毛利率赚钱的企业大多不是靠市场规模来赚钱的；靠高周转率赚钱的企业大多是低毛利，靠扩大市场规模和市场份额来赚取利润的。靠高杠杆率赚钱的企业多是行业特点决定的，比如垄断行业，民航、高速公路、电力这三个行业的资产负债率都比较高，一方面是其前期投入大，一般企业很难投入这么大的资金；另一方面是垄断经营，风险小，现金流好，所以其负债率高（能拿到更多的贷款）。

因此，要细分我们所提供的产品（服务）的特点，根据 ROE 确定企业的赚钱模式，制定相应的营销策略。

（3）业务范围，也就是我们的业务范围是什么，哪些部分是我们做的，哪些部分是合作伙伴做的。

业务范围简单一点讲就是**在这个价值链上我们做哪些事情，不做哪些事情；哪些事情核心业务是我们要做的，哪些业务是我们需要通过合作伙伴去做的。**

在产品销售过程中，我们提供产品，相应的产品服务是由第三方（我们的合作伙伴）提供，还是由我们提供，这一点在营销战略规划中要明确。

（4）战略控制点，也就是我们的业务最终中长期胜出的竞争优势是什么。

战略控制点简单说就是不容易构建，也不容易消失的相对的竞争优势。

战略控制点最核心的价值是我们怎么保证业务的可持续性，或者说我们怎么变成百年老店，能持续赚钱。比较典型的是绝对的市场份额，比如 QQ、亚马逊的云计算，等等。

战略控制点的另外一个逻辑就是要提升客户的转换成本。比如去头皮屑的洗发水有海飞丝和清扬两个品牌，某消费者知道海飞丝和清扬洗发水的配方是一样的，而且清扬洗发水会便宜一些，却坚持使用海飞丝洗发水，因为他觉得为了 10% 的价格差而转换产品是一种压力，这种转换成本比较高。

（5）组织支撑，就是说如果营销战略顺利落地实施，我们需要怎样的营销组织结构和激励等措施支撑。

为了能够取得营销战略的成功，往往需要对营销组织做一些调整，比如可能需要一些关键的技能、关键的流程，需要做一些能力建设。

举个例子，华为原来面对的是运营商，不需要跟消费者“套近乎”，但是华为后来做了终端，就要更贴近消费者。余承东是最明显的，大家给他取了绰号：“余东东”“余大嘴”。华为整个营销组织的行为跟消费者贴近了很多，这是为了营销战略落地实施而进行的组织结构和组织文化的转变。

第二节　营销目标计划制定与管理

《礼记 · 中庸》中有一句话：“凡事预则立，不预则废。”也就是说，做任何事情，事先谋虑准备（计划）就会成功，否则就会失败。

在营销的目标计划管理中，最关键和最不容易解决的问题就是制定营销目标、目标分解，以及营销工作计划的制定。在营销战略的指导下，企业的决策者确定营销的总体目标，然后再组织营销部门通过沟通协商，把营销目标进行分解，同时制定营销工作计划，整个过程就是营销目标计划管理。

在不确定时代，我们强调的是短期营销目标计划（一般为 1 年）

的制定与分解，因为短期目标一般是确定的，制定目标的原则和方式没有发生根本性的变化。但在制定短期营销目标计划过程中，要兼顾中长期营销目标的开放性，将中长期目标中最可能发生的变化纳入短期目标中，此项可不作为考核的内容，但要作为增量激励的重要参考依据。

在讨论营销目标计划管理前，请先看下面的小故事，体会一下其中的道理。

一个科学家曾经做过一组实验：将30个人分为A、B、C三组，让他们分别走路到50千米外的村子里去。

A组人员没有目标，也不知路程有多远，不知道村庄的名字，只管跟着向导不停地走就行了。结果，走到五分之一的距离，大家都开始叫苦；走了不到一半的路程，有人开始抱怨；走到四分之三的路程，大家都愤怒了；走完全程，大家情绪都很低落，花费的时间是最长的，而且大家也很痛苦。

B组人员有大目标（知道村子名字），也知道路线和终点，但是路上没有路碑，不知道时间和速度，只能根据经验估计。结果，走到一半的距离，有人开始询问；走到四分之三的路程时，大家普遍情绪低落，最后大家都疲惫不堪，路上花费的时间也是比较长的。

C组人员不仅知道方向，也知道终点位置，而且路上还有路碑，向导有手表，还知道大家行进的速度，可以明确知道剩下的距离。一路上，大家有说有笑，还有人唱歌，在快乐的情绪中大家走完全程。结果，花费的时间是最短的，也是最快乐的一组。

这个故事说明了什么？

第一，目标设计得越具体越细化，越容易实现。

第二，如果清晰知道行动目标和进展速度，人们就能自觉克服困难，努力达到目标。

第三，看不到目标容易让人心生恐惧和愤怒。

第四，将目标简单化、轻松化，更容易实现。

第五，目标需要不断地被细化（阶段性标志、小目标）。

第六，方向比努力更重要，快乐也是生产力……

现在我们看一下在企业中具体怎么做。要做好年度营销目标计划管理，主要应围绕三方面进行，以实现科学、合理、有效的基本原则。

一、制定年度营销目标

营销目标主要有销量（销售额）、利润目标、新产品销售目标、代理商数量、销售单位成本、有效市场定价、应收账款规模等。

一般企业制定营销目标的依据如下：

（1）公司的战略规划、新产品开发规划、市场发展规划、品牌经营规划及其他规划等。

（2）公司下达的销售目标、回款目标、利润目标等指标和其他要求。

（3）根据市场调查得出的分析、预测、情报信息资料（一般是行业发展趋势与竞争对手的趋势等）。

（4）公司的实际资源拥有能力和现有经营水平，上一年度公司销售数据、完成率，投入与销售额完成情况的关系等。

所用到的方法主要是目标倒推论证法，比如是否拥有达到这个增加值的资源，未来一年内公司资源的变化情况，是否具备应对上述变化的能力和切实可行的举措，这些方面论证越详细，确定的目标实现的可能性越大。

制定营销目标还要符合SMART原则，即具体的（Specific）、可测量的（Measurable）、可实现的（Achievable）、相关联的（Relevant）、有时限的（Time Bound），如图4－6所示。

制定营销目标是企业一项非常重要的工作，一般企业按照如下程序操作：

（1）一般在每年第四季度启动此项工作，由公司总经理指导营销部门负责人及相应主管人员一起讨论，提出下年度公司营销目标设想，经集体讨论形成公司营销目标指导思想，并由总经理批准意见签署下达。

（2）在每年第四季度，营销部门负责人负责组织各业务部门及营

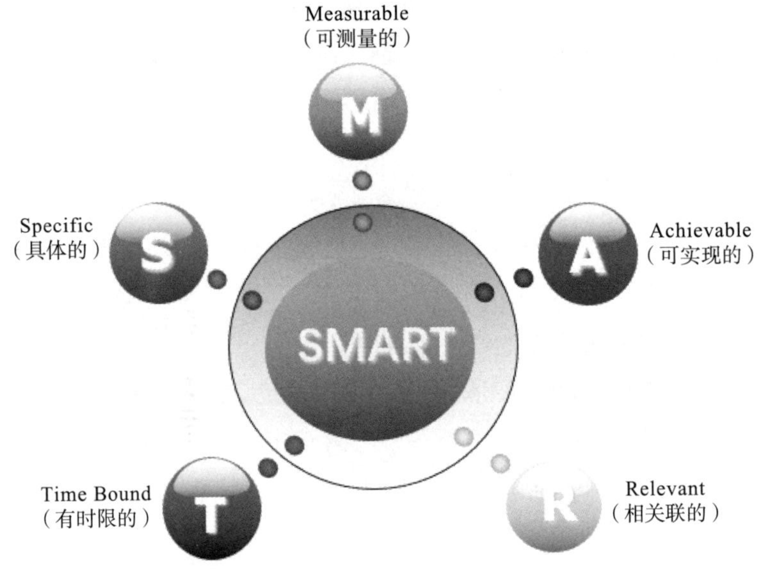

图4－6　制定营销目标的SMART原则

销职能相关部门收集制定营销目标的依据资料。

（3）营销部门负责人组织各业务部门及营销相关职能部门分头组织可行性分析论证，形成各部门的目标。

（4）发至各部门征求意见，根据反馈意见再讨论修订。

（5）经总经理召集会议讨论审议通过，形成营销目标体系，由营销部门负责人组织目标分解及营销计划制定工作。

二、目标分解

公司下达营销目标之后，营销负责人组织全员进行目标分解和营销计划制定工作，目标分解得越详细，营销计划就越具体，更加具有可执行性。一般按照区域、产品、时间、人员等维度分解营销目标。分解营销目标可以横向与纵向操作，但要与公司总营销目标保持一致性。横向指的是营销部门内部各业务部门及职能部门（市场部、销管部等），纵向是指营销组织的总部、区域、业务员、经销商等自上而下或者自下而上的营销业务活动链上的各个部分。

分解目标时不能搞一刀切，要根据各自的实际情况进行调整。另外，授权也是非常重要的。目标计划管理有一个很重要的特点，就是设定目标计划，关注结果。如果不授权或者授权不充分，业务员事事等老板指示，如果目标计划不是自动自发的，员工的执行力就会降低，营销计划的实施效果会大打折扣。

三、营销计划

营销计划作为目标管理体系的一部分，是实现目标管理落地的保障机制。营销计划是根据目标分解结果做的一份更加详细的工作计划，将策略和资源需求落实到具体的责任主体和时间段中，为目标管理的实现提供检查、评估和指导的依据。

营销计划根据营销总体目标分解的结果来制定，同时确定部门和相关人员的职责要求和权限分配，并制定严格的责任制度和考核标准，体现目标和计划在执行层面的刚性。

营销计划需要确定市场拓展的阶段性目标，提出营销计划的重点，确定营销计划各部分的实施进度，根据进度将计划方案融入相应的市场拓展阶段，并对不同市场阶段中的各项营销计划方案进行整合，统一目标和主题，明确整个营销计划实施的时间、重点、主题和进度。营销计划的实施必须围绕整体目标展开，确保每一步动作都有利于实现营销总目标。

营销计划具有严肃性，公司的营销计划一旦确定，必须严格执行，归口部门和执行单位不得随意修改。但在当今经济环境瞬息万变的情况下，如果确因客观原因的影响，主观再努力也不能完成营销计划时，在有利于调动员工完成营销计划的积极性的前提下，可以调整营销计划指标，但是必须办理审批，一般是由执行部门提出书面申请，报公司总经理审批通过方可执行新的营销计划。

在营销计划执行过程中，管理人员必须随时监督检查营销计划执行情况，及时发现执行过程中的问题，采取有效措施解决问题，以保证营销计划顺利完成。

第三节　“皇粮、杂粮分吃”的资源配置和预算管理

实现营销目标计划需要一定的资源支持，在一定程度上说，有什么样的资源投入，就可能会完成什么样的目标，但没有资源投入，那一定无法完成营销目标。因此在制定营销计划时，一定要思考为实现营销目标会遇到什么问题和困难，需要配置多少资源支持，做多少营销费用预算。资源配置和预算管理作为营销运营基础体系的一部分，是实现目标管理落地的保障机制，将策略和资源需求落实到具体的责任主体和时间段中，为目标管理的实现提供检查、评估和指导的依据。

一、营销资源配置和预算

企业管理者为实现营销经营计划会进行营销资源配置和预算制定。营销资源包括各项营销费用及营销人力资源。

营销费用预算基本上可以分为市场费用预算和行政后勤费用预算。市场费用是为了取得销售成果所产生的费用，比如广告费用、推广费用、促销费用、市场研究费用等，而行政后勤费用主要是指订单处理费用、运输费用、仓储费用、顾客投诉处理费用、人员薪酬等。在明确企业营销毛利润目标的前提下，根据竞争策略的要求确定营销费用投入的强度；根据企业所处行业及不同发展阶段的状况，确定年度营销费用总额。首先确保营销核心费用项的必要投入，在此基础上细分各项费用的分配比例。在快消品行业，渠道促销和消费者推广费用占的比重一般比较大；在工业耐用品行业，客户开发和维护的费用所占的比重大一些。

营销人力资源配置也是预算工作中非常重要的一环。在制定营销计划过程中，明确各业务部门及营销职能部门人员配置的数量、质量和结构，明确各责任主体的权责利，在预算编制过程中确定人力费用投入预算标准和总额。营销组织负责人要根据销售目标计划、销售区域大小、业务模式、销售人员的素质水平等因素进行评估，以便确定组织规模和分支机构的设置情况等。

二、“皇粮、杂粮分吃”的原则

营销费用要界定哪些是战略性资源，俗称“皇粮”，哪些是战术性资源，俗称“杂粮”。“皇粮、杂粮分吃”原则体现了营销资源使用“统一性”和“灵活性”的原则。

“皇粮”必须由总部运作和操刀，体现战略性资源投入的统一性原则；“杂粮”放权由区域市场承担和运作，体现战术性资源投入灵活性的原则。区域市场负责人及相关人员结合企业当前的策略重点和区域实际情况，以资源利用效率最大化为原则。

三、加强预算管理，严格执行，预算是关键

有了预算，并不等于有了预算管理，预算的有效实施和过程控制才是预算管理的主要环节。只有抓好预算执行工作，才能有力地实施计划管理，获取最佳的营销费用使用效率。

预算的有效实施和过程控制如图 4－7 所示。

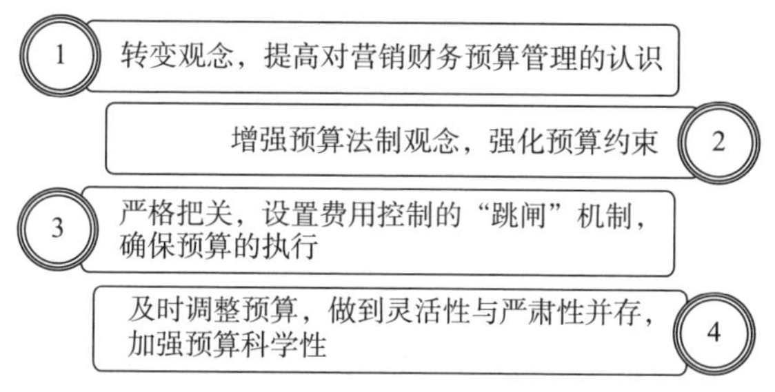

图 4－7　预算的有效实施和过程控制

抓好预算执行工作，必须做到以下几点：

（1）转变观念，提高对营销财务预算管理的认识。

笔者在多年为企业提供咨询过程中发现，许多企业营销预算流于形式，形同虚设，完全是应付公司检查的手段，做的只是表面文章。因此，要转变观念，增强营销费用预算意识，广泛宣传预算管理的作用，避免随意支出的现象。

（2）增强预算法制观念，强化预算约束。

预算管理是一种权力控制的管理，是一种机制安排。营销费用预算

不等于预测或者计划，预算制定后，各个责任单位必须执行。预算本身不是目的，预算的目的是为了控制，同时也是为了授权。预算使各责任单位的权力得以用数字化、表格化的形式体现出来。营销组织负责人在实现整体利益的目标下，明确各预算单位的职责，使其做到各司其职。

（3）严格把关，设置费用控制的“跳闸”机制，确保预算的执行。

加强对预算执行的监督控制，严格执行预算。营销费用层层分解，从横向和纵向落实到营销各单位、各部门、各环节及各个岗位，形成全方位的预算执行责任体系。严格把关，对于营销组织负责人和营销财务管理人员提出更高的要求。所谓严格，即严格审批费用申请，严格审核票据，严格按照既定预算执行，拒绝随意性支出。

对于营销组织来说，设置费用控制的“跳闸”机制是在企业管理中的最佳实践，即在预算控制过程中，设置费用使用“红灯、黄灯、绿灯”的标准：费用使用总额在阶段性费用预算范围内，亮绿灯，费用可申请使用；费用使用总额超过预算标准的80%，但还没有超出预算范围的时候亮黄灯，提示费用使用单位注意控制费用；费用使用总额已经超过费用预算标准，这个时候亮红灯，费用不能支出。

（4）及时调整预算，做到灵活性与严肃性并存，加强预算科学性。

预算一经确定和发布，预算的执行者应当对预算进行管理。但是目前处在不确定时代，尽管我们在制定预算时预见了未来可能发生的情况，并制定出相应的应变措施，但预算管理也不能一成不变，要对预算进行定期检查，必要时可根据实际情况进行修订和调整，也就是说要兼顾预算的灵活性与严肃性。预算如果不能灵活调整就可能造成偏离实际情况，失去指导性作用，但是如果随意调整，又失去了严肃性。因此，在执行预算过程中，要随时追踪预算的执行情况，保证灵活性与严肃性并存。

第四节　业务活动管理、营销专业职能发育

营销组织负责人在做好不确定条件下的营销战略制定、营销目标计划制定与管理、资源配置和预算管理的同时，还要兼顾业务活动管理、

营销专业职能发育。

一、业务活动管理

营销业务活动管理主要包括客户档案管理、销售线索管理、销售活动管理、业务报告管理、销售业绩统计等。从某种角度来讲，管理是以牺牲效率为代价的，营销业务活动管理也不例外，控制与效率一直是一对矛盾体，平衡是最难做到的。但是在营销组织管理体系中，业务活动管理非常重要，其是基础管理体系的一部分。那么，有没有一种方法可以平衡控制和效率？答案是肯定的。

进入21世纪，企业的运作模式已经被重新定义，人们的工作方式也发生了根本性的变化，而这一切都来源于互联网技术的进步。因此，建立企业业务活动管理平台，可以解决在营销管理中不失控的前提下的效率最大化问题。关于业务活动管理的信息化管理平台在后续章节中会有进一步论述。总之，业务活动管理无论是通过什么技术和手段实现的，都是营销组织必须重视的基础管理体系。

二、营销专业职能发育

如图4-8所示，营销专业职能包括决策支持、品牌建设、销售促进、文化传播、新品研发支持五大职能。

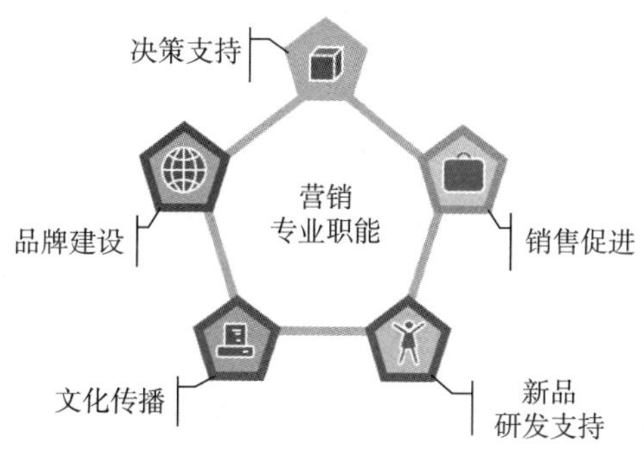

图4-8　营销专业职能

营销专业职能发育是有机性营销组织的重要管理体系要求。传统管理架构的公司由经营企划部、品牌部、产品部、市场部来实现这些职能，而有机性营销组织将上述职能部分融入每个“有机”小组。无论是传统的“机械式”层级组织，还是新型的“有机性”赋能组织，营销的五大职能没有改变。

随着互联网的快速发展，代表新生产力的“独角兽”崛起，营销理论的演进已经跟不上企业的发展步伐。随着互联网影响的深入，营销的五大职能定义没有变，但是具体内容出现了很大的变化。

以下是营销的五大职能包含的具体内容：

(1) 决策支持是指战略层面的参谋，是营销的首要职能。

战略是实现目标的方法和途径，方法错，步步皆错。营销参与战略参谋有两种形式：数据分析 + 主观意见；直接参与决策讨论。不同的形式取决于公司的规模、企业家的领导风格。**新时代营销的决策支持，需要更全面的数据支持、更快的决策速度，以及不断的迭代。**

(2) 品牌建设是营销的主要职能。

品牌建设包括品牌价值观建立、传播和维护。品牌要传递的内容就是价值观。营销人员的主要工作是发现、挖掘、完善品牌的价值观。很多历史悠久的企业，品牌的价值观基本固定，但是随着外部环境的不断变化，企业的愿景、目标、战略会发生改变，企业品牌的内容也会出现调整。

品牌的传播是目前受互联网影响最大的部分，表现在媒介数量、传播速度、互动参与、广泛程度上，与以往有很大差异。品牌传播的主要问题是如何通过有效预算，选择适当的渠道，到达目标受众。在这方面有些新理论出现和被应用，包括大数据精准营销，需要高质量的数据，需要好的数学模型及算法，需要专业人才进行开发。品牌传播分为主动传播和被动传播。

品牌建设的职能在互联网时代出现了很大的变化。建设好每一个与消费者连接的入口，运用个性化定制的大数据精准传播成为核心。

(3) 销售促进的职能地位不断上升。

工业化时代，品牌投入很难和销售建立起直接关系，因为没有技术手段提供精准的数据支持。品牌经理总是高高在上，推出高大上的品牌推广措施，对于现在有没有成交、未来有没有成交的机会不关心，也没办法衡量。虽然经过品牌经理每年“折腾”，看上去品牌认知度、美誉度上升了，可是销售部的同事却抱怨销售额不断下滑。

随着互联网技术的发展，可衡量指标出现，包括展现数、点击量、点击率、销售转化率在内的大数据为品牌投入和销售之间架起了桥梁。销售促进的职能地位不断上升。营销人员要从品牌层面、产品层面、销售层面同时推进各项活动。

（4）文化传播是营销专业职能的一部分。

此处的文化传播是指企业文化的对内影响力。有人会说：“这不是HR的职能吗?”不错，HR有部分职能，但HR没有营销人员的认知思维。企业文化虽然看不见、摸不着，但重要性不言而喻，是企业的核心竞争力。

营销理论包含外部营销理论和内部营销理论。外部营销主要针对消费者、供应商、政府部门，内部营销主要针对企业的员工。很简单，内部营销的目的是让企业文化植根于每个员工的心中，增强企业凝聚力，从而提升员工的自觉性，提高工作效率。

营销人员把内部员工看成特殊消费者，深深打动这些特殊消费者，让员工充满激情地服务于其他员工或客户，其实就是全面质量管理和全员营销理论的体现。一个好的企业，营销是全体员工的职责，全时空、全方位、全员，而不仅仅是营销部门的事。

（5）营销的最后一项职能就是新品研发支持。

新产品的研发主要由产品经理负责完成。产品经理工作的本质是从上游到下游的产品管理。上游的产品管理包括识别重要的消费者需求，设计产品路线图、新产品战略，实现从新产品开发到产品发布整个过程的营销领导；从市场、产品、公司的角度规划产品企划方案，获得公司领导及相关部门的资源支持，推进新产品的项目流程，制定新产品发布计划并加以实施。下游的产品管理是对产品生命周期的持续管理，包括让消费者获得对产品利益点的明确认知，根据消费者的敏感程度定价，选择产品分销渠道，强化核心产品、“复活”或重振本该表现良好的产品，淘汰失败的产品。

产品经理是营销工作链的起点，且贯穿整个营销过程，是营销中最重要的岗位之一。随着互联网的发展，产品的更新加快，生命周期缩短，产品持续出现迭代。另外，消费者的偏好也出现了变化，市场越来越趋于细分，消费个性化越来越明显。设计或开发一款完全能满足所有细分市场的产品变得不可能。信息与资料的收集、市场的调查与测试也更加依赖于网络。

第五节　新时代的绩效管理和薪酬激励

每年年底既是公司发放年终奖的时候，也是发布新一年业绩发展目标的重要时间节点。不少企业都为下一年度制定了“激进”的战略目标，比如实现销售额两位数增长，或三年内实现销售额翻倍增长，等等。不管企业制定什么样的宏伟目标，员工必然会提出如下问题：

（1）这个目标和我的日常工作有什么关系？

（2）我凭什么为了挑战的目标而努力和拼命？

（3）就算公司实现了超高目标，我又能从中得到什么？

这些问题跟员工的个人利益息息相关，是企业薪酬激励和绩效管理范畴的事情。“绩效管理和薪酬激励”，这是一个企业管理者提起来就头疼的难题，是营销组织中最关键、最敏感的话题，它是一把“双刃剑”，既是企业发展的“发动机”，同时也是一个无所不能的“破坏者”。企业的营销组织薪酬激励收紧了，业务人员没有积极性；薪酬激励放宽了，业务费用居高不下，下一年度企业管理者制定政策的时候就会更加头疼。

营销新时代，企业中核心业务骨干大多以“80后”“90后”为主，营销组织的绩效管理和薪酬激励更应该关注他们的思想，以人为本，关注他们的个人利益，制定科学完善的管理制度。同时依据经济发展状况不断优化管理策略，确保绩效管理和薪酬激励制度的贯彻与落实，激励员工以创造企业利益来实现自我价值，让员工意识到自我价值实现与公司发展息息相关，提高他们的工作积极性，改善工作状态，以创造公司的利益作为现阶段的工作目标。

绩效管理是企业众多管理体系中的核心，同时也是企业管理中面临的难题。绩效管理做得好不好，最直接的体现是企业业绩是否提升。绩效管理是上级与员工之间就工作职责和提高工作绩效问题持续进行的沟通过程。它通常包括**工作计划、KPI 考核量表形成、持续的绩效沟通（跟进与指导）、绩效记录、绩效考核、绩效诊断和改进等环节。紧密围绕目标与计划，进行持续的绩效沟通是绩效管理的核心环节。**

一、如何做好营销组织绩效管理和薪酬激励的有机对接

在人力资源管理实践中，绩效管理和薪酬激励向来是联动反应，薪酬管理是工资发放的重要依据，同时也是激励员工的重要手段；绩效管理是一种约束条件，例如营销部门当年销售额完成情况、服务满意度情况等。笔者在为企业提供咨询服务过程中发现，大多数企业将薪酬和绩效管理工作放在两个部门进行，或者由薪酬专员及考核专员分开做这两项工作。现实中出现了很多问题，比如绩效和薪酬管理简单化现象。为了使薪酬计算简单化，不少企业把绩效考核的目标和用途简单化，对于他们来说考核就是简单打分，然后发奖金，对员工起不到绩效提升和薪酬激励的作用。

企业中营销组织成员如果不能通过绩效管理提升业绩，同时薪酬又没有激励作用，对于企业来说是致命打击。在实践过程中，企业现在更多的是思考如何做好绩效管理和薪酬激励的有机对接。笔者根据多年营销管理咨询实践中总结出的经验，认为对于营销组织来说主要分两个步骤：

1. 在薪酬管理中加入对绩效的管理

将员工的薪酬在基本工资基础上加入绩效工资，其中基本工资是员工的基本保障，反映出员工的基本能力及等级水平；绩效部分，针对不同任职等级的员工有不同的绩效工资，具有一定的浮动性。这样可以有效调动员工积极性，将绩效管理与薪酬激励有机结合在一起，不同人员的薪酬调整也可以依据绩效考核结果来进行，这样不仅有利于从薪酬制度上将薪酬向业绩优秀者倾斜，还有利于强化结果导向的营销组织文化。

2. 引入激励机制、考核机制

员工在开展工作中，按照时间要求完成任务，当要求员工一个小时

完成任务，而员工50分钟完成了任务，这个时候就应该给予奖励。当然这需要管理者制定的目标是准确的，且要考虑到工作的饱和度、工作难易程度等问题。笔者在最近给某企业销售部做变革支持工作时发现，以前销售人员的薪酬分为基本工资和绩效工资，针对企业的具体情况，笔者在薪酬结构中加入业绩提成奖励，即按照设定目标的完成比例给予销售人员相应的提成，同时将绩效考核结果应用到提成的计算中，既起到了约束作用，又起到了激励作用。

总之，绩效管理是用来评价员工现在的工作情况，提升员工价值的，而薪酬激励则是用来调动员工积极性，激发员工实现自我价值。将绩效考核纳入薪酬发放，同时引入以目标为导向的激励考核机制，对于营销组织来说是最佳的管理实践。

二、新时代绩效管理变化趋势

现阶段，随着互联网技术的进步，企业管理理念发生了巨变。一方面是在互联网环境下成长起来的一代人对生活的态度跟上一代人相比发生了很大变化，这主要体现在价值观上；另一方面就是大数据时代的来临，企业管理技术手段更加先进。

在营销新时代，绩效管理主要发生以下两大变化：

1. 绩效管理理念的变化

新生代已成为企业的主体，尤其是企业营销组织中更是以这代人为主，这代人工作不仅是为了赚钱，还追求在工作中要有参与感、成就感和归属感，他们注重三大因素：心情、成就和薪酬，即“心情愉快，事业有成，薪酬颇丰”。因此企业在设计绩效考核指标时要留有空间，也就是确定财务指标中的刚性指标，在必须考核的指标之外，还要有一部分指标由员工参与制定，查看员工完成结果，只要比以前有进步就奖励，同时要让员工得到上司、同事和客户的认可，真正让员工在绩效管理中体会到“三感”，以愉快的心情取得绩效的进步。

2. 信息化时代步伐加快

大数据时代的来临使企业进入战略绩效管理的信息化时代步伐加快。营销组织如何利用新技术，通过数据查看、评估员工的工作动态及绩效考核？

随着企业信息化系统的建设，企业建立一套基于大数据的战略绩效管理信息系统，完全可以实现这一目的。目前市场上已经有很多基于绩效管理的软件，绩效管理系统通过标准公开（考核指标、考核标准、计分方法）、过程公开（处处留痕、实时反馈、动态排名）、结果公开（各类考核分数、奖金分配结果均可层层反查追溯），强化绩效考核与奖惩，在绩效管理过程中员工满意度有了大幅提升。

绩效管理不是以绩效考核为目的，绩效考核只是其中一个步骤，绩效管理是以提升绩效为最终目的。推行绩效管理在营销组织中最大的作用是提升营销业务人员的工作效率和活力，一般分三个步骤：首先，是制定绩效计划；其次，是绩效辅导；最后，是绩效考核和提升。在绩效计划阶段根据目标计划形成考核指标，关于这方面内容在此不再赘述。

三、薪酬激励做得好，能够让企业拥有持续的生命力

当企业的营销组织建立了营销战略目标责任和协同体系之后，就要考虑如何让业务人员主动地承担起责任，也就是如何激励业务人员。

激励就是分钱吗？

“发动机”要驱动起来靠什么？靠的是激励，有人说：“激励就是分钱。”

曾经有人让华为的任正非用最简单的词语概括一下自己在华为的作用，任老板的回答是两个字：“分钱”。

分钱绝不是一门简单的技术活。

分钱的依据是什么？能够让组织成员共同认可的依据是什么？这两个问题难倒了很多人。

薪酬激励的根本是评价事，不是评价人，管理者的主要任务不是挑别人的毛病，是评价他人在岗位上发挥的价值，是否达到了工作要求，在结果和目标之间做考核。

现代企业的生产靠分工与一体化运作，哪个环节都不能“掉链子”，一定要把每个短板及时补上，调动资源来解决问题。

从企业管理角度来讲，激励既是分钱，又不仅仅是分钱。

惠普前中国区总裁孙振耀在视频授课时说："没有物质是不行的，只有物质是不够的。"

激励要解决物质的问题，这是基础，但仅仅分钱并不能保证组织持续发展，分钱是内涵高深的管理艺术，分得不公正，就容易闹矛盾，搞分裂。

激励不仅是分配"桌上的苹果"，更重要的是通过激励驱动团队"奋力跳起来，爬到树上去摘苹果，继而去种植更多的苹果树"，再分配再创造，一直持续下去。

企业解决了价值评价和价值分配问题，也就解决了价值创造的动力问题，使价值创造成为可能，企业发展才得以持续。

四、新时代特点的薪酬激励有效性问题

在企业营销组织薪酬激励管理实践中我们发现，当企业过度重视薪酬刺激业务人员工作的时候，薪酬变成业务人员工作的"唯一理由"，员工再也不会为自己的"兴趣"而工作，也不会为自己的"信念"而工作：**当薪酬涨一点，努力工作一段时间；当薪酬不涨的时候，就没有动力工作。**

这种现象在目前的中国企业界普遍存在。如果企业薪酬激励管理过度重视刺激员工，使员工过于关注薪酬激励，而不是为了自己的兴趣工作，那么员工输出的产品与服务的质量能够满足要求吗？答案是：不能。

在新时代的背景下，"80后""90后"逐渐成为企业的中坚力量。他们的特点是崇尚自我价值和自我意识，加上高学历，又具备一技之长，对职业的期望值比较高，喜欢有挑战性的工作，接受新知识能力较强，更容易频繁换工作。他们不只是为了薪酬而工作，最重要的一点是"为了自己的兴趣而工作"。

当企业处在迅猛扩张与成长阶段，薪酬总额预算与企业利润挂钩，薪酬的涨幅与企业利润涨幅保持同步，"高业绩、高增长"是行之有效的，因为这种方式极大地满足了员工"个人英雄主义成就感"的内在动机。但是，并不是所有企业都处于扩张期与成长期，大部分企业处于

创业期或者成熟期，甚至很多企业处于衰退期，这些企业还能保持扩张期与成长期的薪酬水平吗？相信大部分企业不能，大部分企业还是把员工的薪酬水平结合劳动力市场与企业利润挂钩，但此时的薪酬不可能成为一个强有力的手段，因为驱动薪酬总额增长的市场环境没有了。

因此，薪酬激励管理如何避免上述现象发生，使其更加有效地落地，这在营销组织的薪酬激励管理实践中变得更加重要。通过多年的营销管理咨询实践，笔者总结出最直接的策略有以下几个方面：

（1）改变激励理念与模式。

无论企业处于什么发展阶段，薪酬激励都不应该是唯一的强化手段，而是应该应用综合激励措施来调动营销人员的积极性。比如说通过“理念牵引”“活动推动”“荣誉唤起”等诱导机制激发员工的工作热情与兴趣，打造员工“提”“拉”“带”的牵引力量。比如社会学习、社会助长、社会从众、评价忧虑等群体动力手段也是调动员工工作积极性的有力手段。

（2）放弃职位工资制，采用职能工资制，削弱薪酬激励是“唯一”工作理由的土壤。

在职位工资制中，员工的薪酬只跟职位有关。这种工资制操作很简单，只要做简单的职位评估就行了，然后把员工的薪酬跟其职位评估的分数相衔接。

职能工资制一方面继承了职位工资制的优良传统；另一方面重要的是避免了其消极的一面。顾名思义，职能工资制是一种“既看岗又看人”的工资制。员工的薪酬不仅跟岗位有关，而且跟员工个人能力有关。职能工资制打破了“千军万马过独木桥”的局面，因为只要员工提高自身的能力，照样可以获得认可，使员工专注于自身的专业与兴趣，关注于工作的挑战性与工作的创新性。

（3）给予员工一定的自我选择权，增强员工在企业中的自由度。

自由选择权的给予能够提升员工在企业中的平等意识与协作意识，增强员工的成就感，改变单纯采用薪酬激励作为成功指示器的局面。企业可以采用弹性工作菜单与弹性福利设置形式，建立给予员工自我选择权的管理机制。

例如可以采用“积分”的方式，员工通过自身的表现赚取“积分”，企业制定各种福利的“积分”兑换方式并组织员工兑换“积分”，员工通过这种兑换获取自己喜欢的福利。给予自我选择权可以使员工感觉到自己是企业的主人，在一定程度上能够削弱薪酬激励是“唯一”工作理由的问题。

第六节　如何提升营销干部的管理能力

在探讨营销干部的管理能力之前，我们先了解一下什么是干部，什么是营销干部。“干部”一词并不是中国特有的。在日本，干部是骨干分子的意思。日语的干部一词又来自法语 Cadre，本意指的是骨骼，延伸为在军队、国家机关和共同团队中发挥骨干作用的人，这些人具有两个特点：一是承担管理职责；二是有下属。因此，干部实际上是管理者的概念。企业中的营销干部，就是在营销组织中担任一定领导职位和管理职务的人，或者说是营销组织的核心力量、骨干分子，在营销组织中起到积极带头作用。

一、营销干部的使命

使命是指人所领受的任务及应负的责任。营销管理人员的使命就是指其承担所在营销组织的任务及应负的责任。

企业的活力来自于企业内部人员的使命感。使命感超越个人利益，是基于组织利益的一种形式。具有使命感的干部一定高度认同组织的核心价值观，以组织的核心价值观作为个人的价值观。

企业界认可一句话：干部强则企业强，营销强则业绩强。营销治百病，业绩遮百丑！对于一家企业来说，销售至关重要，一旦销售做不起来，后果很严重。一家公司业绩的保障一定是来自于一个优秀的销售团队，一个优秀的销售团队一定离不开一位优秀的营销干部！营销干部的使命是为实现营销组织目标而奋斗，以实现营销组织目标为己任，缩短实现营销组织目标的时间，节省实现营销组织目标的资源。企业需要打造一个有共同信念、共同追求、共同价值取向的营销团队。营销组织人员为使命而工作，才能真正做到一切为了整体，尽职尽责，就能持续奋斗。

长期的营销咨询管理实践中，我们对营销组织常见的问题总结如下：

（1）营销组织系统效能低下，市场反应能力弱。

一管就死：形式主义与官僚化严重，难以满足动态竞争的要求；

一放就乱："强人主义"与"军阀化"严重，难以满足整合营销的要求。

（2）组织的执行能力差。

执行效果大打折扣，流于形式；

对资源、政策等依赖过大，主动性不够；

缺乏灵活应对能力。

（3）管理模式落后，关系复杂。

权责关系混乱，人脉繁杂；

信息和指令泛滥，流程和制度繁杂。

（4）工作缺乏连续性和协同性。

组织结构与人员变动频繁；

计划缺乏整合性，前后台协同差；

陷入"救急和灭火"的尴尬局面。

营销组织这些常见的问题是营销组织面对的内外部环境造成的，这里不再赘述。这些常见的问题，对企业的营销干部提出了管理的要求：第一，要求营销组织有更快的反应速度，贴近区域市场与业务一线，及时响应竞争；第二，要求营销组织有更高的运行效率，这一点在微利时代尤为关键；第三，要求营销管理能提供更强的专业功能——提供专业服务与支持，具备整合营销能力；第四，要求更活的管控方式——保持集分权的平衡，具备有机性组织的特点。

作为企业营销组织的核心力量，营销干部必须做到以下几点：

①以积极的心态面对营销组织管理中出现的问题，要有理想，为使命而工作，工作不只是赚钱的工具，要把它当成一份事业来做。

②专心工作，有较强的执行力、广泛的影响力，有与人沟通的能

力，具有服务意识。

③工作中具有创新精神，能够与时俱进，坚持做对的事情，有预见性、前瞻性，遇到挫折能够适时调整心态。

④要能够承受失败。

⑤工作中主动思考，有发现问题的能力，并能够及时解决问题，善于总结经验。

⑥落实基础管理动作。

⑦不断地提升自己的能力，开阔眼界，只有不断地学习才能变得更加专业。

只有做到这些，营销干部才能成为优秀的管理者。

二、各级营销干部的领导力提升

笔者在二十多年的工作经历中，总是在和人打交道。每每看到企业培养了多年的优秀员工离职，笔者心中总是感到十分纠结。当前因为薪酬原因离职的人不少，我也经常会听到这样的一句话："因企业而来，因领导而走。"统计数据显示，60%的企业员工流失是因为和领导之间发生矛盾，通常的原因是领导的能力差、素质低、不尊重人、官僚作风等，这反映出我们的企业管理者缺乏领导力。企业的营销组织更是"重灾区"，尤其是面对新生代的营销人员，营销干部更加需要领导力，才能打造一个和谐、稳定、有共同使命感和责任感的营销团队，为实现组织目标而努力奋斗。

很多时候，我们把领导力理解为权力，这也是多少年来阴魂不散的"帝王思想"在作祟。其实权力可以使人迷失，也可以使人还原本相。有的领导就喜欢谄媚的下属，好不容易下属混成领导，就会用更卑劣和变态的手段做事。

追本溯源，领导力这个词语也是舶来品，领导力的英文是 Leadership。领导力可以被形容为一系列行为的组合，而这些行为将会激励人们跟随领导做事，而不是简单的服从。

在笔者看来，可以把领导力分为三个层次，即个人领导力、团队领导力、组织领导力。首先，是个人领导力，即自己领导自己的能力。要想领导别人，得先领导自己，这需要保持阳光的心态，你内心有一团火，才能释放出光和热；其次，是团队领导力，自己牢牢站稳，才会有魅力吸引其他人。具备情商和影响力，能够引领其他成员，就会形成团队，可以用“从”来表示团队领导力；最后，是组织领导力，团队有动力，有愿景，有魅力，拥有共同的价值观，才能吸引更多的人，形成组织，可以用“众”来描述组织领导力。

基于对企业营销组织中干部的能力要求，面对新时代背景下企业营销组织遇到的问题，各级营销管理人员如何提升领导力？笔者总结出几点，希望对营销干部提升领导力有所帮助。

（一）改变从自我开始

提升领导力是一个修炼的过程，其与每一位干部做人的境界紧密联系。中国古代儒家思想提到“修身、齐家、治国、平天下”，也就是培养人的领导力，培养其敢于担当的勇气。

领导力是一种影响力，这种影响力折射出人格魅力，有了人格魅力就有了追随者，很自然的就产生了领导。古人强调的第一点就是“修身”，因为修养自身的品性才会使人具有人格魅力，才能形成影响力。

对于干部来讲，当踏上管理这条道路的那一刻，便开始了漫长的修炼领导力的道路。我们应该不断学习，不断实践，认识自己，认识世界。“知己”就是认识自己，“知彼”可以引申为认识世界，只有这样才能严格自律，起到示范效应；只有这样才能提高自己的专业能力，提升业绩；只有这样才能提高决策水平，明确团队方向；只有这样才能让干部做事和做人符合自然的规律，才能打造营销干部的领导力。

（二）培养不同的领导风格

团队成员处于不同的成长阶段，针对不同阶段的成员，营销组织的干部要有针对性地运用不同的领导方式，只有这样才能将一群“乌合之众”捏合成一个有战斗力的团队。不同成长阶段的员工能力与意愿分类如图4－9所示。

针对员工不同成长阶段，营销干部典型的领导风格如表4－2所示。

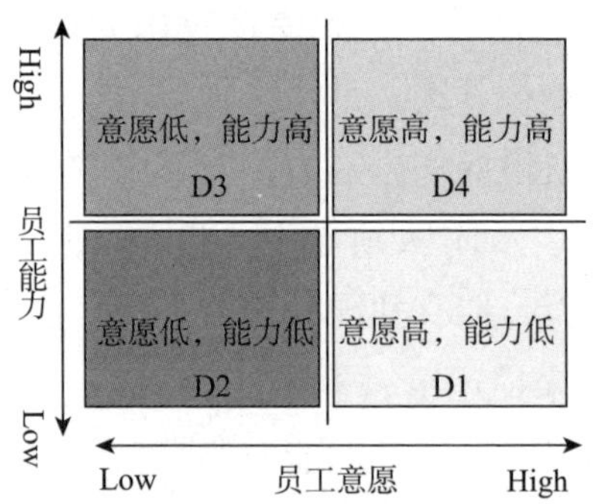

图4－9　不同成长阶段的员工能力和意愿

表4－2　针对员工不同成长阶段的领导风格

员工成长过程		典型特征	领导风格
第一阶段（D1）	意愿高，能力低	员工刚进团队	指挥型——引导并指示员工组织、监督和控制
第二阶段（D2）	意愿低，能力低	新员工经过激励	教练型——解释工作，劝服员工指挥、支持
第三阶段（D3）	意愿低，能力高	员工渐渐成长，有一定能力，但激情减退，出现动力不足的情况	支持型——激励员工并帮助员工解决问题 赞扬、倾听、辅助
第四阶段（D4）	意愿高，能力高	富有激情和创造力，业绩持续提升，良性循环	授权型——将工作交付给员工，领导者只需做监控和考察的工作 授权、保留

（三）营销干部领导力提升的方向

优秀的营销组织需要具备卓越能力和互补性的营销干部团队。在互联网时代，面临复杂多变的市场环境，营销干部需要具备什么样的能力？如图4－10所示，企业各级营销管理人员领导力提升的方向主要有以下几个方面：

（1）洞察能力。

营销干部承担着领导营销组织的责任，这就要求营销干部能够敏锐地洞察到发展机遇，尤其是在结构化转型时期，对市场、客户需求、行

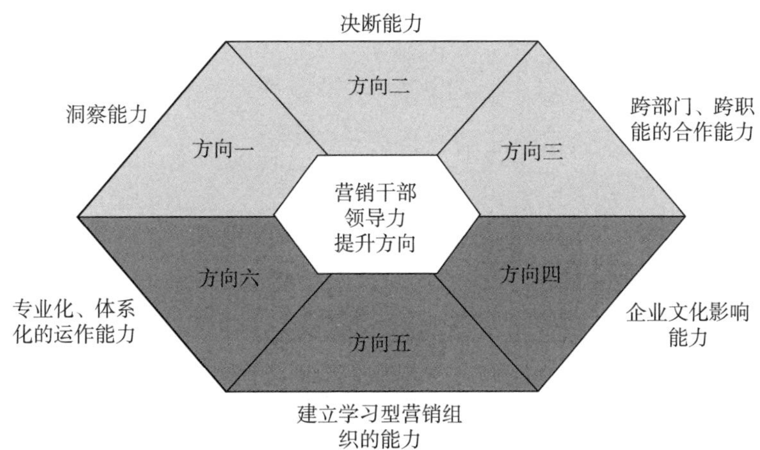

图 4－10　营销干部领导力提升方向

业发展趋势的洞察能力，是营销干部需要具备的核心能力。

（2）决断能力。

决断能力是一个干部责任感的体现。干部除了对客观环境能够深刻洞察外，在关键时刻要敢于拍板。现在外部环境变化太快，干部如果不能抓住机遇，提高决策能力，机会稍纵即逝。

（3）跨部门、跨职能的合作能力。

企业是内在协同体系，协同产生价值。互联网时代，很多企业组织是网状系统，总部是平台系统，为一线销售提供支持服务，各个业务部门需要协同，尤其需要干部具备跨部门、跨职能的合作能力，具有高度协同意识。

（4）企业文化影响能力。

在华为干部管理纲要里面，第一条就是“干部是文化的继承者和影响者”。企业的营销干部需要在营销管理过程中塑造企业文化的影响力，需要进行思想的传递，企业发展才不至于迷失方向，失去前进的动力。只要释放激情，营销组织一定是充满正能量的。

（5）建立学习型营销组织的能力。

营销干部需要有建立团队所有成员认同的基本工作标准的能力；

营销干部需要有推动绩优人员垂直成长的能力；

营销干部需要有把潜力绩优人员提升为绩优人员的能力；

营销干部需要有把新人快速推上成功轨道的能力。

（6）专业化、体系化的运作能力。

现阶段，在营销组织中仍然存在靠“经验主义”管理运作的营销干部。在企业营销管理实践中，我们会有这样的基本认知：普通人可以通过“专业化、体系化运作”成为“天才”，天才也可能因为“经验主义”变成庸才。因此，对于营销干部来说，具备专业化、体系化的运作能力是非常重要的。以专业化、体系化运作为主要手段，推动各层级业务人员垂直成长，可以达到企业持续、健康、快速发展的目的。

三、主要的营销管理技能与方法

企业的营销干部除了提升领导力之外，还需要培养自己的营销管理技能与方法。笔者在多年的营销管理实践中总结出企业发展不同阶段对营销干部管理技能与方法的要求。

（1）初创阶段：企业初创阶段，除了产品研发、生产之外，更重要的是建立一支卓有成效的营销团队。这个阶段对于营销干部来说需要具备以下技能：

①建立有效的营销组织架构。

②明确营销组织的目标、方向和成员的角色定位。

③加速营销组织人员的角色认知和匹配。

④确立个人或团队目标，并与组织目标一致。

（2）发展阶段：这个阶段对于营销干部来说需要具备以下技能：

①健全内外部沟通的网络与机制。

②学习如何进行团队协作，成员之间能有效地消除人际关系障碍。

③培养营销组织成员具备正确处理各种冲突的技巧。

④通过研讨、培训，使组织使命愿景深入营销组织成员内心。

（3）提升阶段：这个阶段对于营销干部来说需要具备以下技能：

①建立相互信任、相互支持，人际关系包容的工作环境。

②提升沟通空间，成员间相互给予更多的反馈。

③培养成员高度的责任感，积极承担工作。

④充分授权，决策权下放。

⑤奖罚分明，容忍出错，越是困难，越是进行鼓励。

⑥培养团队自信心，敢于不断超越自我，营造组织成员间的“互助”“分享”“双赢”氛围，使企业持续、健康、快速地发展。

对于营销团队的管理，营销干部采取的主要方法是：营销干部要起到领导的作用，要做到分工明确、职责清晰；建立层级管理秩序；制定工作标准，并让团队成员清楚工作标准；责、权、利相统一，公开公正；以身作则，做团队的表率；内部实行竞争，建立优胜劣汰的机制；抓典型，树榜样，向榜样学习；主动与团队成员沟通，以诚相待；运用好绩效管理工具，以不断改善和提升业绩为目的。

第七节　营销组织管理技术升级

除了上述内容外，营销组织还要升级管理技术，以适应互联网时代对企业提出的新要求。

一、新营销组织管理技术手段的发展

随着互联网和信息技术的快速发展，特别是移动互联及大数据改变着世界的发展方向，影响着人们的思维方式和生活方式。营销管理技术的变化，正在改变着传统的营销运作模式，电子商务中 B2B、B2C、C2C 等模式的出现进一步提升了企业的生产效率，降低了生产成本，从而使企业营销运作和管理方式发生了日新月异的变化。随着市场竞争加剧和客户需求的多元化、个性化，企业传统上基于 4P 的竞争模式已经不再适应社会的发展。如何使客户满意已经成为企业竞争制胜的关键。

在企业营销管理中营销组织越来越依赖于信息技术，使得营销管理更加智能化，不仅提升了企业管理的工作效率，还降低了风险成本和管理成本。

企业营销组织通过对渠道中数据的分析，驱动可盈利市场的营销策略的落地来增加收入；通过信息技术管理营销团队，降低营销成本，提升绩效考核效率；通过大数据分析，更加精准地了解顾客需求，不仅能提高顾客体验效果，还能增强顾客的忠诚度，寻求机会增加收益。利用

网络营销系统整合企业资源，提高企业营销效率，构建灵活、机动的网络营销系统已经成为企业营销管理提升的关键。

信息技术的快速发展和全球经济一体化改变着企业之间的竞争方式。传统模式以产品为竞争基础，企业更多地关注企业内部运作效率和质量的提高，以此增强企业的竞争力。但是，随着竞争的日益激烈，以产品为中心的竞争优势正在逐步失去。此时，以客户为中心，倾听客户呼声，对不断变化的客户期望迅速做出反应成为企业成功的关键，而这意味着客户关系管理在未来企业营销管理中的运用将会愈加重要。互联网时代的 CRM（客户关系管理）——以客户关系为主体的联动式管理模式应运而生。CRM 是通过将客户视为企业供应链的起点和终点，以向客户提供个性化服务为目标，借助现代化的信息技术协调企业与客户关系的管理。

二、新管理技术和手段的应用实践要点

传统的营销管理通常是以 4P 为竞争核心，讲策略、策划与执行，而互联网时代的营销发展主要分为六个层面：广告、交易、交互和体验、移动和社交媒体、数据，以及管理。这些都依赖于新的营销管理技术手段，也就是营销的信息化管理系统。没有新的管理技术，无法实现新营销的发展。

新营销发展变化主要包含以下几个层面：

（1）移动互联广告。

如今的“90 后”已经不太愿意看到投放在固定时间的电视广告，新兴的移动互联广告可以根据传播对象的特点，在时间、对象、形式、频率等方面以更加灵活的方式进行投放，并且开始逐步 AI 化，广告投放变得越来越精准。

（2）大数据与市场调研。

传统的营销决策离不开市场调研，无论是定量调研还是定性访谈都需要耗费大量的人力、物力，以及时间成本，效率低，结果往往误差较大。

在互联网时代，营销组织可以通过向调研对象发送调研问卷的方式

来完成该项调研，大大节省了费用，提高了调研效率；使用大数据挖掘技术可以对潜在用户进行精准画像，甚至可以做到比消费者自身更加了解他。

（3）移动互联交易平台，千人千面。

我们今天所处的世界可以说是一个平行世界，网上虚拟空间与现实物理空间相对应，电商为消费者提供更广阔的选购空间。对实体零售而言，即便是一家拥有超过 8 万种商品的沃尔玛超市，所能摆放的商品终究有限，货架上摆放了 A 企业的产品，就可能容不下 B 企业、C 企业的同类商品。相反，线上平台提供了无限延展的商品展示空间，顾客选择的空间更为广阔。仅天猫商城就有 1.2 万个国际品牌，18 万个知名大牌，8.9 万家旗舰店，几乎囊括了人们的所有生活、工作所需，这种丰富程度是任何一家传统的百货商店都无法比拟的。

更重要的是，线上平台还可以针对不同的顾客提供个性化的服务，这就是互联网及大数据给营销管理提供的“千人千面”技术。如打开手机淘宝，用户看到的 APP 首页是个性化的，它显示的都是用户可能最有购买意向、最感兴趣的商品，这就好比顾客走进了一家商店，发现最想买的商品都摆在了离你最近的地方。

（4）LBS 技术与精准引流。

传统的终端引流一般通过设置广宣品、导购等方式拦截和引流客户，这种竞争方式越来越趋于同质化和白热化，而 LBS（基于位置的服务）可以圈定地图上某一点周边方圆几公里范围内的特定人群，大量投放营销信息，从而为终端精准引流。

（5）人脸识别技术与客户管理。

在实际销售过程中，如果销售人员可以记住消费者的一些信息，无疑会迅速拉近与消费者的距离，从而增加成交机会，因此很多厂家一直在探索终端的客户管理系统，有些优秀的销售人员会建立自己的客户档案，但是见效很慢。

随着人脸识别技术的兴起，这个问题被有效解决。人脸识别系统可以迅速识别消费者是谁，通过与后台的客户管理系统连接，销售人员可以迅速了解消费者的来访次数、个人喜好、消费习惯等，从而有效地进行推荐和促单。

（6）互联网技术搭建的绩效管理平台。

作为营销组织管理中的核心，绩效管理对业绩表现有着十分重要的影响，利用互联网搭建一个高效的反馈与互动平台能够为绩效活动提供及时的指导，满足企业快速发展的需要，同时也可以提高组织成员的参与性，增进员工与组织的联系。绩效的网络化、平台化管理帮助企业对员工的绩效过程进行实时跟踪和反馈，及时发现绩效产生过程中的问题并予以调整和改进。

如今，“80后”“90后”员工逐渐成为企业中工作的主体，有些已经成为组织中的管理或技术核心人才，支撑着企业重要的经营活动。众所周知，这一代人是伴随着互联网的兴起和发展成长起来的，社交网络就是他们的生活方式，构建一个工作中的社交平台，实现快速及时的工作沟通和协作便成为管理新一代员工绩效最有效的手段。

基于互联网技术的绩效管理平台一般具有三个主要功能：点赞功能、反馈功能和绩效评价功能。绩效管理平台主要在四个方面优于传统绩效管理工具：第一，绩效管理平台具备便捷性的特点；第二，绩效管理平台能够实现及时性反馈；第三，绩效管理平台能充分利用互联网的开放特性和人们渴望被他人关注的需求；第四，绩效管理平台能带来的另一个产物就是大数据，大数据有利于营销组织深入了解员工的绩效产生过程，提出具有针对性的改善计划，因此更有利于产生高绩效的结果。

企业管理者如何利用新的管理技术手段，选择和搭建营销信息化管理平台？

笔者认为企业管理者需要做到以下几点：

①企业管理者在营销信息化管理平台选型上要尽量摆脱行政和行业的干预，根据自己所在企业的需要选择适合的系统提供商。

②成立由业务部门主导、信息部门支持、外脑公司介入的项目实施机构，负责从选型到上线直至维护的整个过程。

③根据自己所在企业的营销战略要求和业务特点，结合有实力的管理咨询公司的经验，系统地梳理业务流程，在流程写实的基础上进行流

程再造（BPR）。

④基于 BPR 结果，定制化配置信息系统，在配置的同时预留与财务、生产、研发、采购等其他系统的接口，以便进行后期的系统整合。

⑤严格控制数据输入的规范性，因为信息系统就像一个信息处理站，你输入的是垃圾信息，系统输出的也会是垃圾结果。

⑥双系统运行测试。为系统安全考虑，初期双系统运行是必要的，测试调整运行之后放弃手工系统，完整运行信息化系统。

⑦持续整合改进是必要的。当系统运行稳定后，控制和效率的成果就会显现出来，为了放大成果，企业可以根据自己的实际情况选择系统集成功能，与财务、生产、研发、采购供应链整合打通。

至此，企业的信息化平台已经搭建成功，企业可以按照既定的战略目标，借助信息化平台，向着目标高歌猛进。

CRM 助力 A 企业营销转型升级

A 企业是农业机械研发、生产制造、销售企业，已有近七十年的历史，是笔者的管理咨询客户。

A 企业面临以下几个难题：

（1）现代科技革命后企业面临新挑战。

农业机械制造业发生大的变化，实现了跨国合作，技术升级。新技术、新产品像雨后春笋般高速发展，所以现在的厂商差异化已经不再是产品的质量和功能的比较，更重要的是如何赢得客户满意，提高客户忠诚度，完善企业服务。

（2）原材料成本上涨。

由于国际和国内经济环境持续趋紧，铁矿石价格推动钢铁价格增长，机械制造业成本增加，进而影响企业的利润。

（3）传统管理理念落后。

通过控制成本，以较低的价格进行销售的策略已经不再具有竞争力。

（4）企业在 ERP 领域面临很多问题。

该企业运用现代化技术提升自身的竞争力，但是在导入及运用 ERP

系统之后，还是面临许多在ERP领域中还没有解决的问题。

这些问题包括以下几个方面：

（1）市场营销（Marketing）：

①对于现有客户及潜在客户的统计分析资料无法充分掌握，以至于在做许多工作时，由于信息来源的缺乏，导致无法有效地达成预期目标，或者由于信息错误，造成决策上的失误，进而影响企业经营的绩效。这些工作包括个性化营销、促销方案及营销活动的设计、营销资源运用计划、销售预测及库存管理、销售成本及风险预估、销售通路的分析等。

②无法即时掌握营销活动的相关信息。例如，促销活动报名的人数，活动的相关准备工作进度和配合时间，活动后续追踪与成果分析等。

③无法分析客户回馈的各种相关资讯。例如，问卷调查的各种分析结果，市场调查的各种分析结果，广告的效益分析等。

④缺乏有效的自动化营销工具。例如，网络（Web Site）自动销售工具，电子邮件，自动传真、行动简讯等自动化销售工具，电子媒体刊物自动化销售工具，社交媒体。

（2）业务销售（Sales）：

①对于潜在客户的各项信息掌握不足。

②对于进行中的销售项目信息了解不足。

③对销售人员工作过程掌握不足。

④无法快捷地即时考核销售人员业绩状况。

⑤销售协助工具及知识库储备不足。

⑥对竞争对手的情况了解不足。

⑦无法有效即时地更新产品价格、型录、库存资讯。

⑧缺乏自动化的销售信息提示。

⑨缺乏跨部门的客户资料共享整合。

⑩无法适时搭售其他产品。

⑪缺乏自动化的报价、订单处理。

（3）客户服务（Service）：

①客户资料不完整。

②无法立即判断客户的合约是否过期。

③无法即时提供客户询问的相关资料。

④没有客户服务的历史记录，人员接手不易。

⑤同样的客户问题一再重复上演。

⑥没有服务知识库，经验无法传承，品质难以确保。

⑦客户的需求无法成为公司改进的信息。

⑧客户抱怨无法有效的统计分析。

⑨主管或客户无法即时了解问题处理的情况。

⑩与后端库存管理、账务管理无法衔接。

A企业的营销思想转型：

目前在我国的机械制造行业中，由于该类产品技术程度非常高，尤其是加工、测量等类机器，销售过程复杂，专业性非常强，企业内部管理当然以稳定为前提。但现在机械制造企业必须在营销思想上做一次大的转变，从“一切以产品为中心”转向“一切以客户为中心”，构建一套合理的机械制造企业信息系统，在企业具有的生产信息化的基础上，管理客户、产品、订单、售后服务等，以此来提高市场反应能力。

A企业导入CRM的动机总结如下：

（1）收集潜在客户信息，培养客户，以销售为重。

①销售及促销方案的管理与分析。

②案例跟踪管理、销售协助、业务管理。

（2）提供客户最大的满意程度，建立客户的品牌忠诚度，提升企业的品牌权益。

①快速、精确的服务品质。

②提升产品与服务品质。

（3）客户行为模式分析建立，主动服务，提升企业最大价值。

①自动化销售，机会发掘。

②建立多样化的互动渠道。

经过半年时间的前期调研诊断，制定CRM方案及实施技术，A企业在高层领导的全力支持下，CRM已经正式上线。在实践中，营销总经理亲自挂帅，强力推动，提升CRM系统在基层及代理商方面的应用效果，打造规范的业务流程，从粗放式向精细化管理转型。成功应用半年时间以来，营销管理更加规范化，完善了信息采集流程，并进一步挖掘信息价值，员工管理、渠道管理效率有了明显提升。

如何做好营销的产销协同

程铎远　程绍珊

面对新形势下的市场差异化竞争及产品个性化需求，企业必须做好营销的产销协同管理。

第一节　新形势下的产销协同管理

在互联网时代，营销市场发生了很大变化，面对激烈的市场竞争，企业要做好新形势下的产销协同管理。

一、当下市场竞争对企业产销协同管理的要求

新形势下的市场差异化竞争及产品个性化需求对供应链柔性管理提出了更高要求。消费升级和越来越细分的需求要求产品个性化；新技术发展要求产品快速更迭，加快新品上市速度；线上、线下不同分销渠道区隔运作，要求产品差异化组合。一时无法摆脱的价格战还要求企业的产品具备高性价比，企业能够高效、低成本运作，准时交付产品。这些都给产品设计标准化、生产均衡化和管理高效化带来更大挑战，同时对整个供应链管理能力提出更高的要求。这就需要企业的营销部门与生产部门密切合作，提升产销协同的效能，至少要做到“多、快、好、省”。

产销协同要求如图 5－1 所示。

（1）多：为了应对顾客需求个性化、多渠道运作和差异化竞争等方面的要求，一线营销人员总是会要求公司生产更多的产品品类和规格，如国内一般快消品的企业都有着上百个 SKU 的产品清单，所以企业的产销协同必须做到能够满足这种多样性订单的要求。

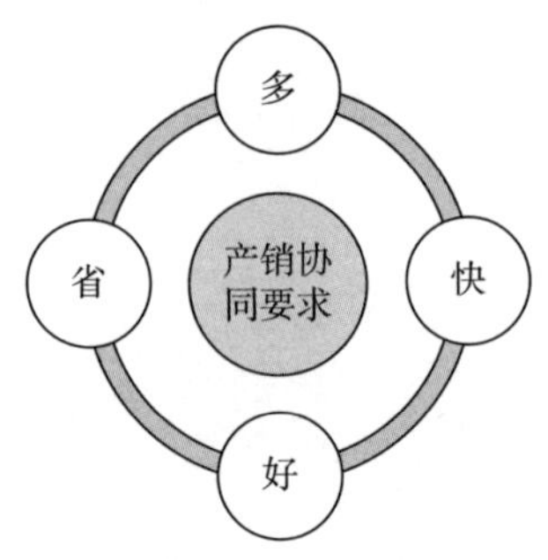

图5－1 产销协同要求

（2）**快**：新形势下市场竞争的节奏越来越快，新技术、新产品的迭代也在加速，各种高对抗性的竞争策略越来越集中，这些都需要产销协同有效、快速地响应多变的订单，甚至是满足急单的需求。

（3）**好**：消费升级的趋势下，企业营销战略的精品化导向更加明显，着力“推高卖精”，不断升级产品性能与品质，给消费者带来尖叫式的体验。而好产品又是不断在市场迭代升级的产物，这就需要企业的营销组织把消费者的痛点与爽点及时地反馈给供应链部门，共同参与改进产品的性能与品质，也就是说“好产品是市场打磨出来的，而不是闭门造车做出来的”。所以新市场形势下，企业产销协同管理的主要目的之一就是协同打造好产品，提供好品质！

（4）**省**：高效率、低成本是国内所有处在竞争性行业中的企业的共同诉求，其不是指企业自身降低成本、增加效率的问题，而是指做到整个供应链和分销链的效率最大化、成本最低化，这是企业产销协同管理的最基本要求，也是最高要求。在企业生态圈中，任何单方面外化成本的产销协同模式都不可持续。

二、明确营销部门在企业产销协同中的主要职责

新形势下，产销协同管理要解决的主要矛盾是既要保证生产及供应链的稳定性，以获得运营高效和低成本的产品，又要积极响应客户需求与竞争要求，以便获得动态优势，占据市场份额。其实这两个要求从某种意义上说是相互矛盾的，生产部门需要的是销售订单与生产计划的稳定性，需要冻结产品的数量、品种、物料清单（Bill of Material，简称

BOM）和工艺等，这样能降低成本，其代价就是灵活性降低。而市场的不确定性越来越高，要求企业能及时调整营销策略，灵活地满足客户个性化订单和竞争要求，这就势必造成企业经营成本上升。

产销协同管理需要解决的主要矛盾如图5-2所示。

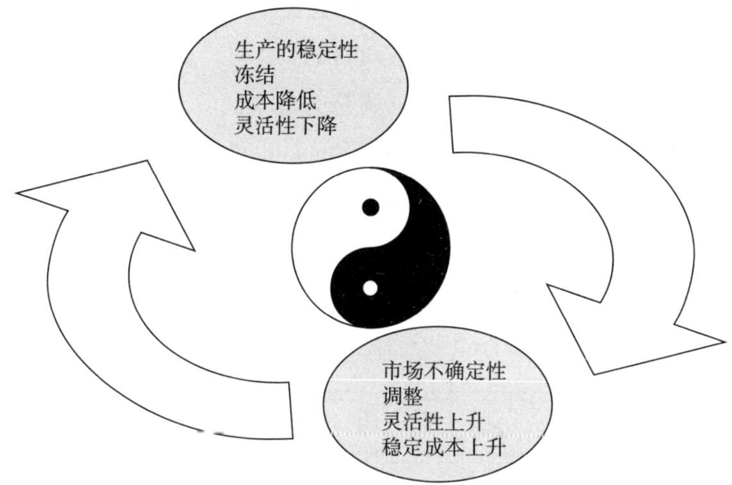

图5-2　产销协同管理需要解决的主要矛盾

新形势下企业面对的市场变化越来越快，加上同质化竞争的高对抗性，使得企业保持两者平衡的难度越来越大，所以现代制造业的领先企业都建立了系统的产销协同管理体系。

产销协同管理被称为销售与运营计划（Sales and Operation Plan：S&OP），如国内企业的“早调会”“生产调度会”“经营计划与分析会”和“订单落地会”等。产销协同管理一般包含以下几个核心内容与过程：

（1）自上而下企业战略经营目标转化为具体销售指标的层层分解过程。

（2）自下而上销售预测和销售订单层层上报转化成销售计划的过程。

（3）库存、产能、采购、新品上市和老品退市等对销售订单的资源匹配过程。

（4）通过产销计划对接和协调整体资源平衡，在最大限度满足客户需求的前提下实现均衡生产的过程。

（5）对销售订单、产能、库存和采购、产品上市和退市进行精密的动态成本效益分析的过程。

（6）围绕市场竞争力目标，企业内部跨部门协作，在更高层面与分供方、渠道、客户充分、及时协同的过程。

（7）协同后的计划进入供应链的执行过程，供应部门每天做实际情况检查，并依据市场变化做及时调整的过程。

产销协同计划主要由需求计划（Demand Plan）、供给计划（Supply Plan）和财务计划（Financial Plan）三大计划构成。本质上，产销协同是企业高效分配资源以获得市场相对竞争优势的运营活动，是企业战略落地的根本保障活动。

产销协同管理体系如图5－3所示。

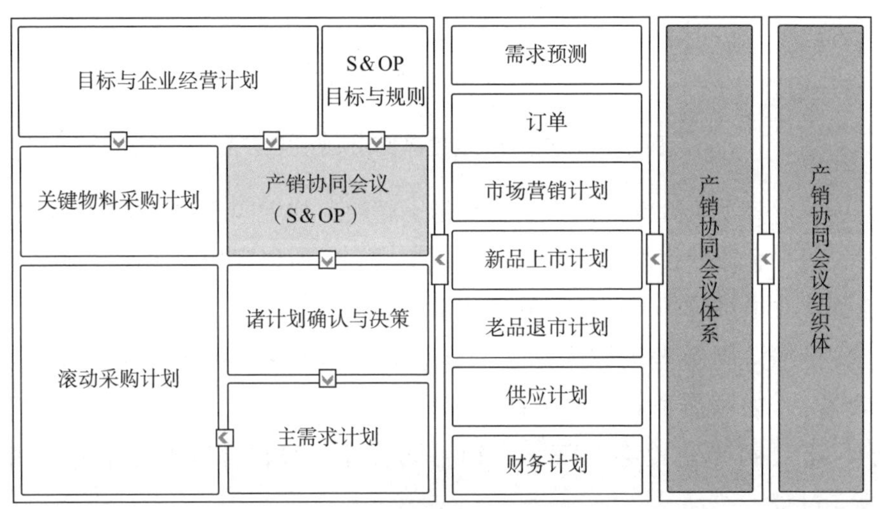

图5－3 产销协同管理体系

图5－4是企业销售与运营计划的管理逻辑图，我们可以看出，有效的产销协同是从精准的销售预测开始的。这是整个供应链协同运转的前提和核心，再加上营销部门与企业其他部门的日常沟通与协同配合，才能达到产销协同运作的效果。

然而现实产销对接中，预测与协同这两个方面问题都很多，导致企业经营者疲于应付。

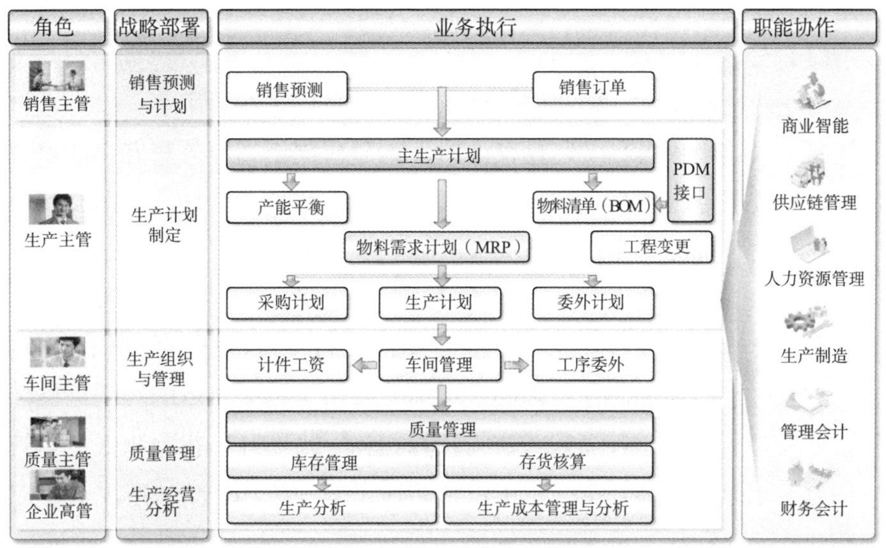

图5－4　企业销售与运营计划管理逻辑

三、销售预测与产销协同中的常见问题及分析

销售预测与订单计划调整是产销协同的管理源头和主要内容，但营销部门总是做不到准确和及时，导致企业经营计划和产销协同等方面的管理工作失去基准。面对市场的高度不确定性，如何尽可能地提高销售预测准确度？如何加强产销及时互动和提高协同效率，从而不断修正订单和生产计划？这些问题的解决就成为生产和营销部门的共同责任，作为企业经营的“龙头”，营销部门更应将其当作首要责任！

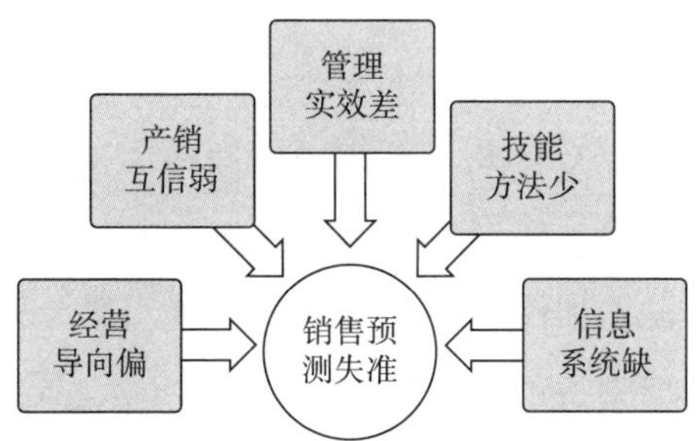

图5－5　企业销售预测失准的五大原因

如图5－5所示，导致企业销售预测失准的主要原因有以下五个

方面：

（1）经营导向偏。

企业营销观念与产销协同导向落后，还是以企业为中心，以产定销的导向。前端销售人员实际做预测时，不是研判市场趋势与客户订单变化，而是按照后端生产供应的约束做预测。一些处于市场风口期又相对集中的行业头部品牌企业尤其如此。

（2）产销互信弱。

企业产销之间没有互相承诺的共同目标和考核指标，且互不信任，缺少一套产销共识的协作规则和管理体系。由于很多企业的经营目标及预算指标是刚性的，且绩效考核与预算挂钩，当实际销售预测低于预算时，为了不影响拿绩效奖，员工常常制造虚假预测和订单，造成订单完成率低或库存积压，员工相互推诿。

（3）管理实效差。

销售预测的管理流程与产销协同制度流于形式。各级营销人员和经理对市场销售预测不重视，只是应付检查与考核，很少进行分析和审查，使虚假预测通过产销协同平台被生产执行。相关人员即使在过程中发现预测失准，也没有及时纠偏和相互协同，只是相互推诿。

（4）技能方法少。

前端销售人员的预测能力与工具方法缺失，常常凭感觉上报预测结果。由于很多企业营销模式粗放，管理重心比较高，缺乏对市场的深入了解与洞察，加之营销人员缺乏必要的市场预测技能培训与工具方法的支持，结果只能是在办公室里瞎编。

（5）信息系统缺。

由于管理信息系统及技术手段落后，使得前端的销售情况和后台运营的管理基础数据缺失，资源不能共享，造成产销人员难以及时发现问题，互动调整，引发和加深了误解和矛盾，使得整个运营效率低下。

以上这些销售预测与产销协同中发生的问题，我们认为，其主要责任在于企业的营销部门和各级销售人员。在大部分产销协同的矛盾处理中，营销部门是相对主动的，他们有可能做到提前判断和预警，及时调整市场竞争策略，主动协调与优化订单计划，为中后台生产与供应部门的调整和改进赢得时间。当然，这需要营销部门明确自身在企业经营中市场“龙头”的定位，培育强大的专业职能，提升其在市场预测与订单计划等方面的能力，以担当起自己应尽的职责。

四、营销部门在产销协同中的职能定位与主要责任

在以市场为经营导向的企业中，营销部门首先必须承担公司管理链条中的“龙头”作用，积极推动并主动参与产销协同管理体系建设与升级。我们长期咨询服务于国内成长型企业的经验表明，大多数成功的企业管理变革与升级都是为经营效益与竞争优势提升服务的，其着手点必须是从市场和客户端开始，这就注定了营销部门必须承担起产销协同管理变革的旗手作用。

营销部门在产销协同管理中的核心工作是做出准确的市场预测与订单计划，这需要整个部门员工共同努力和有效沟通。此外还需要做好市场与行业研究，及时掌握动销数据，洞察与把握变化趋势，才可能准确预测销量及计划订单。

营销部门还必须对公司经营战略进行有力支撑，在营销环节不断创造客户价值，以便建立核心优势，通过掌握市场竞争话语权，引导客户积极配合公司营销计划，主动平抑和消化市场波动，减少企业产销协同的难度。

营销部门要严格遵守产销协同中的各项管理制度与规范，发挥营销专业职能，做好充分准备，及时参加公司产销协调会，并积极落实自身责任与相关承诺，维护公司理性管理权威，增进产销互信。

营销部门要做好公司与客户之间沟通和协调的桥梁，及时平衡和修补客户需求与公司能力的差异，提高客户满意度。同时在企业内部要主动与生产、供应和服务等部门进行协调和互动，及时反馈信息，沟通协调，保证问题得到妥善解决。对于一些特殊情况，比如新产品上市、老产品淘汰，则需要召集市场、销售、售后服务、采购、计划人员共同讨论上市或淘汰时的产品预测及其他需求，保证业务开展的同时，充分利用公司资源，将浪费减至最少。

第二节　确立共识的产销协同模式

产销协同是企业经营战略的核心支撑，是新形势下市场竞争的必然要求，同时也是回归商业本质——“价值 + 效率”的必要手段，这是整个企业所有部门必须达成的管理目标，作为经营“龙头”的营销部门更是义不容辞。营销部门要推动与公司其他部门的密切沟通与协作，致力于产销协同管理模式的优化与变革，以实现“四个一”工程。

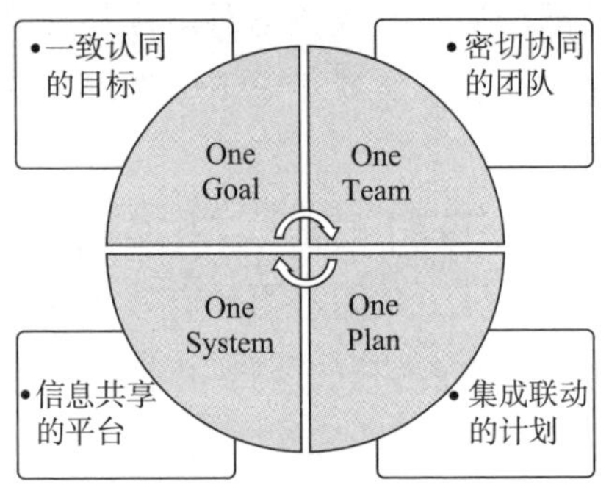

图 5 – 6　“四个一”工程

如图 5 – 6 所示，“四个一”工程包括以下几点：

（1）一个共同努力的目标（One Goal）。

我们经常讲，没有共同的目标，就没有协同的立场。营销部门必须为企业整体经营目标的实现承担责任，其他部门也是如此。公司的整体经营目标经过纵向分解和横向协调后，形成各部门的 KPI 考核指标，以突出各司其职的专业性，而产销协同的目标与考核指标则需要对各部门进行共同考核，实行连带奖惩机制，如销售目标达成、库存减少、强势产品打造、供应链交付改善等。

（2）一个密切协同的团队（One Team）。

营销部门要突破本位主义的“部门墙”，敢于担当责任，主动和生产、供应部门进行协同，各级营销干部和业务人员要积极展开内部营销，与其他部门达成共识和互信。同时还要推动公司建立和优化产销协同的管理流程与规范，在制度层面上保证产销协同的及时性和有效性。

对一些突发变化和例外事件，营销部门要主动了解其他部门的运作特点与难点，积极补位与配合，促进问题圆满解决，不能简单地提要求或推脱责任。

（3）一个集成联动的计划（One Plan）。

在企业销售与运营计划管理体系中，产销协同计划主要由需求计划、供给计划和财务计划三大计划整合形成。作为企业经营“龙头”，营销部门主要负责订单需求计划，要做到精准性、及时性和完整性，同时要主动对接和协调其他两个计划，与市场部门、供应部门、财务部门和人力资源部门等协作，以便形成具备共识且相互承诺的运作计划。

（4）一个信息共享的平台（One System）。

在大数据、云技术和 AI 等为特征的 5G 移动互联网的大背景下，企业高效运营管理已经不可能离开内外部信息的共享与 IT 技术的支撑。所有企业都在忙着上 CRM/ERP 等管理系统，而这些系统的起点与终点是市场和客户，所以营销部门要先做到自身各类信息的即时有效，并开放给其他部门，引导其积极使用，同时要主动运用其他部门的信息与数据，形成一个共享统一的信息平台。

美的集团的“T+3”产销协同模式

如图 5-7 所示，“T+3”模式就是企业将接收用户订单、原料备货、工厂生产、发货销售四个周期（T）通过全产业链优势、产供销联动、优化制造流程、升级制造设备和工艺，进一步压缩供货周期，提升客户满意度和市场占有率。也就是说，“T+3”是按客户订单进行生产的交付策略（Make to Order，MTO）。“T+3”模式是以用户需求为主导的给予客户订单满足感的产销新模式。

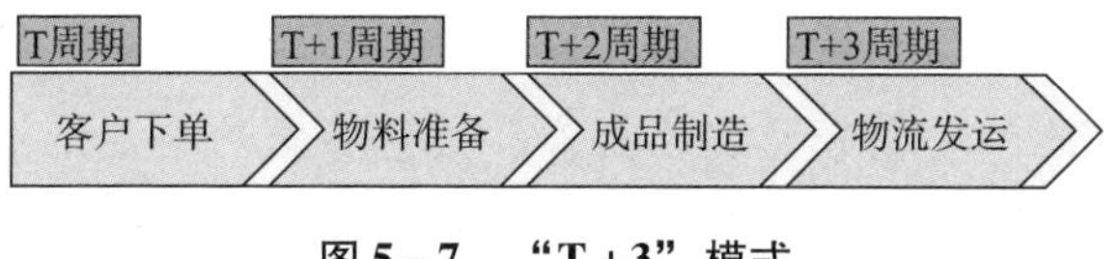

图 5-7 “T+3”模式

一直以来，国内家电产业中，大规模制造、大规模压货和大规模分销模式主导着分销渠道的资源流转、产品流通。当市场进入存量竞争阶段，线上平台高速发展，对线下体系产生冲击，个性化消费模式不断涌现。传统的产销模式在这样的格局下难以给企业带来更多的市场资源，效率低下、库存高企、费用增高、渠道流通迟滞等一系列问题不断显露出来。

“T+3”模式的转变其实就是企业价值链的变革，是企业站在用户的角度去倒逼自己，进行深度变革来满足市场的需要，提高企业的竞争力。首先，站在用户角度去思考，倒逼自己做出改变；其次，实现以用户为主导的个性化产品定制，给予用户满足感；再次，去中介化，推动代理商向运营商转变，做好精准营销并及时促销；最后，去库存化，降低呆滞库存风险，加快资金流动。

企业采用“T+3”模式进行深度变革如图5-8所示。

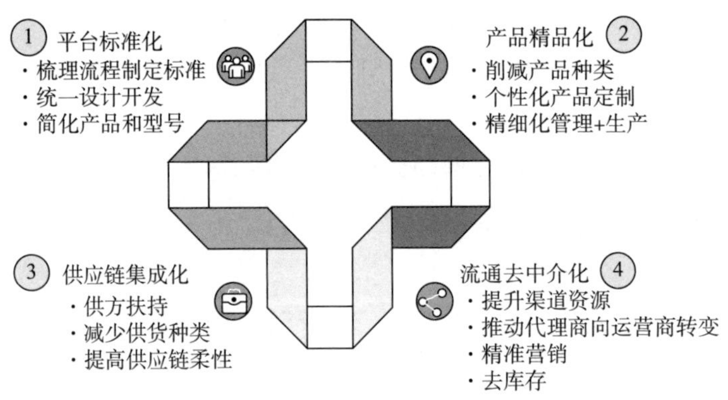

图5-8 企业采用“T+3”模式进行深度变革

生产平台化、标准化达到预期，上游供应商供货更有针对性，T后面那个数字可以变得更小。“T+3”模式中的“3”本身就是一个抽象的时间区间，本质上是希望通过这种模式大幅提升渠道资源、产品流通、内部管理、市场信息等方面的效率和反应速度。

产品标准化，保证供应商需要做的种类和数量减少，同时产品进一步精品化，以此拉动包含研发、生产、销售在内的整条价值链的利益。

“T+3”模式是以销定产，使企业实现精益化管理，是对过去大规模制造、压货、分销模式的颠覆。

“T+3”本质上是一种经营模式，产品型号简单化，供应链高度柔性，制造效率得到提升。

在“MTO”按单交付策略下，所有生产都是以客户订单为支撑的。因此，除了少量运输周转的库存，其他基本上不需要成品库存。同时美的集团把供应商交期大幅压缩，物料库存大幅降低。过去采用“MTS”按库存生产策略（即依据市场销量预测和安全库存目标而进行生产的策略），美的集团不仅要承担由于需求波动而产生的成品库存，还需要大量物料库存以保证稳定生产。所以，从“MTS”按库存生产策略转变为如今的“MTO”按单交付策略，各环节库存降低是必然的结果。

企业采用“T+3”模式除了改善产销协同效率之外，也同步进行下列改革：

（1）产品设计与技术平台标准化。新产品进行统一设计与技术开发，使得技术标准、基础配件及模块得以统一，也提高了供应链整体运营效率。

（2）产品结构精品化。削减产品种类（SKU），着力打造核心精品系列，聚焦“推高卖贵”，提高了企业经营效益，供应链管理也实现高效；

（3）扁平化流通渠道。去中介化，大幅提升物流、资金流和信息流的效率，实现精准化营销。

这些在渠道及产品方面的改革创新不仅有效保障了“T+3”产销协同模式的改革成功，而且对美的集团提升整体发展战略起到了关键性的支撑作用。

所有管理模式都有利有弊，“T+3”模式也有其不足和有待改善的方面：

（1）虽然比以前各级营销人员盲目压库存更加精准和高效，但是该产销协同模式面对的是其分销渠道的各级经销商，而非终端消费者，要满足即时交付需求的消费者，还需要代理商和零售终端商备好相应的库存，而非实现了分销链的库存为零。

（2）以前美的集团采用的是“MTS”按库存生产策略，提前备库存，再交付给各级代理商和分销商。而改成“MTO”按单交付策略之后，美的集团不再备库存，势必导致部分订单交付周期变长，同时也要求销量预测和订单计划更加准确，现在的家电经销商的能力能否跟上改革的步伐?

(3)“T+3”模式对整个供应链的协同与管理提出了更高要求。如果站在端到端供应链整体角度来看，虽然成品库存更多地推向了下游渠道，但由于美的集团自身不备成品库存，这就要求上游供应商要在既定周期内及时精准地响应订单需求，上游供应商势必增加一些零部件的库存，导致整体供应链效率的提升效果被削弱。

由此看来，“T+3”产销模式只是把渠道代理商视作客户，而未建立起真正以消费者需求为导向，驱动供应链的产销机制。在移动互联网高速发展的背景下，各类直面消费者的电商和新零售越来越成为主力渠道，要以消费者需求为导向，就必须改变经销商订单的形成机制，并与产销模式改革配合，真正实现在整个供应链库存最低化的条件下满足消费者的即时需求。

另外，在国内市场信息不对称情况普遍存在的前提下，国内渠道的各级经销商往往考虑到销售利润、渠道策略，以及自身利益的影响而极易扭曲和偏离真实的市场需求，导致订单计划失准，加大整个供应链的风险。这就要求厂商达成高度共识和利益共享，只有满足消费者需求才能共赢，从而形成命运共同体。利益决定立场，只有销售与渠道管理机制与供应链同步改革，共同围绕着终端消费者经营，这样才能把握以终端消费者需求为管理核心，理解从终端消费者需求研究入手才是企业的生存之道。同时也要充分运用新技术和大数据，提升市场预测和及时反应能力。

对于一些不可回避的长交期物料的管理，如家电产品用得越来越多的半导体和传感器，如果由于国际贸易保护和行业周期等的影响造成交期长，短缺风险高，就需要美的集团加强与供应商的协同能力，以及风险管控能力。同时，与各核心供应商达成战略性合作，将市场预测及订单计划等运营管理数字化、透明化，才能让大家劲往一处使，达到整体效能最大化。

回顾美的集团这几年的“T+3”产销模式变革，其所做出的积极探索是值得学习与肯定的，但其当时的改革着眼点更多的是站在美的集团自身角度解决现实问题。虽然美的集团库存与物流成本明显降低，但从

“端到端”供应链的大局来看仍旧有其明显的局限性。相信美的集团一定会与时俱进，持续深化变革，使得未来产销模式尽快转换到“端到端”供应链整体优化的层面，真正实现以消费者需求为导向，整个供应链的全面协同与共赢。

第三节　明确产销协同策略，建立管理规范

在企业产销协同方面，营销部门先要了解生产与供应部门的生产组织方式和部门管理机制，以共同制定相关的产销协同策略，规定不同类型产品的销售预测精度、订单计划确认与调整时间、交付周期和物流配送方式等，基于此来建立相关的管理流程、制度规范和工具方法，并配以考核指标与奖惩措施，从而形成高效、顺畅和执行有力的产销管理体系。

图 5 –9 简要说明了现在制造业企业最常见的一些生产与供应组织方式，不同的方式适用于不同类型的产品和市场需求，分别按产品生产与交付的流程特征、批量大小和生产环境等因素，划分出八种生产组织方式，并界定不同方式下的订单时间、流程步骤和交付周期。

图 5 –10 是国内某品牌化妆品公司按产品的包装形式而设定的不同生产方式与交付周期。

在了解生产与供应部门的管理逻辑与规则的前提下，营销部门必须与这些部门共同协商和确认在不同市场环境和阶段下，不同品类、规格的产品的产销协同策略，以寻求在当下企业资源与生产能力的约束下，尽可能满足市场要求和客户需求的最优解决方案。一般的企业产销协同策略分为追逐订单策略、均衡生产策略和混合协调策略三种，我们分别进行阐述。

（1）追逐订单策略。

在任何时候都按照市场需要的产品数量来生产，库存水平保持不变。

对某些行业的产品来说是唯一可遵循的策略，如项目型装备、定制型产品等。

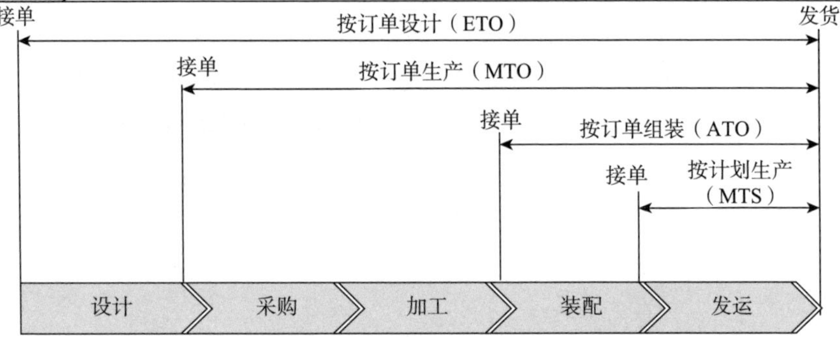

图 5 – 9　制造业企业最常见的一些生产与供应组织方式

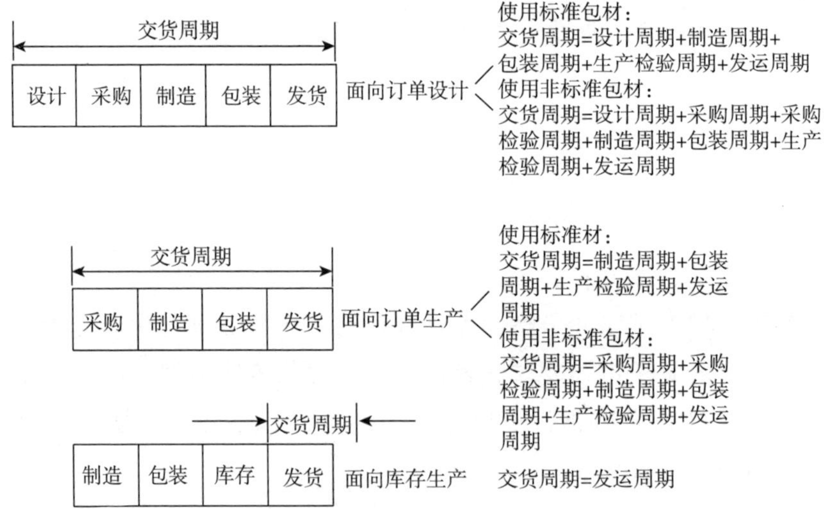

图 5 – 10　某品牌化妆品公司设定的不同生产方式与交付周期

优点：企业库存最优化，没有不良积压。

缺点：无法充分利用产能，达到最优化规模生产，增加成本；对销售预测精度和供应链柔性要求比较高；在一些人员密集的企业中容易导致员工队伍不稳定。

图 5 - 11 是追逐订单策略下的生产曲线图。

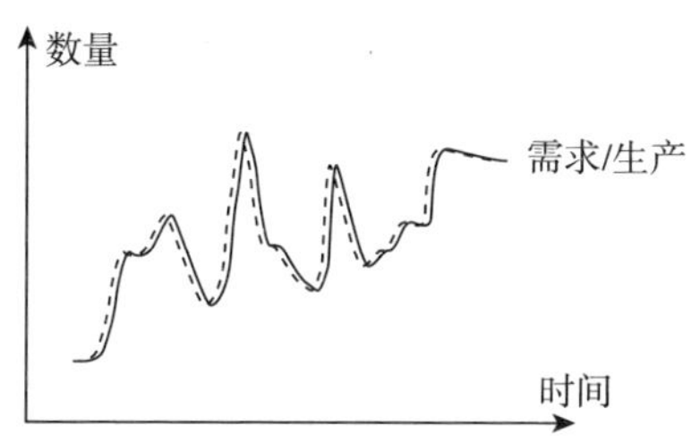

图 5 - 11　追逐订单策略下的生产曲线

（2）均衡生产策略。

依据市场的平均需求，持续地生产同样数量的产品。

优点：能充分利用产能，实现最优规模生产，避免订单波动造成成本增加。

缺点：在需求低谷期库存量会增加，因而增加库存管理的成本。

外包策略是一种特殊形式的均衡生产策略，就是企业始终按市场的最低需求来组织生产，通过产品外包来满足市场的额外需求。主要优点在于避免了与多余能力相关的成本。由于生产均衡，也没有产生与改变生产规模相关的成本。主要缺点在于转包成本可能较高，且品质和交期保证需要协调。

均衡生产策略下的生产曲线，如图 5 - 12 所示。

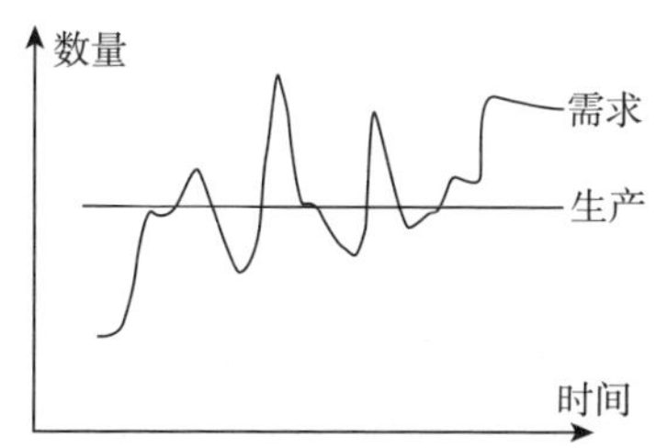

图 5 - 12　均衡生产策略下的生产曲线

（3）混合协调策略。

兼顾前两种产销协同策略的优缺点，在不同市场需求阶段采用不同产量和保有库存，使企业生产总成本最小的混合策略。

混合协调策略下的生产曲线，如图5－13所示。

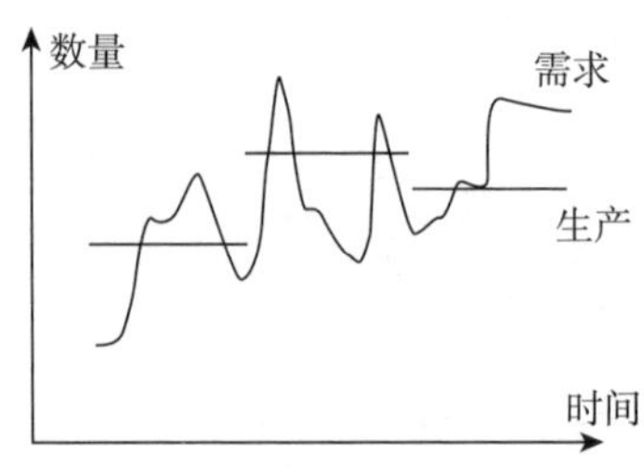

图5－13　混合协调策略下的生产曲线

在实际运作中，这三种产销策略都会使用，企业会根据不同的产品、不同的客户和不同市场发展阶段进行选择，灵活运用。这就需要营销部门及时与生产和供应部门沟通，共同确认采用哪种产销策略，对其销量预测和订单计划的具体要求进行明确，以便及时告知客户，并调整相应的营销策略，不但使公司的生产和供应环节合适，也能让市场营销环节合适，实现整个企业和供应链的经营效率最优化。

同样，在不同的产销协同策略下，不同产品需要不同的销量预测和订单计划，企业的产销部门也要以此为基准达成共识，并相互承诺。要明确以下几点：

（1）产品族预测：每月对产品族预测进行维护，每个月月底进行预测评估的准确性要求差异在20%以内，对于三个月滚动预测的平均准确性要求差异在10%以内。三个月销售预测的准确性可以将前三个月的销售数据累加后与前三个月预测数据进行对比，并且需要每月对预测准确性进行跟踪。

（2）各产品预测：单个产品的预测在很大程度上受客户数量、销量、定价策略、分销中心数量等影响，一般月预测评估要求差异在0～30%，但也可以根据产品的ABC分类确定预测准确性。

（3）产品的ABC分类：A类产品的月预测准确性要求差异在20%以内，B类产品的月预测准确性要求差异在0～35%，C类产品的月预测准确性要求差异在0～50%。一些销售数量很小的产品受到订货数量、订货频率的影响，如果订货不频繁，就可以做三个月滚动平均，这样衡量的准确性比单月核算高。

营销部门在以上这些关键管理节点和步骤上与各部门达成共识后，公司就可以建立产销协同的相关流程与制度。我们建议，像其他企业管理制度一样，力求针对问题，简单明了，切忌繁文缛节。

下面我们以两个企业的实际案例加以说明。

某快消品企业的产销协调制度

（1）目的。

提高计划准确率和订单满足率，明确分工与责任，确保产销过程顺畅。

（2）计划订单整体模式。

①计划提报模式：计划由经销商提报，提报对象为四级以上经销商及省区虚拟客。五级经销商及直营卖场不提报计划，其计划由省区虚拟客户预测并代为提报，但省区虚拟客户所报计划不限于五级经销商需求。

②省区汇总分析四级以上经销商的计划量，计划差异部分由省区虚拟客户调整提报。

③营销中心营管部以省区调整后上报的计划为准提交公司组织生产。省区经理是省区计划准确性唯一负责人。经销商计划严肃性、准确性由省区要求，营销中心对计划执行奖罚只针对省区经理。

④四级以上经销商及虚拟客户均需提报订单，订单关联各自月度计划。五级客户若满足从总部发货条件则可通过系统下单（营管代报）并关联虚拟客户计划。

⑤四级以上经销商及虚拟客户订单由总部配送，五级客户指定但不固定从省区分仓配送。

⑥订单实行48小时发货制，即自订单提交第二天零点起48小时内发出。

（3）计划提报确认过程。

计划提报确认过程如表5－1所示。

表 5－1　计划提报确认过程

日期	关键工作	要求	审核责任	计划责任人	奖罚
16－18 日	四级以上经销商提报计划	按时到单品	及时性、准确性	城市经理/区域经理	省区自行规定
19 日	省区提报计划	1. 省区修正四级以上经销商提报计划，其不足部分、五级经销商需求、直供卖场需求由省区虚拟客户调整或代报 2. 计划具体到单品 3. 计划数量包含省区各种活动的需求 4. 单品月计划量淡季为 1/2 托整数倍，旺季为整托整数倍 5. 月计划需分解至上中下三旬（订单不关联旬计划） 6. 省区经理应从产品结构、产品政策、推广要求、节假日、重点产品等方面严格把控计划的准确性	及时性、准确性	省区经理	晚提报一次处罚省区经理 50 元
20 日 12：00 前	大区提报计划	及时汇总提交省区计划至营管部	及时性、准确性	大区总监	晚报一次处罚省区经理 50 元
20 日 14：00 至 21 日 12：00	营销中心确认全国计划	1. 20 日 17：00 前营管部统计分析全国计划 2. 21 日 12：00 前营管部组织市场部、KA 部召开会议确认月度计划 KA 部：负责提供当月 NKA、LKA 促销活动的产品及时间 市场部：负责确定各省区提报计划总量、结构是否符合公司发展需要，各大区是否需要增加计划，增加哪些产品等 3. 计划不合理大区退回，同时明确调整要求	及时性、明确性	计划经理、产品经理、KA、经理	晚一次处罚计划组负责人 50 元

续表

日期	关键工作	要求	审核责任	计划责任人	奖罚
21日14：00至21日17：00	省区调整计划	按照营管部要求微调并及时上报	及时	省区经理	晚提报一次处罚省区经理50元
22日12：00前	营管部提报计划至运营中心	1. 签报提报营销中心月度需求计划至运营中心 2. 具体到库存组织、单品、滚动计划 3. 审批流程：计划组发起——营管总监审批—市场总监审批—运营总监签收—运营计划部评估—反馈计划组	及时性、准确性	计划组	晚一次处罚计划组负责人50元
22日14：00至25日12：00	月计划满足评估	1. 各生产基地22日－24日12：00对月计划满足进行评估 2. 外建厂每月24日，总部于25日上午召开产销协调会议 3. 运营计划会确定内容： ①确定各单品月度计划生产数量、满足数量、生产进度、库存设置等 ②确认外建厂调拨产品、数量及调拨进度 ③确认各外建厂资源富余及不足的产品 ④确认当月运输、装卸资源 ⑤确认物料需求 ⑥参会人员： 外建厂：大区企业经理、大区营管部经理、工厂总经理、工厂生产计划部经理、工厂配送部经理、工厂采购部经理 总部：运营总监、营管部总监、计划经理、市场部总监、产品经理、生产副总、生产总监、采购总监	及时性、准确性	外建厂 运营计划部	
26日	计划下达	运营下达《月生产计划》《月物料需求计划》《运输计划》 营管下达《月销售计划》	及时性、完整性、准确性	营管、运营、配送	晚一次处罚负责人50元

（4）计划执行。

①计划执行是以形成有效订单方式体现。

②要求大区月总计划 95% 形成有效订单，单品计划 90% 需形成有效订单，单品及总量无法达成目标时可采取表 5－2 所示方式解决。

表 5－2　单品及总量未达成目标计划执行方案

作用	方案	方案操作时间	操作细节
省区完成自身计划	内部调整	随时	1. 同一大区内省区间计划可以互调 2. 大区无法调整的可申请由营管部进行跨大区调整 3. 内部调整需经对方同意，未经同意擅自调整计划，一经发现，处罚当事人 100 元/次
	月中纠偏	每月 12 日	1. 每月 12 日各省区集中对本月剩余计划进行增减调整 2. 剩余计划 = 月计划 － 有效订单 3. 剩余计划调整幅度应遵循总量控制在 ±10% 以内，单品调整幅度控制在 ±20% 以内 4. 各省区剩余计划调整经营管部与运营中心确认下达后生效
	虚拟客户下单发分仓	月订单提报结束日	1. 内部调整、月中纠偏仍达不到目标的省区，启动由省区营管报单 2. 操作：截止日停止下单前 3 小时仍然无法下单的剩余计划，由省区营管调整至虚拟客户，并以虚拟客户名义下单发货至省区分仓
完成营销整体计划	月底抢报	月订单提报结束日	1. 订单提报结束，营销中心汇总省区剩余计划，开放全国经销商抢报订单，生成抢报订单 2. 抢报时间为订单截止日 15：30－17：30 3. 所有四级以上经销商及分仓虚拟客户均可参与抢报 4. 不得跨库存组织抢报

③经销商、省区计划随着内部调整、月中纠偏变化而变化，其实际月计划由三部分组成：

实际月计划 = 原计划 + 内部调整 + 纠偏增减量

④实际月计划 95% 以上形成有效订单的省区给予省区 1000 元奖励，

奖励由省区经理与省区营管经理按照1：1比例分享。实际计划未达成95%的省区按照较目标相差的数量给予处罚，处罚标准如表5－3所示。

表5－3 处罚标准

处罚对象	处罚标准	说明
省区经理	0.2元/件	封顶1500元

⑤季度累计达两个（含）月份未达到95%标准的省区取消季度B级（含）以上评选资格，全年累计有6个月以上未实现95%目标的省区，取消年度B级（含）以上评选资格。

⑥抢报：订单提报结束后，营销中心统一汇总省区剩余计划，所有客户关联此计划进行抢报下单，营销中心根据抢报交易成功件数进行奖励，奖励可冲抵因计划未达到95%目标所受的处罚。

- 抢报时间为订单截止日15：30－17：30。
- 所有四级以上经销商及分仓虚拟客户均可参与抢报。
- 不得跨库存组织抢报。
- 抢报奖励对象为抢报客户直管业务及省区经理，奖励标准0.5元/件，业务经理、省区经理按3：2比例分享。

⑦订单进度按照上中下三旬进行目标管理，要求各旬进度如表5－4所示。

表5－4 各旬进度

旬	第一旬	第二旬	第三旬
单旬比例	25%	35%	40%
累计比例	25%	60%	100%

总部营管部每日对省区进度进行排名并在群中公布，进度落后较多的省区，经理需向总经理述职。

（5）订单发运管理。

①订单提交：

- 订单按照自然月进行提交，考虑到抢报订单等情况，订单实际提报时间如表5－5所示。

表 5－5 订单提报

日期	1 日 0：00—月末 12：00	月末 12：00－15：00	月末 15：30—17：30
订单提报操作	经销商及省区虚拟客户正常下单	1. 省区虚拟客户将经销商剩余计划内部调整集中在虚拟客户 2. 省区营管以虚拟客户名义将省区所有剩余计划形成订单	全国抢报

● 订单提报条件：有额度，有计划，满足标准整车，满足最小起订量。真空、抢报订单除额度受限外，车型、最小起订量不设控制条件。

● 订单最小起订量：单品单次最小起订量为 A 类产品整托、B 类产品 1/2 托、C 类产品 1/4 托，经销商或省区虚拟客户报单时可按照产品类型起订。

案例点评：

快消品行业的特征在于其产品消费频率高、品类多、有保质期限、渠道多元化等。如何降低成本，保障各分销渠道提供充足货源是企业需要考虑的关键问题。

在产销协同制度管理上，快消品企业的产销协调制度更多地考验多渠道、多品种的准确率，订单的满足率，及时性和灵敏性，对渠道库存的管理和各渠道进销存和信息的反馈，以及后台的对接。因此，订单计划要做好，产销协同要做好，临期产品管理要做好。

优点：

（1）从经销商定计划到统筹发送至后端协同过程周期短，效率较高，从外部计划分析到后端制造评估、计划下达能产生良好的协作效应，针对计划或市场情况发生变化部分有相应的应对措施，整体流程完善。

（2）该套产销协同制度要求从省区经理开始，自下而上提报的订单有要求、有核实，有相应管理制度的要求及奖惩措施，通过考核增加人员认知，制度明确。

提出改进的方向：

（1）产销协同平时对渠道进销存要有管控，精确预测的前提是省区经理掌握市场动销情况和渠道进销存的情况，通过预测工具掌握数据进行预测，对信息要有即时性的管理把控。如果经销商只考虑自身销售策略，而没有从消费者需求的角度出发，深挖市场需求，计划就会出现偏差，造成计划提报准确性不够。

（2）现实中很多企业的业务员为了完成任务而提报制造生产端无法或难以短时间完成的订单，增加制造端的产能负荷，容易放大供应链的风险。企业管理者要对多渠道、SKU 进行品类管理和复盘，削减销量差的品类，做好“加减法”。

综上所述，该产销协调制度在整体操作流程上具有相对完整的体系，但需要对省区经理的工作能力有所要求，对经销商要灌输由原来的利益伙伴转变为“合伙人”的意识。光有制度安排不够，还要真正产销同心，拥有文化导向统一的价值观，将目光放至当下的市场环境，通过良好的产销协同实现共赢。

某工业品企业的产销协调机制与规范

（1）产销协调管理工作的主要内容：

①管理规划的信息包括订单信息、库存信息、生产进度信息、材料需求信息等。企业通过各类看板、会议等形式实现信息共享，各部门可以获得充分且准确的信息，减少信息的不对称性，使得各部门之间的供需信息可以无缝对接，流畅地传递，从而令整个企业自上而下步调一致，形成更为合理的协作关系，适应复杂多变的市场环境要求。

②本项工作涉及的部门有销管部、生产部、采购部、库房、财务部。

③销管部汇总各区域市场销售情况，结合历史数据制定下周销售计划。

④销管部对所销产品实行 ABC 分级管理，ABC 分级管理的产品数比例为 1 ∶ 3 ∶ 6。每周计划的 ABC 分级管理产品都要进行动态调整，对于 ABC 分级管理产品的分类说明需要形成文本材料通报相关部门。其中，A、B 级产品建议提前准备一定量的库存，优先安排生产、发货；C 级产品不需要提前准备库存，采用“以单定产”的方式生产。

⑤订单计划专员每日将工厂实际加工进度与销管部、各大区同步共享，让各大区销售人员在第一时间获知工厂产能负荷及订单生产进度。

⑥生产部根据销售计划制定近一周的生产计划，安排生产班次、人员等。

⑦采购部测算每周生产所需原材料，制定近一周的物料需求计划。

⑧销管部每周定期召开产销协调会议，分析实际产能、订单负荷与生产进度，协调各部门之间的工作。

（2）设定库存量，制定销售计划样表、生产计划样表：

销管部根据产品分级情况和销售情况，确定主要单品库存和备货周期，如表5－6所示。

表5－6　主要单品库存和备货周期确定表

产品分级	销量占比	产品名称	最低库存量（片）	备货周期（天）
A				15
B				30
C			——	——

【注】 最低库存量＝备货周期×预测日销量。

C级产品不提前准备库存，建议接收订单后单独生产。

销管部汇总各区域市场销售情况，结合历史数据制定下周销售计划，如表5－7所示。

表5－7　销售计划样表

<table>
<tr><th>产品类别</th><th>产品名称</th><th>下周销售计划（片）</th></tr>
<tr><td rowspan="2">A级产品</td><td></td><td></td></tr>
<tr><td></td><td></td></tr>
<tr><td rowspan="4">B级产品</td><td></td><td></td></tr>
<tr><td></td><td></td></tr>
<tr><td></td><td></td></tr>
<tr><td></td><td></td></tr>
</table>

生产部根据销售计划，制定近一周的生产计划，如表5-8所示。

表5-8 生产计划样表

产品类别	产品名称	最低库存量（片）	计划生产量（片）
A级产品			
B级产品			
C级产品			
计划外订单产品			

（3）产销计划协调工作流程：

产销计划协调工作流程如图5-14所示。

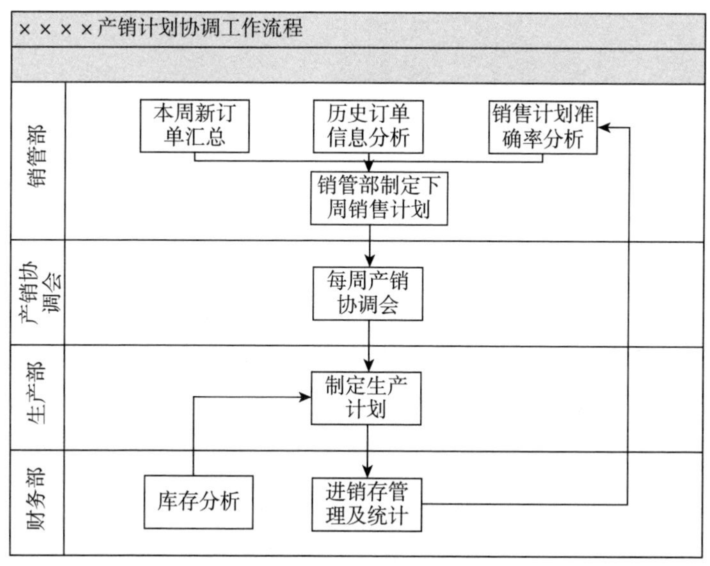

图5-14 产销计划协调工作流程

（4）计划外订单协调机制：

订单分为计划内订单、计划外订单，工厂应预留10%~40%的产能应对计划外订单，销管部根据工厂实际产能负荷决定是否接单，确定交期。

订单计划协调工作流程如图5－15所示。

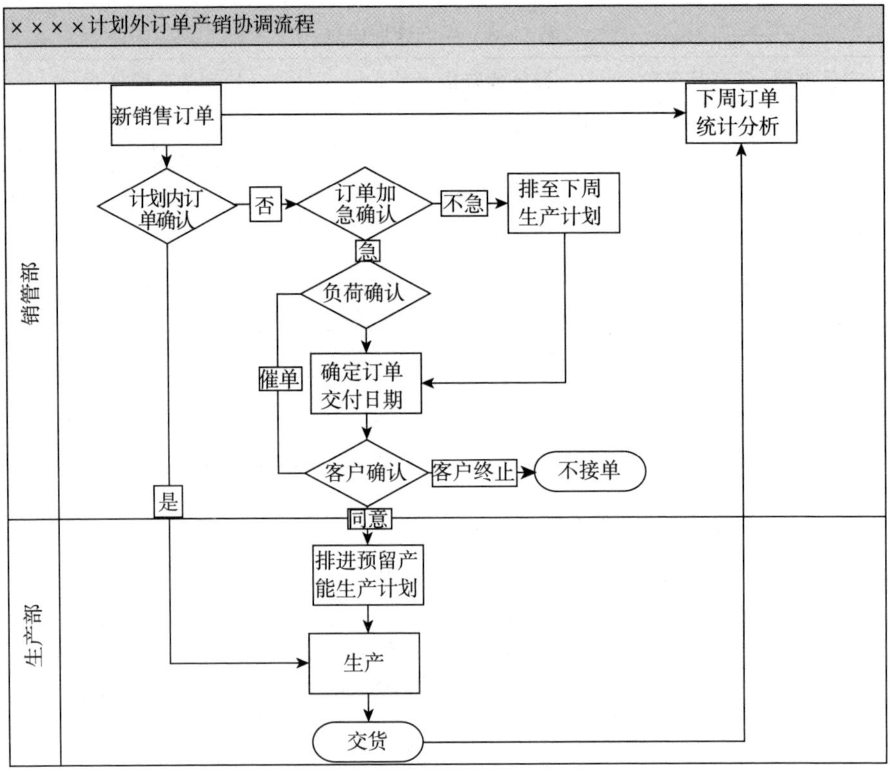

图5－15　订单计划协调工作流程

①销管部根据工厂实际产能负荷（可包括已确定的外协产能）、订单交付计划、生产计划决定是否接单，确定交期。

②计划外订单由预留的保护产能满足，如果计划上没有提前预留保护产能，销管部不得安排插单。

注：实际运行过程中，生产是开足马力的，所以不会因为计划预留了部分（比如20%）产能而造成产能浪费的情况。如果急单量未达到预设量（比如20%），可以通过计划微调使计划表更贴近生产实际。反之，如果急单量超过预设量，需要通过计划微调留更大的保护产能以使计划更贴近生产实际并指导生产。

③订单计划专员每日将工厂实际加工进度与销管部、各大区同步共享，使各大区销售人员能在第一时间获知工厂产能负荷及订单生产

进度。

④根据工厂产能负荷来计算新订单的可承诺交期，工厂可承诺的交期=当天+（现有已确认订单负荷+新接单负荷）/扣除保护产能后的产能。

⑤销管部根据计划部回复的工厂交期再加上业务缓冲时间就是可以答应客户的交期。

⑥销管部要将已确定订单第一时间交到生产部，生产部在半个工作日内将新订单负荷加到已确定的主计划负荷中。

⑦销管部接到客户新订单，首先要进行评审，明确是否接单、是否插单。

⑧如果技术部等部门承诺的交期对生产有影响，向客户承诺的交期应做相应的调整。

（5）销售计划准确率考核措施：

①为提高营销部门制定销售计划的准确率，对销管部上报的销售计划实际发货量的准确率进行考核，考核对象为营销总监、销管部部长、各大区总监。

②销售计划准确率考核为月度考核，每月对月度最后修正的销售计划总量准确率加权平均考核，重点对公司每月确定的A、B类产品进行考核，准确率70%以上进行奖励，准确率40%以下进行罚款。

销售计划完成率奖惩措施如表5-9所示。

表5-9　销售计划完成率奖惩措施

	准确率	奖金
1	90%以上	奖励300元
2	81%~90%	奖励200元
3	71%~80%	奖励100元
4	41%~70%	不奖励不罚款
5	31%~40%	罚款200元
6	30%以下	罚款300元

案例点评：

该案例中工业品的产销协同制度更多的是强调“计划管理”，在精准订单前提下看重库存的管理及生产的进度，因而对产品的分级、库存、备货周期都有较高的要求。但工业品有的订单是个性化定制，有的客户会频繁因为参数等原因改订单，交付有难度。非标产品的生产、销售周期和甲乙双方有着极其密切的关系。华为的“铁三角”体系正在被越来越多的企业学习与借鉴，“铁三角”体系强调的就是研产销共同面对客户，以客户为中心来打通相关业务，简化部门间的流程，聚焦一线，提高沟通效率，实现决策前移和风险可控。

优点：

（1）该套产销计划以周为单位，对新订单、历史订单及计划准确率分析针对产品 ABC 类分级有分级管理并每周进行动态调整，能更灵活地安排生产、物料需求计划及库存的管理，减少库存管理的成本。

（2）在针对计划外订单插入的管理上也留有相应产能应对，制定最低库存量能较好地应对突发情况。

提出改进的方向：

（1）工业品受行业影响波动性比较大，当市场波动不断向周边传递并扩大效应，快消品行业可以快速生产，但工业品需要长期响应。该产销协同制度是基于订单式管理，缺乏对外部市场具体存量及增量预判，因此工业产销协同不只是内部产销协调，还需要全产业链的协同，需要在客户订单之外对供应链、市场进行预测与把控。

（2）工业品营销随机性比较大，需要营销部门对市场进行预判，掌握关键客户，查看未来更长周期的订单计划，要深入了解客户的经营计划和生产计划，提前做好准备，预防突发事件。

（3）从管理制度看，标准化工业品的管理是严密的，同时有个性化订单的考虑，但是还不够，需要研产销共同面对客户，一起确认订单，给工具、方法，不断完善产品的交付周期。面对客户个性化的需求，工业品生产中很多东西（零部件）都是可以模块化的，客户预订产品后工厂进行模块拼接，满足顾客需求并提高速度——流程、工艺设计模块化、平台化。

产供销应该是完整的一套流程体系，产销协同最重要的是基于企业发展战略对市场进行精确评估，各部门协同作战，而不是由某一个部门承受全部的压力。综合来看，不管是什么类型的企业，都要做到前后台一致，以市场为导向，把客户的需求放在第一位，全产业链上做到快速、高效、精确的产销协同。

第四节　销售预测与订单计划的调整

销售预测是指估计未来特定时间内，整个产品或特定产品的销售数量与销售金额，其是决定企业短期销售目标和长期发展战略不可或缺的判断依据。在企业中，一般市场分析包括长期和短期的销售预测。长期销售预测主要偏向于市场趋势和竞争格局的判断，主要用于市场总量与我方市场份额的预测，从而总体上预测企业未来三年、五年，甚至十年以上的销售目标，多用于支持企业的战略决策，如目标市场选择、技术研发方向、产能扩展规划和供应链构建等战略决策。短期销售预测则是以周、月和季为周期的销量判断，要求在数量、品种和交期上做出精准的判断，以便用于指导和决定企业生产计划和相应的采购计划。

本节研讨的内容就是营销部门和各级业务人员如何做好短期销售预测，这是企业做好产销协同管理的基本前提。短期销售预测主要以过去的销售实绩为核心依据，再结合近期的市场波动、竞争对手的策略调整、客户经营状态变化和企业市场策略与投入的变化等因素，进行综合判断和评估。在这个过程中会参考部分营销管理者与基层销售人员的个人意见，他们的言谈中带有个人的主观判断，这必然严重影响到销售预测结果的准确性。再加上国内很多区域和细分市场的差异性和复杂性，我们在现实中又不得不听从营销人员的意见。

营销组织要解决销售预测中的这个问题，除了本书各章节阐述的队伍文化打造、组织能力建设与管理体系提升之外，精准销售预测所需要的销售人员的专业技能和方法是必不可少的。

如何在短时间内得出能达到产销协同要求精度的短期销售预测？我们的建议是先集中考虑一些基础的内部外因素，得出基本的预测量，再综合其他影响因素予以适当的调整，最后得出相对精准的结果。这里也有个管理的性价比问题，不可能让营销队伍花费太多精力和时间去精准预测一个复杂而多变的市场销量。

下面我们重点谈论销售预测的考虑因素、相关预测和调整的方法。

首先是销售预测需要考虑的基本因素，以此为基础，再综合其他影响因素予以适当的调整。这些因素主要包括以往进货规律、往年同期订货量及增长比率、当期的销售目标值、客户月底库存量、客户的销售计划与目标，如图 5 – 16 所示。

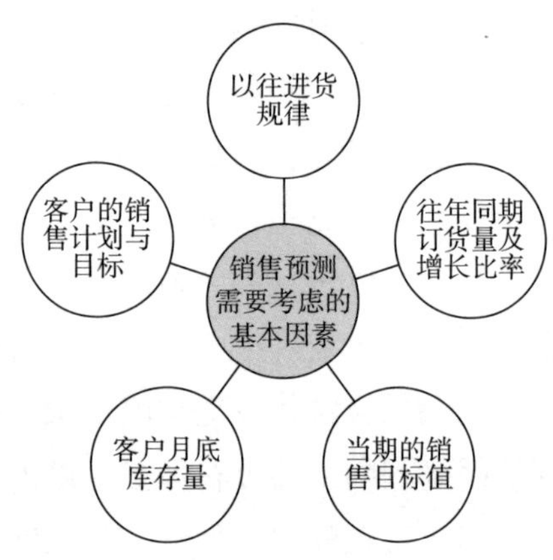

图 5 – 16　销售预测需要考虑的基本因素

（1）以往进货规律。

理清客户的进货周期（即单位时间内的进货次数）及单次进货量，由此可推算出客户单位时间内的需求量，结合其他因素可推算出下一个周期客户的需求量。此外客户的订货时间点至关重要，有些客户会在某一周的某一天下发订单，关注其订货时间点可以提高周预测准确率。

（2）往年同期订货量及增长比率。

如某产品去年 9 月份销量为 1000 吨，今年公司同期销售目标是比去年增长 30%，那么今年 9 月份该产品的目标销量即为 1300 吨。如果今年每月的销量都能按照指标完成，那么 1300 吨即可作为今年 9 月份的预测依据。

（3）当期的销售目标值。

预测值应与当期销售目标进行对比，预测值明显低于或高于销售目标值都说明预测值需要做出相应的调整，销售目标值可以辅助检测预测量是否准确。

（4）客户月底库存量。

客户月底库存量相对其安全库存的高低将会直接影响到下一个月的订购量，库存过高，客户会通过降低其下一周期的订货量来调整其库存水平。

（5）客户的销售计划与目标。

客户的销售计划或是订购计划反映的是客户对产品的真实需求，决定着其在未来一段时间的进货动作。

以上这些基本影响因素决定了我们的短期销售预测的基础值，要得出相对精准的数值，还需要综合考虑一些常规和突发的影响因素。所谓常规影响因素是指可以预先知道的、发生频率相对高并对预测结果起着明显作用的事件，其主要包括以下几个方面：

（1）各种节日的特别销售时点。

主要是各种国家法定节假日，如国庆、春节、中秋节等，也有互联网电商自己创造的“节日”，比如“6·18”“光棍节”“5·20”等。这些节日会极大地刺激产品短期销量激增，也会导致透支客户资源，使得节后市场销量急剧下滑。

（2）季节和天气变化。

牛奶、饮料等快消品的市场很大程度上还是“看天吃饭”，预测需要充分考虑到这一点。

（3）行业市场的淡、旺季。

国内很多行业的特点就是淡旺季相对明显，如白酒、家居建材、辣味调味品等。

（4）客户经营策略的调整。

典型客户的经营策略调整，短期内会显著影响其订单数量与结构，比如新品推广、大型促销计划、新渠道开发、产品结构调整和财务状况调整，等等。

（5）主要竞争者的营销策略变化。

在短期市场销量固定的前提下，我们与对手的竞争就是此消彼长的零和博弈，所以其新品上市、降价促销、库存清理等策略改变都会在很大程度上影响我方的销量。

在当今的大数据时代，只要营销部门建立相关的信息收集与分析管理流程与规范，就可以实时监控和分析这些常规的影响因素。在为企业提供咨询服务的实践过程中，我们发现很多客户都有很好的技术手段和管理经验，可以据此得出结论，这些常规的影响因素正在变成销量预测的基本因素。

对于一些突发性特殊影响因素，比如公司大型突发事件，品质事故、客户冲突、法律纠纷等负面事件，在社交媒体时代会快速传播，甚至有可能造成市场崩盘和客户恐慌。还有一些可能带来毁灭性打击的自然灾害，比如疫情、洪灾、地震等，这些因素造成负面影响的同时也有可能带来新的商机。对于这些不可提前预测的因素，营销部门需要做的就是及时响应，迅速调整订单计划。

综合考虑以上因素，销售预测的方法有很多，可通过高度量化的统计方法计算，也可以凭个人直觉或经验进行估算，至于哪种方式更好，则没有一定的标准。但有一点，就是不要拘泥于某一种销售预测方法，而应视实际情况而定。

一般常用的销售预测方法主要有两大类：

（1）主观推测法，包括根据经营负责人意见、各级销售人员意见和典型客户意见的推测法。

（2）客观演算推测法，即根据过去的实绩，采用时间序列分析法和相关分析法等统计方法推测。企业应该针对这些具体的预测方法对各级营销人员进行专业培训，笔者就不详细研讨了，建议有需要的读者找专著学习。

准确而有效的销售预测与订单计划不仅需要主观推测与客观数据的融合，还需要自上而下与自下而上的步骤来平衡。一般来讲，自上而下的预测步骤各企业都会强有力地刚性执行，但自下而上的预测流程往往流于形式，导致销售预测失准，甚至营销决策失误，目标与计划难以完成。

自下而上的销售预测或计划不但让各级营销人员拥有更多的参与

感，也能提高其执行力。更重要的是，由于销售人员最接近顾客，所以他们参与销售预测能提高预测的准确度，产生更现实可行的目标。销售数额是通过理性过程得到的，而非凭空产生。自下而上的过程不会把不合理的目标强加于销售人员，通过让每一个销售人员评估那些在他（她）的销售区域内会影响销售的因素来衡量其工作区域的销售情况。这一点能防止管理者不考虑各销售区域的差异性而要求所有销售区域具有相同的销售增长百分比和增长额。

自下而上的预测意味着收集大量主观和客观、定量和定性的信息，这些信息包括销售区域、用户信息和产品的销售趋势，公司内部、顾客群及竞争者的变化，还有一般市场条件所发生的变化对销售区域内销售额产生的影响。微观的预测方法从不同的来源收集大量的信息，然后把它们汇总成模块，由此产生更为精确、理性的销售预测。所有微观销售区域预测的数据将会与来自管理层的宏观的自上而下的数据进行比较，管理层的数据反映了诸如市场份额及投资回报等信息。如此，微观与宏观两方面运作就会提升销售预测的准确率。

许多销售经理表示，自下而上的销售预测的最大好处就是使得经理与销售人员能定期针对销售人员的整个工作进行有益的对话。销售预测使销售人员与经理层关注过去及现在的销售趋势，并且评估公司内部与外部推动销售的因素。需要注意的是，如果没有合适的讨论程序、模块、数据信息，以及管理层的参与，只是简单机械地要求销售人员自己预测他们的销售情况，结果只能导致销售预测出现偏差，甚至失败。你不能要求销售人员毫无根据地做出预测。

执行自下而上的销售预测与计划使得销售经理与销售人员有机会对销售工作的实际情况进行检测和早期预警。如果销售人员在与销售经理讨论时说不出顾客及竞争者发生了什么变化，那么这个销售人员的工作很可能是有问题的。

代理商、分销商和公司外部的间接销售代表，或者渠道合作伙伴，应该与全职直销人员使用相同的方法与程序来进行自下而上的销售预测。销售经理应该与渠道合作伙伴进行有益的对话，讨论对销售额有影响的公司的内部和外部因素，要求他们提交季度或年度销售预测和计划，并将其作为劳动合同的一部分，将会得到渠道合作伙伴更多的承诺。同样，要求渠道合作伙伴做出销售预测并承担责任，他们因此会花费更多的时间去实现这一目标。

尽管销售预测考虑的因素很多，依然无法穷尽所有影响因素；尽管大数据和 AI 等信息技术支持的信息管理系统日益完善，但面对市场越来越频繁的不确定性，预测零差异几乎是不可能实现的。营销部门要采取一些可行的方法来消除预测误差给企业稳健高效运营带来的冲击。

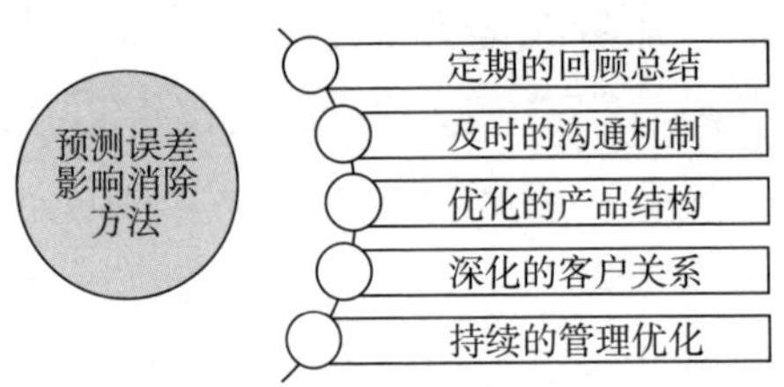

图 5－17　预测误差影响消除方法

如图 5－17 所示，预测误差影响消除方法包括以下几个方面：

（1）定期的回顾总结。

定期回顾前期预测，检讨并从中总结经验。回顾以前的预测结果，与实际销售情况做对比，找出预测不准确的原因，及时调整预测方法，提高风险意识，加强警觉性，从而不断提高预测的准确率。

（2）及时的沟通机制。

针对市场突发事件和重要客户临时变故，销售预测误差导致订单计划调整，营销部门必须主动加强与其他部门的沟通，保持信息的同步与共享，以便共同协商解决问题，制定新的策略与方案，将负面影响降到最低。

（3）优化的产品结构。

营销部门要不断优化产品结构，致力于打造大单品，简化 SKU 数量，同时推动模块化产品设计来增强生产与供应的灵活性。这些都是低成本增强响应能力的措施。

（4）深化的客户关系。

营销部门要致力于深化与各类渠道经销商、零售商、消费者之间的联系，建立可信赖的合作伙伴关系，引导各级客户开放和共享市场信息，让客户逐渐意识到与公司分享市场信息和需求计划可提高预测准确性，会给双方带来巨大的回报。

（5）持续的管理优化。

营销部门要承担起产销协同流程优化的重要责任，定期与生产和供应部门进行研讨，不断推动其在产销策略、订单周期、安全库存和产能规划等方面的持续优化，可缩短“预测屏蔽期”，加快市场反应速度，提高预测准确性。

总之，销售预测与订单计划的精准度和有效性跟生产和供应的管理水平互为前提、互成因果关系。采用产销协同策略和管理方法需要综合考虑客户服务水平、库存水平、产品结构、制造成本、营销费用和相关物料等方面的因素。营销部门要不断加强在市场信息与预测方面的专业能力，运用恰当的方法做好销售预测和订单计划。在做好这些本职工作的同时，营销部门还要积极推动企业产销协同管理体系的建设与持续优化，主动加强与生产和供应部门的沟通，提升营销部门不断突破市场、赢得竞争的实力。

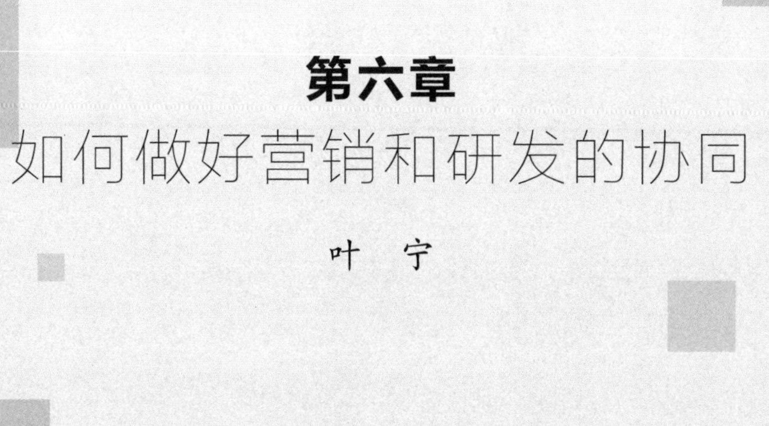

第六章 如何做好营销和研发的协同

叶　宁

面对快速迭代的营销环境，企业要做好营销和研发的协同，提高核心竞争力，坚持以客户为中心的原则，企业所有部门协同作战，共谋企业发展。

第一节　研销协同的问题和原因分析

企业要做好营销和研发的协同，必须先找出研销协同的问题出在哪里，分析产生问题的原因并加以改善。

一、日益突出的研销协同问题

研发和营销难以协同，经常矛盾重重而无法解决，这是企业内部管理的主要矛盾和难点之一。很多企业都会出现研发和营销人员扯皮的现象，比如业绩不好的经营“批评会”，新旧产品的“改进指责会”，客户投诉时的“推诿会”，等等。面对快速迭代的营销环境，产品的生命周期越来越短，产品的组合设计越来越动态化，双方的协同问题日益尖锐复杂，成为制约企业持续发展的瓶颈。

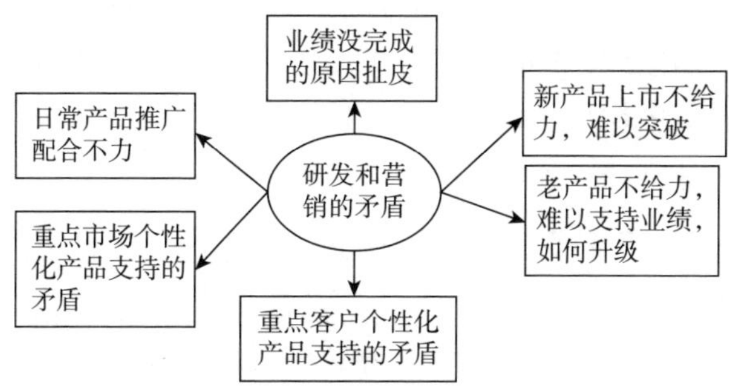

图 6 –1　研发和营销的矛盾

如图6－1所示，研发和营销的矛盾包括以下几个方面：

（1）业绩没有完成的矛盾。

营销部门承担的是月度到年度的业绩责任，而研发部门主要负责产品研发立项之后的完成率。面对快速迭代的市场需求，大部分企业难以形成有效的长中短期产品组合，以及与营销业绩责任相匹配的研销协同机制，这些往往成为任务没有完成时营销与研发部门人员发生矛盾的根源。笔者参加很多公司的月度、季度、年度经营会议时经常会看到这样的情况：业绩好的时候，营销和研发部门人员相安无事，关系还不错；业绩不好的时候，营销和研发部门人员会相互抱怨，吵得不可开交，老板难以裁决，拿不出好的解决办法。

（2）新产品上市不给力的矛盾。

统计数据显示，新产品上市后能够成功的不到10%，新产品上市不能达到预期效果，也是研发和营销部门人员产生矛盾的主要方面。新产品的立项往往缺乏协同，营销人员觉得研发人员不能按照市场需求进行产品研发，而什么是市场需求，营销人员没有能力前瞻性地指出，不能有效传达市场需求。研发部门往往从技术角度出发进行产品研发立项，由此导致很多企业的产品研发立项和营销不能形成有效协同，老板就成为核心的产品经理，成败都是老板的事情。

（3）老产品不给力，如何升级的矛盾。

在笔者提供咨询服务的企业里，经常会听到营销人员抱怨产品没有变化，不升级换代，经销商和终端客户意见很大，竞品抢占市场。有时候研发部门人员突发奇想，把原本畅销的产品进行技术升级，反而削弱了产品功能，客户一大堆意见。更为奇特的是，产品进入市场出现问题后营销人员才知道研发人员擅自升级，没有通知营销部门人员。类似产品升级的问题比比皆是。

（4）产品的日常推广矛盾。

在很多企业，我们看到这样的场景：对于产品的日常推广，研发部门人员除了给出一些技术说明之外，基本就是“甩手掌柜”，包装设计、上市策划、推广主题设计、卖点提炼、终端陈列设计等都是营销部门的事情。营销部门人员就依据自己的理解进行二次包装转化，经常是和研发部门人员的设计初衷相去甚远。研发和营销人员的关系往往是“造武器的人不知道打仗的人如何使用武器，使用武器的人不知道兵工厂的设计和制造流程”。研发人员总是觉得营销人员销售能力不强，公司研发的产品销售不出去，而营销人员总是抱怨研发人员研发的产品不能很好地满足客户的需求。

（5）重点市场个性化产品支持的矛盾。

营销部门经常要攻克一些重点市场，除了需要技术和研发部门在产品的日常推广中大力支持外，还需要个性化产品支持，才能实现市场突破。而研发人员往往没有考核驱动，不提供支持，或者能力不够，难以提供有效支持。笔者提供咨询服务的一家医疗器械企业，在江浙市场收费很低，需要个性化的产品支持，就是需要减少产品的一些不重要功能，以便能将价格降到合理区间，既能满足企业盈利的要求，又能实现重点市场突破。而研发人员没有这样的考核驱动，迟迟不进行产品改进，导致企业错失机会，眼看着竞争对手抢占市场先机。

（6）重点客户个性化产品支持的矛盾。

现在大客户业务比重越来越大，大客户由于有市场地位，有极强的市场话语权，对产品就有比较高的个性化要求。越来越多的招投标需要依靠大客户完成，这就需要个性化的产品进行匹配，而大部分企业不能给予个性化的产品和技术支持，使得营销人员丧失抢占市场的机会，大客户更换供应商，企业得不偿失。

二、研发和营销难以协同的原因分析

研发和营销种种矛盾由来已久，需要从本质上进行分析，才能找到症结所在，从根本上解决问题。笔者在为多家企业提供咨询服务的过程中通过对研发和营销难以协同问题的研究，总结了几点原因。

如图 6－2 所示，研发和营销难以协同主要有以下几个方面的原因：

（1）文化基因决定的价值排序。

由于大部分企业成长都是机会导向，销售起家，缺乏研发基因，都是以营销为导向的价值排序，缺乏技术和市场的平衡基因，销售力远远胜过研发能力。即使是研发出身的企业，更多的是老板是做科研项目出身，往

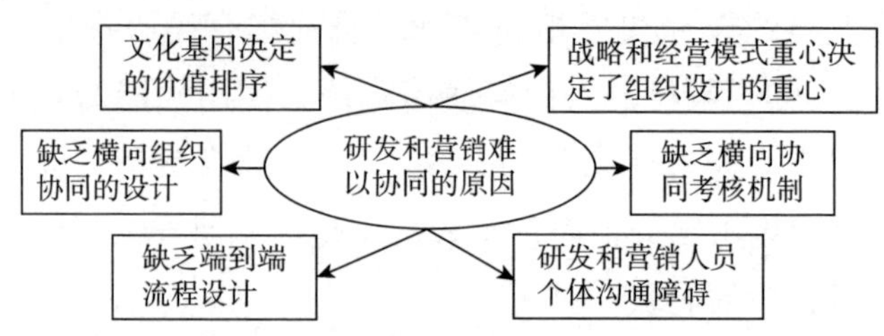

图 6－2　研发和营销难以协同的原因

往一个机会性产品奠定了企业的规模基础，但是缺乏市场基因，没有持续地把科研的技术成果转化成产品，进而转化成可销售的商品的能力。

联想和华为对比，就很明显地说明了一个企业的文化基因的重要性。两家企业都是贸易起家，但是走出了不一样的路线。华为很早就通过“华为基本法”确定了研发和技术领先的战略方向，每年持续投入销售额的 10% 作为研发费用，企业发展道路越来越宽。正是这样的技术领先、以客户为中心的文化基因，使得华为推出的优秀人物都是科学家、技术突出贡献者。虽然华为的营销也很出色，但是很少见华为重点推出营销方面的优秀人物。而联想每年的年会都是营销口号淹没了研发的声音，联想每年的研发投入往往是销售额的 5% 以下，多年下来联想就形成了营销为先的短期文化基因。

（2）战略和经营模式重心决定组织设计的重心。

战略决定组织，是基于战略和经营模式决定组织设计的导向和重心。企业理想的经营模式是产品和营销双轮驱动，但是现实的情况是企业的资源和能力是有限的，在一个时点只能选择一个重心，在统一技术还是市场上要做一个选择，是主先锋和次先锋的选择问题。华为选择的是客户导向，技术领先，所以都是宣传科学家；联想选择的是以营销为主先锋，所以宣传和选拔的干部都是营销大咖。

（3）缺乏横向组织协同的设计。

大部分企业在选择组织模式重心后，最终还是会形成研发和营销割裂的特征，原因在于专业化发展成正式组织后，缺乏横向组织协同的设计，没有建立包括市场人员构成的产品线管理团队。做产品开发纯粹是为了技术而技术，没有设置产品经理统筹下的横向组织设计，没有市场经理去了解市场需求，也没有客户经理去寻找早期的客户群。通常的做法是产品由研发部门的项目经理负责，项目经理自己把握客户需求，把产品发布出去似乎就万事大吉了。由此导致的恶性循环是：产品开发完毕就交给生产部门生产，随后交给营销部门销售，实际上就是把问题全部抛出去。一旦产品出现问题，研产销部门人员互相抱怨也无济于事。

（4）缺乏横向协同的考核机制。

大部分企业即使有了横向打通的组织设计，如果缺乏横向协同的考核机制，也难以将研发和营销捆绑在一起。对研发人员和营销人员制定的激励考核办法往往是相互独立的，对研发人员的考核侧重于项目完成率，而对营销人员的考核则侧重于任务完成率，这就导致研发人员的工作重点会放在新项目的立项，以及立项项目的完成，而营销人员的工作重点会放在任务或销量上，双方易发生矛盾。

营销部门只为短期业绩负责，很少有企业的营销部门能做三年规划，都是以年度业绩为目标的年度经营计划，而每年的目标也是上一年年底由老板拍脑袋定出的，能同时兼顾研发和营销的老板很少。研发的目标是每年的项目开发的数量和质量，而质量往往是由所谓的技术委员会评审，往往还是走过场，最终老板说了算。也有一些企业开始设置和销售挂钩的逐年递减的研发激励机制，由于企业很难平衡研发和营销之间的关系，和营销人员的业绩提成相比，研发人员的奖金收入所占比重偏低，研发激励机制发挥不了应有的作用。

（5）缺乏端到端流程设计。

随着组织规模的增长，研发和营销职能在向专门化的方向发展，久而久之两个部门只关注自己部门内部的问题，造成部门分离的状况，跨职能整合变得越来越难。即使意识到跨部门协同的重要性，但是新产品开发的过程往往是一种项目式的短期行为，从短期项目成功的目标出发临时建立跨职能团队，这种短期的管理所强调的目标无外乎效率、短期竞争业绩和更好的控制信息沟通。如果不能像华为一样，在总结研发问题的基础上，进行以 IPD 为核心的流程固化，研发和营销长期稳定的协同机制还是难以建立。

（6）研发和营销人员个体沟通障碍。

“换位思考”是一个人人皆知的道理，然而当关系到个人利益与他人利益权衡的时候，很多人会放弃“换位思考”。加上研发和营销人员固有的惯性思维，就如工科男和文科男的沟通一样，价值判断标准不同，个体的沟通就变得很难，难以形成正式沟通之外的营销和研发个体相互认同、相互理解的氛围。营销是依据客户需求进行弹性妥协的思维方式，而研发的工作思维习惯是一个非此即彼的两元思维，要么不合格，要么合格。由此经常会看到营销人员说研发人员死脑筋，而研发人员说营销人员都是老江湖，不值得信任，常常对营销人员反馈的信息持怀疑态度，或者置之不理。

第二节　研销协同问题的解决

解决研发和营销之间的矛盾，形成双方有效协同的方案，需要基于战略和系统导向，确定企业的核心竞争力，坚持以客户为中心的原则，企业所有部门协同作战，共谋企业发展。

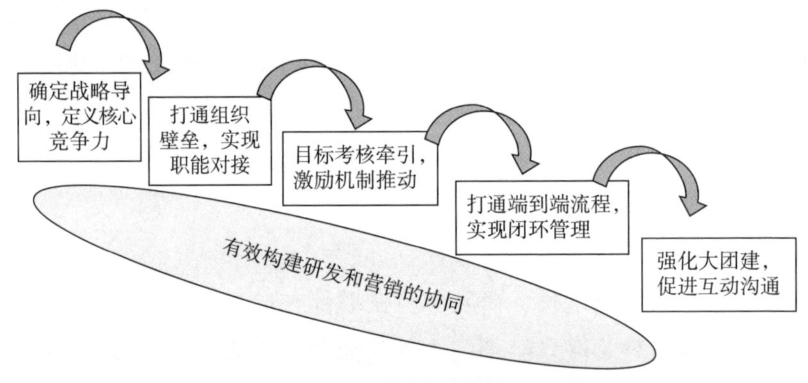

图 6－3　有效构建研发和营销的协同

如图 6－3 所示，要解决研销协同问题，企业应做到以下几点：

（1）确定战略导向，定义核心竞争力。

首先要依据企业的战略，决定企业的经营重心是市场导向还是技术导向，由此确定企业的核心竞争力，再匹配有效的组织设计。无论是市场导向还是技术导向，逐步回归客户导向是关键，也是处理双方矛盾的终极标准。一方面告诉销售人员如何基于客户价值卖好产品；另一方面告诉研发人员开发什么样的新产品可以满足或者牵引客户的需求。

由于很多企业的研发基因是以机会和竞争为导向，这在生存期是合理的，但当企业发展到一定规模后，就需要考虑回归到以客户为中心，营销和研发都以客户为中心去定位各自的职责就能有效消除误会，进行协同。对于研发人员来说，要想使你的产品在市场上畅销，就要进行基于客户需求分析的产品规划，包括进入什么样的客户群，如何基于客户价值设计和开发卖点，进而确定产品功能和采用的技术，这是产品开发首要的功课，同时，在研发体系构建上应该区分前瞻性技术研发和应用研发，以满足长期和短期的客户需求。对于营销人员来说，需要明确客户需求是衔接研发与销售的中场，也是研发和销售的沟通桥梁。营销人员需要对客户需求进行有效收集和统计分析，并和研发人员沟通，达成共识，形成产品开发概念，并在产品上市过程中有效结合技术特点提炼卖点，匹配客户价值，进行推广和销售。其中，鼓励研发人员进入营销体系，引导需求，这一点是很有必要的，要把懂业务和需求的研发人员放到市场上，以引导和规划客户需求，快速形成产品概念规划。

（2）打通组织壁垒，实现职能对接。

传统企业职能型的组织等级结构造成企业研发和营销职能分离，技术创新和市场创新的协同难以形成。在战略上确定了以客户为中心的导向后，只有从组织变革的角度出发，才有可能构造新的动态灵活的协同创新机制。

从本质上说，我们应该认识到研发和营销有效协同的重要性。进行客户价值为核心的创新管理是一个长期的任务，打破组织壁垒的一个有效长期设计是建立以产品经理为核心的项目运作模式，并配套进行机制、考核、流程等制度化建设，才能发挥协同效应，实现客户价值为核心的战略目标，而不仅仅是竞争导向下短期的调整。

真正做到以客户价值为核心，就需要企业从短期的价值增加模式转变到长短期结合、价值增加和价值创造结合的模式。对研发部门来说，就需要进行前瞻性技术研发和产品应用研发分离，实现技术平台和产品平台的分离，同时设置专职的产品经理岗位，衔接客户导向和技术导向匹配的中长期产品开发。

产品经理制是一种制度安排，而非一个人的工作，是一种跨越研产销桥梁的大项目经理制，是以产品经理为核心，组建包括研发、营销、制造、财务、供应链等在内跨部门团队，明确分工和考核导向，完成从产品概念研发到产品上市推广、端到端的有效规划和协同。就其本质来说，产品经理是该品牌或品类的总经理，对该品牌和产品的经营表现负责，组织进行产品创意、定位和目标设定，制定营销策略与政策，配置相应资源，对其产品的研、产、销、供进行协调管理，跟进其销售、推广、服务和信息分析的全程运作。

关于如何设置产品经理制，我们可以从互联网企业发展的经历中得到启示，互联网公司创业初始基本都是一种类型的公司——产品型公司或者项目型公司。看看苹果公司的运作模式就能明白，尽管公司规模很大，但它所开创的几类产品都是乔布斯时代的创新产物，而乔布斯就是一个大的产品经理，是这个产品的 CEO，他的团队都是围绕他这个大项目经理的要求去做服务的。

产品经理具体的职责如图 6－4 所示。

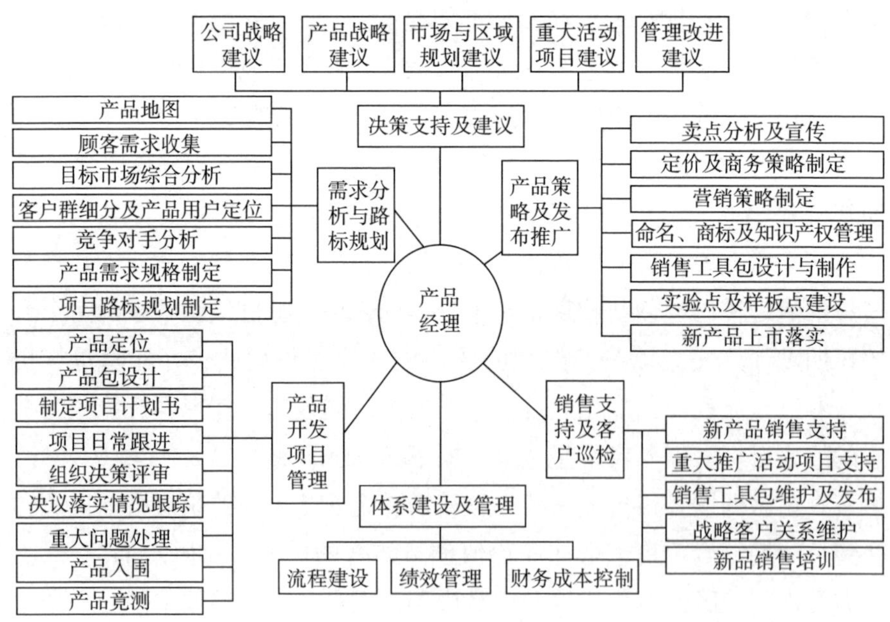

图 6－4　产品经理的职责

产品经理制的工作流程要点包括：组织客户需求调研，提供量化、质化调查报告，并提炼出一个新产品的想法，然后与产品开发部沟通客户需求，进行突破性技术研发，同时形成产品概念，组织做概念测试，回到市场看概念定位准不准，会有多少客户喜欢，能带来多大的生意。通过概念测试觉得可行再投入生产，让生产部门把产品生产出来，然后考虑怎样把产品卖到市场上，应该通过哪些渠道运作。公关部负责与外部打交道，确立产品及品牌形象，当出现纠纷或冲突时帮助其他部门解决问题，同时负责跟媒体沟通。

产品经理制的工作流程如图 6－5 所示。

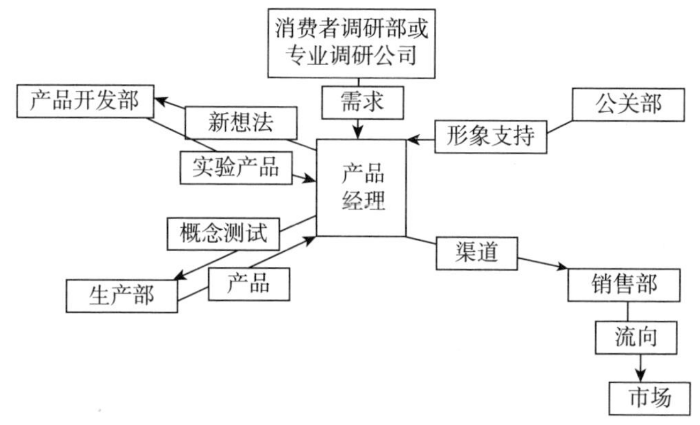

图 6－5　产品经理制的工作流程

在具体的实践中，产品经理制的发育也是从无到有、从有到优的过程。需要注意的是，一开始团队就应该包括三个核心成员：产品经理、研发负责人、销售负责人。华为前研发负责人周辉将它总结为“产品开发的铁三角”，在 IPD 流程梳理过程中逐步纳入其他人员，形成一个产品开发团队。这个跨部门的团队对产品成功负责，这样就不会陷入研发人员开发产品时闭门造车，而销售人员又不能理解产品内涵，导致产品卖不出去的困境。在华为的逻辑中，应把技术开发、市场开发、早期客户开发都摆在同等重要的位置，而不能过于偏重技术。基于市场需求的产品开发，产品经理在其中扮演重要角色，发挥着衔接销售和研发的作用。产品经理本身应是懂业务的研发高手，在一线与销售员和客户交流，分析市场、分析客户需求，告诉研发人员开发什么样的产品。

由于产品经理属于复合型人才，优秀的产品经理在任何时候都是稀缺的，即使是跨国公司也需要选择好人员后，经过多年的培养才能胜任岗位的要求。产品经理的选拔和培养应该从产品经理应该具备的素质出发，如图6-6所示，企业可以按照以下模型进行产品经理的选拔和培养。

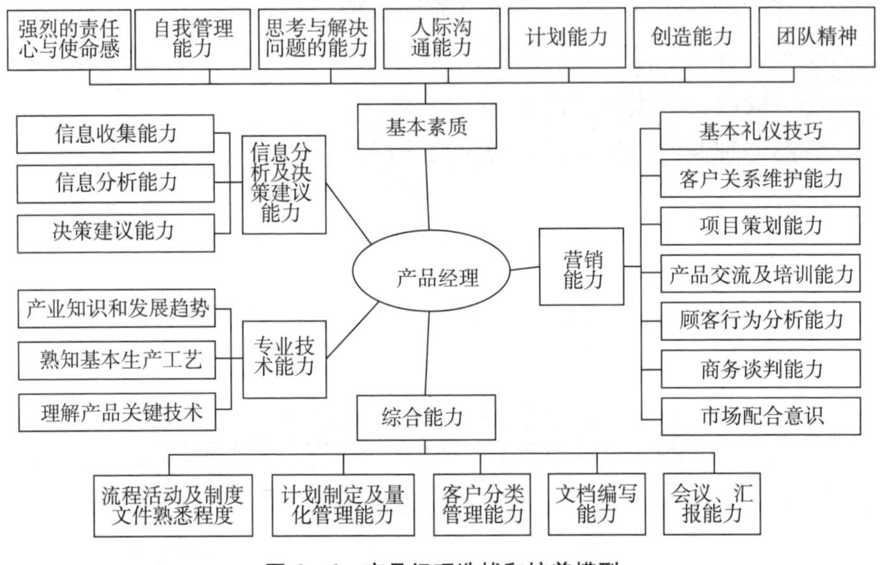

图6-6 产品经理选拔和培养模型

笔者提供咨询服务的一家医疗器械企业，其产品经理一般都是技术背景出身，在研发部门做到了技术项目经理，企业通过内部考核和评估，从技术项目经理中选拔出产品经理的后备人才，然后开始在制造、营销端轮岗，并且要求做到主管以上职位，才能正式进入产品经理体系。产品经理分为三等九级，高级的产品经理年薪和股权激励可以达到总监职位的收入。

（3）目标考核牵引，激励机制推动。

组织设计上的保障是静态的，能否实现研销的有效协同还需要内在的机制牵引，机制设置是解决营销与研发矛盾的核心，重点应该放在如何设计研发和营销协同的市场化考核激励机制上，而且应该体系化、长期化。为此，需要改革原有的各自为政的激励考核办法，把产品的销售情况与营销人员、研发人员的奖金挂钩，制定不同性质的产品研发激励制度，依据新产品和老产品改进性质不同设计激励考核办法，核算一个销售提成给研发团队，有效地将研发和营销捆绑在一起，使他们成为利益共同体。

很多企业近年来都意识到机制设置的重要性，并进行了许多有意义的尝试，笔者提供咨询服务的某家高新技术企业就设置了公司级到部门级，组合化、体系化的长期捆绑激励机制。一方面对公司核心技术型产品建立挂钩销售的激励机制；另一方面对市场化、客户需求产品设置研发“产权特区”，推行内部虚拟投资主体多元化，鼓励营销管理层、技术骨干大比例虚拟持股。

具体来说，对于公司核心技术类产品，公司组织营销、研发部门共同核定新产品上市三年的销售任务，目标达成之后各自奖励多少，超额各自激励多少。研发部门的激励金额逐年递减，第四年之后就没有公司级的激励，但是可以在营销和研发部门之间协商，设置对赌协议。第四年之后，针对每年的核心产品在完成任务的基础上设置超额激励，约定一定比例激励研发人员，以鼓励研发人员做好产品的持续优化。对于非公司核心类技术的产品研发，采用市场化的虚拟入股方式，这样的产品开发可以来自于研发部门，也可以来自于营销部门，甚至可以来自于经销商。实行类似于众筹的模式，设置一个盈亏平衡点界定投入资金，并1∶1对价为虚拟股权，内部研发和营销人员都可以入股，剩余不足部分公司投入。此举推出之后不仅丰富了产品品类，而且大大优化了研发和营销之间，乃至和经销商之间关于产品研发的协同。

（4）打通端到端流程，实现闭环管理。

新营销背景下，新产品开发进入一个新的时代，是客户导向而非自我导向或技术导向，也非简单的竞争导向，“研发流程”需要演化为“产品生命周期管理链”。客户导向的价值创造流程由三条价值链构成，即产品生命周期管理链、产品供应管理链、客户生命周期管理链。产品供应管理链解决生产与销售的矛盾，以便提升产品的可生产性；客户生命周期管理链用于深化供求关系；构建从客户中来到客户中去的端到端的产品生命周期管理链，匹配产品经理的设置，匹配考核机制的设立，建立以客户为中心的市场化的流程，并严格执行，是打破专业化带来的职能壁垒引起的研发和营销矛盾的要求，以此形成解决研发与营销矛盾的流程机制，提升产品的可交换性。

新产品开发流程如图 6－7 所示。

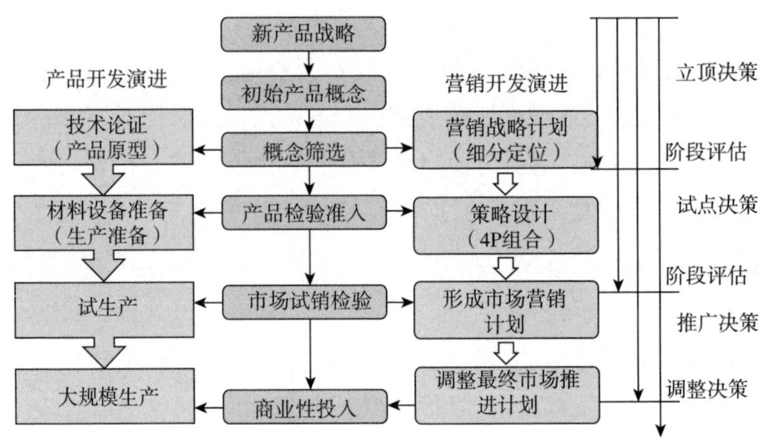

图 6－7　新产品开发流程

新产品开发总体流程为：调研定位→项目筛选→商业分析→产品开发→市场开发。外部诸多要素影响这个过程链，过程链内部的各个环节之间要紧密联系，在新产品开发初期，流程设计要使得营销和研发部门交流合作的时间提前，比如在创意的筛选、目标市场定位、投入时机把握和预算制定等方面进行紧密联系。营销和研发部门的交流贯穿新产品开发的全过程，两个部门的人员可采取互访、座谈、办公例会等形式，及时传递市场信息（竞争者信息、消费者信息）和技术信息，营销部门为研发部门提供客户对新产品需求的相关信息。

明确提炼新产品概念的主要责任方是营销部门，因为营销部门每天与消费者打交道，他们对消费者需求的理解最深刻。笔者提供咨询服务的某企业规定：业务员参加每月的营销例会时必须提出几个新产品概念，并将此作为考核依据。为了使新产品描述容易被研发部门理解与执行，专门设计“新产品概念描述清单”供营销人员填写，营销部门应阐明为了更好地销售产品，他们需要研发人员如何完成产品的开发工作，然后在产品经理的组织下明确提供这些信息：有关产品开发的各种期限，其中包括功能细节、产品说明指南，以及能够给客户进行产品功能展示的 demo 版本；测试版产品需具备的功能；运行版产品需具备的功能。

同时，为了能够顺利地完成工作，研发部门必须给销售部提供产品的资料和数据。为了让销售部能够更准确地向客户推销产品，企业要从流程上规定研发人员必须为销售人员提供有关产品开发的资源、开发进展情况，以及在资源、时间方面的限制等相关信息。此外，企业从流程上要强调研发部门必须提供产品的详细说明，包括该产品目前的功能，未来它的功能和性能将会有什么样的提升等。在产品销售过程中，企业同样要从流程上要求研发人员为营销人员提供技术支持和相关资料，这样能够确保销售人员向客户准确、清晰地描述公司的产品区别于竞品的优点与特性。

（5）强化大团建，促进互动沟通。

由于研发和营销人员的学历背景、工作目标和工作环境的差异，双方的个性差别较大，研发人员遇事较真，而营销人员往往标准要求不高，目的性强。双方的个性差异造成较难交流，这时候就需要进行有效的组织沟通促进个体层面上的理解和认同。组织沟通分正式和非正式两种。

日常正式沟通应该放在如何营造双方互相理解、互相尊重的氛围上，增加研发与营销人员接触和沟通的机会，减少沟通术语上的差异和认知上的误解。企业需要人力资源部等平台支持部门提供信息沟通的机会和平台，促进研发和营销部门之间的信息沟通，定期审视沟通状况，促进营销与研发部门相互渗透，比如组织日常互访、座谈会、定期的联合会议，及时传递市场信息和技术信息，定期检视整体的产品表现和开发进程。可以要求营销与研发部门定期参与例会，研发部门必须参加营销部门的月（季、年）度营销例会，营销部门必须定期参加研发部门的项目阶段沟通会议。正式沟通还包括角色互换，乃至必要的轮岗，让研发人员下市场体验销售产品的具体工作，让销售人员和研发人员一起体验软件测试的过程。在扮演对方角色的同时，相互之间的换位思考及尊敬也会慢慢建立起来，有助于逐步形成开放而坦率的沟通方式，增强彼此的信任。在一些有技术含量的行业中，更应该强调角色互换和必要的轮岗。当研发人员、系统分析人员及技术文档编写人员都能够为销售人员提供有用的信息，尤其是在用户就产品提出问题的时候，他们的回答会显得更权威，更具专业性，讲解也会更清晰，这样能让客户放心。让研发人员参与销售活动，可以向客户展示公司的销售部背后有非常雄厚的技术研发部门作为支持，提升客户对产品的信心和对公司的信任。

在非正式沟通上，企业管理者要提倡和组织一些跨部门的野餐、运动会、联谊会等活动，增进各部门人员之间的了解，各部门人员相互之间建立友谊，很多事情都可以商量，矛盾也会随之缓解。笔者提供咨询服务的一家企业就将“吃点、喝点、聊点”写入文化手册，以鼓励不同部门人员之间的非正式沟通。

第三节　四种典型的研销协同模式及案例

在实际工作中，需要更为具体的场景分类，划分不同类型的研发模式，依据不同研发模式的特点，针对性地制定措施，才能有效解决研发和营销的矛盾。依据多行业的咨询实践经验，我们总结出四种典型的研发和营销协同类型：市场导向的研发和营销协同、技术导向的研发和营销协同、客户导向的解决方案型产品研发和营销协同，以及小企业为主的经营导向的研发和营销协同，如图 6－8 所示。

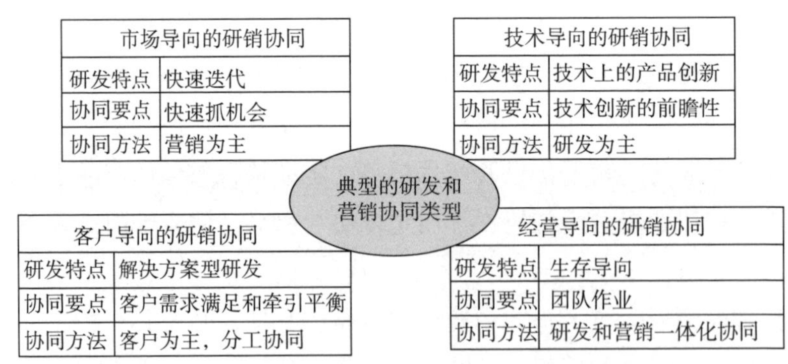

图 6－8　典型的研发和营销协同类型

一、市场导向的研发和营销协同模式及案例分析

现在我们就市场导向的研发和营销协同模式进行分析，用企业实际

案例帮助大家理解。

1. 市场导向、营销驱动的研销协同模式

这类模式适合于需要及时抓住市场机会，快速迭代产品，以满足客户不断升级的需求的行业，是在比较成熟的技术基础上进行的应用层面为主的产品研发，尤其以产品升级的研发为主，还包括一些行业中需要依据区域或者客户进行适度个性化的产品开发，如酒水的南北口味、中央空调的区域模块化定制、重型卡车的区域定制等。

我们来看看企业产品升级这种最常见的场景下如何处理研销的矛盾。产品升级的研销矛盾不像全新技术创新的新品研发那样有明确的立项和责任主体，有具体的项目计划和预算支持，往往是处于责任主体不明，换代产品经常和老产品关系纠缠不清的状态。老产品不好卖，是不是需要淘汰或升级，谁说了算？如果要升级，升级什么内容，又由谁来负责？升级后如何处理好和其他产品的组合关系？如何推广上市？等等。针对这些问题开再多的协调会也改变不了现状，这些问题都成为个案处理的死循环。

很多企业实际的状态是产品升级的发起端比较复杂，有的是业务人员觉得产品不能满足消费者或者渠道需求，有的是研发人员觉得技术已经更新，产品需要升级，有的是制造部门由于成本改善要求从工艺上进行改进，但是没有考虑到新旧产品迭代给营销带来的压力。对于这类不是全新技术创新的新产品的研发，企业需要明确一个导向，就是市场导向、营销驱动的模式，处理好研发与营销的矛盾。市场导向就是战术导向，是紧紧盯着市场机会和竞争对手，属于快速抓机会，短平快出产品，研发的目的性强、功利性强，是命题作文形式的研发。这一类研发往往是基于原来的产品平台的不断迭代升级，典型的案例如手机的升级，功能和成本很清楚，预算有限，导向就是和竞争对手就市场机会的短期 PK，研发和营销的协同往往需要简单粗暴的派单形式，要求研发部门到点出货，研发的时间和成本边界可控，产品上市就是要抢占市场份额。这一类的研发和营销协同，营销是责任主体，拥有 70% 的话语权，将市场和竞争的需求快速传递到研发端，30% 为研发在技术上实现话语权，而且是限于开发目的不变的，仅仅是可以选择几种技术的建议权。

2. 市场导向、营销驱动的研销协同案例

某中药制药企业收购了很多老国企的产品，这些产品原料、配方都很优秀，但是由于地处西北，同时又是国有体制，大部分产品卖点不突出，同时包装还是很传统的20世纪七八十年代的风格，产品销售不畅。

收购国企的产品之后，产品的二次包装升级已经进行了很多次，但是都不尽如人意。笔者为这家企业服务的时候发现很多改版升级方式都是研发人员提出的，营销人员在这个过程中很少参与，研发人员发起的产品改版升级也没有科学的工作方法进行指导，经常是匆促上阵，效果不佳，营销人员怨声载道。为此，笔者建议，从营销端界定产品升级换代的责任主体，因为提炼卖点和包装设计关键在于客户和市场的认可，由营销部门的市场人员担任产品包装升级、卖点提炼的产品经理，组建包括研发、技术、制造、一线营销人员在内的项目组，从目标市场细分定位的角度出发，针对竞争对手卖点，提炼自己的核心卖点和品牌价值主张，然后让品牌包装公司进行相应的包装设计。

具体做法上，由于很多产品没有垄断的竞品品类，选择行业内排名靠前的企业的产品，采取针锋相对的策略更有效，为此项目组专门购买了行业内的三家标杆企业的所有产品进行针对性研究，挖掘差异化的产品卖点和品牌价值主张，要求品牌设计公司突出时代审美特点，差异化设计新的包装，匹配渠道策略的有效布局和政策设计，终于获得了再次升级上市的成功，很多品类销量一年同比增长百分之一百以上，企业进入同品类一线队伍行列。

二、技术导向的研发和营销协同模式及案例分析

下面我们就技术导向的研发和营销协同模式及案例进行分析。

1. 技术导向的研发和营销协同模式

技术导向的产品研发往往是革命性的技术创新，推出的是颠覆性的产品，如手机中的折叠屏产品的推出就不仅仅是外形时尚化，还有摄像头像素及内存等功能配置上的升级。全新技术导向的研发强调的是技术前瞻性，以及对未来市场的可预期性，研发和营销的协同要以掌握技术

创新的研发部门为主，现实的营销需求为辅。

而现实中，企业往往没有把技术创新和一般产品升级进行区分，从而导致不同类型的问题纠缠在一起。究其原因，还是在技术型新产品立项的科学性把握上出了问题，往往是经验主义和教条主义的博弈，分辨不出是战术性的产品研发还是战略性的产品研发。

解决战略性、技术创新导向的新产品开发协同问题，就需要以旗帜鲜明的态度明确以研发为主导，并在技术创新上进行前瞻性的储备。而营销配合的是这种技术创新的市场可行性分析，以及准确的技术创新市场化拐点出现时，对客户需求的调研分析，配合并承接产品经理进行上市的策略规划，把握好创新型产品推出的时机，并提前做好客户需求的引导功课。具体来说，应该从项目一开始就确定以研发人员担任产品经理，组建包括营销人员在内的项目组，从源头着手解决问题，进行基于前瞻性技术定位的分析，准确把握客户需求趋势和上市时点，进行端到端的闭环管理。企业在这方面可以向小米端到端的新品研发流程学习。小米的新品研发从粉丝出发，以点带面研究消费者，进行有效的市场细分，并做好客户画像，做粉丝深度参与的新产品概念研发。新产品上市前注重产品发布会为主的宣传造势，通过粉丝圈营销带动不同细分市场的启动，整个过程一环扣一环，研发和营销基本处于一体化工作状态。

2. 技术导向的研发和营销协同模式案例分析

某企业是国内医疗器械行业的一线领导品牌，涉及影像、监护、体外诊断三个领域，以往的产品研发都是以核心的国际品牌如罗氏、西门子、雅培等巨头作为竞争标杆，从技术和应用上进行对比，逆向研发，做出来的产品性能和国际品牌差不多，价格却便宜很多，能有效超越很多国内二三线品牌，企业以这种模式取得了快速发展，销售额达到百亿规模。这种模式下形成的自然是研发和营销专业职能导向，缺乏横向沟通的组织惯性，产品研发是研发部门的事，研发和营销人员基本没有沟通，产品设计出来，营销人员尽管卖就是了。由于与国产品牌相比有技术先进、质量好的优势，与国际品牌相比有性能差不多，价格便宜一半的优势，营销人员依据市场实际特点再进行二次推广就可以了。

该企业从 2018 年转战国内资本市场后，确定了三年再造一个百亿的战略目标，在很多细分市场领域已经接近或超越国际巨头的市场份额，需要和一流品牌直接进行白热化的“阵地战”，这种研发的跟随策略就行不通了。和华为一样，进入无人区创新模式就是必然选择。但是组织多年职能割裂的惯性并不能实时支持模式的升级，在业绩的压力下，以往研发和营销相安无事的状态也发生了改变，微小的技术或产品差别就会导致营销端争夺市场份额困难重重，难以像以往一样完成业绩，从而带来营销人员对研发部门日益增多的抱怨。换句话说，要想分割更多国际巨头主流市场的份额，就不能采取跟随策略，还需要有差异化并优于国际品牌的创新策略。

而要做到创新性的战略研发，彻底改变以往跟随国际巨头进行产品性能和质量研发的做法，就得回归以客户为核心的产品研发模式。为此，该企业在研发体系中设置了产品经理岗位，负责从产品概念研发到立项，到产品开发，到上市策略规划的端到端研发流程的推进。由于产品经理大部分拥有技术背景，还不具备端到端的产品全生命周期管理能力，笔者有幸参与其中，协助产品经理培育客户导向的新产品策略规划能力，希望产品经理能力提升之后，形成以产品经理为首，包括市场营销人员、研发项目经理在内的产品规划项目组，通过配套流程和机制，从根本上打破研发和营销的职能壁垒，形成支持战略实施的领先研发体系。

产品经理端到端能力打通的关键是掌握以客户为中心的方法论，方法论必须具备很强的逻辑性和科学性，以便于标准化复制，推广到不同的产品项目中。该企业研发人员有两千多人，营销体系数千人，笔者在协助产品经理培育客户导向的新产品策略规划能力过程中整合了一系列以客户为导向、前后逻辑贯通的方法论工具，具体包括 STP 工具（市场细分、市场选择、市场定位）+3C 模型（企业、客户、对手），以此形成五大规划内容和步骤，形成了能有效和营销体系对接的内部沟通“语言体系”，使得研发和营销人员的沟通能调节到一个频道上。

五大规划内容和步骤如图 6-9 所示。

具体来说，STP 是以客户为中心的策略制定的基本工具，通过市场细分、市场选择、市场定位使得产品研发回归到客户需求研究上，形成

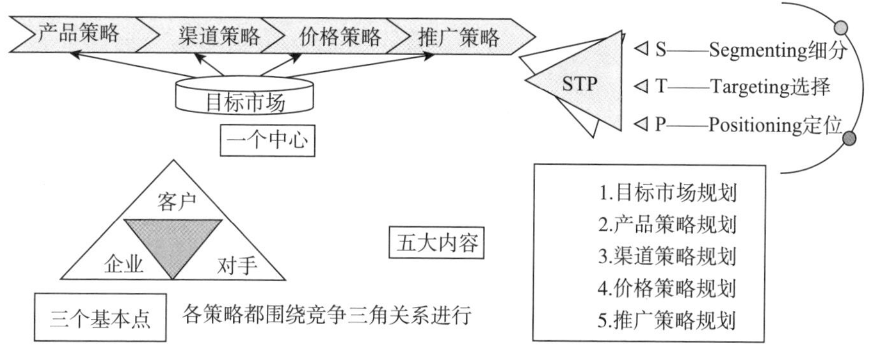

图6－9　五大规划内容和步骤

营销和研发有效沟通的方法论。在此基础上，以3C模型，即企业、客户、对手三要素为分析基础，以STP规划后得出的目标客户市场为靶心，统一规划包括产品、价格、渠道和推广在内的4P策略组合，以此形成研发和营销的协同沟通语言。需要强调的是STP做得越细致，研发和营销就越容易协同，即使研发和营销人员有不同的意见，也可以协同进行针对性的市场调研，在不同客户需求分析上找到沟通点。营销和研发部门都从最终用户角度去考虑问题，以往很多产品设计和营销资源分配的难题都会迎刃而解，同时也解决了以往各说各话的矛盾。退一步说，即使不能马上做到一步到位，超越国际巨头，也能通过一致的逻辑让营销人员参与策略的制定，从而理解和支持研发人员的持续改进，而不是以往的纯粹抱怨。只要坚持下去形成跨部门的团队作业模式，在统一的方法论基础上精益求精，就可以实现客户导向的研发体系构建。

三、客户导向的研销协同模式和案例分析

下面我们就客户导向的研销协同模式和案例进行分析。

1. 客户导向的研销协同模式

客户导向的研发往往是解决方案型的产品研发，这类产品研发不仅是硬件的产品研发，还包括匹配的服务设计。客户需求越复杂，越需要企业提供全面解决方案。

相比于单一的硬件产品经营企业，在解决方案型产品研发的企业里，研发和营销的矛盾显得尤为复杂。不仅营销人员抱怨前端个性化的

服务得不到研发人员的有效支持，很多时候研发人员的及时响应速度太慢，而研发人员则抱怨营销人员不顾企业实际研发情况盲目答应客户要求。由于涉及产品复杂性，产品没有确立统一标准，常常陷入单个产品不断评审的恶性循环。没有一个人成为公司研发和营销问题的接口。

客户导向的研发是以客户为中心的产品 + 服务系统设计规划的命题，研发的特点是要在满足客户需求和引导客户需求之间掌握平衡。一方面客户的需求要重视；另一方面也要意识到客户不是技术专家，其需求也有很多不合理的地方，需要予以引导，这就要求营销和研发人员在客户对接上做好分工，有效地协同起来，实现客户价值最优化。

研发和营销人员要分析客户价值最优化的盈利模式，考虑如何与客户协商，才能得到客户的认同。在营销和研发人员达成共识之后，从客户界面和技术角度融合，通过客观分析情况和引用数据与客户沟通，以达成客户价值最优化的解决方案。营销人员通常要做好客户界面的对接，充分理解客户需求，同时和研发人员及时沟通，了解技术实现的路径和方法。研发人员在营销人员做好客户界面的时候，要从技术角度切入，引导客户，不能认为客户外行而糊弄客户，也不能一味地被客户牵着鼻子走，而应该坚持客户价值最优化的原则。

笔者所在的咨询行业就是典型的客户导向、提供系统解决方案的行业。要做好一个咨询项目，满足和引导客户需求，提供客户价值最优化的解决方案，需要项目组成员有效分工和协同。通常在签订合作合同的时候，需要在客观地满足客户需求的同时，留出接口引导客户。比如要在调研之后给出具体的咨询建议，谈合同时的观点是一种假设，需要查看企业实际情况，运用数据分析问题，提出解决方案。在正式的咨询工作开展前，要组建包括甲乙双方高层和执行层在内的联合项目组，要确定如何与客户进行人员分工，同时按照咨询内容和总体时间规划月度咨询计划，界定双方的责任和义务，以及月度的实际咨询效果和文本成果。咨询项目组的总监和项目经理如同营销人员，要和客户做好界面管理，项目的实际工作负责人，比如项目组组长，要了解客户的需求，在内部和项目总监或经理达成共识后，不断和客户沟通，在满足客户需求过程中给客户提供价值最优化的解决方案。这样咨询项目才算成功，也能提高客户满意度。

对于提供解决方案型产品的大型企业而言，除了上述谈到的基本分工外，构建以客户需求为中心的流程型组织显得更为重要。把产品开发和技术开发分离，基于技术平台构建客户导向的产品开发平台是基础。同时，专职产品经理的设置也很关键，由产品经理基于流程，形成客户导向的方法论，统一研发和营销的沟通语言。当然，优秀的产品经理是兼具技术和市场营销能力的复合型人才，选拔和培养合格的产品经理也是解决方案型企业人力资源工作的重点。流程型组织的最大价值是把后端由管理型组织向服务型组织转变。一线为客户提供服务，而后方是为一线提供服务，一线就是后方的客户。在流程的拉动下，组织管理体系由原来的管理职能向服务职能转变，组织定位发生根本性的变化，管理部门转变成资源部门，形成系统支持力量，及时有效地为一线提供服务，对风险进行分析与监控。对于后台各职能部门的定位，就如华为一样打造三个中心：一个是资源中心，一个是服务中心，还有一个是能力中心。

2. 华为客户导向的研销协同案例分析

华为采用的是客户导向的研销协同模式，其内容主要有以下几个方面：

（1）以流程支持矩阵组织模式，形成客户导向。

华为是以一线“铁三角”加后台 IPD 为主的流程带动的可变化的矩阵组织模式，以此来形成研发和营销的协同。华为最早通过咨询导入 IPD，其中就有营销计划流程，重点明确市场领域在 IPD 中做什么、怎么做、由谁来做，如图 6－10 所示。

华为现有员工约 18 万人，分布于近 160 个国家和地区。华为组建流程型矩阵组织就是为了企业规模扩大之后，克服原有的矩阵式管理的弊端，配套一线“铁三角”模式，强调客户导向。与很多强调组织结构稳定的企业不同，华为建立的是一种可以有所变化的矩阵结构，华为每次的产品创新都伴随着矩阵组织横纵关系的变化，而在华为每 3 个月就会发生一次大的技术创新，这类似于某种进退自如的创业管理机制。一旦出现机遇，相应的部门便迅速出击，抓住机遇。在这个部门的牵动

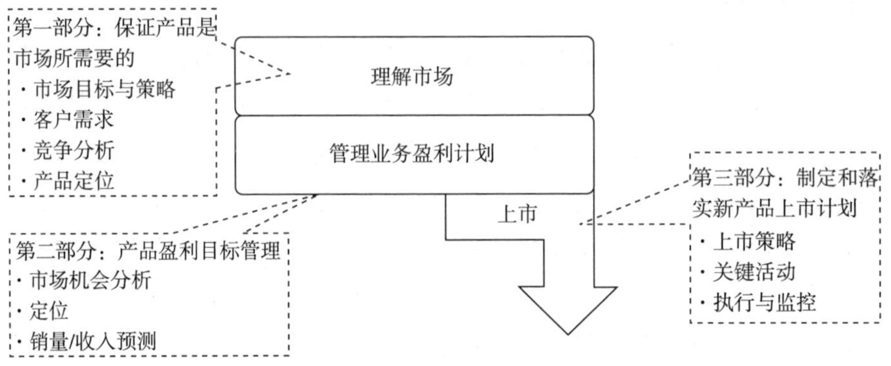

图6－10　营销计划流程

下，通过“铁三角”的任务计划，公司的组织结构发生一定的变形，流程没有变化，只是各个部门之间联系的次数和内容发生变化。但这种变形是暂时的，当阶段性任务完成后，整个组织结构又会恢复常态，如同军队的战区和军种部的关系，如图6－11所示。

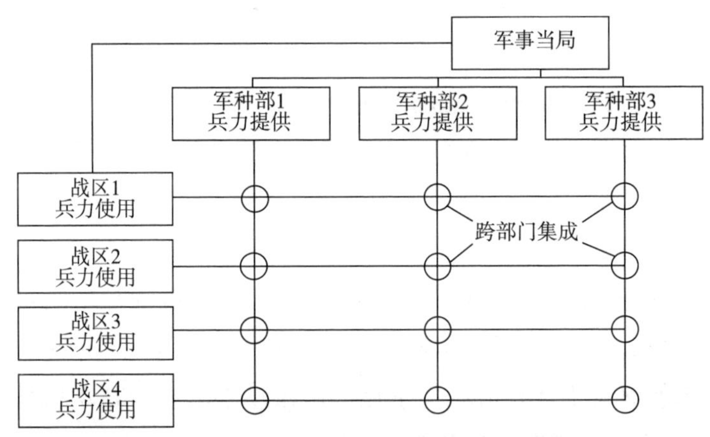

图6－11　华为的流程型矩阵组织

（2）轮岗制度带动研发和营销人员的协同。

华为有意识地进行研发和营销岗位轮换，每年在公司内部选择不同领域内的中层专家进行轮岗发展，最有名的是“铁三角”轮岗制度。华为市场是由一个健全的“铁三角”构成的：一是客户经理，负责沟通协调；二是产品销售经理，负责制作网络解决方案；三是交付与服务经理，负责服务解决方案和服务跟踪。在项目上他们是三个角色，在组织上就是一线的三大部门。那么，其中的产品销售经理的产品知识从哪里来？有两种方式：第一，是研发人员给一线产品销售经理培训；第二，是研发人员直接转化为产品销售经理。为了解决一线产品销售经理知识老化问题，华为每年都会要求研发部门输出一批研发人员到一线，这在华为叫作“指令性输出”，输出的研发人员从基层到高层都有。所以，华为研发人员到市场做营销本来就是每年都有的一种持续行为。华为大量高管都是从研发转市场后成长起来的，因为他们有技术和市场营销双重优势，华为称之为Z字形发展，2017年的3000人研发团队去海外支持销售有轮岗作用，更有增加技术厚度应对市场环境变化的作用。高管中余承东、赵明都是从研发转海外市场的。

匹配轮岗制度的还有导师制和战略预备队制度。“导师制”在研发部门非常成功，华为将该制度进一步推广到全公司，随后演变成对老员工晋升的一项考核要求。员工必须当过“导师”，才能被提拔。战略预备队建立，由任正非亲自指挥，决策层还包括三个轮值CEO。战略预备队一方面可以培训员工，使他们有能力胜任其他岗位的工作；另一方面可以对失去岗位的员工提供支持和保护。

四、中小企业经营导向的研发和营销协同模式及案例分析

接下来我们就中小企业经营导向的研发和营销协同模式及案例进行分析。

1. 中小企业经营导向的研发和营销协同模式

中小企业的经营导向就是以生存为目的，其组织文化是一种一体化的“车库文化”，体现出为了生存而奋斗的经营团队精神，落实到研发和营销上就更显示出团队一体化的力量。不是说中小企业没有研发，而是强调研发要见利见效。

很多中小企业管理者认为自己所在的企业没有研发能力，并把原因归结为资源不足。实际上，中小企业由于体量小，除了资金和人力资源受限外，所受的束缚小。与大型企业相比，中小企业经营方式更加灵活，市场反应速度更快，与客户联系更加紧密，所以中小企业需要明确自己是有研发能力的。中小企业如果想从根本上解决问题，在创立初期

就可以借鉴创业基因充满“车库文化”的互联网企业的创业模式，从一开始就采用研发和营销一体化的模式，逐步发育其他的支持服务职能进行匹配。

互联网企业创业阶段都是以差异性产品或服务满足客户需求，所以基因里天然带着研发和营销一体化的“车库文化”和团队精神。小企业可以借鉴这种研发和营销一体化的做法，如果客户的需求与公司产品有差异，就让销售部和产品部的人员一起为客户讲解。即使不能成交，也可以知道客户需求，调整策略，加以改进。中小企业实行的是团队作业的项目管理，项目组由销售人员带头成立，产品研发部门予以配合，项目组的人员接受双重管理，即具体项目上接受组长管理，专业工作上接受部门经理管理。一旦部门经理和组长之间的矛盾不可调和，由老板出面协调解决。

2. 韩都衣舍创业阶段的研销协同模式

韩都衣舍2007年开始创业，做互联网品牌服装，创业团队完全不懂服装知识，决定去上海找一些时尚品牌设计师沟通，劝说其到济南来发展，最后都以失败告终，只能依靠大学生进行创业。也正是因为这样，在创业过程中，创始人认识到互联网营销以客户为中心、产品为王、快速迭代和精准营销的特点，企业需要有效激励团队进行单品突破。经过不断探索，总结经验，韩都衣舍构建单品全程运营体系，形成了有效的创业组织基本框架：产品小组制。这是一种从开始就将研发和营销一体化的模式。

产品小组制如图6-12所示。

具体来说，产品小组制借鉴联产承包责任制，每个小组由1~3名成员组成，负责产品选款、页面制作、货品管理等非标准化环节，产品小组之间独立运营、独立核算，拥有90%以上的决定权，在最小业务单元上实现“责权利”的统一。而营销部门、企划部门只负责做大框架下的规则制定，小组在企业公共服务平台上成为“自主经营体”，小组制培养了大批具有经营思维的产品开发和运营人员，为韩都衣舍如今的高速发展奠定了创新模式的基础。

韩都衣舍一开始就洞察互联网服装营销的特点，采用研发和营销一

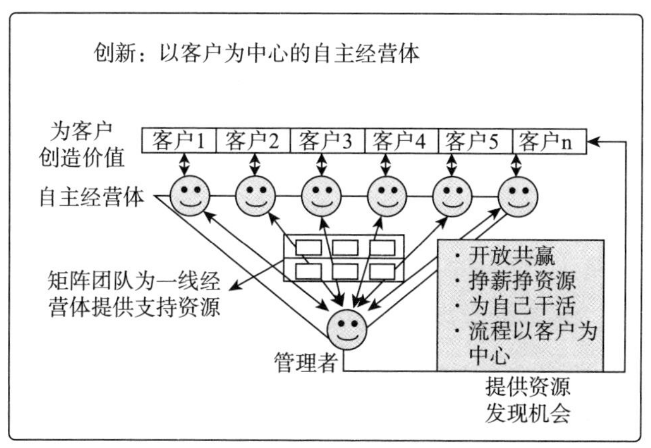

图6－12　产品小组制

体化的小组制模式，这种做法对很多创业型企业解决研发和营销的协同问题具备很强的借鉴意义。

第四节　研发和营销人员的协同提升

要做到研发和营销人员的协同提升，除了在日常的正式沟通中营造双方互相理解、互相尊重的氛围，增加研发与营销人员接触和沟通的机会，减少沟通术语上的差异和认知上的误解，企业还要重视研发和营销人员个人层面的协同。

一、为什么要重视研发和营销人员个人层面的协同

互联网时代日益扁平化的组织模式使得项目小组方式成为常态，个体间的对接日益重要，对人才的复合型能力要求越来越高。关注研发和营销人员天然的个人心智与思维的差异，有效促进人员在个体层面协同，匹配组织化协同手段，实现“快准灵”的协同，也是企业管理者的一个重要任务。

1. 越来越多的跨部门项目运作，个体间的对接成为必然

面对快速变化、不断迭代创新的营销新时代，打破部门之间的边界、壁垒、门槛成为组织内部协同的关键，不管是物质上的，还是思

想、逻辑层面的，跨界学习、互动、连接成为个体必须做到的事情。典型的基于任务组织不同部门的个体进行协作的工作场景越来越多，要求个人之间的对接越来越多，也变得越来越重要。

这方面互联网企业的做法值得借鉴，互联网企业天生就是“快准灵”项目制运作方式的践行者，几乎所有的互联网企业创立之初，研发和营销就是基于产品项目一体化的运作模式，比如小米、韩都衣舍，无一不是这样，随着企业规模的发展，派生出其他服务支持部门。

2. 产品经理为主的一专多能的复合型人才的需求

为了匹配“快准灵”的研发和营销协同，需要让既懂得技术又熟悉营销的人才成为跨部门合作的组织者。产品经理就是典型的复合型人才，产品复杂程度高的大型企业纷纷仿效互联网企业或者外企设置产品经理，以打破传统的职能壁垒。

产品经理作为一个跨部门的协调者，必须依赖很多专业经理人来发展产品线，进行营销。也就是说，产品经理必须能有效联系公司内部各种职能部门，在所有与产品相关的议题上，成为公司、产品销售团队及顾客间的沟通桥梁。因此，产品经理和公司其他部门同事之间必须达到一定程度的互信，达成共识。

产品经理的角色将会随着商业环境与挑战的变迁而不断变化。一个成功的产品经理必须对市场中不同的细分方式了如指掌，能够判断公司所拥有的核心能力与优势，并且运用这些能力来满足市场需求。换句话说，产品经理的终极目标就是能横跨并协调或引导公司的各项职能，达到让顾客满意、公司赚钱的目的。

同样，以互联网企业的组织成长为例可以前瞻性地了解复合型人才的重要性。互联网企业通常由合伙人组建，其中很多合伙人就是有技术背景的研发带头人，由他组建的项目团队进行消费者研究、定位，以及匹配产品项目的研发、营销策略的执行，项目的研发、营销策略的执行和反馈改进是闭环且一体化的，充分体现了产品经理这种复合型人才是研发和营销实现“快准灵”协同的必要条件。大部分互联网企业都具备这样的以合伙人为产品经理的基因，并由此逐步裂变为企业小前台、大中后台的模式。

在传统企业中，为提升研发和营销的协同，华为复合型人才的培养也是典型案例，在导入 IPD 的同时，发育了产品经理的职能，当时的产品经理回顾了自身成长的历程："被任命为产品经理时，我是技术工程师出身，一个顾问手把手教我。我当时做的是交换机，他让我先到市场部去看看我的产品问题出在哪里，什么样的客户需要我的产品，后来我不断增加对市场和营销的认识，通过岗位的责任要求，逐步成为第一代的产品经理。"

华为"铁三角"的人员也是复合型人才，客户经理需要从过去的销售人员向综合经营管理角色转变；解决方案经理由产品销售向综合解决方案销售转变；交付经理也由单纯的项目交付向对客户服务与满意度负责，最终才能实现"快准灵"地与客户共赢。在"铁三角"的个人角色能力方面，客户经理（AR）需要强化客户关系、解决方案、融资和回款条件及交付服务的营销四要素能力，提升综合管理和经营能力，以及带领高效团队的能力；解决方案经理（SR/SSR）需要具有从解决方案角度来帮助客户成功的能力，要"一专多能"，具有集成和整合公司内部各个专业领域的能力；交付经理（FR）需要具备和客户沟通交付与服务解决方案的能力，项目进度监控和问题预警能力，以及对后方资源的把控能力。

二、如何实现研发和营销人员个体之间的有效对接

通过以上论述，我们认识到研发和营销人员个人层面协同的重要性，企业管理者应该如何操作，才能实现研发和营销人员个体之间的有效对接？根据多年的咨询经验，我总结了以下几点：

1. 进行轮岗，组织化培养换位思考的思维方式

组织内部连接是专家化与柔性化的要求，匹配职业规划，进行必要的轮岗就是一个很好的强化个体之间换位思考，进行有效协同的手段。轮岗制度已成为培养人才、帮助企业解决研发与营销矛盾的有效组织手段。很多成功的公司如华为、阿里巴巴、IBM 等都在公司内部建立了岗位轮换制度。

通过轮岗，组织化培养员工个体的换位思考能力的同时，可以形成

培养复合型人才的机制，阿里巴巴著名的轮岗制度就是一种典型的强行进行换位思考锻炼、经验拓展的轮岗制度。阿里巴巴轮岗文化是从阿里巴巴“铁军”开始的，一个管理人员想得到更好的提升，必须具备两个条件：一是接班人计划完成得很好；二是有过轮岗经历。比较有名的是2012 年阿里巴巴集团管理层轮岗计划，22 名中高层干部涉及其中，调动跨越阿里巴巴集团旗下全部子公司。如今，在新的“小前台、大中台”生态组织打造背景下，阿里巴巴在所有的组织里都强化轮岗制度，培育阿里巴巴作为生态平台公司的开放性、透明的特征和稳定的特征，其运营管理系统和组织文化系统也随之变化，成立了组织部，建立干部制度，着眼于干部的成长和企业文化的发展和传承，建立起基于one company 的目标，即复合相关的业务生态系统所需的个体复合型人才体系。

2. 强化跨部门的角色扮演，开展团建等沟通交流文化活动

除了正式的轮岗制度外，公司的文化活动中，让研发人员和销售人员互相体验对方的角色也是一种很好的消除矛盾、增加协同的手段。让研发人员体验销售产品的具体工作，让销售人员和研发人员一起体验软件测试的过程。在扮演对方角色的同时，他们之间的了解及信任也会慢慢建立起来，就会使得营销部门和研发部门之间的交流变得开放而坦率，形成一种文化传承。为此，企业管理者要重视这两个部门之间的信息沟通，定期审视沟通状况，并为整合创造提供信息沟通的机会和平台，比如组织一些跨部门的野餐、运动会和联谊会等非正式沟通活动，增加研发与营销部门人员接触和沟通的机会，减少沟通术语上的差异和认知上的误解。

3. 鼓励基于成长需要进行自我认识和学习，成为复合型人才

数字化时代，人人都是某个领域的专家，这将让个体的工作与生活更加柔性化。一方面个体的潜能将得到极大释放，每个人的特长都可以方便地在市场上“兑现”，而不一定要全职加入某一企业组织，才能实现个人能力与市场的交换；另一方面工业时代那种工作、生活、学习割裂，个体无法柔性安排工作与生活的状态也将得到很大改善，类似于谷歌提倡和营造的工作、生活、学习一体化的SOHO 式工作、弹性工作等

新形态将更为普遍。

作为工具的人、模式化的人和被套以种种条条框框的人不可能成为创新型人才。所谓创新型人才，是指富于独创性，具有创造能力，能够提出问题、解决问题，开创事业新局面的人才。一专多能的复合型人才就是vuca时代［volatility（易变性）、uncertainty（不确定性）、complexity（复杂性）、ambiguity（模糊性）］对人才的要求，所以不断学习，“让学习走到变化之前”就是vuca时代生存必须具备的能力。企业应该基于学习型组织的打造过程，鼓励员工积极进行自我认知和学习。笔者服务的一家高科技企业就在导入信息化系统的同时，购买很多数字化生存的书籍，组织员工学习，并每年将优秀的读书心得编订成册以鼓励个体有效的思考和学习，这样的学习也大大促进了不同部门员工之间的交流互动，在共同的学习过程中能逐步形成系统的、一致的思考方式，为现实工作中的互动和协同注入润滑剂。

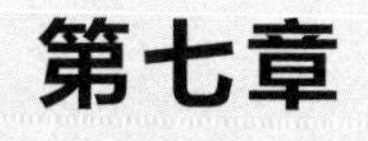

第七章 如何做好营销的前后台协同

杨　勇

营销前后台之间既强调分工，又强调协同，大家的利益本质上是一致的，前台负责“冲锋陷阵、攻城略地”，后台提供“弹药粮草”、战术策略，缺一不可。但在企业实际运营管理过程中，往往出现前后台之间互相“不了解”“不认同”“不配合”的情况，前后台频繁发生矛盾、冲突，造成企业运营效率低下，绩效难以提升。究其原因，是因为企业缺乏明晰的职能定位、管控模式、权责机制等系统性的管理方式。本章主要通过剖析营销前后台协同出现的问题与产生的原因，提出解决前后台协同问题、提升运营效率的机制及各种协同模式。

第一节 营销前后台协同的冲突及原因分析

营销前后台协同的冲突如图 7－1 所示。

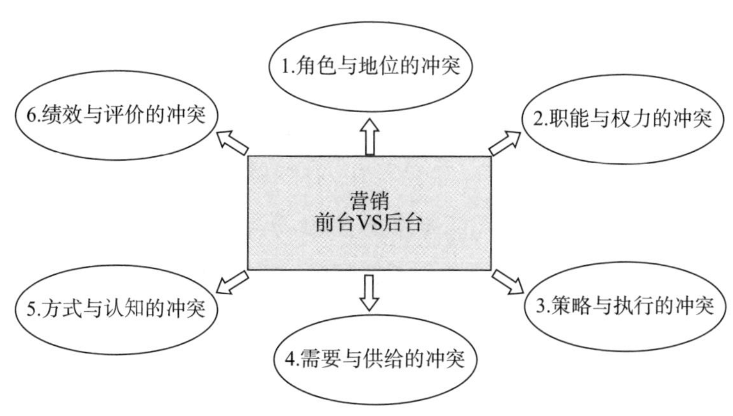

图 7－1 营销前后台协同的冲突

一、营销前后台协同的冲突

营销前后台协同的冲突包括以下几点：

1. 角色与地位的冲突

销售部人员认为市场部等后台部门是从销售部中分离出来的，企业管理者将原本属于销售部的职能、权力划分出来，逐步衍生出市场部、销管部等后台部门，这些部门要为销售部服务，且销售部处于核心地位，其他部门必须围绕销售部开展工作，以满足销售部的需求为第一要务，不应该用各种条款约束销售部。抢夺运营的主导权、管控权，造成销售部与后台部门人员频繁发生冲突，工作必然无法开展。

2. 职能与权力的冲突

销售部总是希望能够获得更多的职能，包括产品设计、广告投放、促销、推广活动、策略规划等，其理由：一是可以对销售提供更直接的支持，提高对市场的反应速度；二是尽量减少部门间的协作环节，提高工作效率。而后台部门则更多的是从规范化和专业化的角度出发，要求掌控战略规划、区域运作、传播推广、产销衔接、物流配送等职能，其理由：一是后台部门拥有专业人员，可以运用专业的分析方法得出科学的结论；二是后台部门可以从全局的角度进行研究，有利于做到对资源的整合。销售部和后台部门频繁陷入对职能与权力的争夺，使得运营效率大打折扣。

3. 策略与执行的冲突

企业的销售业绩良好时，前后台相安无事，企业的销售业绩不好时，销售部人员会指责后台部门的策略有问题、资源匹配不到位。销售部人员认为市场部等后台部门基本不去市场，不搞市场调研，不了解经销商，也不了解地区差异，更不了解目标消费者的需求，凭空设想就搞出一个方案，完全脱离实际，让销售部和经销商无法执行。而市场部会说完全是销售部执行不力，没有按照标准要求实施到位，不是他们的方案有问题。

4. 需求与供给的冲突

业绩完成得不好的时候，销售部人员抱怨销管部、供应部产品单一，配货供给不及时，贻误商机，销管部、供应部人员则认为销售需求计划制定得不准确，个性化需求太多太杂，难以及时安排、组织生产和储运。

5. 方式与认知的冲突

销售部的工作方式主要是与客户沟通，直接面对市场，对市场环境有切身感受。后台部门的工作方式则是以分析为主，通过对大量数据的收集、整理和分析，从中发现根本性的原因，并提出可靠的结论。销售部人员认为后台部门的工作方式过分注重数据，忽略了市场本身，后台部门人员所做的都是与销售没有直接关系的事，他们只会坐在办公室里做一些不实用的报表，不断给销售人员带来麻烦。后台部门则认为销售部过分依赖直觉，得出的结论不可靠，而且工作方式不规范。这种分歧反映在双方对彼此的工作都无法认同，在执行上难以配合。

6. 绩效与评价的冲突

销售部重眼前，市场部重未来。销售部的考核指标是硬性参数，比如销量、销售额、回款额，等等。销售部人员认为公司最重要的指标任务都压在了他们身上，因此对公司贡献最大的是他们。他们认为，市场部及其他部门的工作很轻松，工作成效有限，对销售部的实际工作支持不大。后台部门人员则认为他们承担的责任和压力更大，因为他们要负责为决策层提供正确的战略规划，要直接调配使用企业大量的资源，这些都是直接关系到企业生存的大事，万一处理不好就会给企业造成致命打击。他们认为，销售人员素质差，缺乏企划思维，到了客户那里就知道催款、发货、喝酒、聊天，对经销商所需要的管理辅导、营销培训、活动策划一问三不知，这样的销售人员不应该拿比他们更高的收入。而销售人员认为市场部人员的基本工资高于他们，从一开始就不公平，他们的总体收入较高全部是靠自己努力得来的。

二、原因分析

营销前后台协同问题的症结在于企业前后台定位、管控模式、责权利机制等不清晰，前后台信息不对称，后台对前台缺乏服务与赋能。

如图 7－2 所示，营销前后台发生冲突的原因主要有以下几点：

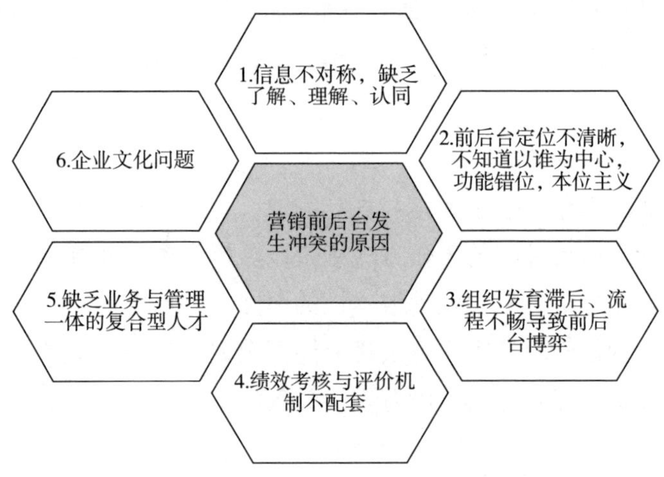

图7－2　营销前后台发生冲突的原因

1. 信息不对称，缺乏了解、理解、认同

一方面后台对一线销售不了解，对市场缺乏认识；另一方面前台不了解公司对后台的要求，由此造成信息不对称，各自以自身需求为出发点，前后台博弈，后台往往对于前台需求流于响应式的满足，而非主动式、一体化、前瞻性的推进。互相在评价对方的工作业绩上，多使用“听说”“应该是”的假设与想象，没有进行实地考察。同时，后台部门与销售部极少沟通，更谈不上互相了解、理解、认同。

2. 前后台定位不清晰，不知道以谁为中心，功能错位，本位主义

很多企业在战略上没有对销售部、市场部、销管部等部门进行合理的定位，尽管在形式上划分了多个部门，但企业的管理重心并没有确定，到底是以后台管控为中心，还是以一线经营需求为中心，没有明确界定。各部门在不明确公司的整体运作思想下，只是一味地争夺企业的资源和话语权。对于一线销售而言，不同区域市场、不同客户存在差异化的需求，可能需要一地（客）一策。而后台要求规范化管控，更强调风险管理和过程控制，后台要求标准化，易搞“一刀切”，缺乏灵活性。现实中，双方是平级，都不想让对方指挥自己。很多人在接到配合或支持的请示时，表现出抵触的态度，从心底不愿意合作，是典型的“部门本位主义”做派。由此，在企业内部造成混乱，前后台之间的协同问题层出不穷，扯皮现象成为企业内部运作的常态，极大地降低了企

业的运营效率。

3. 组织发育滞后、流程不畅导致前后台博弈

营销前后台之间产生协作问题，往往发生在企业由小变大的转型过程中，原有部门实力强大，新型部门还没有成长起来，而企业负责人也不清楚各部门应该承担的职能，因此前后台之间极易引发冲突。解决前后台协同问题，其关键不在于采取何种组织架构，而是应该知道在什么时点上采取和业务模式相适应的架构。很多企业负责人无法准确判断如何动态培育职能，从而使组织架构无法适应企业的快速发展，各部门之间缺乏整合，协作上的问题频频发生。另外，很多企业负责人对相关职能缺乏深刻理解，想一出是一出，随意设置岗位和部门，而且不按照专业归属，导致某一部门权力过大，相关人员专业性不强，或者出现流程割裂、资源分散、决策冗长等问题。

4. 绩效考核与评价机制不配套

销售部是绩效导向，更关注短期销售业绩，主要靠业绩进行考核评价；后台部门是过程导向，更关注过程控制，主要靠 KPI 进行考核评价。销售部希望考核指标越简单越好，而后台部门针对销售部的考核指标不仅包括业绩，还包括过程指标，例如渠道/客户开发与维护、市场建设、活动执行、计划准确率、进销存管理、费用率等。销售部却不认同这些指标，员工普遍认为只要能完成业绩，其他指标顺带完成，甚至可以忽略不计，觉得给他们附加这些指标是一种束缚。对于后台部门制定的考核指标，销售部人员认为多是一些定性的甚至短期无法衡量的指标，无法有效支持一线销售，也很少有与一线绩效相关的配套考核指标。同时，销售部人员认为企业对后台部门进行的考核对其收入没有影响，无论业绩好坏，后台人员的收入高且稳定，而自己就得拼命干，否则以业绩提成为主的收入难以保障。

5. 缺乏业务与管理一体的复合型人才

现实中，企业负责人会发现很难找到既懂一线业务又懂后台管理的复合型人才。往往有一线销售经验的不懂后台管理，不懂市场和销售管理知识；后台专业人才大多有专业文凭，但是没干过销售，对市场没认知，也不了解、理解一线销售的流程、技巧和销售人员的艰辛。双方对

于彼此工作的认知普遍停留在字面和数字上，故而在沟通协同上经常不在同一个频道，都认为自己是对的，前台对于后台制定的各种规划、策略、流程、资源配置方案多是埋怨、抵触，结果就是纠缠不清、议而不决。

6. 企业文化问题

企业文化是影响销售部与后台部门之间协作的一个关键因素，它是潜移默化形成的。企业在由小到大的过程中，都会自然形成特定的企业文化，并深入每个部门员工的意识中，而“销售部重于其他部门”的意识是大部分国内企业在发展过程中形成的。企业在发展初期没有庞大的组织结构，其核心部门就是销售部，企业的生存和发展全都依赖于销售部将产品顺利地销售出去并收回货款，长此以往销售部就建立了在企业中的核心地位，销售人员的收入最高，说话的分量最重。而随着企业规模扩大，销售部无法承担更多的职能，市场部、销管部等部门的组建成为必然，这就是前后台之间产生矛盾的原因，因为销售部的职能和权力被削弱。

第二节　营销前后台协同的思路与机制

接下来我们就营销前后台协同的思路与机制进行讨论。

一、协同思路转变

协同思路转变包括以下两点：

1. 理念与认知转变

理念与认知转变包括两个方面：

（1）正确理解营销前后台的关系。

前台销售部与后台市场部、销管部等部门是相互依存关系，是企业营销的左膀右臂，销售部在前方占领市场，后台部门在后方做后勤支持。前后台存在“共同利益”，比如对销售业绩、利润回报等指标的关注，对推广效果的重视，等等。在很多方面也需要前后台开展合作，比如市场推广活动、市场调研、营销培训，等等。销售部和后台部门之间的冲突是由各自的运作特点、思维方式决定的，双方的终极目标是一致的，关系并非不可调和，需要双方正确理解对方的工作思路与方式，勤于沟通，换位思考。

（2）市场导向、全员营销、内部客户观念。

当下，国内的很多企业都是竞争导向，而不是市场导向。以竞争为导向容易导致重销售轻谋划，这是相当危险的。一个企业要想长期立于不败之地，就必须以市场为导向，以客户需求为出发点，打通内外部营销与服务价值链。要建立全员营销、内部客户的文化与观念，将营销前后台捆绑在一起，实现共赢。

2. 组织变革

组织变革包括以下几点：

（1）重新定位前后台的性质。

前台强调能力的综合性、快速性、灵活性，发挥多职能多兵种“作战”的能力。后台强调支持与赋能，强调职能公共化、平台化、综合化，能够快速高效响应市场。做活做专前台，做强做精后台。当然，不同类型的企业对于前后台的定位可能有所不同，但无论怎么变，这些能力要求都必须满足。

（2）不同规模、不同类型的企业匹配适合的前后台组织协同模式。

通常情况下，小企业可以把销售部、市场部、销管部等合成一个部来管理，以销售职能为主；中型企业建议设销售部、市场部、销管部、大客户部，由老总或营销总监统一管理；大型企业可设营销总部或营销中心、营销公司，由营销总监管理。

当然，不同类型的企业，前后台协同的模式、管理的重心可能也会有所不同。以渠道运作为重心，以区域市场竞争为主要抓手的企业，建议采取以前台驱动为中心的协同模式，以销售为龙头，后台配合支持，强调一线销售对市场的快速响应和灵活应对；以产品运作为重心，以产品优势为主要抓手的企业，建议采取以市场部为中心的协同模式，由市场部牵头，前后台配合，强调市场部的产品开发能力、市场策划能力、刚性管理能力等，前台主要负责执行落地；以供应链运作为重心，以成本优势、规模优势为主要抓手的企业，建议采取供应链驱动为中心的协同模式，由供应链发力，强调供应链的成本优势、规模优势、研发优势等，用于掌控市场，销售部、市场部、销管部等全力配合，高效协同，重点关注运营效率。

（3）理顺前后台协同机制、流程及责权划分。

理顺前后台协同机制的核心在于营销战略与营销策略分离，授权一线，资源配置一线。在确保营销战略方向刚性的前提下，授权一线“作战”平台，让其决策。建立营销为龙头的中后台高效支持的协同体制，以营销为经营的中心。前中台采取内部结算机制，虚拟考核，模拟阿米巴。后台的变革分三个阶段进行，第一个阶段从职能化管控转化为服务型、赋能型支持职能；第二个阶段转化为平台化、公共化的模式，明确内部阿米巴结算考核机制；第三个阶段转化为专业化的经营性平台。同时，优化业务流程，导入 SAAS 等信息化系统，实现信息一体化。

（4）选拔复合型人才担任营销系统负责人。

目前多数企业普遍缺乏既懂销售又懂市场，同时还精通企业管理的复合型人才，企业需要培养或者物色此类人才来统领营销体系。营销系统负责人应该具备这些能力：把握市场机会，制定市场营销战略和实施计划，完成企业的营销目标；协调企业内外部关系，对企业市场营销战略计划的执行进行监督和控制；负责企业营销组织建设与激励工作；能够将现代销售、商务谈判、目标市场定位、产品开发策略、定价策略、渠道策略、品牌与推广策划、市场调查与预测等众多相关理论知识和实操技能相结合，使营销前后台有机链接、高效协同。

（5）建立业绩挂钩的全员营销指标体系。

通常业绩指标在多数企业都是销售部的核心指标，销售人员对企业业绩指标负全责。而业绩指标与市场部、销管部等其他部门的人员没有直接关系，他们更多的是按照部门职责、岗位职责按部就班地开展工作，支持、服务于销售部。这样往往形成所谓的各负其责，自扫门前雪的分裂状态。销售部与其他部门各行其是，博弈、冲突时有发生，对外不能真正服务好顾客，对内降低管理和运营效率。所以，要实现全员营销，真正打通外部服务链和内部服务链之间的壁垒，把业绩指标与全员挂钩，与所有部门挂钩，全员为满足顾客需求的每一个服务细节献言献策、添砖加瓦，实现企业和个体共赢。

（6）强化培训与交流体系。

销售部和市场部、销管部等部门的人员要进行换位思考，为此可以采取系统培训、交流和协调会的形式，让员工了解自己部门在整个营销系统中扮演的角色、所处的环节，以及发挥的作用。市场部、销管部要了解销售部的工作方式和特性，知道他们最关注的是什么，销售部也要了解市场部、销管部等部门的工作方式和特点，主动配合后台的工作，与后台做好对接，从而减轻互相配合的不协调性。比如后台部门在制定营销政策时，需要销售部提供销售一线的相关数据和信息；销售部在制定区域营销计划时，也需要后台提供公司整体的营销政策，从而根据市场的具体情况做出针对性的安排。如果能多从对方的角度考虑，就能够保证整体上的协调性和一致性，使前后台多部门的协作更加顺畅。

二、营销前后台协同机制设计

营销前后台协同机制包括三种类型：销售部与市场部的协同机制、销售部与销管部的协同机制、销售部与供应链相关部门的协同机制。企业管理者应从厘清职责边界、设计组织结构、明确协同模式三个方面着手设计营销前后台协同机制。

1. 销售部与市场部的协同机制

（1）厘清职责边界：

销售部和市场部要完全消除摩擦不可能，也没有必要，关键在于如何控制这种摩擦，不让这种摩擦变成内耗，影响企业运作效率。至于两个部门何时独自工作，何时进行协作，这就需要从职能和责权上进行合理分配。

市场部是企业内部的策略规划部门，应该具有产品研发、市场研究、品牌管理、整合传播、营销推广等职能，负责整体性战略的制定和整体推广的执行；销售部是企业内部的策略执行部门，负责执行营销计划，领导销售队伍完成销售目标。在实际运作中，必须协调好市场部和销售部之间集权和分权的关系，其实也就是整体和局部之间的权力分配关系，核心是关于资源的使用方式与比例，至于怎么分配资源，则需要根据战略的要求进行明确的规定，以免造成两个部门为争夺资源而产生冲突。在实际运作中，肯定存在由谁主导的问题。这个问题要考虑两点：一是看企业的营销重心，如果一个企业的营销重心是渠道，就偏重于销售部；如果企业的营销重心是促销，就偏重于市场部门。二是要看企业当前的核心任务，如果说当前的核心任务是新品上市，或者是品牌建设，那市场部责任就很大；如果是扩大市场占有率，那么销售部就很重要。

（2）设计组织结构：

战略决定组织，组织架构必须反映战略的意图，其关键是市场部和销售部的具体组织形式。小企业可以将市场部和销售部合并为营销部，统一整个营销职能；中型企业可以由老总直接管理市场部和销售部，减少组织管理的层级；大企业可以设立营销总部对市场部和销售部进行整合，减少企业内部的沟通环节。在实际运作中，还要考虑二级部门的合理设置，使其能够按照战略的要求来承担相应的职能，其关键是要把握企业当时的核心业务，围绕核心业务的差异性和同质性，结合企业现有的人力资源来组建部门。

（3）明确协同模式：

业务流程是市场部与销售部之间协同的规范和保障，国内很多企业内部缺乏规范和顺畅的业务流程，企业的运作在很大程度上依靠企业内部文化、高层领导和部门经理的个人推动来完成，因此变动比较大。两个部门之间的协作也没有一种规范来约束，只是依靠个人的责任心来开展工作，需要不断跟进、督促、协调，才能将一件事情做好，整个业务流程非常混乱和不合理。因此，要着重理顺市场部和销售部之间的几个关键业务流程及相关责权利界定，如制定营销计划、预算管理、产品－价格策略、制定推广方案、传递销售信息等，使部门间的协同建立在一种规范的基础上。

同时要从制度上进行保障，制度包括两种类型：一类是基础性的管理制度，比如全员挂钩的目标管理制度和绩效考核制度；另一类是部门间协作的管理制度。前者是从基本政策方面对市场部和销售部的行为进行整合，消除一些根本性的冲突隐患；后者则是从执行方面来规范两个部门之间协作的效率。我们在为企业提供的咨询项目中总结出这样的经验，就是部门间合作必须采用工作协调单的形式，包括协同的工作要求、完成时间、评估标准和责任人，而且必须由双方负责人签字，明确工作协同的责任与权力界定，以及相关的奖惩措施。通过这些制度的建设，可以逐步规范各部门的行为方式，逐渐从制度演变到固定的行为模式，成为企业文化的重要组成部分。

2. 销售部与销管部的协同机制

（1）厘清职责边界：

销售管理部主要帮助销售部完成渠道管理、销售报价管理、销售订单管理、客户信用检查、提货管理、销售发票及客户退货管理、货款拒付处理、销售数据统计与分析等一系列销售管理事务，并对销售全过程进行有效的控制和跟踪。具体来说，销售管理要通过内部的信息共享使企业领导和相关部门及时掌握销售订单内容，了解销售过程中每个环节的准确情况和数据信息，准确地做出生产计划及其他计划。同时，要通过减少订单准备时间，降低出错率及迅速解答客户问题来提高企业的服务水平。为此，销售管理部要与供应链、财务部、生产部等部门保持密切沟通，为企业提供全面的销售业务信息管理。另外，销售管理部需要对销售人员在销售工作中遇到的问题加以整理并且协调处理，做好公司管理层和销售人员之间的衔接。

（2）设计组织结构：

通常情况下，销管部在企业组织架构中作为营销/销售系统的支持部门而存在，处于营销/销售负责人的管理范围内，协助营销/销售负责人处理日常销售管理工作，提供相关销售信息。具体到实际的企业中，不同规模的企业，销管部在组织中的定位也有所不同。小企业可以将销管部设置在营销部/销售部的下面，成为一个二级部门，由销售部负责人直接管理，销管部更多的是承担支持和服务职能；大中型企业可以将销管部与销售部并列，由营销/销售总监直接管理销售部和销管部，销管部除了提供支持服务，还承担一定的管理职能。

（3）明确协同模式：

要做好销售部与销管部的协同，重点在于建立起双方在销售目标制定与分解机制、销售预测机制与流程、订单处理流程、产品－价格管理机制、渠道建设与管理制度、销售政策制定流程、供产销等信息传递与沟通机制等一系列相关制度流程上的分工协同模式。销管部更多的是提供标准化的方法、工具、表单，销售部进行相关数据与信息的及时准确提报，从而实现两个部门的无缝对接，提高销售系统乃至整个企业的运营效率。

3. 销售部与供应链相关部门的协同机制

（1）厘清职责边界：

销售部负责提报客户详细准确的需求订单，包括规格、数量、质量标准、交货期等，同时做好销售计划预测。在这个过程中，销售部人员要换位思考，充分考虑供应、生产部门的采购效率、生产效率、库存周转及物流效率等因素。采购部门负责采购符合质量标准、价格合理的原物料，既要保证生产中的正常使用，还要避免产能过剩造成库存积压，尽量做到勤进快销。采购部门还要逐步建立与销售、生产部门的联动机制，形成供产销的无缝对接。生产、仓储、物流部门负责根据需求订单和销售预测，科学合理地安排生产计划、仓储计划、物流计划，既要保证需求订单的及时交付，又要兼顾生产效率、仓储效率、物流效率。企业按照各部门职责边界设定部门考核指标，指标要兼顾客户价值与运营效率。

（2）设计组织结构：

对于采购、生产、仓储、物流等相关部门在企业组织结构中的设置，不同规模的企业不尽相同。小企业可以将这些部门都设置在生产部之下，成为几个二级部门，由生产部负责人统一管理，减少沟通成本，提高运营效率；中型企业可以将采购部与生产部并列，生产部下设生产车间、仓储部、物流部，采购部由老总直接管理，生产部由生产副总统一管理；大型企业可以将采购部、生产部、仓储部、物流部单独设置，由供应链负责人统一管理协调。

（3）明确协同模式：

供产销的协同，需要建立一系列机制与流程来有效衔接。首先，公司要建立年度预算管理系统，明确各阶段销售策略与方向，明确年度促销活动的次数和规模，明确产品销售结构与数量；其次，要建立严格和有效的销售预测系统，按时间、产品类别、区域、客户等维度进行多维度测算；最后，要建立供产销协调机制，销售、采购、生产等部门定期召开协调会。销售部通报销售进度、市场需求变化、渠道动销与库存、下阶段销售订单及预测等信息；生产、仓储、物流部门通报生产材料库存品类和数量，近期排产计划、设备维护计划、发运计划等信息；采购部门通报原物料市场行情与供求变化、价格趋势、供应商变化、采购周期变化等信息。形成从销售端到生产端、采购端的倒逼机制，有条件的企业可以借助信息系统进行供产销信息的内部传递，实现供产销的有效协同。

第三节　营销前后台协同的案例剖析

营销前后台协同一直以来都是企业管理的难点和痛点，前后台之间的矛盾长期困扰着企业管理者，阻碍企业快速健康发展。当然，也有一些优秀的企业，比如美的、华为、小米，等等。这些企业摸索总结出适合本企业现实管理和发展需要的营销前后台协同模式。下面笔者结合美的职能变革的实际案例，为大家剖析营销前后台协同的策略与做法。

美的职能变革——平台化整合资源、前后台高效协同

方洪波接替何享健的位置以后，进行了一次大的变革，美的从过去完全的事业部制向平台化、生态化的企业转型。在此之前，从 1997 年开始，美的做了事业部制改造，构建了完全的事业部制。

变革之前，尽管美的各个事业部内部高度统一，但各事业部大多各自为政，各有各的理念和方法，甚至工资待遇也存在巨大的差异。这样一来，面对持续发展需要协同的时候，各事业部之间就产生了严重的分歧。当美的集团真正面临国际化，开始高技术产业创新、产品创新的时候，发现所有的资源都为事业部所有，公司没有平台，总部无法调动资源，更无法集中资源，使得公司总部在无形之中变成空壳。所以，方洪波上台以后力主改革，开始把事业部的一些权力收回总部，这就是美的

著名的“789 工程”，到后来演变为“10 + 11 + 12”模式，最终确定为“8 +11 +9”模式。

所谓的“8 +11 +9”模式，即 8 个集团总部平台、11 个职能部门、9 个事业部，事业部下面是各个“作战单元”。过去，公司总部只有财经、法务、人力资源等部门，所有的权力都分散到各个事业部。而方洪波搭建了 8 个平台，收回了事业部的很多权力和利益，此举在公司引起了很大的震动。客观地说，在既往的组织运作模式下，各事业部有很多的既得利益，改革以后，总部把采购的权力收回来，变成统一的国际化采购。同时，物流权、电商、售后服务、创新金融中心等权力一律收回，过去由各事业部领导的亲友把持的“肥差”都收归集团。实行平台化管理，所有的维修网点都在一个平台上。平台外部可以有多元市场、多元渠道、多元服务商，内部有多元的经营主体。以前每个产品单独设立物流中心，现在构建了一个大的平台化物流中心，美的所有产品发送到全国任何一个角落都由其统一完成，实现快速反应。整合两年后，美的的业绩已经开始逆势上扬。同时，因为总部具备及时、有效配置资源的能力，美的的技术创新能力和全球竞争力大幅提高。

美的的这一改革实践为很多企业指明了组织变革的方向。它向我们说明了一个道理：企业要实现对市场的快速响应，一方面要放权；另一方面还要适当地收回必要的权力。当前，很多企业只谈放权，不谈平台，初衷是好的。但是，在没有平台的情况下放权，最后只能是乱成一锅粥。所以，权力下放以后，一线能够继续跟随总部前行的原因在于总部平台能为其提供资源支持。大家可以看到，美的改革成功恰恰是因为提高了总部的平台化管理能力。

第八章

如何做好营销的财务协同

杨　勇

营销与财务是企业经营管理中两个重要的职能，两者既有区别又有联系，既有个性又有共性，既有相互依赖、相互促进、相互支持的一面，也有相互冲突的一面。现实中的企业实践也反映出两个本应通力合作，密切配合，为企业发展而协作的部门经常发生冲突。如何解决营销与财务的协同问题，需要企业在发展过程中不断探索与实践，以期有较为理想的解决方法。

第一节　营销—财务协同的问题与原因分析

营销与财务的职责如图 8－1 所示。

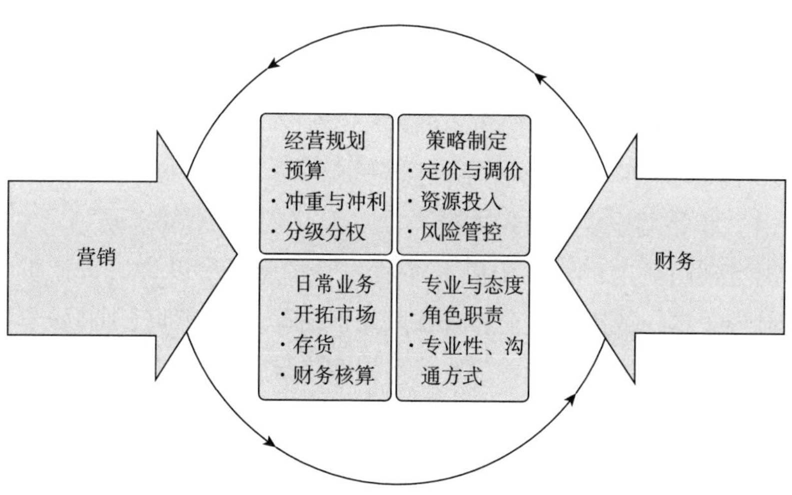

图 8－1　营销与财务的职责

我们就营销—财务协同的问题进行分析。

一、问题与冲突

营销—财务协同的问题主要表现在以下几个方面：

1. 经营规划

（1）预算冲突。

财务部门希望预算费用固定且按计划支出，而营销部门则希望预算灵活，根据实际需要灵活调整。财务部门认为营销部门的预测不科学严谨，未充分考虑投入、产出的效益性，因而把预算投向自己认为更有效益的领域，营销部门则抱怨市场费用不足，财务对营销支持不够。

（2）冲量与冲利的导向冲突。

营销部门更看重销量（额）、市场占有率等指标，而财务部门更看重利润额（率）等指标。迫于市场压力，营销人员可能需要大幅度降价，财务人员可能误以为营销人员是为了冲量，而不考虑冲利，没有效益观念，营销人员则认为财务人员不懂市场竞争，错失市场机会。

（3）分级分权的冲突。

营销部门希望能够有较大的销售自主权，诸如定/调价权、费用使用权、客户授信权等，并且给予一线人员一定的授权，以便快速响应和应对市场需求和竞争变化。而财务部门则希望严格按照预算固定支出，严格客户授信，严格价格政策，尽量做到全公司统一一盘棋。双方往往在这些权力分配和主导上纷争不断。

2. 策略制定

（1）价格制定、调整的冲突。

财务部门对定价着眼于成本补偿，不同意轻易以价格折让扩大销量，倾向于单一或固定的交易条件以便于结算。营销部门则将定价着眼于市场需求和扩大规模，希望针对不同客户设置不同的交易条件，以适应快速多变的市场竞争。

（2）资源投入方式的冲突。

营销部门的资源投入方式往往是先花钱、后赚钱（如先购入产品、投入广告、投入新产品开发费用），这些前期投入的市场开拓费用短期难以见到效益，经常与财务部门在费用额度上发生分歧。财务部门则认为营销部门经常支出大笔费用，却无法保证其业绩，产出不可预知，更希望能明确看到产出再投入资源。

（3）信贷政策与风险管控的冲突。

财务部门追求低风险，收款程序严格，限制或拒绝向信誉不佳的客户提供信贷，希望交易标准化，严格信用条件，低风险运营。营销部门则要求风险适当为宜，收款程序灵活，认为那种“无坏账”的要求会使企业失去大笔业务和利润。

3. 日常业务

（1）开拓市场冲突。

营销部门认为财务部门不懂市场和竞争，拒绝把资金投入长期或前期的市场开发，以致销售活动捉襟见肘，财务人员过分保守，给企业造成很多的机会损失。财务部门则往往抱怨营销部门广告费支出过多，不充分考虑投入产出，拒绝把资源投入长期的市场开发。

（2）存货冲突。

营销部门为防止缺货及交货不及时影响业绩、企业商誉及形象，往往主张较高的库存水平。财务部门则考虑成本、周转、行业风险等问题，要求存货保持较低水平。

（3）财务核算冲突。

财务部门往往抱怨营销部门不能及时、准确报送销售报告，财务人员不喜欢特殊交易，这些少见的业务需要特殊的甚至较为烦琐的会计手续。营销人员则不愿意把固定成本分摊到产品上，觉得本来可以赚钱，但问题是分摊的间接费用过多就不赚钱了。他们还抱怨会计不编制分渠道、分领域、分订货规模的财务报告，不利于营销数据分析，因为财务和营销部门对数据的科目分类、填报方式、分析工具等理解与操作不同，长期累积造成信息不一致，容易失真。

4. 专业与态度

（1）角色职责冲突。

财务部门抱怨企业领导过分强调营销的重要性而忽视财务风险问题，营销人员则强调财务人员没有市场观念和用户导向。营销部门支持以营销为核心的管控模式，而财务部门赞成以财务为核心的管控模式。营销部门认为财务部门有权对营销部门的财务收支进行监督和管理，但自己却不能对财务部门行使任何实质性权力。双方都觉得自己更重要，贡献多，却不受重视。

（2）专业性、沟通方式的冲突。

财务人员嫌营销人员不懂财务，营销人员嫌财务人员不懂营销。营销人员认为财务人员什么都要管，流程太多，审批太慢。营销人员往往不懂财务，不知道财务部门能给他提供什么。营销部门希望各种财务手续沟通与操作简单、灵活、快捷，减少不必要的环节，希望财务人员能够理解营销人员在一线的艰辛，多一些政策与资源支持。财务部门则希望营销部门尊重财务工作的专业性、严谨性，按标准、制度、流程办事，沟通与操作中少一些敷衍与试图走捷径，降低经营风险。营销部门希望财务部门多站在营销部门的角度考虑问题，服务态度好，服务方式灵活便利，为营销人员做好后勤资源保障。财务部门则希望营销部门按要求响应、执行财务制度和政策，少一些抱怨和指责。

营销与财务的冲突如表 8－1 所示。

表 8－1　营销与财务的冲突

<table>
<tr><th>类别</th><th>营销对财务的看法</th><th>财务对营销的看法</th></tr>
<tr><td>市场投入方面</td><td>认为财务部门抠门，怕担风险，从而限制市场投入，错过市场机会</td><td>认为营销部门经常支出大笔费用，却无法保证销售业绩，使投入产出不明晰</td></tr>
<tr><td>定价调价方面</td><td>认为销售定价过于理想化，不考虑市场实际的快速变化。要求销售定价着眼于促进市场扩大，风险适中</td><td>认为营销部门轻易以折价扩大销量，不考虑以合理定价获得利润。希望营销人员考虑成本、收入和最终财务结果的关系</td></tr>
<tr><td rowspan="2">交易条件方面</td><td>要求有特殊交易条件和折扣，信用条件宽厚</td><td>认为营销部门特例多，随意进行特殊交易，信用条件宽松</td></tr>
<tr><td>希望对顾客不要有过多条件要求，收款程序简便</td><td>希望交易标准化，严格信用条件，希望客户稳定并按要求去做，收款程序严格，低风险运营</td></tr>
</table>

续表

类别	营销对财务的看法	财务对营销的看法
费用管控方面	要求开支方法直观、预算灵活、适应需求	要求预算固定，利润优先
	认为费用报销太苛刻、死板，不理解营销实际困难，希望费用核销程序简单，减少环节	认为营销部门的人员随意改变费用的使用方式和用途，对费用管理重视不够。希望费用开支严格，不随意变更用途（活动与开支不匹配）
其他方面	认为财务部门保守、呆板，财务程序过于复杂，不适应市场变化，财务分析不够详细或不适用，影响营销判断或决策	认为营销部门业务人员调换频繁，要求业务人员调换有交接手续，明确责任，衔接清楚

二、原因分析

营销—财务协同问题如图 8－2 所示。

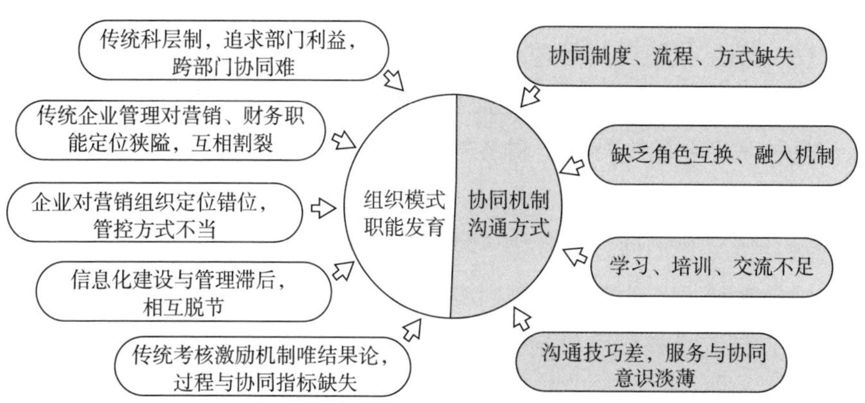

图 8－2　营销—财务协同问题

营销—财务协同问题包括两个方面：

1. 组织模式与职能发育

（1）传统金字塔形科层式的组织模式追求部门利益，跨部门协同难。

传统模式下的企业组织结构多属于“金字塔”式，企业管理层、执行层等层级有着明确岗位职责和界定标准。营销和财务部门每个人各司其职，“两耳不闻窗外事，各扫自家门前雪”，这种天然隔阂的组织模式导致财务和营销部门只考虑本部门利益，跨部门沟通很少，效率很低。

（2）传统企业管理对营销、会计的职能定位狭隘，相互割裂。

营销人员认为自己养活了整个公司的员工，而财务人员认为只有自己最关心公司的利益。财务部门管理着公司所有的资产和负债，100%代表企业利益，而营销部门有时需要代表客户的利益与公司讨价还价（价格、回款期、风险管控等）。财务部需要通过制度、流程来保证标准化工作，而营销部需要足够的灵活性来应对市场变化。营销部门与财务部门由于岗位角色不同，存在着天然的“敌对”关系。

（3）企业对于营销组织定位错位，管控方式不当。

如果企业在不同发展阶段对于营销组织的定位不准确，没有分清营销组织作为成本中心、费用中心、利润中心、投资中心的责权利关系，采用的财务管控模式就会与之不匹配，造成管理错位，营销与财务之间矛盾重重。

（4）信息化建设与管理滞后，相互脱节。

财务业务一体化强调企业业务流程与财务管理流程的一体化融合，在信息技术平台的支持下，财务部门和营销部门都能实现数据、流程和信息的实时共享。但在大部分财务管理实践中，业务流程与财务管理流程的融合情况并不理想，资金、物流、业务等多类信息缺乏协同性，信息传输效率低下，业务活动与财务管理活动存在明显的脱节。

（5）传统考核激励机制唯结果论，缺乏过程管理与评价，协同指标缺失。

传统的考核激励机制更多的是关注营销与财务各自的关键结果指标，营销注重业绩指标，财务注重风险指标，双方之间难以有效协同，缺乏双方之间配合工作的过程管理和评价指标，造成双方各自为政，本位经营。

2. 沟通协同

（1）协同制度、流程、方法缺失。

企业没有建立一系列营销与财务协同制度、流程和方法。公司内部的产品、团队、运营资源，外部的市场环境、竞争格局等不断发生变化，而企业没有形成跨部门的沟通协同机制，双方信息不对称。长此以往，造成沟通不畅、误解频出等现象。

（2）缺乏角色互换、融入机制。

财务不懂业务，只能提供低价值的会计服务；营销不懂财务，只会抱怨和指责。财务不知道为营销提供什么服务，营销也不知道怎么做才能满足财务的要求。说白了，就是财务和营销完全成了两个割裂的职能，相互之间不了解、不学习对方的业务知识和技能，没有做到如任正非说的“财务干部要懂些业务，业务干部应知晓财务管理。混凝土结构的作战组织才能高效……”这是对营销与财务干部的要求。

（3）学习、培训、交流不足。

企业对营销人员缺乏财务相关知识的培训，营销人员对财务知识不了解，或者一知半解；财务人员对营销工作的印象停留在吹牛、喝酒、发货、催款的层面上。企业不安排财务人员深入营销部门，到一线实地了解、体验营销工作的艰辛及市场变化，也不组织营销与财务两个部门之间进行沟通交流与团队活动，造成双方对彼此的工作和困难缺乏深刻认识，更谈不上理解。

（4）沟通技巧差，服务与协同意识淡薄。

营销与财务人员都认为自己的专业性很强，对方不懂，沟通起来困难。双方都感觉对方说一堆专业术语，也不做说明，让自己搞不清楚，多问两句，对方很不耐烦，说教指责的态度往往让沟通戛然而止。双方也缺少互为客户的服务意识，只考虑自己的利益，不能站在公司全局角度沟通解决问题。

第二节　营销—财务协同的思路与机制

营销—财务协同的思路与机制如图 8 – 3 所示。

一、协同思路转变

协同思路转变包括两个方面：

· 组织扁平化，强化营销的核心地位，财务职能转变
· 营销、财务职能的差异化定位
· 任命复合型人才担任营销、财务部门负责人
· 设置跨部门的协调委员会或协调项目组

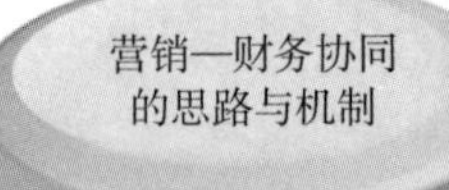

· 前端营销、财务一体化协同运作
· 强化知识学习与能力建设的培训交流体系
· 销、财、统、审一体化信息平台建设
· 增加过程与协同指标考核

正确理解营销与财务的关系
建立市场导向的企业文化，树立全员营销、内部客户理念

图 8-3　营销—财务协同的思路与机制

1. 理念转变

（1）正确理解财务和营销的关系。

营销和财务是企业的两个核心部门，一个“赚钱”，一个“管钱”。一方面没有营销，财务部就无账可算，只有营销发生了，才有财务科目，才需要财务进行管理和核算；另一方面只有在财务部的监督下，对营销部的“买卖”严格把关，才能使营销部的“买卖”走上健康发展的轨道。只注重营销，忽视财务的企业容易“后院起火”，企业运营存在高风险；只关注财务，忽视营销的企业容易“动力不足”，企业运营活力不足，管理过度。只有后方（财务）和前方（营销）实行“兼容”，企业才会有效率。

（2）市场导向的企业文化、全员营销理念、内部客户理念。

树立市场导向的企业文化，营销服务外部客户，财务服务内部客户。重视内部客户，树立以服务为导向、为内部顾客热情服务的信念，协助业务线更好地经营。企业要从战略高度运用使命、愿景、价值观等去牵引全员的整体意识，引导全员营销、销财一体化运作的文化氛围。

2. 组织变革

（1）变革组织模式——扁平化，强化营销的核心地位，财务职能转变。

组织结构进行扁平化变革，缩减中间管理层级，优化财务管理与

业务活动流程，提升信息传递效率和部门横向沟通。树立以客户为中心的经营理念，强化营销的核心地位，财务职能则从以往的会计职能（记账、报表）进行转型，在变化多端的市场中，通过信息系统提高业务处理的效率，腾出时间和精力，提供增值服务及决策支持服务，如图 8－4 所示。

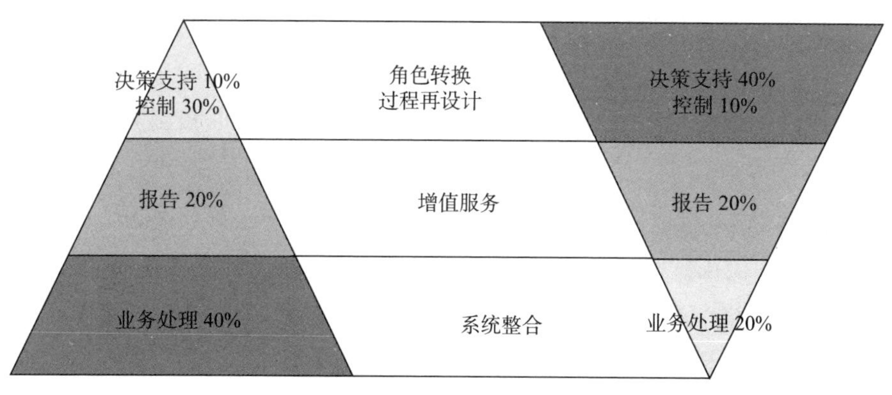

图 8－4　变革组织模式

（2）根据企业规模、业务类型、发展阶段等对营销、财务职能差异化定位。

企业规模、业务类型、发展阶段不同，营销与财务所承担的职责和功能也不尽相同，企业要根据实际情况进行适当的定位。营销与财务的定位不同决定了它们之间的协同方式和管控模式也不一样。

（3）任命复合型人才担任营销、财务部门负责人。

财务经理或营销经理只懂本专业的知识，强调自身的重要性，缺乏全局意识，是造成财务和营销部门之间产生冲突的重要原因。培养兼具财务专业知识和营销业务能力，熟悉经济法规，理解业务内容的复合型人才，让其担任财务部门的负责人，是解决财务与营销矛盾的重要办法。培养“财务中的业务人员，业务中的财务人员”，还需要人力资源部门在培训和职业生涯规划体系中加以配合。

（4）设置跨部门的决策委员会或协调项目组。

为了有组织地解决营销与财务的沟通协同问题，企业可以设置跨部门的决策委员会或协调项目组，从组织和机制上予以保证。通过定期、不定期举行沟通交流会，商讨决策重大协同事项，排除双方沟通合作中的障碍，解决现实中的协同问题，加强交流，保证信息对称。

（5）前端营销、财务一体化协同运作。

财务工作前置，与营销协同一体化运作业务。在协同中，财务宣导财务理念，提升业务人员风险防范意识、利润管理意识，用经营结果的提升，让业务人员直观感受到财务管理的价值，从而实现财务与业务相融的企业管理良性循环。

（6）强化知识学习与能力建设的培训交流体系。

通过沟通会议、合作项目组、团队活动来加强培训和交流，让财务人员学习营销知识，营销人员学习财务知识，互相了解对方的角色定位，换位思考，这样有利于加强沟通和理解，减少误解和摩擦。

（7）销、财、统、审一体化信息平台建设。

利用网络、数据库、管理软件平台，将企业经营中三个主要的流程，即业务流程、财务流程、管理流程有机融合，建立基于业务事件驱动的财务一体化信息处理流程，使财务数据和营销业务数据融为一体。营销与财务的一体化强调通过信息技术手段实现数据共享和管理控制，而财务与营销协同的重点是财务与营销进行协作，推动企业经营管理优化，实现“1 +1 >2”的整体效应。

（8）考核激励机制增加过程与协同指标考核。

再好的管理形式也需要配套考核激励机制。在营销与财务日常沟通协同过程中，双方需要配合完成的工作很多，要有针对性地增加过程协同指标来强化双方在协同中的配合度及对彼此的服务满意度，以此来约束、考核、激励营销与财务人员按照协同要求开展工作。

二、典型企业的营销—财务协同机制设计

我们选取几类比较典型的企业进行营销—财务协同机制设计。

1. 创业型企业

创业型企业往往规模比较小，实力较弱，企业的首要任务是生存，再谋求发展壮大。处于这个阶段的营销部门负责打开市场局面，扩大收入来源，必然居于企业的核心地位，承担核心职能。财务部门更多的是辅助与支持功能，往往承担基本财务核算职能。

（1）营销组织。

定位：收入中心（生存、做大规模、现金流，核心职能）。

权力：可授予定价权、费用使用权、产销计划。

责任：营销收入、资金回笼、坏账处置、统计费用率，有定价权的要对毛收益负责，无定价权的只对销量与营销结构负责。

（2）财务部门。

定位：支持服务（辅助型、基础财务管理职能）。

权力：成本控制、费用审核、授信与风险控制，对驻外机构进行财务监控。

责任：统计、核算、结算、预警、保证资金安全。

（3）管控模式与协调机制。

组织与管控模式：直线制、简单职能制，运营控制型。

协同导向：以营销部门为企业运营核心，对业绩负主要责任，财务部门承担基础财务管理职能，主要为营销部门提供支持服务。

管控重点：核心管控营销目标达成率/增长率、资金回收率、坏账率，辅以毛收益率、费效比、边际收益率、市场占有率等。

协同机制：全业务协同、指标监控、数据分析与沟通、预警机制。

2. 市场导向型企业

市场导向型企业就是坚持市场导向，始终从市场需求出发，把握消费者需求，把立足点放在产品“卖出去”上。营销部门负责了解市场情况、预测市场未来、分析市场动态变化、推广及销售产品，为企业创造销售收入和利润，居于核心地位。财务部门在承担财务核算职能之外，还要负责分析、监管、预警、决策支持等职能。

（1）营销组织。

定位：利润中心（自主权较大）。

权力：产品开发权、定价权、费用使用权、原材料采购权、产销计划。

责任：经营利润（收入与成本差额），投资回报。

（2）财务部门。

定位：服务监管。

权力：预算控制、绩效评价、过程监管与纠偏、参与经营决策。

责任：基础财务服务、经营绩效分析、预警纠偏、决策支持。

（3）管控模式与协调机制。

组织与管控模式：事业部制，战略管控型。

协同导向：将营销部门作为经营决策的主体，财务部门在做好基础财务服务的同时，进行绩效监管，支持经营决策。

管控重点：利润完成率、边际贡献率、预算执行率、资金收益率。

协同机制：目标与预算管理、绩效报告制度、跨部门协调委员会、财务前置与垂直化管理、绩效评价与分配机制。

3. 制造型企业

制造型企业主要提供物资性产品，通常以生产部门为主，其所有资源都用于生产出优质的物资性产品。营销部门通常按照以产定销的模式销售产品，营销职能相对弱小，是企业的成本费用中心。财务部门则处于重要地位，参与经营决策、成本与费用审批、预算编制与监管等。

（1）营销组织。

定位：成本费用中心（制造成本费用占比高的企业）、营销职能弱。

权力：营销费用使用权、定价建议权。

责任：成本控制、费用控制、资金回收、营销量。

（2）财务部门。

定位：决策＋监控。

权力：定价权、资金使用权。

责任：重点在于成本审批（原材料采购）、费用审批与核算、基础财务管理职责。

（3）管控模式与协同机制。

组织与管控模式：直线制、直线职能制，运营控制型。

协同导向：营销部门居于辅助地位，营销职能弱，更多的是成本、费用控制，财务部门居于主导地位，决定资源配置、价格策略等。

管控重点：配销差、费用率、原材料成本控制（原材料采购预测与把握）。

协同机制：常设的协调委员会（采购、定价、成本费用、生产）、进销存管理机制与流程、资信管理机制与流程。

4. 多元化企业

多元化企业往往在主业之外经营多种产品或者涉及多个领域和行业。在多元化企业里营销部门已经不是简单的产品推广与销售，而要负责发现市场机会与投资功能，很可能发展成为一个孵化平台和管理平台，全面承担投资管理。财务部门更多的是负责监管与评估项目可行性，为投资决策与筹资、融资做支持。

（1）营销组织。

定位：投资中心（经营自主权、利润中心的升级）。

权力：投资决策权、产品开发权、定价权、采购权、产销计划。

责任：经营利润、投资回报、经济附加值、资产安全与增值。

（2）财务部门。

定位：监管评估。

权力：监管资金使用、项目评估、参与责任控制与绩效评价。

责任：融资、资金统筹与调度、财务收益与风险分析、责任控制与绩效评价。

（3）管控模式与协同机制。

组织与管控模式：事业部制、分子公司，财务型管控。

协同导向：将营销组织作为经营决策主体，财务部门负责绩效评价、投资监管。

管控重点：利润指标、投资收益率、剩余收益、附加值、货币资金周转率。

协同机制：投资管理、绩效报告制度、跨部门协调委员会、财务前置与垂直化管理、绩效评价机制。

第三节　营销—财务协同的策略与方法

营销与财务协同一直以来是企业管理的难点和痛点，很多企业也做了大胆的尝试与探索，其中部分优秀的企业摸索总结出适合本企业管理和发展需要的营销与财务协同模式。下面笔者结合实际案例，为大家剖析营销与财务协同的多种策略与方法。

一、组织变革与财务转型模式

方式：通过组织变革和财务职能转变，实现营销与财务的紧密合作。

蒙牛财务转型下的业财融合

蒙牛集团经过多年的探索和创新，通过“组织架构变革，提供有价值的信息，完善风险管理”几个方面财务转型，推动和实现业务、财务的一体化融合，通过组织架构转型，强化财务的业务支持职能。

蒙牛2015年制定“战略财务（专业）、运营财务（支持）、共享财务（高效）”三位一体的财务发展战略，明确财务“支持业务发展、服务公司战略”的组织定位。蒙牛紧抓“互联网+”时代的机遇，财务共享服务中心（FSSC）在2015年正式上线。FSSC通过重新梳理业务单元，进行业务流程再造，贯通人力资源、物资供应与销售管理等系统，提供了更精细的数据，提升数据质量，蒙牛FSSC的建设与应用营造了集团的大数据环境，通过对比分析发现运营环节有待完善的地方，为利益相关者提供有价值的信息，优化业务流程，提升整体价值。蒙牛财务系统与银行系统打通，通过“互联网+”平台，自动把交易数据推送给银行，实现供应链上下游的融资支持，解决客户和供应商的资金问题。

在财务主导下，建立“7553”管理体系，即七个风险领域（战略风险、市场风险、营运风险、财务风险、法律与合规风险、质量与食品安全、可持续发展风险），五项管理机制（组织职能、人员团队、规章制度、业务流程、信息技术），五项管理流程（风险识别、风险评估、风险应对、风险监控、风险报告），三道防线（业务部门对风险确认和管理，总部管理和专业监督，内部审计、纪检）。

二、大数据驱动模式

方式：信息化平台建设，以大数据驱动全业务链的业财一体化运作。

温氏互联网思维的运营管理

温氏集团以养鸡、养猪为主业，这个非常传统的行业看似与当今流行的信息化、大数据很难联系在一起。实际上，温氏早在20世纪90年代就开始尝试信息化管理，这些年每年在信息化管理方面的投入高达5000万元，至今仍能查到20世纪90年代初养殖户的数据。温氏的信息化管理水平在养殖行业中属于佼佼者。

与很多组织僵化的民营企业不同，温氏集团采取“权力下放、数据上移”的经营方针。权力下放，是指每个部门和层级各司其职，对其充分授权，权责利高度统一；数据上移，是指依托信息化、大数据，通过一套覆盖全产业链的信息系统，实时反映生产销售状况，将所有下属单位纳入信息管理体系。

养殖行业不同于其他行业，其分支机构数量大，底层财务人员多，作业标准不统一，工作质量的差异性非常大。面对这样的行业特性，2017年，在金蝶和中金通讯的帮助下，温氏采用财务创新管理驱动，在业内率先建设财务共享服务中心，力求促进养殖行业的业财融合，进而提升财务整体管控水平。财务共享服务中心的建立使集团财务人员由单一的财务会计职能衍生出共享财务、业务财务、战略财务三大类，处理集团各类基础业务，为集团总部及各下属分、子公司提供标准统一的核算报告及费用报销、资金结算服务。打通各个环节，取得流程优化、效率提升、业财一体化和管理透明化的成效。

三、金融服务模式

方式：金融解决方案，财务协同营销提供一站式、全流程解决方案。

三一重工的金融支持服务

近些年，三一重工高速发展，实现了本土民营企业的成长，这与其财务协同营销提供一站式、全流程的金融解决方案密不可分。

工程机械产品动辄上百万，甚至上千万，提供全方位金融服务已经成为工程机械业发展的一个方向，卡特彼勒、马尼托瓦克、特雷克斯及小松等工程机械企业，其金融业务均已占一半以上。三一重工开展金融服务是顺应市场的发展需求，客户可以通过与金融公司的长期合作，有效缓解资金压力，企业借此降低购买门槛，扩大市场规模。

2010 年，三一重工成立三一汽车金融公司，主要面向工程机械行业提供金融服务，为客户提供专业汽车金融贷款、租赁服务和一站式金融服务整体解决方案。三一汽车金融公司逐渐整合三一集团所有的金融业务，将其产品和服务渗透到集团产业链和价值链的各个环节，业务品种涵盖贷款、租赁、保险、信托等众多领域，为客户提供一站式、全流程的整体解决方案。业务主要包括以下几个方面：

新机融资贷款。新机融资贷款是一种灵活信贷，是为满足客户因南北季节性差异、春节假期、工程施工淡季等因素影响而产生的差异化需求，通过灵活选择还款方式、合理搭配首付和保证金比例、延长还款时间，为客户量身定做的金融产品。

融资租赁业务。融资租赁业务包括直接租赁、随程租赁、再融资租赁三种租赁模式。通过灵活的融资租赁方式，解决用户在购机过程中遇到的阻碍。

二手设备销售贷款。二手设备销售贷款指三一金融为购买各事业部或者代理商二手设备的终端客户提供的按揭产品。

工程设备保险。金融服务同时提供针对工程设备的专业保险业务，由三一金融与国内首家装备制造领域的专业保险公司——久隆保险合作，为购买三一集团工程机械设备或车辆的客户提供包括保险咨询、购买、理赔服务等全方位的保险服务。

四、双向学习模式

方式：轮岗、角色互换等。

华为财经干部与业务干部双向交流计划

华为通过轮岗、角色互换、业财干部双向交流的形式，促进财务融入业务，并作为华为对财务人员的基本要求。任正非曾不止一次提到对财务人员的四点要求：

（1）财务如果不懂业务，只能提供低价值的会计服务。

（2）财务必须要有渴望进步、渴望成长的自我动力。

（3）没有项目经营管理经验的财务人员就不可能成长为 CFO。

（4）称职的 CFO 应随时可以接任 CEO。

任正非对财务人员的这四点要求归结为一句话就是——财务人员必须要懂业务。为此，华为甚至制定财经干部与业务干部的双向交流计划。

从各业务部门抽调干部到财经管理部任职，加强财经组织的业务建设，改变财经组织一直以来简单、固执、只会苦干不会巧干的做法。有序开展财经和业务的干部互换，财务要懂业务，业务也要懂财务，用任正非的话说，是在财经组织里加入一些沙子，形成混凝土结构的“作战”组织，才能高效、及时、稳健地抓住机会点，在积极进攻中实现稳健经营的目标。

财务人员融入业务，好说难做，任正非给财务人员指出三个方向：

方向一：参与项目管理。

企业规模越大，财务人员的分工越细，往往只能专注于一小段工作，很难窥探财务工作全貌。基层财务人员要想尽快掌握会计整体知识，最好的选择是做项目财务。一个项目相当于一个小企业的完整周期，全面且贴近业务，经历这样的循环，财务人员可以为成为 CFO 奠定基础。

方向二：参与经营分析。

华为推崇经营分析，而不是单纯的财务分析。财务分析一定要结合实际，服务于业务部门，否则分析报告的作用有限。具体而言，财务分析要通过财务数据挖掘问题，找到对策，落实责任，到期考核。这么下来，财务分析自然突破了财务的范畴，成了一把手工程。

方向三：参与预算预测。

财务人员必须不断与业务人员沟通才能得出务实的结论。计划与预算是什么关系？“计划是龙头，制定计划的人一定要明白业务。地区部要成立计划、预算与核算部，要让明白业务的人来牵头。只有计划做好了，预算与核算才有依据来修正、考核计划。”计划是方向，预算是量化，核算是校验，三者互相促进，其关键点是做计划的人要懂业务。

五、财务前置模式

方式：财务前置与营销共同“作战”，前瞻性管理。

海尔“人单合一”模式下的业务与财务融合

2006年至今，海尔集团一直在探索“人单合一”模式，就是将员工价值跟用户价值绑在一起，衍生出N个创业的主体，而每一个主体被称作“小微”，这是企业创新的基本单元。海尔集团从制造企业逐步走向创业孵化平台，实现“小微”模式的过程，对海尔集团的财务管理提出了巨大的挑战。

海尔财务的转型首先从人员和结构的转型开始。在没有转型之前，海尔的财务人员基本上包括三类：基础财务、专业财务和业务财务。基础财务主要包括核算、记账等财务最基本的职能，但是他们是财务管理系统的主力军，人数比例达到整个财务系统的70%左右。这种财务人员的结构和中国许多其他企业没有太大的差别，财务部门的核心角色是会计，其将大量的精力和时间集中在帮助企业“事后算账”上。由于缺乏足够的业务财务人员和洞察市场的能力，一线运营部门不能从财务那里得到更多的业务支持，结果导致海尔的财务部门“在集团内部评比中大家满意度最低，财务人员工作辛苦、枯燥，但是大家怨声载道”。

2007年，海尔财务部配合集团的流程再造，开始了财务转型之路，要做“规划未来，引领双赢、事前算赢、创新增值”的财务。为了从单纯的会计角色转变为驱动业务的“决策支持者”和“战略引领者”，海尔将财务整合成为四个模块：战略财务、业务财务、专业财务及共享财务，人员结构也发生了很大的变化。战略和业务财务的人员达到

70%左右，专业财务人员为10%，而基础财务人员的人数则下降到20%左右。

海尔财务管理系统变革的一个关键战略是将其职能融入“全流程的经营体”。海尔的全流程是指“端到端”的流程体系，所谓“端到端”是指从发现顾客需求到满足顾客价值的闭环流程。海尔将集团视为一个统一的价值流，并在此基础上建立基于流程和作业的成本控制系统。首先，海尔的财务管理系统建立以经营体为索引的损益表，从产品企划、生产制造到销售等全流程的角度展现了每个经营体的损益项，这是一种全流程式的核算体系，它将财务流程和业务流程进行紧密的融合，财务报表中的每一个数据都能被解析，都是源于业务的活动所驱动；其次，海尔将财务人员融入经营体的具体经营中，融入经营体的财务人员会接受集团财务平台的业务支持，但是其业绩完全由所在的自主经营体来考核，同时财务人员的收入取决于所服务的自主经营体的绩效；最后，海尔的财务管理系统将传统的“事后算账”转变为“事前算赢”，这个转型让财务从后台走向前台，从核算者变为业务的合作伙伴。事前算赢是对传统财务管理模式最大的突破，要求财务部门紧盯企业的战略目标，并根据战略目标有效配置企业的资源。同时，财务还需要融入整个企业运营环节，促进战略目标和运营过程的有效衔接，使过程可预测、可监控、可评估，并通过运营活动驱动预算，进而做到不断优化、不断改进，最终促进战略目标的达成，实现价值最大化和可持续发展。

总的来说，海尔的财务与业务融合，一是从财务会计转为管理会计，财务从公司后台走向前台；二是财务功能结构发生颠覆性变化，业务财务人员占比大幅度提高，核算财务人员规模大大缩减；三是财务人员从独立的组织融入业务部门，其主要工作是事前算赢，他们基本不做账，不做报表，不管钱，只是从各个角度，比如机会角度、战略角度、财务分析角度、预算角度等与营销人员一起洞察机会、创造价值。目前，海尔的业务量不断增长，但整个财务体系的人员反而从2000人降至800人，财务共享中心200多人承接了当年1800人才能完成的核算工作，其通过标准统一、流程统一、组织统一、信息化平台统

一、资金池统一使得会计交易处理效率多年稳步提升，规避了公司财务信息失真、效率低、经营风险不受控等问题，形成具有人单合一和小微众创模式的海尔全球财务共享服务。

六、项目制模式

方式：通过对项目组授权，营销与财务无缝对接，高效协同。

华为前端“铁三角”

华为的前后台“铁三角”模式相信很多人都有所耳闻，尤其是项目制下的前端“铁三角”为华为的发展发挥了不可磨灭的作用。前端“铁三角”的核心就是让“听得见炮声”的人来决策，对项目组授权，营销、财务、技术等无缝对接，高效协同。

在打造“铁三角”模式之前，华为也存在各种问题：部门间各自为政，相互之间沟通不畅，信息不共享，各部门对客户的承诺不一致；客户接口涉及多个部门的人员，关系复杂；在与客户接触时，每个人只关心自己负责领域的事情，导致遗漏客户需求，解决方案不能满足客户要求，交付能力也不能使人满意。对于客户的需求，更多的是被动的响应，难以主动把握客户深层次的需求。

实施并不断完善“铁三角”模式之后，华为项目“铁三角”作为聚焦客户需求的一线共同“作战”单元，其成员构成体系包括核心成员、项目扩展角色成员和支撑性功能岗位成员。

如图8-5所示，华为项目“铁三角”核心成员包括AR（Account Responsibility，客户经理/系统部部长）、SR（Solution Responsibility，产品/服务解决方案经理）、FR（Fulfill Responsibility，交付管理和订单履行经理）。其中，AR是相关客户/项目（群）“铁三角”运作、整体规划、客户平台建设、提高整体客户满意度、达成经营指标、参与市场竞争的第一责任人。其职责包括：作为系统部经营管理者或者客户经理，是面向客户的“铁三角”的领导者，也是全项目流程运作的责任主体，对客户/项目的经营结果（格局、增长、盈利、现金流等）负总责。SR是客户/项目（群）整体产品品牌和解决方案的第一责任人，从解决方

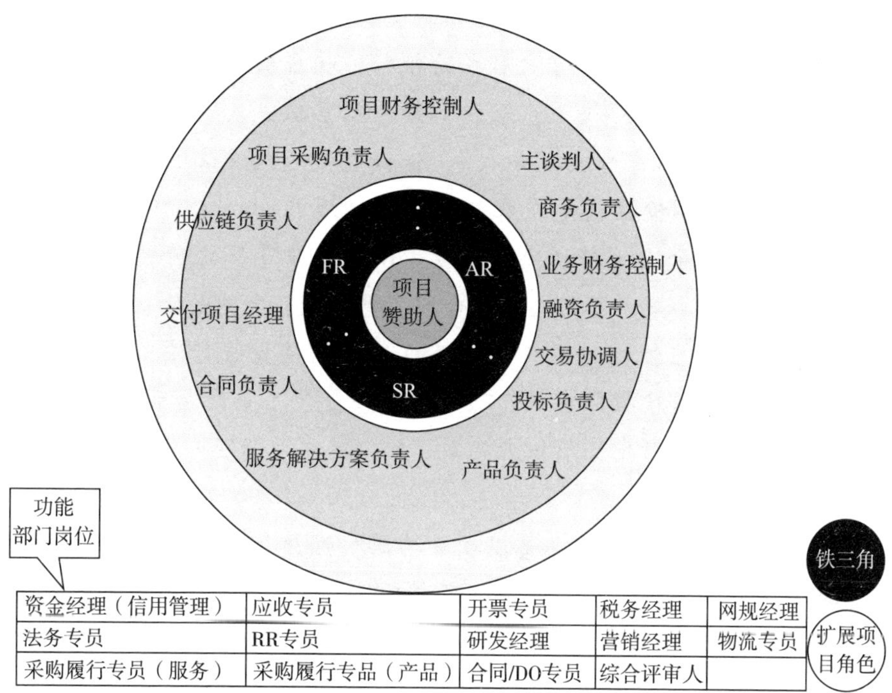

图 **8－5**　华为项目“铁三角”

案角度来帮助客户实现商业成功，对客户群解决方案的业务目标负责。其职责包括：通过客户沟通，挖掘机会点，促成机会点向项目的转变，实现市场突破；理解和管理客户需求，制定客户化解决方案，引导解决方案开发；组织制定客户化解决方案并推广，保障解决方案的竞争力；在针对CXO及关键技术层的对话中，提供解决方案层面的支持，创造客户价值，获得客户的信任。FR是客户/项目（群）整体交付与服务的第一责任人。作为交付经营目标的责任人，对项目交付经营目标（收入、交付成本率、ITO、超长期未开票）负责；作为契约化交付责任人，通过合同关键条款控制、合同谈判、合同交接、合同履行和变更、开票等全流程合同管理业务，提升项目契约质量和履约质量，促进对客户的契约化交付。

项目扩展角色成员包括项目主谈判人、商务负责人、业务财务控制人、融资负责人、交易协调人、投标负责人、产品负责人、服务解决方案负责人、合同负责人、交付项目经理、供应链负责人、项目采购负责人、项目财务控制人，以及公司内部的项目赞助人等。

华为结合“铁三角”组织形式的推行，相应引入项目制授权，赋予项目“铁三角”相应权力，增强一线决策层级，实现决策前移，让“听得见炮声”的人来呼唤“炮火”，保证能快速响应客户需求，应对市场竞争。项目制授权就是在基本授权（体现在四个方面授权：合同盈利性、合同现金流、客户授信额度、合同条款等）之外，在项目的立项决策、投标决策、签约决策、合同变更决策、合同关闭决策时依据项目等级进行相应授权，项目“铁三角”依据授权进行决策。超越授权情况下需要申请按程序审批。项目制授权提升了一线决策的灵活性，也使得决策者与考核指标承担者关系一致，有利于调动一线团队的积极性和创造性。

华为“铁三角”模式主要以项目为单位组建，具有灵活机动的特点，能与客户的组织对接。通过以客户经理、解决方案经理及交付经理为核心组建项目运作团队，能更加全面地满足客户需求，做厚做宽客户关系，实现与客户双赢的目的。“铁三角”组织模式有利于打破组织内部的部门壁垒，保证团队内部沟通机制畅通，实现对客户需求的快速响应。华为“铁三角”作为最小“作战”单元，具有相应的权限，赋予相应的资源，是独立核算单位，有利于目标统一、步调一致，也利于调动团队的积极性和创造性。

第九章
如何管好驻外营销机构

范保禄

随着企业经营规模与市场覆盖范围的扩大，为了在更广泛的地域上赢得竞争，设立驻外营销机构已成为企业的必然选择。中国市场的复杂性与多变性，以及企业自身的不成熟性与长期成长性，对驻外营销机构的整体管理提出了极大的挑战：驻外营销机构如何更加科学地设立与布局？如何更有力地培育与管控？如何更有效地处理各类棘手的现实问题？如何防范潜在风险，预防违规事件？

无论是在核心原则上，还是实际操作的方法上，都需要营销管理者建立起兼顾短期与长期、局部与整体的思维方式。

设立驻外营销机构，不仅需要投入大量的人力、物力等资源，更需要决策层在整体管控的原则上理清思路，确定方向，明确驻外营销机构的定位，坚持管控的核心要点，逐步建立起科学且贴近现实的流程机制。通过有效的管理，使驻外营销机构既能出色地完成企业所赋予的业绩职责，搭建综合效率较高的一线平台，又能培育出一支强有力的一线营销队伍，这应该是企业对于驻外营销机构的最高期望。

第一节　驻外营销机构的问题

下面我们就驻外营销机构产生的问题及其成因进行分析。

一、问题：营销总部和驻外营销机构两张皮

营销总部和驻外营销机构两张皮，即驻外营销机构要做的事跟营销总部不一样。这是大部分企业面临的营销组织设计和管理难题，如何形成协同效应是企业面临的长期难题，解决这一难题必须从问题本质入

手，对不同类型的驻外营销机构进行具体分析，找出症结所在，系统化地提出切实可行的解决方案。

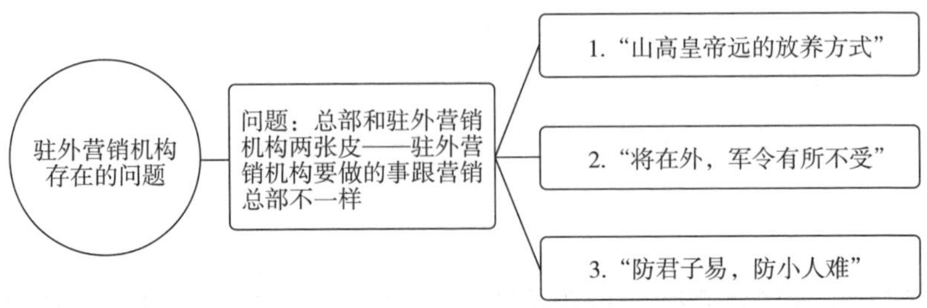

图 9－1　驻外营销机构存在的问题

如图 9－1 所示，企业驻外营销机构普遍存在的“两张皮”问题主要有以下表现：

1. “山高皇帝远的放养方式”

由于驻外营销机构远离营销总部，信息的传递与沟通在空间上存在隔离，在时间上存在滞后，加之区域之间存在的深层次的文化差异，营销总部对驻外营销机构普遍采取“野生放养”的方式。

2. “将在外，军令有所不受”

营销总部在战略上虽然强调统一性，但在各地驻外营销机构的执行上也会给予一定的灵活度。现实中，驻外营销机构往往片面放大自身的灵活度，过度强调自身区域的独特性，或者片面理解营销总部的核心意图，使策略的实施在基层出现变形。

3. “防君子易，防小人难”

驻外营销机构往往拥有一定量的资源，但在使用资源时，由于营销总部监管的局限性，各地往往会存在不同程度上的“灰色地带”。驻外营销机构利用政策上的漏洞或信息的不对称性进行暗箱操作，账目不透明，极易造成公司资源的不合理占用，甚至出现私自侵吞公司财物的现象。

二、问题成因：营销总部与驻外营销机构考核内容及激励要点不同

造成营销总部与驻外营销机构“两张皮”问题的主要原因是营销

总部与驻外营销机构的考核内容存在明显错位。考核内容不同，激励要点自然不同。

我们先来看一看企业对营销总部的考核。不同的企业对营销总部的职能定位可能有所不同，一些企业的营销总部偏重于经营，因而对营销总部的考核往往侧重于利润考核，营销总部的掌门人——营销总监对整个企业的利润负责，相应的考核指标可能是利润额或利润率，也可能对利润额和利润率都进行考核。那么，利润指标层层分解，分解到驻外营销机构，可能是某一区域市场也可能是某一产品线的利润额、利润率指标。无论是利润率还是利润额，其实都是一个复合型指标，利润的达成首先依赖于销售额的达成，同时要求营销费用控制在一定范围内。在利润指标从营销总部向驻外营销机构分解的过程中，往往会出现各种偏差、错位的情况。比如营销总部是面向区域市场和全部产品线，在分解指标的时候，营销总部对每一个区域及每一条产品线的市场情况的了解程度很可能不如各个区域、各条产品线的负责人，面向多区域、多产品线分配任务目标，营销总部很难把握平衡，这就造成目标与市场实际状况不符，某些区域或产品线任务目标过松或过紧，最终造成这些区域或产品线的驻外营销机构不在激励状态。

还有一些情况更加夸张，企业对营销总部和驻外营销机构的考核根本就是两码事，比如对营销总部考核利润，对驻外营销机构考核销量；对营销总部考核销量，对驻外营销机构考核市场份额；对营销总部考核品牌，对驻外营销机构考核销量、费用、利润，甚至还考核过程。如此一来，大家肯定是各忙各的，营销总部为了达成自己的指标拼命地向驻外营销机构下达各种指令，进行各种检查。驻外营销机构表面上应承营销总部下达的各种命令，应付各种检查，实际上阳奉阴违，背地里真正关心的是如何达成跟自己收入挂钩的考核指标。

在企业的实际经营过程中，无论是对营销总部还是驻外营销机构的考核、激励，其实都是一个复杂的体系。因为企业最终要的是利润，是投资回报，是市值，而这些终极目标的达成往往依靠一系列子目标、子任务的支撑，而且子目标、子任务之下还会有二级子目标、子任务，二级下面还有三级甚至四级，而 KPI 考核的精神是“抓重点”，不可能面面俱到，什么都考核就等于什么都不考核。对营销总部而言，考核的重点可能是 A、B、C，而对驻外营销机构的考核很可能变成甲、乙、丙，就这样形成错位。具体来说，一个企业要求营销总部在当年实现销量增长 30%，净利润率达到 15%，而营销总部的人发现本企业的品牌力不足，不足以支撑销量增长 30%，那么首先要投入大量推广费用、传播费用，提升品牌知名度。驻外营销机构普遍人手不够。企业提升品牌知名度后，需要大量业务人员应付新的市场增长需求，就会给驻外营销机构制定增员的考核内容。很多企业在打价格战，市场份额虽然不小，但一直处于亏损状态，就给这些驻外营销机构设置提价和费用控制考核的内容。这种“头痛医头，脚痛医脚”的方式并没有把企业整体的经营关系理顺，营销总部和驻外营销机构还是各忙各的，企业处于一盘散沙的状态。

第二节　驻外营销机构的分类

由于各个企业自身的情况不同，企业所面临的市场状况存在很大差别，所以各个企业的驻外营销机构也会有所不同，但是总体上大致可以分为三类，如图 9－2 所示。

驻外营销机构的分类		
单一产品型企业驻外营销机构	多元化产品型企业驻外营销机构	区域的职能平台型驻外营销机构

图 9－2　驻外营销机构类型

1. 单一产品型企业驻外营销机构

单一产品型企业驻外营销机构，顾名思义，是指只生产、销售单一产品的企业的驻外营销机构。这类企业有很多，很多做大单品的企业都属于这种类型，常见于快速消费品企业。比如一些做饮料的企业，最典型的有“六个核桃”、王老吉、劲酒等，这些企业只生产一款产品。还有一些企业，比如“娃哈哈”，虽然它不止卖一款产品，但是产品线相对简单，品项数量有限，主销产品常保持在三至五个。我们把这些企业称为单一产品型企业，它们的驻外营销机构就是单一产品型企业驻外营销机构。

这类企业的驻外营销机构无论是结构还是职能都相对简单。这类企业的驻外营销机构经常以大区分公司和区域市场办事处的形式存在，大区分公司和区域市场办事处的职能一致，只是层级和管辖区域大小不同。这类驻外营销机构的组织结构相对简单，往往只由机构经理、业务代表、市场专员和一部分行政、财务等职能人员构成。这类驻外营销机构的职能一般也相对单一，往往最重要的职能就是“卖货”，有些企业采取直营的方式，驻外营销机构的人员全部隶属于厂家，厂家往往直接面向销售终端供货、开展推广促销活动。还有一部分厂家采取与地方经销商联合的方式开展营销工作，比如劲酒，每一个区域市场只派驻一名区域经理，经销商会招募业务代表、市场专员、财务、行政等人员，组建商贸公司，与厂家派驻的区域经理共同经营一片区域市场。

具体来说，这类驻外营销机构主要的工作是经营、管理一片区域市场，一般是一个城市或相邻的几个城市。首先，驻外营销机构需要对当地市场进行深入调研，了解市场行情，比如当地的人口、经济、社会状况如何，当地有哪些商业资源（经销商资源、终端资源、推广传播资源、异业联盟资源等），当地同类产品不同品牌的竞争格局是怎样的，当地消费者的消费偏好和行为习惯如何，等等。其次，驻地营销机构要根据调研结果对当地市场进行系统布局规划，比如哪些区域、哪些渠道需要设立经销商，需要进驻哪些渠道的哪些终端门店，需要在哪里投放广告及宣传物料，等等。最后，需要根据规划展开具体的营销工作，开发经销商客户、铺货进入零售终端、开设专卖店、投放广告及广宣物料、展开消费者促销活动……总之，目的是把企业生产的单一类型的产品铺进一切可以动销的零售终端，运用各种推动商家积极销售和拉动消费者积极购买的手段，把货卖出去。

2. 多元化产品型企业驻外营销机构

多元化产品型企业驻外营销机构是指经营多元化产品的企业的驻外营销机构。我们先来看一下多元化产品型企业，这类企业经营的产品品种十分丰富，产品线繁杂，很可能还是多品类经营，比如某些医疗企业。迪智成团队曾经服务过多家医药行业企业，其中有一家大型国有企业属于生产、流通、服务型企业。企业生产一部分小型医疗器械，同时也代理进口大型医疗器械和低值易耗医疗器械产品。这类企业面向全国市场，每个城市都有自己的驻外营销机构，而这些驻外营销机构往往不可能做到全品类经营。也就是说，每一处驻外营销机构只经营企业的一部分产品，多是经营单一门类的产品。做大型医疗器械的不做低值易耗品，做服务的不做产品，甚至有些驻外营销机构只经营面向医院某一科室的产品，如只做眼科、骨科，等等。也有一部分驻外营销机构面向医院提供一站式服务，说是一站式服务，其实往往只接单，接单后还需要找企业的专业团队做服务，这些专业团队可能是企业营销总部的团队，也可能是当地的专业驻外营销机构。

所以，比较典型的情况有两种：第一种是驻外营销机构都是综合经营的区域机构，全面负责某一区域的全部生意，主要负责与客户的日常联络和常规开发，需要专业的售前、售中、售后服务时，邀请企业营销总部的专业团队支持，共同开发市场、服务于客户；第二种是区域市场同时存在区域平台型驻外营销机构和专业化驻外营销机构，平台型驻外营销机构需要专业支持时可以就近请求专业化驻外营销机构支持。

其实，无论是哪种组织结构，一般来说，区域市场营销管理平台型的驻外营销机构都会存在。即使一开始并不存在，但随着一处驻外营销机构在某一区域市场深耕多年，一定有向区域平台发展的趋势。因为多元化产品企业所经营的产品往往具有很强的相关性，产品虽然跨品类，但面向的客户往往是相同的，比如经营医疗器械的多元化产品型企业，既做大型医疗器械，也做 IVD 设备，同时又做试剂，甚至还做低值易耗品，而这些恰恰都是它所面向的客户——医院需要的产品。起初，驻外营销机构可能是专业化分工，该做哪个门类的就只做那个门类，但是时间长了，客户可能会有新的想法。比如面向临床科室做 IVD 的驻外营销机构，一开始只做设备，时间稍长，客户可能会向这家驻外营销机构询问试剂类产品。慢慢的，如果产品、服务都很好，还可能把这家驻外营销机构介绍给检验科，采购大设备，即使医院不主动这样做，业务代表为了多拿单、多拿提成，也会往这个方向做。一来二去，一家专业型的驻外营销机构很可能发展成为深耕某一区域的综合性的平台型驻外营销机构。

一般来说，与其让这些驻外营销机构野蛮生长，让同处一个区域市场的分工不同的专业化驻外营销机构不断向自己专业领域以外延伸业务，互相抢地盘、抢客户，不如从一开始就建立起一个区域市场营销管理平台，设立一处综合性的平台型的驻外营销机构，统管一个区域市场的业务，作为对外直接接触客户的统一界面。如果一开始没有这种规划，当同处同一区域的多处专业化驻外营销机构逐渐发展壮大，不断向外延展业务，已经造成相互间冲突时，企业就要进行梳理，整合业务，形成统一的区域营销管理平台。

区域整合之后，可以把专业人员整编，调回总部，组建专业条线支持服务团队，响应区域平台机构的需求。如果客户需要快速响应，专业化驻外营销机构也可以就地整编，成立专业化公司，服务于区域平台，不再直接面向客户。

就此，平台机构统一面向区域市场所有客户，成为客户界面，专业机构或总部专业团队提供支持，形成矩阵式的业务结构。

界限清晰后，平台机构和专业机构的分工和工作内容进一步明确：平台机构负责客户开发，日常的客户维护、客情建设，处理商务工作；专业机构负责提供专业领域的售前、售中、售后服务。一个负责接单，一个负责做单。

3. 区域的职能平台型驻外营销机构

区域的职能平台型驻外营销机构与多元化产品型企业驻外营销机构的情况恰好相反。多元化产品型企业驻外营销机构是在区域市场直接与客户接触，总部专业团队提供支持，而区域的职能平台型驻外营销机构是“退居二线”的，直接与客户接触的是专业化的项目团队。比如华为，总部职能平台前置，形成区域的职能平台，为各个区域的重点项目和客户开发提供平台支持，为项目小组就近提供平台服务。

有一类企业的业务特征是做整体解决方案为主，产品、服务一体化，以项目制的形式推进。这类企业每一个项目的价值都很高，少则百万元，多则几亿元，甚至几十亿元。这类企业的营销一般由各个项目小组负责，客户开发、商务谈判直至后期的项目实施，一跟到底。这样的项目小组会由多人组成，一个团队领导全面负责，另外还会有专门负责商务的人员，再有就是负责各个技术环节的专业人员。

项目小组在前方作业，从与客户初次接触开始就会面临各式各样的问题。有时候需要数据支持，这就要求企业有庞大的数据平台；有时候需要向客户展示各种案例，根据客户需求的不同，需要展示不同的案例，这时需要企业总部提供案例支持；某些时候，客户需要攻克艰深的技术难题，这时候需要有高级技术专家出面交流。

以上提到的项目小组的种种需求是项目小组自身难以达成的，需要一个职能平台做支持，有商务方面的、技术方面的、信息方面的、人脉方面的、法务方面的，等等。职能平台本身可以作为一个中介，将各个项目小组的资源、信息进行内部共享，同时职能平台也作为大后方做长期的积累、储备。职能平台的角色很多时候是由企业营销总部机构来担任的，但是不乏一些企业将总部职能平台前置，设置区域的职能平台型驻外营销机构，为各个区域的重点项目和客户开发提供平台支持，比如华为为项目小组就近提供平台服务。

总部职能平台前置，设置区域的职能平台型驻外营销机构可以有效地提高项目小组的客户响应速度，在竞争中体现出明显的优势。

第三节　具体场景下驻外营销机构的管理方式和要点

在新时代的市场环境下，驻外营销机构的管理不能再采取“一刀切”的方式，更多的时候需要针对具体场景采取相应的管理方式，同时要在不同场景下关注不同的管理要点。

如图 9－3 所示，具体场景下驻外营销机构的管理方式和要点包括以下几个方面：

1. 新时代驻外营销机构的管理发展趋势及管理手段的变化

这里提到的所谓“新时代”，是指互联网尤其是移动互联网、物联网、大数据、新媒体充分发展背景下的当今时代。

移动互联网的高速发展为业务作业、管理提供了更高的时效性，随

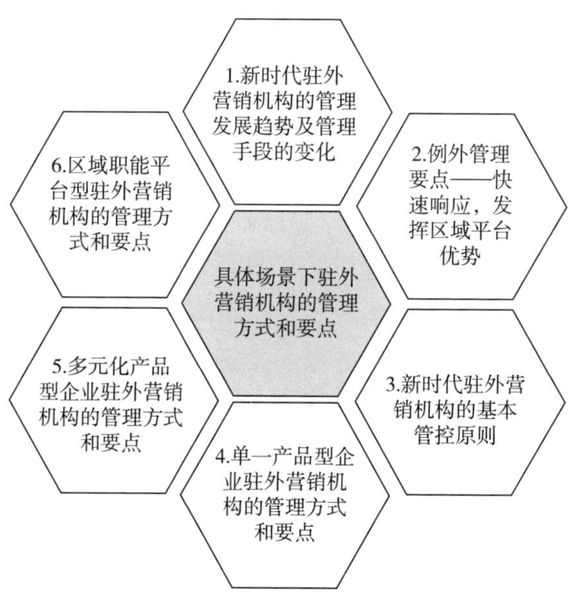

图 9-3　具体场景下驻外营销机构的管理方式和要点

时随地可以利用智能移动终端实施业务作业和管理，打破了时空的界限。

物联网的发展为“全程可追溯”提供了极大的便利条件，为物资的流量及流向、运动轨迹的采集、统计分析、迭代优化提供了必要的技术支持。

大数据带来的是业务作业的精准化，从内部运营来讲，多维度、连续无缝的数据分析从宏观上能够反映出大的业务动向，从微观上能够发现内部运营的细节问题，细节问题不代表是小问题，很可能会带来整个运营体系的全面低效。在以往没有大数据手段支持的情况下，企业很难发现运营上的细节问题，一个流程总是不够顺畅，一项业务总是发展不力或者收益低下，但往往找不到原因。因为没有大数据技术辅助记录业务动作细节和对应的业务效果数据，就无法进行数据化的对比分析，也就很难找出关键问题点。有了大数据技术支持，很多时候企业（尤其是在市场一线的驻外营销机构）可以事无巨细地记录业务动作细节及每个业务动作产生的对应结果，这样就有机会将动作和结果关联起来进行对比分析，发现、确认效果发生的正相关因素及大量细节问题，为业务流程的持续优化，以及 Know-How（技术）的持续提炼提供了基础。

新媒体的发展一方面为企业的营销传播提供了更多低成本的实现手段；另一方面也为企业的驻外营销机构提供了分区域、分产品、分项目操作的灵活运作方式。拿微信举例来说，很多企业运营自己的微信公众号，而微信公众号的运作至少可以有两种方式：一种是企业总部统一管理；另一种是企业总部运营公司层面的公众号，具体业务部门、分支机构运营各自的公众号，最终形成一个自媒体矩阵。很多企业的驻外营销机构可以尝试运营自己这部分业务的微信公众号，当然公众号只是一种形式，其他自媒体形式都可以尝试。微信公众号的渗透性、灵活性、功能的丰富性可能会略强于其他形式的自媒体。企业驻外营销机构运营自己的自媒体，可以进行更有针对性的推广传播，传播对象可以是自己区域面向的客户和潜在客户，传播内容可以是本机构的业务。另外，自媒体天然与社群联系，自带互动属性，运营自媒体的同时可以一并运营本地化社群，增进与客户、准客户的关系，提升响应效率。

总之，新时代的一个重要特征是“物理世界数字化”。作为企业分支机构，驻外营销机构很难被企业营销总部实时监管，而这些驻外营销机构的所有业务行为一旦能够留下“数字印记”，就可以被营销总部观察、分析，进而提出指导意见，做出决策。驻外营销机构和营销总部之间建立起一套“数字沟通语言”，双方可以更科学地沟通，探讨业务，加强协同。同时，驻外营销机构之间也可以加强横向协同。

2. 例外管理要点——快速响应，发挥区域平台优势

驻外营销机构远离营销总部，在外长期经营，可能会遇到来自于外界因素产生的一些危机事件。按照事件的产生来源划分，主要有两类：一类是来自于客户的危机事件；另一类是来自于政府与媒体部门的危机事件。这就涉及日常管理之外的“例外管理”。

（1）客户危机事件。

很多企业的客户分布在全国各地，企业在处理客户关系上总存在“百密一疏”，容易引发各类客户危机事件。企业在产品质量、供货期、售后服务、货款结算四个方面容易导致客户危机事件，其中尤以产品质量引发的危机事件居多。

（2）政府与媒体部门危机事件。

基于我国特殊的市场环境与市场机制，国内的大多数企业，特别是大规模的集团企业或上市公司，普遍重视与政府和媒体的关系，很多公司往往专门设立部门（比如公共关系部、媒体公关部）负责与政府和媒体部门有关的事务，以及公关工作。

政府与媒体部门的危机事件通常与企业在执行政策法规上存在偏差与漏洞有关。例如，企业违反产品质量和广告方面的相关法律规定被顾客投诉，违反《商标法》和《反不正当竞争法》的相关规定被竞争对手举报，违反税法或劳动法规引起政府部门介入调查等。

针对政府与媒体部门的危机事件预防，主要有两点建议：一是日常加强与当地政府及媒体部门的沟通，及时掌握政策信息；二是要遵纪守法，努力塑造企业在当地的良好形象。

（3）应对危机事件进行例外管理的要点建议——快速响应，发挥区域平台优势。

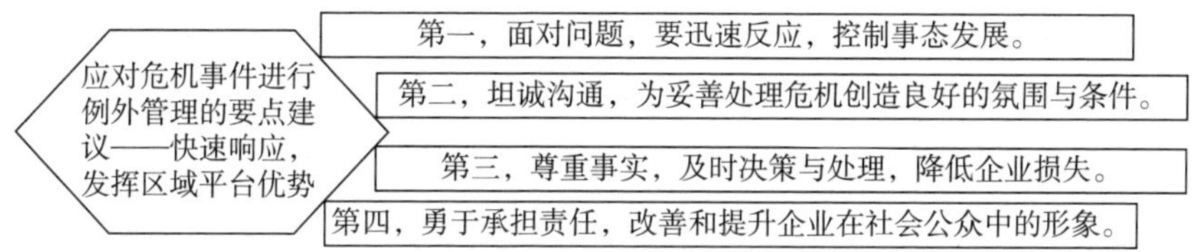

图 9－4　应对危机事件进行例外管理的要点建议

如图 9－4 所示，应对危机事件进行例外管理的要点建议主要包括以下几个方面：

①面对问题，要迅速反应，控制事态发展。

②坦诚沟通，为妥善处理危机创造良好的氛围与条件。

③尊重事实，及时决策与处理，降低企业损失。

④勇于承担责任，改善和提升企业在社会公众中的形象。

在例外管理中，驻外营销机构作为区域平台相对于营销总部具有更快响应的优势，如果能够贯彻上述四点原则性建议，可以较好地解决问题。反之，如果采取拖延与消极的态度，只会让问题变得更加严重和复杂，从而错失解决问题的时机，使企业的利益遭受更大的损害。

3. 基本管控原则

如果把生产体系比喻为家养动物模式，那么营销体系特别是驻外营销机构就是野生动物模式。这个比喻形象地揭示了两个体系的本质区别。生产体系是以有序性、稳定性与计划性为导向，系统相对封闭；营销体系则是以无序性、动态性与竞争性（非计划性）为导向，系统相对开放。

如何对驻外营销机构这支“生猛之师”进行有效有度的管理？在管理过程中，既要保证一线机构在企业战略方向上的统一性，又要保证一线机构在方案实施中的相对灵活性，这对营销总部提出了一个极具挑战性的难题。

如何才能破解这一难题？关键是把握住两个大的原则：

（1）统一性原则：战略上要有统一性，策略上要有灵活性，执行上要有刚性。

在企业的营销体系中，如果说营销总部是指挥作战的“司令部”与提供资源保障的“后勤部”，驻外营销机构就是处于一线阵地的“野战部队”。随着企业开拓市场，不管是企业的直销团队，还是管理经销商与渠道的分销团队，都将面临跨区域、跨文化的异地化管理挑战。外部区域市场的成败主要取决于以下三个条件：

①是否具有正确、清晰与统一的营销战略。

②是否具备与战略配套的具有可操作性、灵活性的策略方案。

③是否具有能将各种计划有效执行到位的区域平台与队伍。

上述三个条件中，战略是核心，属于营销总部高层的职责重心；策略是中坚，属于各驻外营销机构大区经理的职责重心；执行是界面，属于区域经理与业务员的职责重心。基层对方案的实施与执行既能检验营销总部对驻外营销机构的管控是否有效，又能验证一线营销团队是否具有高效的执行力。驻外营销机构的绩效，既要以科学合理的销售区域设计为基础，又需要具备有效的管理工具。

驻外营销机构身处异地，对于营销总部来说是“看不见，摸不着”，为了避免出现“一管就死，一放就乱”的局面，营销总部必须坚持“刚柔相济”的原则，把握好刚性与柔性的度。

首先，对于战略层面的问题，包括产品开发、品牌定位、市场选择、价格体系的确定，以及要职要员的任命等，需要营销总部高度统一，在管理上体现为集权与刚性；其次，对于业务策略层面上的一些问题，比如某个大客户的公关方式，公司价格政策允许范围内的调整，对于主要竞争对手的竞争手段、某类产品的促销等，则可以充分授权，灵活实施一地一策、一时一策、一客一策、一品一策，体现管理上的柔性与变通性，让一线区域经理有独立操作、有限试错与持续成长的空间。

“刚柔相济”的原则主要反映的是营销体系管理权限的运用问题，哪些权限该归营销总部，哪些权限可以下放到驻外营销机构。把握好这个管理原则，既可以避免营销总部对驻外营销机构管理失控，又能比较好地保证一线的管理空间与灵活性。

（2）灵活性原则：一地一策、一时一策、一事一策，前后台有机协同。

在企业的营销组织中通常都会强调一个原则，即“谁代表市场，谁拥有权力；谁配置资源，谁承担责任”，这也是组织行为学中的就近原则和对等原则。

首先，是就近原则。如某件事情该由部门经理决策，还是区域经理决策，或是由业务员来决策？应该是谁离事件发生的现场越近，就由谁来决策，这便是就近原则。华为总裁任正非的格言是“让听到炮声的人去决策”，这一原则将有效保证一线在执行上的高效率与灵活性。其次，是对等原则。对这件事情做出决策的人有没有这种权力，能不能调动相应的资源，能不能为这个决策的后果承担责任，判断清楚这一切，就叫对等原则。这两大原则主要反映了营销总部对驻外营销机构的管理应该按责任来分配资源，按资源来进行考核。把握好这两大原则，营销总部就能理性地对驻外营销机构进行管理。

第四节　各类驻外营销机构的管理方式和要点

各类驻外营销机构的管理方式和要点如图 9－5 所示。

1. 单一产品型企业驻外营销机构的管理方式和要点

对于单一产品型企业驻外营销机构的管理方式和要点，我们需要厘

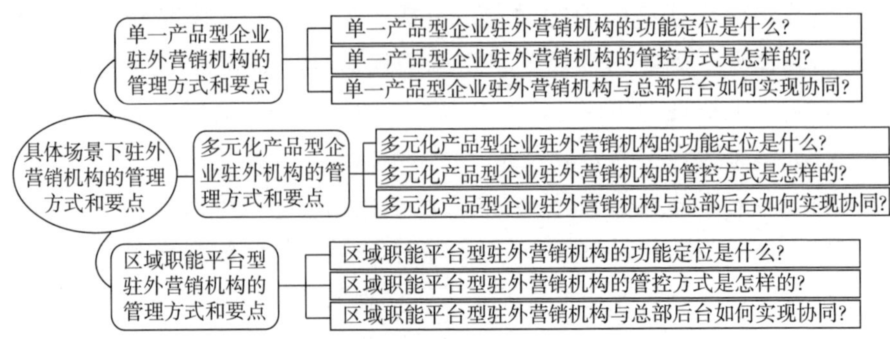

图 9－5　各类驻外营销机构的管理方式和要点

清以下几点：

（1）单一产品型企业驻外营销机构的功能定位是什么？

单一产品型企业驻外营销机构的功能定位是区域市场全销售功能＋前端市场功能。由于企业只经营单一产品，不存在协调多条产品线产品的销售共享、销售支持功能的问题。一般来讲，企业的每个驻外营销机构既是区域市场营销管理平台，提供总部职能前置的支持服务，又是产品线的专业销售团队，负责一线销售，与客户直接对接，售卖产品。

很多快速消费品企业的驻外营销机构都具有比较全面的营销管理功能。首先，快速消费品企业的驻外营销机构肩负着深入调研了解一个区域市场，并根据调研结果对区域市场进行系统布局规划的职能；其次，区域市场管理平台要在所管辖的区域市场内进行经销商的动态管理，所谓动态管理，就是要根据市场实际情况动态地开发、维护、考核、更替经销商，力求一个区域市场有足够数量、质量的经销商进行覆盖，避免经销商之间产生冲突，促成经销商之间进行横向联络和协作；再次，区域市场管理平台需要深入了解终端网络的动态，实时与终端网络各个节点保持紧密联系，实现“掌控终端”；最后，区域市场营销管理平台还需要与终端消费者实现联系，尤其是在当下这个时代，越来越多的消费者跳过终端、经销商与厂家直接联系，积极要求参与品牌建设和产品管理，因而驻外营销机构必须具备与消费者进行良好沟通的能力。

市场布局规划、经销商动态管理、掌控终端等“营销链”管理的功能基本属于一个驻外营销机构的传统三大功能。之前驻外营销机构时常会涉及消费者相关的工作，但往往这些工作都属于“执行性”工作，即企业总部营销机构出方案、定政策、排计划、投资源，驻外营销机构只需要“机械执行”即可，一般来讲，区域市场是没有什么灵活性的，广告全国一个画面一个声音，促销百城千店一个方案……

随着新时代竞争格局及消费者关系的变化，千篇一律的消费者活动已经无法产生效果。贴近消费者实际需求，符合消费者差异化偏好，一地一策，建设消费者关系，是大势所趋。因而，今后的驻外营销机构必须具备越来越强的“消费者经营”能力，比如对一个区域市场的消费者做出快速响应个性化需求的能力，根据当地消费者需求、偏好策划地区推广传播活动及广告的能力，经营区域自媒体的能力，组织当地线下消费者互动的能力，开发区域性新产品的能力，等等。

（2）单一产品型企业驻外营销机构的管控方式是怎样的？

单一产品型企业驻外营销机构的“管控方式”比较简单。所谓简单，并不是说形式上非常简单，而是说实现有效管控更容易一些。对于单一产品型企业来说，企业总部营销机构对驻外营销机构的管控比较容易聚焦在确定的产品、确定的事项、确定的人。因为所有需要管控的要素都相对简单明确，所以企业总部营销机构在对驻外营销机构管控模式的选择上具有很大的灵活性：既可以采取财务管控模式，又可以采取战略管控模式，还可以采取人力资源管控模式，甚至可以选择运营管控模式。

以快速消费品企业为例，在采用深度营销模式的快速消费品企业中，企业总部营销机构对驻外营销机构大多实行“运营管控”的模式。首先，企业总部营销机构每年需要制定整个企业的营销目标，之后会将目标分解到各个区域市场，各个区域市场的驻外营销机构承接自己的销售目标；其次，各区域市场的驻外营销机构会根据自己所在区域市场的销售目标进行年度经营规划，制定具体的工作计划，计算所需投入的各项资源，编制年度预算。每个驻外营销机构的年度经营计划最终要提报给企业总部营销机构，获得批复后才能够按照规划落实各项工作；最后，各个区域市场的驻外营销机构在一年的工作过程中始终会定期、不定期地接受企业总部营销机构的巡检，总部营销机构对驻外营销机构始终会有过程管理和绩效干预，驻外营销机构同样也需要定期提报工作周报、月报，汇报区域市场工作。另外，企业总部营销机构会对驻外营销机构实施月评季考的绩效考核，每季度会对每一个驻外营销机构做出绩效评价并实施奖惩。

（3）单一产品型企业驻外营销机构与总部后台如何实现协同？

单一产品型企业驻外营销机构与企业总部营销机构（总部后台）实现协同的可能性比较大。因为产品单一，所以企业所有部门目标一致，就是将产品卖好。

驻外营销机构与总部后台实现协同最重要的是“心往一处想”。企业只售卖几个产品，大家很自然的会心往一处想，将产品卖好，提高收入。

驻外营销机构与总部后台实现协同还要求“力往一处使”。单一产品型企业让大家力往一处使的方法也很简单：明确而公平地把目标分解好，目标应具有充分的可实现性，目标对应考核，考核对应奖惩，协同自然可以实现。

2. 多元化产品型企业驻外营销机构的管理方式和要点

对于多元化产品型企业驻外营销机构的管理方式和要点，我们需要厘清以下几点：

（1）多元化产品型企业驻外营销机构的功能定位是什么？

多元化产品型企业驻外营销机构一般分为两种类型——专业型和区域综合服务型。专业型驻外营销机构的功能定位应该是基于某一专业产品线，进行全生命周期的产品营销管理，包括从售前咨询到售中商务处理，再到售后技术支持服务；区域综合服务型驻外营销机构主要是面向一个区域市场，普遍接触有各种需求的客户（只要是对自己企业产品、服务具有相关需求的客户都会普遍接触，建立业务关系），一站式提供服务。

具体来说，多元化产品型企业的区域综合服务型驻外营销机构往往充当一个区域市场“联络员”的角色。区域综合服务型驻外营销机构设立后，会依据自己企业的各个产品线所面向的客户类型在当地市场寻找潜在客户，列出目标客户清单。之后，区域综合服务型驻外营销机构需要与当地数个专业型驻外营销机构共同探讨每一个潜在客户的具体情况，制定针对性的营销方案。营销方案一旦成型，区域综合服务型驻外营销机构将牵头按计划落实具体的营销工作。在营销工作落实的过程中，区域综合服务型驻外营销机构往往需要专业型驻外营销机构提供专业性支持。尤其是B2B类营销，很多时候客户的需求既是综合性的整体解决方案，同时又包含很多专业性的子项，这就要求区域综合服务型驻外营销机构牵头组织，同时专业型驻外营销机构给予技术性咨询和服务。

从最初的与客户接触、了解客户需求、提供初步的整体解决方案，到中期的具体合作方案成型、起草合作法律文件、报价，直至最终的成交、付款等，主要是由区域综合服务型驻外营销机构主持和完成。多元化产品型企业的专业型驻外营销机构主要是基于自身专业特长，为客户设计适当的技术方案，在售前提供充分而专业的售前咨询服务。一旦方案确定，商务谈判结束，达成合作，专业型驻外营销机构需要负责具体的项目实施，比如安装调试硬件设备、系统培训客户人员、提供咨询服务，等等。后期，专业型驻外营销机构还会对客户进行持续跟踪，一方面提供必要的售后服务，保证产品能够持续使用；另一方面还可以跟踪客户持续产生的新需求，争取开发更多业务。

（2）多元化产品型企业驻外营销机构的管控方式是怎样的?

多元化产品型企业的两类驻外营销机构分别对应着两种不同的管控模式。一般来说，多元化产品型企业的区域综合服务型驻外营销机构由企业总部营销机构中的“直线”部门进行管控，而多元化产品型企业的专业型驻外营销机构由企业总部营销机构中的不同专业产品线负责人进行管控。面对两种不同类型的驻外营销机构，多元化产品型企业的总部营销机构呈现出矩阵式管理的形态——区域线由区域线总部实施管控，专业线由专业线总部实施管控，区域线和专业线的系统工作由总部营销机构最高领导进行整合协调。

（3）多元化产品型企业驻外营销机构与总部后台如何实现协同?

多元化产品型企业驻外营销机构与总部后台实现协同的前提是总部营销机构内部首先实现协同。区域综合服务型驻外营销机构一般由企业总部营销机构的销售部直接管辖，还有一部分企业，各区域综合服务型驻外营销机构由企业的营销一把手直接领导，主要是对各自层级的销售目标负责。而多元化产品型企业中的企业总部营销机构中往往会设立产品部，产品部内部又会针对不同的产品线设立多个产品小组，每个产品小组由一名产品经理领导、管理。产品部、产品小组、产品经理分别对自己经营的产品线负责，包括自己产品线的全生命周期管理，自己产品线的经营。由此可见，销售部和产品部门经常会形成一种代理和被代理、支持和被支持的关系。营销总部的销售部和产品部门首先要全局考虑全产品线的全生命周期经营规划，然后进行分工，针对各自的工作，理清工作职责、流程，为实现目标协同而努力工作。总部工作关系一旦理顺，驻外营销机构效仿总部营销机构的做法，实现区域市场上不同驻外营销机构的工作协同。最后，是纵向协同，总部和驻外营销机构之间也需要实现协同，笔者认为可以分三个步骤实施：第一步，总部定总目标，分解目标到驻外营销机构；第二步，总部与驻外营销机构之间建立有效的沟通机制，实现实时化信息交流，一旦工作出现脱节，能够及时纠偏；第三步，在分配目标之前双方明确规则，制定奖惩措施，事后进行奖惩兑现。

3. 区域职能平台型驻外营销机构的管理方式和要点

对于区域职能平台型驻外营销机构的管理方式和要点，我们需要厘清以下几点：

（1）区域职能平台型驻外营销机构的功能定位是什么？

区域职能平台型驻外营销机构的功能定位主要是承担“后台职能”，是企业总部营销机构职能的“前置”。一般来讲，销售关系比较复杂的企业（多以 B2B 企业为主），可以考虑在区域市场设置职能平台型驻外营销机构，这样的机构为驻外“做业务”的营销团队提供各类营销支持。比如商务上的支持、技术上的支持、人员上的支持，等等。

具体来说，区域职能平台型驻外营销机构为一线销售团队提供三类营销支持：第一，商务、法律事务工作支持，起草、规范各类文件，收发、存档各类规范化商务文件；第二，提供专业顾问支持，关于产品、服务的深度技术问题，往往需要资深产品技术专家提供咨询，一般平台机构会储备相关人才，供一线销售团队“共享”；第三，市场推广宣传支持，在同一区域市场活动的一线销售团队一般不止一个，面对不同的客户，销售的产品不同，但都是销售同一企业的产品，共用一个品牌。这种情况下，区域市场统一开展品牌传播活动效率会更高，这类工作由平台机构承担。

（2）区域职能平台型驻外营销机构的管控方式是怎样的？

区域职能平台型驻外营销机构是公司总部营销平台的职能前置，与总部平台从架构上到职能上有着一脉相承的关系，因此总部营销平台对区域职能平台型驻外营销机构的管控应该更顺畅。一般来讲，总部营销机构每年的营销目标只要按区域进行分解，就应该是各个区域职能平台型驻外营销机构应该承担的年度营销目标。区域职能平台型驻外营销机构的工作内容和计划与企业总部营销机构基本同步，总部营销机构管控区域职能平台型驻外营销机构一般只需按照总部工作推进计划同步核查区域职能平台型驻外营销机构的工作，实施同步过程管理，及时纠偏，事后进行奖惩兑现即可。

（3）区域职能平台型驻外营销机构与总部后台如何实现协同？

区域职能平台型驻外营销机构与总部营销机构的工作性质、内容、方式一脉相承，整体工作框架完全一致。从根本上说，总部营销机构只要能够把工作理顺，工作计划做周全，然后分配给各个区域市场的平台机构，就为前后台的工作协同奠定了坚实的基础。工作过程中，只要建立良好的同步机制，保持实时沟通，就可以实现工作协同。

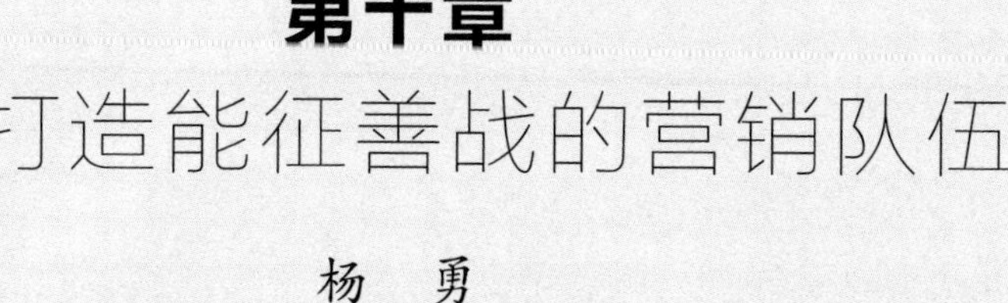

第十章 如何打造能征善战的营销队伍

杨　勇

在互联网高速发展的新时代，面对激烈的市场竞争，打造一支能征善战的营销队伍是企业生存和发展的必由之路。本章就新形势下营销队伍建设的方向、打造生态化的营销组织与队伍模式、构建新时代的营销人力资源体系逐一展开论述，为企业队伍建设提供参考。

第一节　新形势下营销队伍建设的方向

新形势下，面对全新的市场环境，企业管理者如何确定营销队伍建设的方向？笔者认为，企业管理者要先分析营销队伍建设面临的困难与挑战，找到症结所在，再根据企业实际情况采取相应的措施，将营销队伍升级改造，以适应新形势下市场竞争对企业营销队伍建设提出的新要求。

一、营销队伍建设的困境与挑战

在当下多变的市场环境中，企业营销队伍建设受到互联网思维、新生代员工、市场竞争与人才缺乏等三大因素的显著影响和冲击。互联网突破了产业和行业边界，带来了文化多元、思想多元和“互联网思维”，而互联网企业的组织形式与团队合作机制也在发生深刻的变化，如扁平化组织、小团队合作、自我管理与自我驱动的自组织形式，都给各行业营销队伍建设带来挑战。与此同时，“80 后”“90 后”被认为是“自我意识觉醒”、具备“新思维”的一代，与父辈比，他们更关注自己与所从事的职业、所供职的企业之间的精神契合，以及所在职位的成长路径、团队氛围。随着每个行业工作种类的细分，劳动力供应短缺，企业招聘合格的营销人员越来越难，员工也越来越难管，人员流动性大。

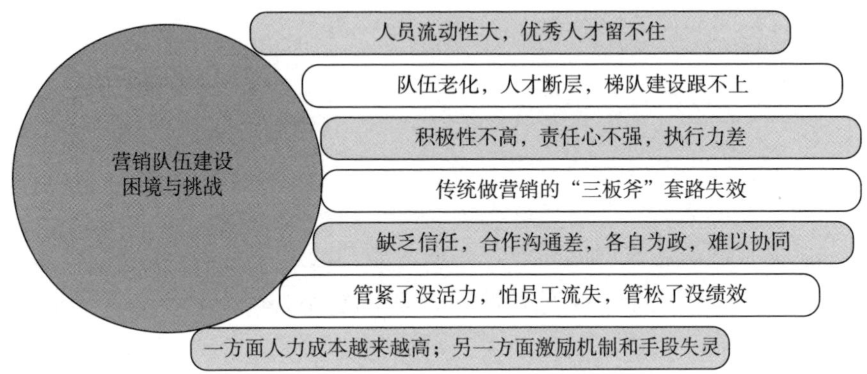

图 10－1　营销队伍建设的困境与挑战

如图 10－1 所示，营销队伍建设困境与挑战主要包括以下几个方面：

1. 人员流动性大，优秀人才留不住

很多企业面临着营销人员留不住、大面积流失的问题，造成这种现象的原因很多，核心在于营销队伍普遍为有抱负、有想法、有个性的年轻人。当企业的业绩压力过大、考核过严，培养机制不健全、晋升通道不明确的时候，这些人往往会选择离职。

2. 队伍老化，人才断层，梯队建设跟不上

企业经常面临营销队伍老化、梯队建设跟不上、人才断层的问题，根本原因在于营销团队人员同质化严重（都是老乡、同学），企业管理者没有考虑团队长远发展的问题，忽视了交流培训、后备人才培养，导致团队思维僵化。

3. 积极性不高，责任心不强，执行力差

员工都很“聪明”“享受在前，吃苦在后”，遇到事情往后躲，遇到好处往前冲。员工工作积极性不高，责任心不强，推诿现象严重，更不用谈主动工作，主动承担责任。与此同时，营销团队执行力差，对组织决策总是持怀疑态度，借口决策不够完美，反复讨论，就是不做。即使是上级下达的明确的命令，员工也不执行，遇到困难就想找其他解决

方案，不遵守纪律，更不懂得服从，团队像一盘散沙，没有战斗力。

4. 传统做营销的“三板斧”套路失效

传统营销方式的“三板斧”效果越来越差，遇到新的客户、新的机会、新的业务、新的竞争，营销人员束手无策。固有的“吹牛、喝酒、压货、催款”等老套路失灵，业绩难以完成不说，还引起经销商强烈不满，指责营销人员只顾自己压货完成任务，不协助动销，没有支持服务，更谈不上进行指导。

5. 缺乏信任，合作沟通差，各自为政，难以协同

员工与员工之间、部门与部门之间缺乏信任，合作意识淡薄，各自为政，只顾自己与本部门的利益，无法进行有效的沟通，相互抱怨、告状现象时有发生。缺乏团队合作精神，总是自说自做，不顾别人的情况，怀疑其他人的动机，甚至觉得别人都是错的，别人能力都不行，导致营销队伍像“个体户集中营”。

6. 管紧了没活力，怕员工流失，管松了没绩效

团队管控方式不合理，容易走向两个极端：管紧了团队僵化，员工行为固化，团队丧失活力，员工没有主动性，甚至造成人员大量流失；管松了，产生不了绩效。

7. 一方面人力成本越来越高；另一方面激励机制和手段失灵

所有企业管理者都明显感觉到这几年的用工成本直线上升，尤其是优秀的营销员工成本更高（毕竟企业招聘营销人员要有薪酬、绩效、提成等）。同时，原有的传统激励机制和手段在互联网浪潮、新生代员工和市场竞争的三重因素影响下失灵。

二、营销队伍建设症结分析

营销队伍建设症结分析如图 10－2 所示。

营销队伍建设过程中产生各种问题的症结主要有以下几点：

症结一：人力资源管理与业务发展脱节，响应外界环境变化慢。

互联网营销的高速发展颠覆了传统产业的经营模式，面对市场发展的不确定性，企业亟须产业升级，但很多企业往往内部组织僵化，管理体制固化，人力资源管理与业务发展脱节，无法及时响应营销的需求，

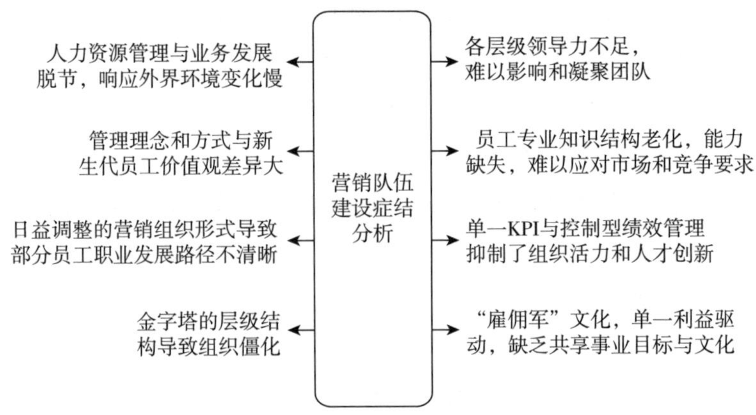

图 10－2　营销队伍建设症结分析

导致人才严重短缺，核心人才队伍难以形成。

症结二：管理理念和方式与新生代员工价值观差异大。

营销队伍建设诸多问题的核心症结之一是老旧的人力资源管理理念和方式与新生代的价值观不一致。根据马斯洛的需求层次理论，结合我们对“80 后”“90 后”等新生代员工的访谈，我们认为今天的员工已经摆脱了所谓的生理、安全和社交需求的阶段，这时候如果还采用陈旧的管理理念和方式，注定会出现营销组织难建设、人难管、留不住人等问题。随着社会环境的变化，今天的年轻人越来越看重实现自我价值。

症结三：日益调整的营销组织形式导致部分员工职业发展路径不清晰。

在互联网思维的普遍影响下，企业组织日益扁平化，组织与人的关系重构，人与组织、人与人、人与岗位的匹配关系日益动态调整。2018 年是中国互联网企业的组织再造年，华为、BAT、美团、小米等龙头企业都在重塑组织，对行业内的企业产生了极大的影响，其他企业纷纷仿效，进行组织变革。在这个过程中，如果企业的部门职责与定位不清晰，内部分工与岗位职责界定不明确，员工培养跟不上，很容易出现部分员工职业发展路径不清晰，未来在组织中的定位和作用不明确，员工看不到自己的发展前景，很容易选择离职。

症结四：金字塔的层级结构导致组织僵化。

大部分企业采用金字塔形的科层式组织体系，过多的管理层次影响信息从基层传递到高层的速度，而且信息在多层级的传递过程中容易失真，使得计划的控制工作复杂化。同时过多的层级设置导致行政权力导向，决策重心高，流程制度繁杂，机制僵化，沟通不畅，跨团队、跨职能协同难。

症结五：各层级领导力不足，难以影响和凝聚团队。

领导力缺失或不足，无法起到“火车头”“发动机”的作用，难以影响和凝聚团队，导致管理效率低下，员工士气低落，工作氛围压抑。当管理者没有领导能力，无法起到带动作用和聚合效应的时候，团队自然人心涣散，团队成员既然得不到领导的帮助和支持，只能自己搞定，自然难以管理。

症结六：员工专业知识结构老化，能力缺失，难以应对市场和竞争要求。

在新营销变革面前，营销人员积累的经验、资源可能因为不适应新环境而失去价值，甚至成为桎梏。想要解决这个问题，需要不断地给业务人员“洗脑”，向业务人员灌输新观念、新方法。但是“洗脑”比培养新人的难度大，以至于一些企业“用新人不用老手”。

症结七：单一 KPI 与控制型绩效管理抑制了组织活力和人才创新。

传统企业经常会采用 KPI 或者控制型绩效管理体系，这种模式在企业规模小的时候很有效，但是当小企业发展成为大中型企业时，业务更加复杂，人员数量超出了总部领导的管控范围，如果把营销人员管得太紧，容易抑制组织活力，阻碍人才创新。

症结八：“雇佣军”文化，单一利益驱动，缺乏共享事业目标与文化。

企业经常面临着一个困惑：团队是靠“子弟兵”还是依赖于“雇佣军”？如果企业过多地依赖于“雇佣军”而不注重对社会招聘人员的文化宣导，单纯的利益驱动很容易导致团队形成“唯业绩定英雄”的思维模式。在企业高速发展时，外来团队跟企业团队相处融洽，一旦企业遇到问题或发展速度放缓，就会出现大面积的人员流失，团队也比较难“打硬仗”，更不用说主动担责。

三、新形势对营销队伍建设提出全新要求

通过上面的分析我们可以看出，在新形势下，面对全新的市场环境和竞争要求，企业的营销队伍面临着升级改造。迪智成咨询团队通过多年的营销实战经验总结出企业的七个升级需求，如图 10－3 所示。

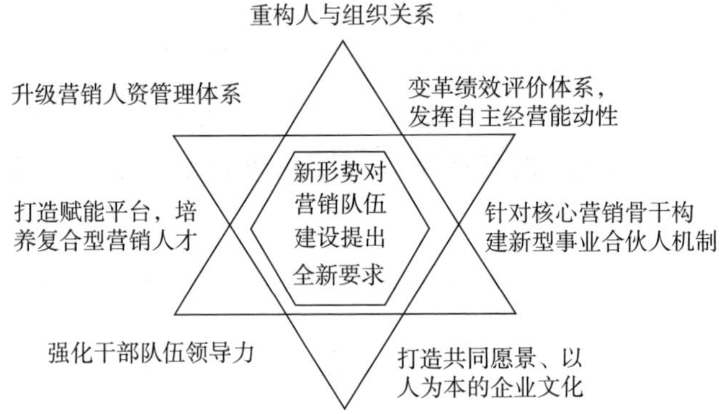

图 10－3　新形势对营销队伍建设提出全新要求

企业的升级需求包括以下几点：

1. 重构人与组织关系

企业中，人与组织的关系已经摆脱了传统认知的“雇佣”与“被雇佣”的关系，变成围绕某个目标而形成的“合作型”组织结构。其本质是“共生”生态，组织的结构更多为“平台化＋生态化＋自主经营体”。

围绕共同的目标运作，实际上不仅经营是分布式的，人才也是分布式的，是去中心化的分布式、多中心。比如海尔的“人单合一”的自主经营体，温氏的 5.6 万个农场，韩都衣舍几百个产品小组组长，每个分布式经营体就是一个自主经营体。也就是说，在“平台化＋自主经营体”这种组织模式下，平台更多的是赋能，提供支持帮助，每个分布式的自主经营体就是企业的基层主体。

在互联网时代，中国企业已形成一种趋势，即通过连接人才来连接生态，通过自主经营体连接生态型组织。这种“平台化＋自主经营体”模式看上去很多东西是散的，实际上是密切相关、相依相生的，因为企

业是多元战略选择、平台化组织、分布式经营，所以需要改变企业的合作方式，通过自主经营体的构建激活组织，激发组织活力，使营销人员转变角色，由“打工者”变成“合伙人、老板”。角色的改变影响着行为的改变，行为改变，效果自然会发生变化。

2. 升级营销人资管理体系

企业要完成“平台化 + 生态化 + 自主经营体”的结构改造，需要从文化、战略、组织和人四个方面完成系统思考与设计，以适应企业的平台化建设，打造内部合作生态，构建并支撑自主经营体。

企业必须有生态的战略思维和业务布局，对平台化管理有长远的战略意识，有足够的战略耐心与战略定力。同时，通过变革，打破科层制组织的垂直结构，代之以扁平化的网状组织结构，组织不再封闭，而是开放合作。整个组织的结构体系不再是一种垂直结构（指挥命令系统），而是一种多头的、多中心并行的、交织的网状结构（组织扁平化）。企业通过建立网状组织结构，进行分布式经营与管理。

企业需要升级营销人资管理体系，建立责任共担体系，做到“责任下沉，权力下放”，激发组织活力和员工创新。

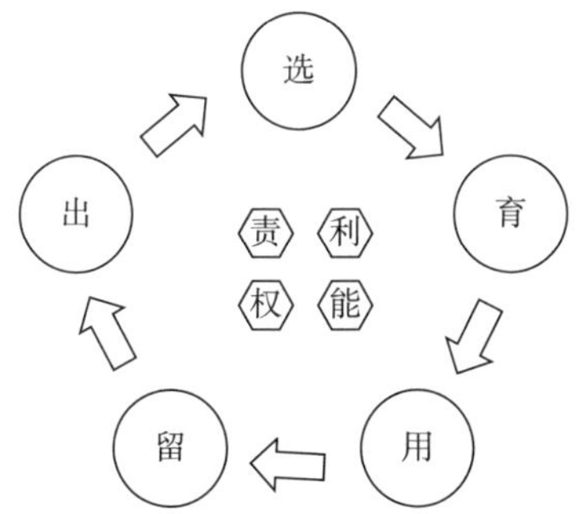

图 10－4　人才“选、育、用、留、出”体系

如图 10－4 所示，要建立科学的人才“选、育、用、留、出”体系，否则无法做到组织成员的科学评价、动态调整和优化更新。

3. 打造赋能平台，培养复合型营销人才

构建模块化、组合化、插件化的赋能型人力资源专业职能，随时依据工作任务的组合、团队灵活的组合，为每一个成员创造平台和机会，为人才展示才华提供机会，为人才打造团队协同合作、相互赋能的平台，通过“理论+实践”的培训，在实战中给员工赋能，培养复合型营销人才。

4. 强化干部队伍领导力

干部队伍建设三要素：使命、责任、能力，即赋予干部持续的使命激情，构建干部勇于担当责任的机制，打造有效的领导力发展系统。领导要由过去权威化的领导转变为“愿景+赋能”式的领导，增强干部队伍领导力。

5. 变革绩效评价体系，发挥自主经营能动性

从单一结果导向的KPI指标体系转向关注过程与阶段成果的OKR；从领导往下压绩效指标转向员工自我驱动扛指标；从绩效激励的“秋后算账”到基于业务活动数字化的即时评价激励；从僵化、“一刀切”式的绩效管理模式到分层分类、差异化的绩效管理系统。

6. 针对核心营销骨干构建新型事业合伙人机制

构建共识、共担、共创、共享的人才机制，打造三个共同体：利益共同体、事业共同体、命运共同体。利益共同体是基础，事业共同体是根本，命运共同体是目标。事业合伙人机制成为正确处理货币资本与人力资本矛盾关系的核心制度，企业要针对核心营销骨干构建新型事业合伙人机制。

7. 打造共同愿景、以人为本的企业文化

通过文化理念整合，达成共识，打造基于价值观的各层级营销团队，用使命链接、愿景驱动、机制牵引留住人才。减少内部交易成本，实现营销人员自我驱动、自我管理，使人员管理变得简单有效。以人为本，尊重人性，知人善用，让员工有尊严、有成就感地工作和生活。

第二节　打造生态化的营销组织与队伍模式

企业如何打造既能立足于未来，也能兼顾未来不确定性竞争与环境影响的营销组织？我们认为生态化、有机型组织是最优选择。

一、未来营销组织的主要形态和建设方针

接下来我们就未来营销组织的主要形态和建设方针进行分析。

1. 主要形态：客户化组织，“平台架构＋网状关系＋基于客户需求建立内部任务市场”

任何企业的营销组织体系都是承接企业整体战略，配合组织变革，不可能孤立存在，所以我们在研究营销组织时，必须把其放在企业整体的组织生态中。这种组织生态有三个最本质的特征：一是企业必须是平台化架构；二是整个组织的关系不再是一种垂直的关系，而是一种网状关系；三是企业内部围绕客户需求与任务市场来整合资源、整合人才。过去是职能下的分工，然后建立部门，依据岗位职责来配置人、配置资源；现在，内部要建立任务市场，依据消费者需求所产生的任务市场，通过大数据来配置资源、配置人才。所以，未来是人与任务的结合，而不是人与岗位、人与部门的配合。

当然，不同规模、不同业务模式的企业，其营销组织也会有差异。未来，大型企业整体组织发展的主要形态是“平台＋生态化＋自主经营体”，小企业更多的是加入生态圈。营销组织要以消费端为原点，建设客户化营销组织，形成“大营销平台＋众多小经营前端＋丰富的消费生态圈”。

2. 营销组织建设方针：48 字方针（源自彭剑锋老师）

（1）生态布局、网状结构。

企业必须要有生态的战略布局，没有生态的概念、生态的战略思维，很难真正构建平台化组织。组织结构必须是网状结构，不再是垂直的金字塔式结构，组织必须扁平化，要像一张网一样，渗透到整个终端和体系中。

（2）数据驱动、平台管理。

现在很多企业都在提平台化管理，但是恰恰忽视了企业不只是信息数据化，业务活动也必须数据化，决策运营必须数据化，没有数据驱动就没有平台化管理，这是现在很多企业学温氏管理不成功的原因。很多企业只学温氏的“企业＋农户”商业模式，但是没有真正在数据驱动上下功夫。

（3）责任下沉、权力下放。

只有数据驱动、平台化管理，才能做到责任下沉、权力下放。没有数据驱动与平台化管理，就是把责任放下去，也无法实现整体协同。有了数据和平台做保障，经营责任就可以往下沉，而不是往上推，组织中端对端都在承担经营责任。企业一定要建立责任共担体系，在责任共担体系下沉的同时，还要做到权力下放。没有责任下沉，权力下放，就谈不上自主经营体，更谈不上分布式经营与管理。

（4）领导赋能，任务市场。

领导不再是权威化领导，而是“愿景＋赋能”式的领导。愿景使得全员对应目标，用规范化、体系化取代领导化，领导的角色转变为对整个组织建立标准、规范、体系、机制负责，确保整个体系的运转和优化。这就需要组织在扁平化、中间层削减之后真正走向赋能式领导、愿景型领导。

内部依据什么来协同？依据客户需求来协同，不再是一种单一的管控。人力资源部跟业务部门、各个职能部门、各个事业部之间都是基于任务来进行市场化交易。

也就是说，各个经营“作战”单元跟平台之间的关系主要是市场化交易关系：一是内部任务可以市场化交易；二是内部任务也可以外包。

（5）独立核算、自主经营。

只有做到内部任务市场的市场化交易，企业各业务单元才能独立核算，分布式自主经营，激发组织活力和员工的自主创新能力。

（6）共识共担，共创共享。

整个组织建设必须建立在文化认同及事业合伙人机制的基础上，这就是我们所讲的要建立在共识、共担、共创、共享的机制之上。共识，就是共享愿景与目标；共担，就是共担风险与责任；共创，就是发挥个体优势，团队协同共创价值；共享，就是依据价值贡献，分享成果。

二、大型企业营销组织与队伍建设模式

下面我们就大型企业营销组织与队伍建设模式进行分析。

1. 营销组织模式：数据化大平台＋专业化职能体系＋顾问式营销服务团队

组织变革主要受两个方面因素影响：一是人的因素，包括消费者需求的变化、人才需求的变化。消费者和人才需求的变化在倒逼组织变革与创新，使得组织真正做到以客户为中心，持续激活组织，释放人才创造价值的活力。二是技术因素，包括技术革命及其带来的数字化、大连接、智能化时代。技术革命和数字化、大连接、智能化重构组织与人的连接关系，为组织模式的创新提供了技术平台。因此，大企业组织变革模式主要围绕“四去两重构”来推进，如表 10 – 1 所示。

表 10 – 1　大企业组织变革模式

组织变革原则		主要内容
四去	去中介化	使得组织扁平化、平台化
	去边界化	跨界，形成产业生态
	去戒律化	让员工自主，能够创新
	去权威化	组织跟人的关系是合作伙伴关系，是平行协同的关系
两重构	重构组织导向	建立以客户为中心的组织模式，响应市场客户需求
	重构组织模式	激发组织活力，释放人的生产力，提高组织的效能

按照这一组织变革思想，大型企业要建立分工明确的前中后台组织体系。重视总部信息化平台建设、数据驱动，平台化组织模式，明确集权与分权，组织扁平化，决策、沟通效率高。打造专业化的职能服务共享平台，实现资源整合和利用，减少重复性建设。

前端化为小作业单元，自组织的网状结构，通常是专业化的系统化解决方案工作组或小团队，重视员工的自主管理与相互协同。

大型企业的组织体系如图 10 – 5 所示。

2. 典型案例

（1）美的“8 + 11 + 9”模式。

美的是一个大型企业，年营业额超过 2600 亿元，员工超过 10 万人。从 2012 年开始，美的不断进行组织变革，通过去中介化、去边界化、去戒律化、去权威化，强化平台体系和客户服务界面，员工数量减少了 7 万人，营业额增加了一倍多。

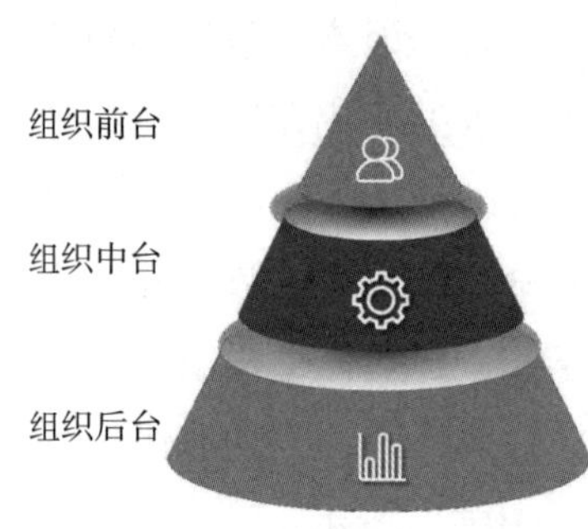

图 10－5　大型企业的组织体系

在总部的组织模式上，美的打造了 8 个平台（从 10 个平台优化到 8 个）+11 个职能部门 +9 个事业部（从 12 个优化到 9 个）的“8＋11＋9”模式，如表 10－2 所示。

表 10－2　美的“8＋11＋9”模式

组织结构	具体部门
后台：8 个平台	工业互联网平台、物流平台、采购中心、信息发布平台、客服平台、金融中心、营销平台、开放式创新平台
中台：11 个职能部门	战略运营、财经、人力资源、行政、用户与市场、流程 IT、审计、品质管理、产品管理、企业发展、法务
前台：9 个事业部	中央空调事业部、洗衣机事业部、美芝合资公司、空调事业部、部品事业部、家用空调事业部、冰箱事业部、生活电器与环境电器事业部、厨热事业部

美的在区域营销组织上整合原先的各自为政模式，统一形成 33 个商务中心，主要协调美的集团旗下不同产品线之间的一线市场营销推广业务，即打造统一的区域营销平台，谋求在一个美的品牌下的不同品类市场的协同竞争力，加速多品类从研发、制造到营销一体化整合，谋求

“一盘棋”的效果。

（2）温氏“平台化 + 分布式”模式。

温氏通过“平台化 + 分布式”的生产作业组织模式，打通全价值链。温氏利用互联网构建全价值链的管理服务平台，通过互联网实现分布式的作业，这是基于互联网的“平台化 + 分布式”作业方式。

温氏总部作为一级公司，为合作农户搭建一站式服务支撑平台，形成了产学研结合、一体化养殖的产业链。在这个产业链条中，温氏提供从猪苗、鸡苗、饲料、疫苗到养殖场规划和技术培训的一站式服务支撑平台。

区域公司作为二级公司，管理各区域的企业。区域公司不直接参与生产，主要任务是在各区域内搞好经营和企业发展。

一体化公司是温氏基本的生产、经营、服务主体单位，是三级公司。其主要是与合作农户直接连接，同时经营种鸡厂、饲料厂等产业链各环节，通过互联网与大数据为农户提供标准化、一体化的养殖解决方案与配套服务。

温氏“平台化 + 分布式”模式如图 10 – 6 所示。

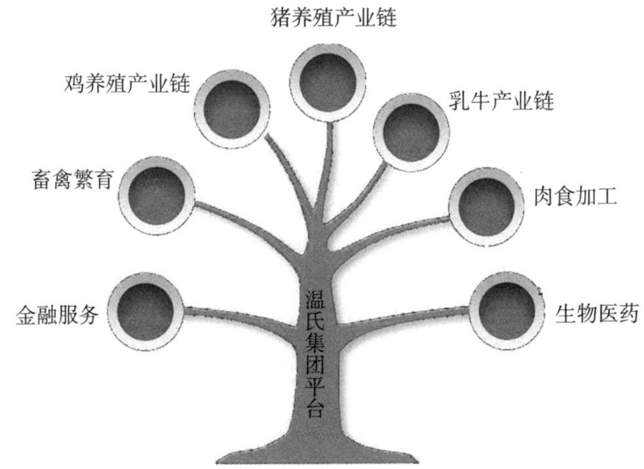

图 10 – 6　温氏“平台化 + 分布式”模式

（3）华为“矩阵式蜂巢”模式。

科技创新使得工作方式发生变化，而高科技的业务创新更需要脑洞大开，企业不仅要有大师级的创新组织模式，还要有普通员工在灵活机制下的积极能动性。因此，华为确立了自己的组织模式——全球创新蜂巢：一群蜜蜂没有领袖发号施令，而朝同一个方向飞。

如何让一群蜜蜂在没有领袖发号施令的情况下发挥自己的潜能，朝同一个方向飞？KK 在《失控》中谈到他对蜂群的研究结果，蜂群思维的神奇在于没有一只蜜蜂是被控制的，没有领袖发号施令，蜂群却朝共同的目标进发。蜂群模式的特征是没有强制的中心控制，次级单位具有自治的特质，次级单位之间彼此高度连接，点对点间的影响通过网络形成非线性因果关系。蜂群思维是一种群体共同做选择的思维，蜂群系统是由许多独立的单元高度连接而成的一个灵活系统。

个人权威式组织模式与协作的网状系统控制模式如图 10 -7 所示。

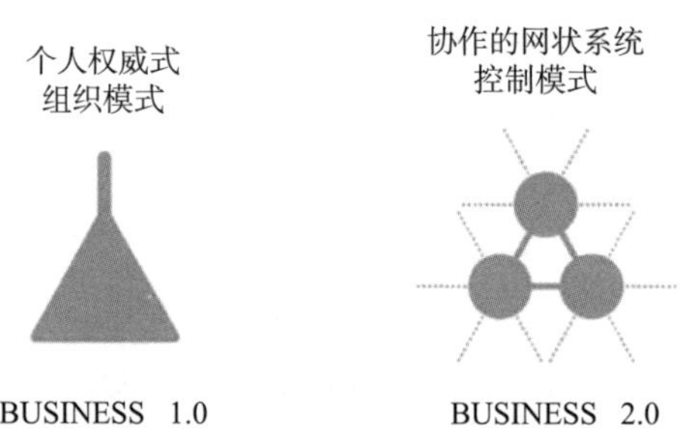

图 10 -7 个人权威式组织模式与协作的网状系统控制模式

在公司组织上，华为建立前台“铁三角”与后台“铁三角”的组织模式，以快速满足消费者需求。

华为项目“铁三角”的支撑体系：系统部“铁三角”，以及代表处/地区部平台，如图 10 -8 所示。

前端“铁三角”核心成员包括 AR（Account Responsibility，客户经理/系统部部长），SR（Solution Responsibility，产品/服务解决方案经理），FR（Fulfill Responsibility，交付管理和订单履行经理）。其中，AR 是相关客户/项目（群）“铁三角”运作、整体规划、客户平台建设、提高整体客户满意度、达成经营指标、参与市场竞争的第一责任人。SR 是客户/项目（群）整体产品品牌和解决方案的第一责任人，从解决方案角度来帮助客户实现商业成功，对客户群解决方案的业务目标负责。FR 是客户/项目（群）整体交付与服务的第一责任人。

系统部“铁三角”组织由销售业务部、解决方案部和交付与服务

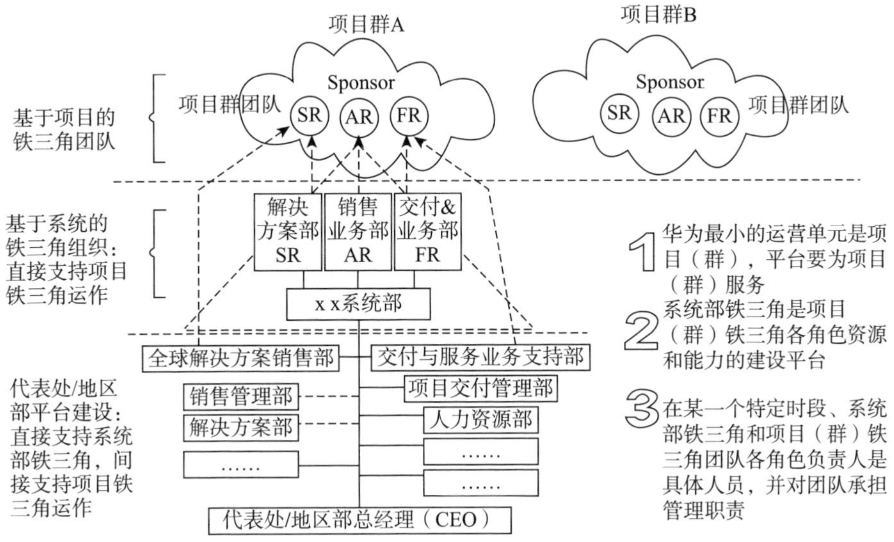

图 10－8　华为项目“铁三角”的支撑体系：系统部“铁三角”，以及代表处/地区部平台

部构成。其作为服务于客户的组织而存在，是一种相对稳定的职能组织形式。其职责包括：负责公司系统部整体经营指标达成；负责公司系统部客户群市场规划，客户关系平台建设和维护；负责公司系统部机会点挖掘，并组织资源实施项目，对项目成功及盈利负责；负责公司系统部交易质量改善、客户满意度提升；负责公司系统部内部竞争目标达成等。

三、中小型企业营销组织与队伍建设模式

下面我们就中小型企业营销组织与队伍建设模式进行分析。

1. 营销组织模式：多数为直线职能制，总部营销总监/分管副总＋营销职能部门＋营销队伍（区域/品类/品牌/渠道或客户）

中小型企业由于业务规模比较小，营销人员数量不多，普遍采用直线职能制的营销组织模式，即总部营销总监/分管副总＋营销职能部门＋营销队伍（区域/品类/品牌/渠道或客户）的模式，如图 10－9 所示。

这时候的组织建设侧重于三个方面：一是专业化职能培育，营销管理要有专业化思路，逐步培育，打造后台的专业营销职能，如市场部

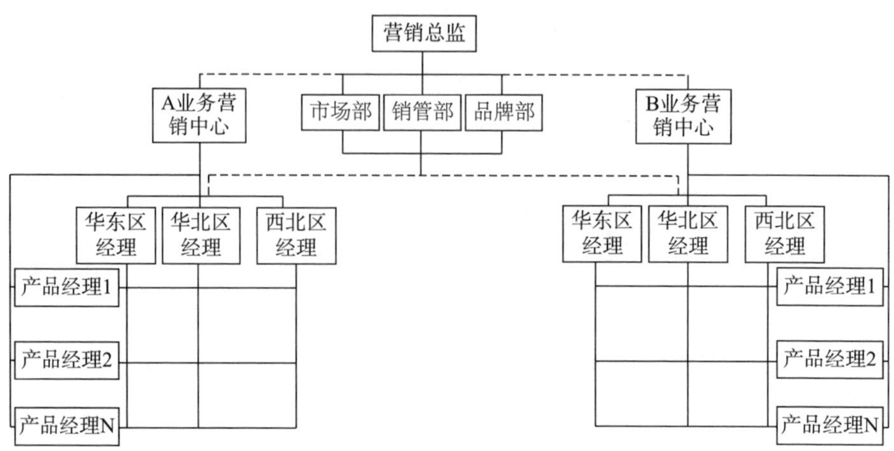

图 10－9　直线职能制的营销组织模式

门、销售管理部、品牌部等。二是一体化组织，营销不是个别部门的动作，而是企业为完成销售目标而发起的整体行动。营销必须是一体化的，重视前后台协同，强调协调、沟通、指导、控制。这就要求组织关心市场结构重于关心销售规模，市场组织重于销售组织，顾客资源重于营销资源。三是强化执行要求和业绩目标导向，前端按照区域、品类、品牌、渠道或者客户进行分工，通常是单兵作战（对个体销售能力要求高），辅以少量支持人员，强调员工的标准化执行力和业绩目标管理。

2. 典型案例

（1）某化肥企业营销组织结构图。

如图 10－10 所示，某化肥企业更多的是营销总监负责制的直线职能制组织架构。总部后台部门设置了销管部、市场部、农化部和电商部。在地区营销中心设置了区域销售平台（纯销售职能），销售队伍按照品牌进行划分，而营销职能部门由总部各专业职能部门负责支持。

（2）某调味品企业组织结构图。

某调味品企业组织结构如图 10－11 所示。

区别于其他企业，该调味品企业的组织结构虽然采用的是营销总监负责制的直线职能制，但是强化了区域销售平台的功能，培育基本的营

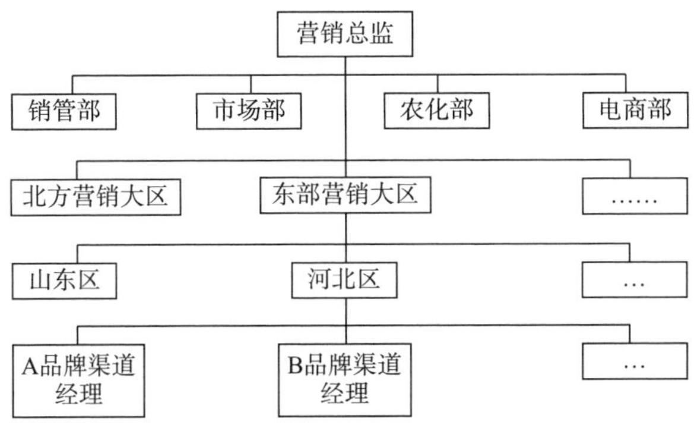

图 10－10　某化肥企业营销组织结构

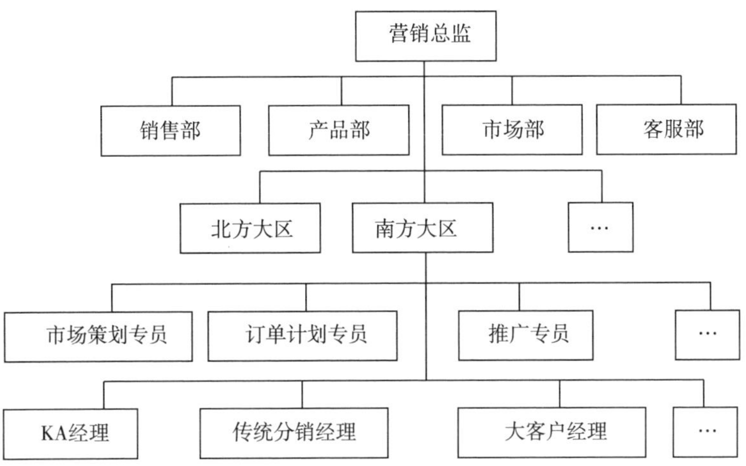

图 10－11　某调味品企业组织结构

销职能，如市场策划、订单计划、渠道推广、招商合作等。销售队伍根据客户、渠道进行了细分。

四、新创成长型企业营销组织与队伍建设模式

下面我们就新创成长型企业营销组织与队伍建设模式进行分析。

1. 营销组织模式：多数是类直线制/职能制，营销负责人＋公司综合后台＋营销骨干

新创成长型公司普遍规模较小，业务单一，一般采用类直线制/职能制的组织结构，即以直线为基础，在后台设置综合化的支持与服务部

门（如计划、推广、供应、财务等部门）从事专业管理，作为营销负责人的参谋，实行主管统一指挥与支持部门参谋、指导相结合。在直线制/职能制的结构下，下级机构既接受上级部门的管理，又接受同级职能管理部门的业务指导和监督。因而，这是一种逐级负责、高度集权的组织管控模式。它既保持了直线制组织结构集中统一指挥的优点，又吸收了职能制组织结构分工细密、注重专业化管理的长处，从而有助于提高管理效率。这种模式需要具备三个特点：一是需要强有力的营销领导人，一般是企业负责人或者联合创始人；二是没有独立的营销职能部门，由综合性的后台进行简单的协调、沟通；三是前端采用“精兵作战”方式，对个体综合能力要求高，要求营销人员能独当一面，强调员工的开拓能力，是以业绩为导向。

2. 典型案例

腾讯创业初期职能型结构

如同大多数处于创业期的企业一样，1998 年成立的腾讯公司在创业初期将企业的经营重心放在了产品研发和市场拓展方面。当时年幼的“企鹅”规模小，人心齐，管理简单，因此组织设置并不复杂，为职能型组织架构，如图 10－12 所示。

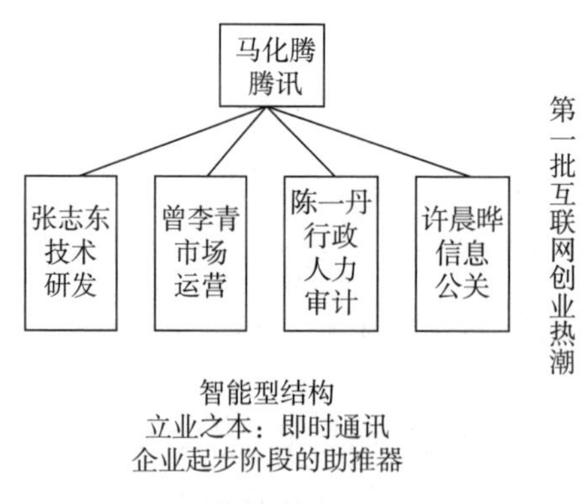

图 10－12　腾讯创业初期职能型结构

腾讯“五虎将”中的马化腾为 CEO，其他四位创始人根据自身所长各管一摊。其中，技术天才张志东分管研发；性格开朗、能言善辩的曾李青分管市场运营；陈一丹严谨稳重，分管行政、人力资源和内部审计；随和又不乏主见的许晨晔分管信息部、公共关系等职能部门。

可以说，职能型的组织架构保证了腾讯在各专业职能领域的深入发展与经验积累，组织运作效率在当时的组织规模下也发挥到极致，为腾讯业务的快速成长打下了坚实的基础。

第三节　构建新时代的营销人力资源体系

随着互联网技术的发展，市场环境发生变化，竞争越来越激烈，企业要转换思路，构建新时代的营销人力资源体系。本节就高绩效营销团队的人才构成、选拔机制进行论述，并列举相关案例，力求为企业构建营销人力资源体系提供参考。

一、高绩效营销团队的人才构成

高绩效营销组织的人才构成如图 10 – 13 所示。

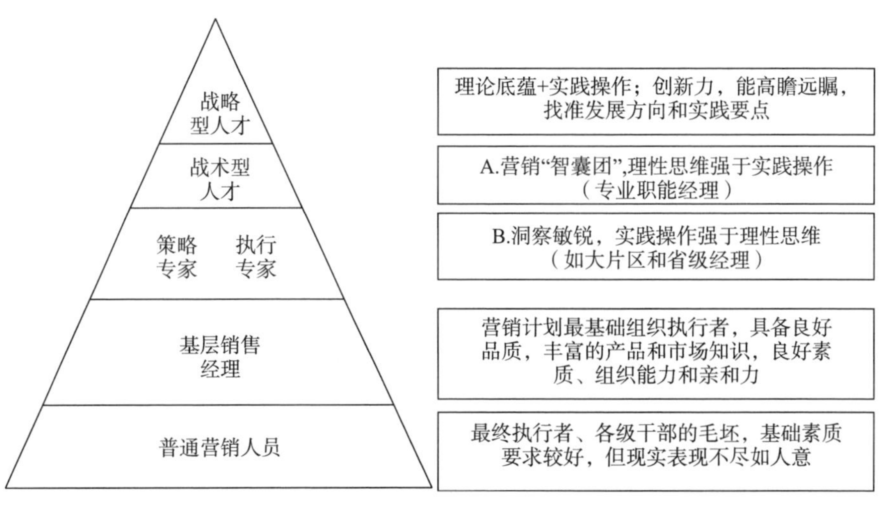

图 10 – 13　高绩效营销组织的人才构成

在图 10 – 13 中，左边的三角图把整个营销体系人员分为四个层级，右边部分则简要列出了各个层级人员的主要素质要求。

营销体系人员分为以下四个层级：

1. 营销总监（或营销副总裁）级

营销总监（或营销副总裁）位列三角图中的第一层（塔尖位置），在营销体系内属于战略型人才，工作重点是确定营销战略，组织制定并批准各项营销政策，明确队伍前进方向，其重要性不言而喻。

对营销总监的要求是综合性的，不但要求其具有深厚的理论功底，而且要具备行业背景与丰富的一线操盘经验，考量的主要是战略思维。对老板来说，对营销总监要权责清晰，确认权限、资源、责任。同时，营销总监与老板之间应保持良好的沟通。

2. 总部职能经理与一线大区经理级

总部职能经理与一线大区经理位列三角图中的第二层，属于营销体系内的战术型人才。销售管理部经理是连接企业产研销体系的桥梁，在具体工作上既执行业务政策，处理业务流程，又需提出业务政策上的建议，偏重于管理思考。要求对企业整个产研销和人财物的体系熟悉，协调能力强，销售管理部经理属于营销体系内的协调专家。

市场部经理是连接营销战略与战术的桥梁，对其既要求为营销总监制定营销战略提供建议，又要求将战略演绎为战术，指导基层执行，偏重于策略思考。因此，市场部经理必须既懂战略又懂战术，富有市场经验。市场部经理属于营销体系内的策略专家。

大区经理则是市场的主要操盘手，也是将营销战略演绎为战术的主要执行者，在工作上既要直接对业绩负责，又要带好队伍。大区经理必须是复合型人才，要求具备理论功底、市场销售经验、管理经验。大区经理往往是在企业营销体系内部培育和成长起来的，对他们的管理主要是进行价值观的引导，防止他们不受上级约束。大区经理属于营销体系内的执行专家。

3. 基层销售经理级（办事处经理）

基层销售经理位列三角图中的第三层，是营销体系内的中坚力量。基层销售经理作为距离客户最近的管理者，是企业在市场上的直接“代言人”，也是一线营销组织的核心力量。他们主要对业绩负责，也承担一定的区域管理责任，要求具备良好的品德和素养，丰富的产品与市场知识，有一定的组织管理能力。

企业的营销计划与策略能否得到充分贯彻，主要考验基层销售经理的执行力，因此他们往往成为企业提升管理能力与执行力方面的主要培训对象。企业对基层销售经理要强化思想建设，防范他们经受不住诱惑，投靠竞争对手，或者有其他损害企业利益的行为。

4. 基层营销人员级

基层营销人员位列三角图中的最底端，是营销体系内最基础的力量。基层营销人员分散于各区域，既是老市场的维护者，也是开发新市场与新客户的一线力量，要求他们有良好的职业素养，具备一定的市场经验与产品知识。基层是企业营销管理者的储备基地，企业在对基层营销人员加强技能培训的同时，也要加强作风建设，强化他们的纪律意识，要着重培养他们的技能，选拔后备人才，加强管理方面的培训。另外，基层营销人员因为过于分散，总部直接管理不现实，因此由基层营销经理对他们进行管理，采用“传、帮、带”的方式，一级管一级，保证整个营销队伍的秩序与管理的有效性。

二、选拔机制——选贤任能：用事业吸引人才

企业制定营销人才选拔机制，首先要确立营销人才选拔原则，然后根据营销人员应具备的能力素质进行人才选拔。

1. 营销人才选拔五项原则

营销人才选拔原则包括以下几点：

（1）内部优先原则：培养为主，空降为辅。

（2）适合匹配原则：合适即人才，有用即价值，注意人与岗位需求的匹配性。

（3）包容原则：看人所长，容人所短，忌求全责备。

（4）互补原则：扬长避短，优势（个性、能力）互补。

（5）能力优先原则：学习能力、领悟能力、可塑性优先于资历、年龄、经验、技巧。

2. 营销人员应具备的四项能力素质

营销人员应具备的能力素质包括以下内容：

（1）管理能力。管理能力既包括管理好与团队成员、客户的关系，

也包括管理好自己的情绪，能通过运用数字、事实等直接影响手段，或通过人际关系、个人魅力等间接策略来影响客户，使其接受产品并可能产生购买行为。

（2）思维能力。良好的沟通技巧是做好营销工作的基础，但一个优秀的营销人员应该在更高的层次上有所突破，那就是具备缜密的思维能力，能够通过思考，将营销问题整体分解为多个部分，进行因果关系分析，重要性排序，方案判断和选择。优秀的营销人员还应具备敏锐的现场反应能力。

（3）专业素质。不断巩固客户导向的专业能力，关注客户需求变化，能够综合运用营销、行业知识、经验竭尽全力帮助客户，为客户创造价值。

（4）个人特质。营销人员应该具备个人特质，包括成就动机、自信心、良好的人际交往能力，以及自我管理能力。这些优秀的个人特质可以使营销人员积极投入工作，以自己的自信和人格魅力感染客户，建立良好的客户关系，服务于客户。

3. 案例

美的筛选干部的三个机制

美的是一家值得关注的企业。早期家电行业的明星企业里没有美的，大家关注的是海尔、科龙、TCL 等。美的一直不引人注目，但最近几年，大家发现这家企业很厉害，年销售额 2000 多亿元，增长速度保持在 30% 以上，不仅业务量增长得快，还人才辈出。

美的的最大特征在于它是在中国实行事业部制最成功的企业，它的人才培养和选拔体系都与组织方式紧密相关。美的事业部制需要大量的领导干部，而之所以能够批量培养干部，关键在于干部培养的三个机制：高授权、高绩效、高回报。

（1）高授权。

美的授权机制是完整的，也是彻底的。例如业务员发现竞争对手调整价格，在短时间内，业务人员有权决定应对策略。

（2）高绩效。

美的拥有很多的经营实体，企业内部按照经营绩效来排名，绩效高的事业部排名靠前，资源分配更好。

(3) 高回报。

美的的经理人身价很高，二级的总裁在千万级，事业部的总裁在百万级。MBO（管理层收购）的时候，副总可以占到1%的股份，这就意味着过亿的身价。

美的经理人有了这个平台，高授权，高绩效，当然有高压力。

所以，美的用这三大机制——高授权、高绩效、高回报，既给提拔的人才“过筛子”，又给他们提供施展才华的舞台。在美的，有几次浪潮成就了人才，人才的基本梯队就此建立起来。1997－1998 年有一批人才被提拔，后来成为骨干；2001 年，划分集团的时候，又有一批人才涌现；2003 年事业部进一步细分的时候，也提拔了一批人才。美的每次进行大的组织调整就会提拔一批人才，比如切分事业部时，在切小责任单元的过程中，大量人才脱颖而出。

三、培养机制——育德赋能

企业要建立人才培养机制，为持续发展储备后备力量，人才培养的关键在于育德赋能。

1. 构建赋能平台与机制，培养专业化复合型营销人才

所谓复合型营销人才，是指具有深厚的专业知识、丰富的营销经验和很强的营销能力的人才。企业要构建赋能平台与机制，培养专业化复合型营销人才，为客户提供专业咨询，帮助客户解决问题，使客户信任企业，加深客户关系，发展新的业务。

构建赋能平台与机制，培养专业化复合型营销人才，主要从以下几个方面着手：

(1) 培训体系建设：系统化、个性化、实战型的培训体系。

企业的营销培训体系要能够系统培训营销专业知识和行业知识，能够根据企业的发展阶段及工作重点、员工的能力欠缺情况提供个性化、针对性的培训课程和方法。在课程设置上，既能宣贯营销理念，更能提

供实战型、实操性的内容和方法。

（2）知识分享机制：高管授课，员工分享实战经验。

企业应该形成良好的知识分享机制，包括优秀经验的分享、平时的经验交流，高管直接授课，一线员工分享自己的实战经验等。

（3）授权机制。

企业形成责权利明确的岗位和组织制度，通过授权机制，明确员工的目标和管理边界，并给予相应的资源支持和服务，能够培养员工勇于担责和自主管理的意识。

（4）轮岗机制。

每个个体都需要不断接纳新事物。一个员工在同一岗位工作两三年之后，就应该强制要求他轮岗。通过轮岗，员工有机会到更多岗位实战，能够培养综合能力，有助于复合型营销人才的培育。轮岗制度有三项好处：一是驱动所有员工对工作结果负责；二是能筛选出真正有实力的人；三是促进合理的人员流动。

（5）沟通机制。

随着互联网对传统企业的影响越来越大，跨界、组织开放、去边界的理念越来越得到企业认可。营销组织应该打造前中后台一体的组织沟通机制，通过项目制的方式打破部门墙、流程桶，实现跨团队、跨部门的沟通与协作。

（6）统一价值观。

企业的价值观是企业内部所有员工做事的理念，行动的指南，努力的方向。统一的价值观就是所有员工思想意识层面的价值取向一致，所表现出来的言行与之吻合。通过统一价值观，用文化链接团队，上下同心，有利于打造一体化的组织结构。

2. 案例：华为——将军是打出来的

在华为，必须多产“粮食”才能拿高工资，多产“粮食”才能当将军。将军是打出来的，也是选拔出来的，不是因为学习了就可以当将军，但是不学习肯定不能当将军。

我们不是在教科书里纸上谈兵，不能以技术标准来考核任职，这是学生的考核标准。将军应该是打出来的，是选拔出来的。所以大家要积极努力，踏踏实实提高本职工作能力。

例如：交付经理应对确定性事务，要优先实现效率提升、效益提升；服务经理应对不确定性事务，提高快速处理故障的综合能力。

——摘自任正非演讲《将军是打出来的》

四、用人机制——知人善任

企业要建立适当的用人机制，调动所有人员参与企业营销，培养员工对企业的忠诚度，增强企业凝聚力。

（一）用人机制：培养员工的参与感、成就感、归属感

企业营销不是一个人、一个部门的事情，需要企业所有部门集体参与、共同努力，因此要调动全员参与营销，这也是为什么格力 2019 年所有员工均设置销售目标的原因。没有参与感就没有成就感，没有成就感就没有归属感，没有归属感就不会有忠诚度。

企业如何培养员工的“三感”？我们建议通过以下六个方面来开展工作：

1. 用人所长，协同互补

根据员工与岗位的匹配度安排工作，发挥员工的特长与优势。同时，通过团队内不同背景、知识、能力的人员搭配组合，实现优势互补、协同作战。

2. 简化管理，强化机制

三分管理，七分机制，优化、完善各种用人机制和管理机制以激活个体，发挥人的主观能动性，简化管理，降低管理复杂性和成本。

3. 适当授权，自主管理

要充分相信员工的主观能动性，通过权力下放、适当授权，让员工参与经营决策，培养员工主动担责、自主管理的能力，通过鼓励创新提高员工的参与感。只有充分参与，员工才会有成就感、归属感和忠

诚度。

4. 目标导向，强化过程

整体目标明确，鼓励员工自我定义目标，甚至挑战目标，重点关注工作方向、推展进程、操作流程、工作质量、工作状态等执行过程中的效率。任正非所讲的**"方向大体正确，关键在于执行效率"，**说的就是企业在具体考核的时候，以目标为导向，对关键的过程进行指导即可。

5. 重点突出，抓住核心

不要面面俱到，什么都管。企业的人才管理，尤其是营销队伍的管理，一定要抓住关键工作环节，管住核心营销骨干。对于非核心的工作和员工，通过搭建平台，让员工主动"唱戏"，一般会取得比较好的效果。

6. 综合化、差异化的激励机制

最近几年，企业普遍觉得员工不好管，员工没有工作积极性。这就需要革新激励机制，通过综合化和差异化结合的激励机制，灵活调动所有人的积极性，即在通用的人力资源管理基础上辅以个性化人才激励手段，打通晋升通道，明确职业生涯发展。

（二）如何用好"新兵蛋子"（应届生、有工作经验的新员工）

"90 后""00 后"个性张扬，追求自由，在职场上让"70 后""80 后"的管理者时常感到无所适从。面对这群"难以取悦"的年轻人，企业管理者应该如何做？迪智成咨询团队经过多年的营销实战，总结出"新兵蛋子"管理的难点、要点，主要包括以下几点：

1. 管理难点

（1）流失率高，招聘、培养成本高。

（2）认知与现实心理落差大，对未来发展没信心。

（3）难以融入团体，或者易被不良风气影响、同化。

（4）急于被认可。

（5）管松了"放羊"，管紧了跑路。

2. 管理要点与策略

（1）帮助融入：入职仪式、单独沟通、熟悉环境、师傅带徒弟。

（2）培训赋能：企业文化灌输、升级组织与人力资源体系、营销知识培训与赋能、员工职业规划与发展，实战演练。

（3）示范带动：以身作则、言传身教、同甘共苦、不抢功劳。

（4）适度授权：适度给新员工放权，主动让新员工担责、自我管理，鼓励新员工参与创新，多给机会，允许试错。

（5）正向激励：多表扬，少批评，多讲成绩，少说错误，多奖励，少惩罚，激励及时，打造标杆，提前转正或晋升。

（6）关注发展：关注新员工生活及其情绪变化，多组织团队活动。

3. 案例：OPPO 大胆使用年轻人的战略

2018 年 5 月，沈义人正式接替吴强出任 OPPO 中国内地市场营销负责人。资料显示，出生于 1988 年的沈义人刚到而立之年，这一任命也意味着他进入 OPPO 的核心管理层。事实上除了沈义人，OPPO 已经涌现出一大批“85 后”的年轻中层管理者。经常公开露面的产品经理李胜是一名出生于 1990 年的年轻人，目前担任产品规划部部长。说“90 后开始接管 OPPO”也不为过。“目前 OPPO 研发中心人员的平均年龄是 29 岁，技术骨干的平均年龄为 32 岁，企业员工的整体平均年龄不到 30 岁！”

OPPO 的发展史就是年轻人的创业史。首先，OPPO 创始人陈明永就是一个有为青年。资料显示，陈明永生于 1969 年。他于 2001 年创建 OPPO 品牌，并担任 CEO，时年他 32 岁，比起现在 OPPO 的高管更年轻。2004 年 35 岁的陈明永就完成了 OPPO（中国）公司的成立，似乎“年轻人造 OPPO”已经成为 OPPO 公司发展的最大实践经验。陈明永很早就开始在 OPPO 内部提出：“大胆使用年轻人应是 OPPO 最大的创新。”“我们要投入更多的精力，下更大的功夫，而不仅仅是停留在口头上，我们要让一批有能力的年轻人脱颖而出，迅速成为企业的中坚力量。”

同时，OPPO 通过统一企业价值观对年轻人进行管理，“OPPO 有一个容错的文化，我们可以允许年轻人犯一些错误，但是这些错误是非价值观的错误，我们不能触犯企业价值观的底线。在能力上，我们能够理解年轻人存在不足，特别是现在所处的环境变化非常快，就算年纪大一点的人也不一定经历过现在的市场，所以其实在我们现在的业务上，新人、老人真的差不多。消费电子行业已经进入竞争的无人区，现在很多东西都需要探索。”

除了有容错文化以外，OPPO 还会给年轻人提供很多的培训、发展机会。给他们配导师，并在全球范围内整合专家资源，共同解决他们的问题，这样成功概率就会提高。作为“大胆使用年轻人”的受益者，沈义人曾表示：“要感谢 Tony（陈明永）在公司内部大胆地给年轻人机会!”“大胆使用年轻人”战略，打破了大公司老资格论、排位论，也打破了大公司固化的体制，扫除了大公司持续发展和创新的障碍，并让公司重获成立之初的活力。当然，这一切更是 OPPO 第一代创业者有魄力、胸怀的体现。他们为 OPPO 未来十年的创新发展奠定了人才、智力基础。

（三）如何激活富裕起来的老员工

随着企业成长起来的老员工普遍没有生存压力，这时候很多老员工产生惰性，有了混日子的想法，如何激活富裕起来的老员工是很多企业面临的问题。我们通过分析总结出老员工管理存在的难点，以及企业可以采用的应对策略，分别为：

1. 管理难点

（1）知识陈旧，观念滞后，不爱学习。

（2）讲资历，摆老资格，拉帮结派，不服从管理。

（3）吃苦在后，享受在前，抢功推责。

（4）排斥新员工，或者带坏新员工，影响氛围。

（5）有钱后没动力，不思上进。

2. 管理要点与策略

（1）树立老员工榜样文化：肯定贡献、树立标杆。

（2）引导归零心态：二次创业，挑战自我，学习型组织。

（3）授权、授责，利益捆绑。

（4）设计多通路职业通道：关注与培养，轮岗与多渠道晋升。

（5）构建长效激励机制/事业平台。

3. 案例：华为“集体大辞职”，激发老员工活力

2008 年，华为公司要求包括任正非在内的所有工作满 8 年的员工在 2008 年元旦之前办理主动辞职手续，竞聘后再与公司签订 1 ~3 年的劳动合同，废除旧有的工号制度，所有工号重新排序。

华为有员工数万名，由于历史上离职的员工仍保留工号，其工号序列迄今已经排到 10 万名以后。排号靠前的是老员工。这些老员工不仅能获得新人尊敬，更因股权收益而拥有稳定的薪酬。他们在企业创业初期立下汗马功劳，在企业发展壮大之后却缺乏上进心，而且与新员工地位、待遇差别悬殊，引发消极情绪。

“工号文化”和功臣意识腐蚀“狼性”，就必须拿它开刀。任正非的新辞职运动来源于这样的内部因素。

任正非是中国企业家的典范，已花甲之年的他没有停下脚步的迹象，“不冒风险才是企业最大的风险。只有不断地创新，才能持续提高企业的核心竞争力，只有提高核心竞争力，才能在技术日新月异、竞争日趋激烈的社会中生存下去。”

通过这次事件，华为打破了旧有的格局，将老员工的工作积极性重新调动起来。

（四）如何管理好“90 后”员工

“90 后”员工的管理是很多企业面临的老大难问题，我们通过分析总结出“90 后”员工管理存在的难点，以及企业可以采用的应对策略，分别为：

1. 管理难点

（1）经济压力小，动力不足。

（2）多为独生子女，自我意识强，抗压能力弱，人际交往能力差，易与他人发生冲突，管理难度大。

（3）价值取向多元化，目标理想模糊，不易被“洗脑”，传统激励方式效果差。

（4）敏感、冲动、不受约束，管理尺度不好拿捏，一管就死，一放就松，频繁跳槽。

2. 管理要点与策略

（1）改变管理方式：赋能授权式领导，而非命令式指挥型管理，营造轻松积极的工作氛围与场景，以合作的理念进行管理。

（2）改变沟通方式：了解“90 后”员工的想法和需求，平等开放地和其做朋友，多聆听，少说教，常激励，少批评，关心其心理状态和生活。

（3）使用方式：“90 后”员工兴趣优先，不喜欢简单重复的工作，多轮岗，用其所长。

（4）适当授权：适度放权，让“90 后”员工主动担责，进行自我管理，鼓励其参与创新，多给机会，允许试错。

（5）考核激励：自定义目标，弱化目标与 KPI，强化过程与 OKR，个性化激励，定制培训发展计划。

（6）文化牵引：“弱化”技能培训，强化文化建设，使命链接，愿景驱动，机制牵引。

（7）经常组织丰富多彩的团队活动。

3. 案例

富士康的《英雄联盟》电竞比赛

富士康流水线上的工人越来越年轻，大部分是个性张扬的“90 后”，这让与年轻人有着极大年龄鸿沟的郭台铭在管理上犯了难。为了留住这一代年轻人，郭台铭变革传统的管理方式，为“90 后”员工创造他们喜欢的生活。

富士康的“90 后”员工大都是《英雄联盟》的忠实拥趸。工作一天后，他们最喜欢的休闲活动就是去网吧召唤朋友上线打《英雄联盟》，我配合你 Gank，你辅助我拿龙，你做好视野，我放心拆塔，几局下来放松心情不说，还跟远在异地的朋友叙旧。对年轻人之间的这股风潮，中层管理者最开始是插不上话的，听这些孩子们聚在一起讲电竞赛事，仿佛听天书一样，但当管理者接触《英雄联盟》这个游戏，新世界的大门一下子就被打开了。2017 年，富士康联合腾讯游戏举办一场相当正规的《英雄联盟》电竞比赛，从全国 120 万名员工中层层筛选，角逐冠军队伍，这让整个富士康团队的年轻成员热血沸腾。不少“90 后”员工组团报名。为了练习团队打法，5 人一组的小团队必须克服倒班制的流水线作业带来的困难，只要有时间他们就两个人打“双排”，五个人都有时间才能组团配合练习。最后富士康深圳园区的 GOD 战队摘得了冠军，他们说比赛从夏天打到冬天，为了获胜，他们一共战胜了 20 多支队伍。在富士康公司的安排下，比赛的决赛场地和专业的大型电竞比赛相差无几，场馆可容纳 2000 人，不仅有热舞与 COSER 的表演，对战双方也要穿上像职业战队那样的队服，激烈的赛事通过大屏幕同步投放，每一次绝妙操作都能引来台下观众的欢呼和尖叫。面对如此热烈的场面，富士康人力资源部的管理者感到非常意外，以往公司举办的篮球赛、足球赛，参与者寥寥无几，现场观众更少，像《英雄联盟》比赛这么高人气的还真是少见，她也重新审视这些“90 后”游戏爱好者，不再片面地称呼他们为“网瘾少年”。

抓住年轻人喜欢的东西，对他们加以引导，富士康的管理方式开始变得非常有新意，让年轻人一边工作一边娱乐，他们感到快乐，就更愿意努力工作，这是一个健康的模式。除了游戏比赛，富士康园区也开始变得更为人性化，这里像居民区一样设施齐备，幼儿园、超市、商场、医院等基本配置都有，周围也聚集了一大批超市、网吧等，甚至以富士康园区为轴心，百万人口的城市生活中心已经成形。部分年轻的富士康员工热爱自由，向往相对独立的生活空间，富士康公司也持开放的态度，支持年轻人搬出宿舍居住。

（五）留人机制——安居乐业

企业通常采用四大措施留住人才，使员工能够安居乐业，稳定地留在团队中。这四大措施包括：

1. 事业留人

搭建企业广阔的发展空间，明确企业发展平台，设计多元化的职业生涯成长通道，使员工能够在企业看到事业前景，对未来的成就有预期。企业通过事业留人，最好采用事业合伙人的方式，使团队核心成员能够与企业利益捆绑，通过长期的共同事业留住员工。事业留人一般更适用于企业高层和关键岗位。

2. 情感留人

关怀员工及其家庭，打造良好的企业文化氛围，建立相互信任和平等的关系，满足员工的归属感。这一点海底捞是一个典范，通过营造家庭般和谐的企业文化氛围，其核心员工留存率一直较高。

3. 机制留人

健全人才机制，包括人才选拔、评价、培养机制，为员工提升工作能力和晋升提供通道。通过有竞争力的薪酬体系、有效的激励机制，以及企业长短期的利益分享、增值分享机制，使员工和企业利益捆绑在一起，提升留存率。

4. 文化留人

通过共同的价值观、理想、企业使命、愿景和目标集聚人才，用企业文化牵引全体员工，要让员工有使命感、成就感、归属感，觉得做这件事不是为了钱，而是具有更重要的意义和价值，是有意义的价值创造。

（六）领导力提升

领导力的本质是影响力，我们要转变企业领导的角色，由通过权威、职位管理转变为通过个人魅力、个人影响力影响组织成员。引导管理者向领导者提升，转变角色和工作方式，可以采用以下几种方式：

1. 角色与工作方式转变

（1）指挥—赋能。

领导应该转变角色，由原来的指挥者转变为向组织成员赋能的教练、领路人，通过领导权威而非管理权威影响组织成员。

（2）命令—授权。

在知识型、服务型企业中，知识型员工的比例增大，管理制度化的强制性执行方式遭遇越来越多的挑战，管理者的创新理念亟待更新，要求管理者向卓越的领导者转型。要将传统的命令式管理转变为授权管理，用授权激活组织与个体，引导员工自我设定目标，自主管理。

（3）结果—过程。

领导对下属的管理与评价要从纯结果导向转变为过程、结果并行的双重导向。领导者不能一味地关注结果，要在过程中承担指导、支持、赋能、协调、纠偏等职能，通过过程支持与控制，引导员工提升工作绩效。

（4）等级—平等。

领导并不是高人一等的，“革命没有贵贱之分，只有分工不同”，大家本质上是平等的，都是在为组织的目标共同努力。领导需要端正态度，平等对待所有人。

（5）管理权威—个人魅力。

领导更多的是通过个人魅力来影响下属，这就要求领导要格外细心，深入了解下属，从他们的行为和思想分析每个人的性格、能力特点，要看到员工的长处，用人所长。

（6）分责分利—共担共享。

组织的责权利对于领导和下属来说并没有明确的区分，更多的是共同担责、共享成果。大家都是为了组织的共同目标开展工作，因此领导要有“共担共享”的思想，主动担责，并带领团队有效地工作。

2. 领导力提升要点

（1）系统性、战略性思维。

对于领导来说，战略性思维就是在团队、组织及企业的总体目标基础上，要有更宽泛的开放、创新的思维方式，是通过系统、全面的观察，对所处环境给予长远的分析和判断。这是一种严谨的思维方式，总是需要把企业与外部环境视为整体。首先，是关注企业所期望达到的结果；其次，是关注企业各组成部分之间的关系，通过不断的结果反馈，去寻找实现目标的办法。同时，还应该通过培养自己的系统思维、整体视角来提升领导力。只有站在全局的高度才能统筹思考企业发展、组织建设和人才激励等问题。

（2）卓越的业务能力和高绩效。

领导要有极强的业务能力和高绩效，才能了解下属存在的问题和应该提升的能力，进行指导，帮助下属解决问题。只有领导自身业务能力强，才能起到带头作用，通过榜样力量来影响下属。

（3）敢于担责，勇于奉献，身先士卒。

打造领导魅力是通过打造个人能力、个人魅力和个人人格来实现的。领导敢于承担责任、勇于奉献、身先士卒的表率作用能激励、带动团队敢打仗、打硬仗、打胜仗，也就是领导要把自己培养成“李云龙”一样的领导，才能打造一支虎狼之师。

（4）黏合剂、业务标杆，指导关爱团队成员，鼓舞士气。

领导在组织中起到的作用更多的是团队的黏合剂、业务标杆，大家的知心姐姐/哥哥，以及导师、教练，能够指导关爱团队成员，鼓舞士气。

（5）品德修炼。

领导应该修炼自身的品德，使自己正直、乐观、自信、开放、包容，通过自身的人格魅力感染身边的员工，让团队成员逐步养成坚韧不拔的意志和乐观向上的态度。

（6）领导艺术。

领导要能够有效控制自己的情绪，不能让自己的情绪影响到组织的决策与管理，影响团队的士气，同时还要擅长协调沟通，对员工多赞美，少批评，以鼓励为主。

3. 案例：华为干部领导力培养

任正非指出：“我们正面临历史赋予的伟大使命，但是我们缺乏大量经过正规训练、经过考验的干部。华为现在的‘塔山’组织架构就是用于后备干部的培养。”“公司在发展过程中到处都缺干部，干部培养不起来，我们就可能守不住‘阵地’，可能要败退。”

华为管理者的成长大致遵循“‘士兵’（基层员工）——‘英雄’（骨干员工）——‘班长’（基层管理者）——‘将军’（中高层管理者）”的职业发展路径。根据华为公司人才培养工作的实践经验，华为管理者的培养过程分为三个阶段，如图 10－14 所示。

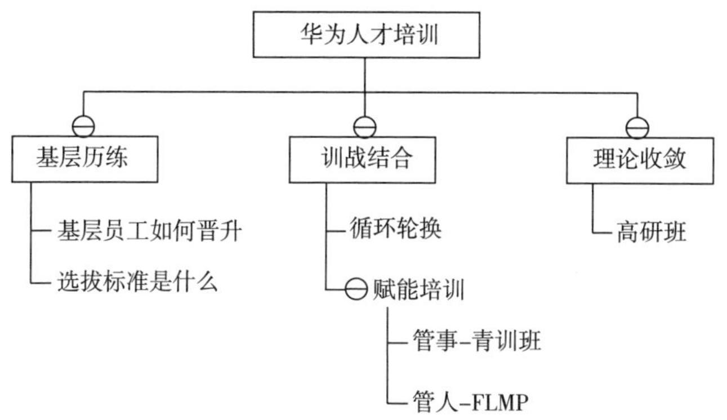

图 **10－14**　培养华为管理者的三个阶段

这三个阶段分别是：

（1）基层历练阶段：“将军是打出来的”。

对于华为的基层员工，任正非强调：“要在自己很狭窄的范围内干一行爱一行专一行，不再鼓励他们从这个岗位调到另一个岗位。”“士兵”要在本职岗位上不断提高业务水平和绩效产出，当然，公司也允许基层员工在很小的一个层面上有弹性地流动和晋升。

与其他企业的做法不同，华为对于干部只强调选拔，不主张培养和任命。公司的干部不是培养出来的，而是选拔出来的，干部需要通过实际工作证明自己的能力。

“将军是打出来的”，将军必须从实践中产生，而且是从成功的实践中产生。公司的组织建设与军队类似，先上战场，再建组织。

（2）训战结合阶段：干部的“之”字形成长。

“是不是好‘种子’，要看实践，实践好了再给他机会，循环做大项目，将来再担负更大的责任，十年下来就是‘将军’。人力资源部和华大要加强对‘种子’的管理，‘种子’到各地去干几年以后，不要沉淀下来了，把他忘记了，优秀‘种子’回炉以后，可以往‘上将’‘上校’走。”

人力资源部和片联负责选拔优秀的管理型人才进行循环轮换，此阶段也加入组织层面的赋能培训任务，由华为大学承担。

为此，华为大学教育学院基于“管事”和“管人”两个角度专门开发了相关培训项目——后备干部项目管理与经营短训项目（简称“青训班”）和一线管理者培训项目（First-LineManager Leadership Program，简称“FLMP”），如表10－3、表10－4所示。

表10－3　华为大学青训班项目

赋能环节	概述
1. 网课自学	党员通过自学初步掌控项目管理的基本环节和理论知识点
2. 课堂演练	5天实践，模拟组建项目管理团队，采用一线真实案例进行模拟训练，辅以讲师点评，以达到“训练完就上前线打仗”的效果
3. 项目实践	走上战场，“脱岗”到一线交付项目中实践2个月，承担项目管理过程中的一个关键角色，并尽量安排学员跨岗实践
4. 结业答辩	党员参与答辩评估，结业成绩由人力资源部门备案，为其日后岗位晋升提供参考

表10－4　华为大学FLMP项目

赋能环节	概述
1. 理论自学	“华为公司的核心管理理念及管理方法源于华为的核心价值观，承载了华为二十多年管理实践中成功经验和失败教训”，是公司级的管理哲学和文化，学员在学习之前需自学其理论内容
2. 课堂研讨	每位参训学员要经历3次研究，分别围绕《人力资源管理纲要》、《业务管理纲要》和《财经管理纲要》三大教材，先组内讨论再全班讨论与“吵架”。课堂没有老师，只有引导员，引导员由公司高层担任，只点评不讲课
3. 论文答辩	撰写至少一篇真实发生的案例作为结业论文，强化对理论学习的实践与应用
4. 深度发酵	学员将自己的案例和心得，发布在华大建设的案例平台“管理视界”上，推送全公司的管理者进行讨论

（3）理论收敛阶段：理念、文化与哲学的“发酵”。

“在金字塔尖的这层人最主要是抓住方向。”走过训战结合阶段进入高阶后，干部若想成长为真正的“将军”，进一步成为战略领袖和思想领袖，就要“使自己的视野宽广一些，思想活跃一些，要从‘术’

上的先进跨越到‘道’上的领路，进而在商业、技术模式上进行创新”。

为此，华为要求高层干部学习公司文件，领会高层智慧精华。“我们公司很多高级干部根本不学习公司文件，他们是凭着自己的经验在干活，这样的干部是一定会被淘汰的。”

为帮助中高级干部实现“术”向“道”的转变，公司规定每位高级干部必须参与华为大学的干部高级管理研讨项目，成立高研班，高研班堪称华为的“抗大”。

华为大学高研班项目与表 10－4 相同。

高研班的主要目标不仅是让学员理解并应用干部管理的政策、制度和管理方法，更重要的是组织学员研讨公司核心战略和管理理念，传递公司管理哲学和核心价值观。

和一般企业大学的做法不同，华大的高研班向每位参训学员收取 20000 元的学费，学费由学员个人承担，目的是为了让每位参训干部增强自主学习的意识，不经过高研班培训的干部不予提拔。

第十一章 营销组织的升级和变革

叶 宁

随着互联网的高速发展，数字化时代来临，在互联网企业冲击下，传统企业的营销组织面临升级和变革，以适应竞争要求。

第一节　营销组织变革的必要性

新营销时代，数字技术不断迭代，应用创新、模式创新层出不穷，互联网企业对传统企业不断冲击，行业的边界融合，以客户为中心，基于客户工作方式和消费者生活方式进行需求满足，乃至引领和创造需求已经成为企业生存的必备条件。经营模式决定营销模式，营销模式决定营销组织能力，从而决定营销组织的管理能力，内外部因素都要求传统企业进行有效的营销组织变革，如图 11－1 所示。

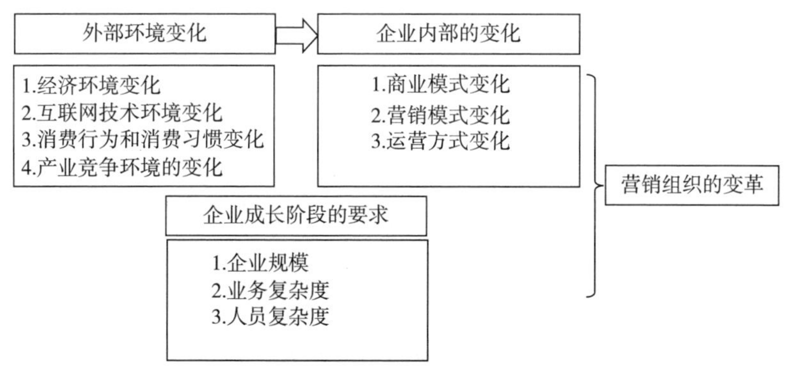

图 11－1　营销组织变革的必要性

企业外部环境变化要求企业内部及时响应，做出相应的改变，企业不同成长阶段对营销组织的要求也不同，营销组织变革迫在眉睫。

一、外部环境变化

企业外部环境变化主要包括以下几点：

1. 经济环境变化

随着中国经济的发展，经济总量和经济结构都发生了巨大的变化，经济总量提升带来消费升级，经济结构变化带来城乡经济的逐步融合。同时，在当今的数字化时代，全球经济一体化趋势越来越明显，要求企业面向全球发展，而全球经济的一体化程度对企业内部造成巨大的挤压效应，企业各种变革措施纷纷出笼，自持续改进、企业再造到外包策略、缩小规模，甚至裁员并购，都是经济环境变化给企业带来的变革要求。

2. 互联网技术环境变化

营销现在已经进入大数据应用时代，物联网、AI 等技术应用层出不穷，消费互联网和产业互联网在不断地融合。对传统企业而言，不仅是产品本身的变化，也是价值提供和传播的变化，只有掌握互联网技术才能持续性发展，这一点已经成为企业共识。

以物联网、云计算、大数据为代表的这场技术革命正引领人类社会加速进入农业时代、工业时代之后的一个新的发展阶段——数字化时代（DT 时代）。数据将成为商业竞争最重要的资源，谁能更好地使用大数据，谁就能引领商业潮流，这就是“无数据，不智能；无智能，不商业”的时代。

3. 消费行为和消费习惯变化

新营销背景下，消费者的消费行为和习惯已经发生了巨大的变化，特别是移动互联网时代，碎片化的时间应用到消费场景的方方面面。可能我们在机场等飞机、在坐地铁上班的途中就完成了产品消费，这样的消费习惯体现出更多的随意性。企业只有掌握大数据分析技术，精准地描绘场景化的客户画像，才能从本质上抓住消费者的消费行为和习惯。

4. 产业竞争环境的变化

在数字技术驱动下，在消费者消费行为和习惯的变化中，传统企业需要重新认识数字化带来的商机和危机，找到数字化时代快速应对环境变化的方法，尽量保持高效率和低成本，这是两个大的经营课题。一方面是产业链上下游在往生态链的模式变化；另一方面是企业竞争对手从确定变为不确定，随时可能出现跨界竞争对手，比如腾讯拿到医疗器械经营许可证，扩大了经营范围，医疗器械企业的竞争对手增加。传统企业需要认识到在新的环境下，自己与竞争对手抢占市场的速度处在分化阶段，跨界进入某个行业的竞争对手往往水平高，响应市场速度快几倍到几十倍，甚至上百倍。阿里巴巴和腾讯进入医疗行业的操作方式就和传统的医疗器械企业不一样，它们携带资本投资，比拼速度快速占位，传统企业不得不考虑如何去应对。

二、企业内部变革的必要性

在外部环境变化的影响下，企业内部的变革将围绕着以客户为中心的原则展开，如图 11 －2 所示。

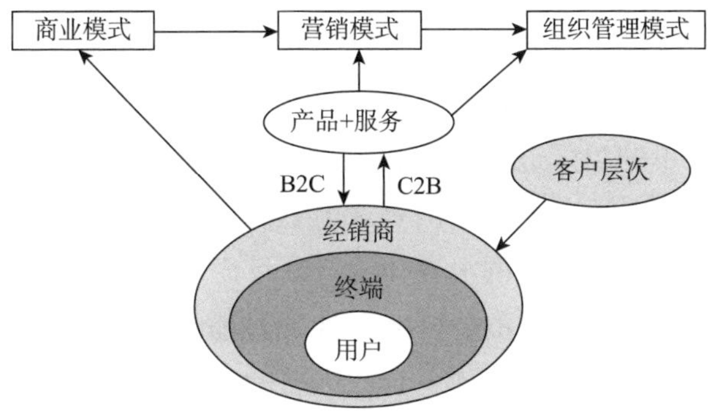

图 11 －2　企业内部变革

企业内部主要出现以下几个方面的变化：

1. 商业模式变化

商业模式就是企业通过提供产品和服务获得价值回报所运用的方式，是价值选择和价值创造的命题，也是我们常说的经营模式的另外一种解释。随着外部环境的变化，企业的产品和服务会随着消费者的变化及消费者需求的变化而变化，商业模式从来都不是一成不变的，企业提供的产品和服务的变化就会带来资源和能力的变化要求。在数字化时代，传统企业在价值创造上要借鉴互联网企业的平台思维，体现出互联网精神的合作共赢思维，从而为提供产品和服务带来升级和变革。

2. 营销模式变化

营销模式是商业模式的价值传播和价值实现过程，涉及营销策略，以及策略之间的组合模式。目前，传统的市场营销模式存在三大局限性：忽视客户需求，满足市场个性化需求的成本过高，传统营销模式满足市场需求的时间过长。互联网营销之所以得以快速发展，成为企业营销的重要选择，是因为互联网营销克服了传统营销的缺陷，以客户为中心解决企业营销的痛点，让企业获得更多的用户和盈利空间。近年来，不少互联网企业通过颠覆传统的营销方式构建新的营销模式，快速切入市场获得了营销成功。比如小米互联网营销模式之于手机行业，江小白互联网传播之于传统白酒传播。江小白通过互联网的传播语境带给客户的消费体验有效冲击传统白酒行业。

总结起来，新营销模式下，“以用户为中心”催生的体验至关重要，传统企业升级营销模式才能有效匹配商业模式的升级变革。移动互联网时代，传统的4P组合模式已经无法满足市场需求，企业要从产品的视角转变为客户价值需求的视角；价格要从成本加成利润模式真正转变到为价值买单的角度进行思考和规划；在渠道上，传统企业渠道需要围绕客户需求场景从单一渠道向多渠道业态变化，构建线上、线下全渠道消费场景，提供全方位的消费体验；在推广方式上的变化更是颠覆性的，社会化媒体、内容电商、网红KOL、直播营销、各种自媒体都以其独特的价值正在替代传统媒体，企业需要配合渠道构建消费场景，利用新媒体实现消费者体验至上的推广目标。

3. 运营方式变化

企业的组织管理运营方式是研产销的组织模式，数字化时代生态开放背景下，原本封闭的研产销模式将越来越开放，外包、跨界整合、资本合作等方式拓展了研产销的运营组织模式，而企业内部的运营方式更加强调跨部门的项目制运作，更加流程化的运营要求代替专业壁垒下的职能割裂运作模式。

三、不同成长阶段对营销组织变革的要求

企业不同成长阶段对营销组织模式的要求不同，但本质不会变，都

是从以下几个方面对营销组织模式提出要求：

1. 企业规模

企业规模大了，原有的营销组织模式也需要不断地升级变革，如区域营销组织到全国营销组织，到全球营销组织，各个阶段营销组织模式是不一样的。同时，企业规模大了，营销的职能在专业化深入的同时，还要考虑如何克服规模化带来的专业壁垒，如华为不断升级的产品线和地区线的矩阵管理模式。

2. 业务复杂度

当企业不断发展，客户多元化之后的业务复杂程度提高，企业的营销组织模式也需要与时俱进，进行变革，如华为发力手机，从原本的企业市场进入消费者市场，原本的营销组织就得分化出消费者 BU（业务单元），同时在区域做好和企业市场的协同。当美的收购库卡，升级智能制造的时候，从产品模式进入智能家电一体化行业，业务的复杂程度提高，原有的家电营销组织就需要有整合化的组织模式进行支持。

3. 人员复杂度

一方面是人员数量的增多，从一百人的营销组织到一千人，到一万人，再到数万人的营销组织的管理是需要不断变革升级的；另一方面是人员的结构复杂度，除了销售，在推广、渠道、数据和信息的中台人员等方面，随着专业职能人员的加入，人员结构的复杂程度提高，企业的营销组织模式和管理模式都需要得到有效的变革和升级。

第二节　营销组织变革的方向和变革特点

下面我们就营销组织变革的方向和变革特点进行分析。

一、营销组织变革的方向

在新营销背景下，营销组织变革的根本目的是使得组织和个体更具环境适应性，更适应未来组织发展的要求，强化组织活力，不断提升组织的效能，最终实现组织的可持续发展。概括起来，营销组织要围绕四大方向展开变革升级，如图 11－3 所示。

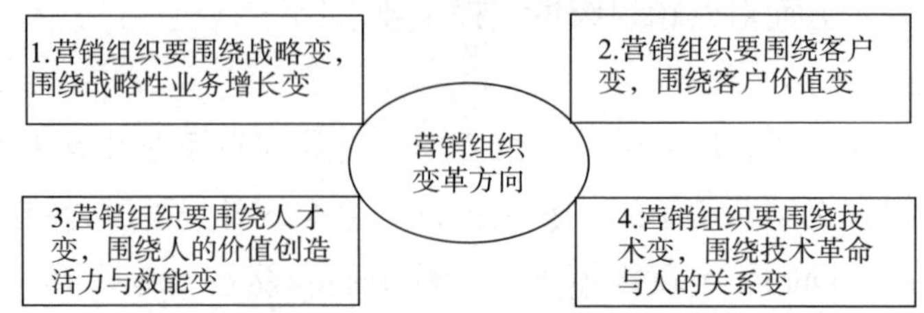

图 11－3　营销组织变革方向

营销组织要围绕以下四大方向展开变革升级：

1. 营销组织要围绕战略变，围绕战略性业务增长变

环境带来的商业模式的变革要落实到战略规划上，战略决定模式并引领组织，战略方向在哪里，组织变革的方向就在哪里，战略性业务在哪儿增长，营销组织能力就在哪儿提升。

2. 营销组织要围绕客户变，围绕客户价值变

营销组织一定是围绕着客户的价值与反应速度变。打造以客户为中心的营销组织模式，核心就是围绕动态的客户价值，围绕市场的反应速度，使得整个组织真正去贴近客户、贴近市场，提高对市场的反应速度。

3. 营销组织要围绕人才变，围绕人的价值创造活力与效能变

围绕人才的组织变革最核心的命题有两个：一个叫激活人才；另一个叫人才效能提升。组织要激活人才价值创造活力，始终保持组织的活力，组织要围绕人才变，实现协同价值的最大化。围绕人的价值创造活力和效能进行营销组织的变革，要体现出以下几大主题：

（1）让员工体验和客户体验融为一体。

员工体验与客户体验要融为一体，关注员工的工作体验才能带来价值感十足的客户体验。

（2）构建扁平化、开放型营销层级，激活员工的活力。

打破科层制结构，在营销组织内部强调划小“责任田”，以客户为中心的倒三角的组织变革是要激发员工的活力，激发员工的价值创造效能。

（3）尊重个体力量，唤醒个体，赋能成长。

现在的“90 后”员工强调自我认知，如何将个体崇尚自我和集体

协作结合在一起是组织核心命题之一，要通过连接强化员工的自主性，激活个体就是让员工有使命感，通过使命连接、愿景驱动，让员工有能力与组织成为事业和命运共同体，通过有效赋能来实现高效协同。这就要改变过去金字塔式的从决策到执行严格分离的领导方式，推行授权，赋能民主化的领导力。

4. 营销组织要围绕技术变，围绕技术革命与人的关系变

技术革命推动组织变革，尤其是数字化、大连接、人工智能时代，完全颠覆了过去的组织连接、沟通、劳动协同方式。所以，新的技术实质上是为营销组织模式升级和创新提供了技术平台，使得以往的技术与人互动的概念能变成现实。

二、营销组织变革的五大特点

虽然不同的企业有不同的商业模式和营销模式，但是企业的营销组织变革都要体现出五大特点，如图 11 -4 所示。

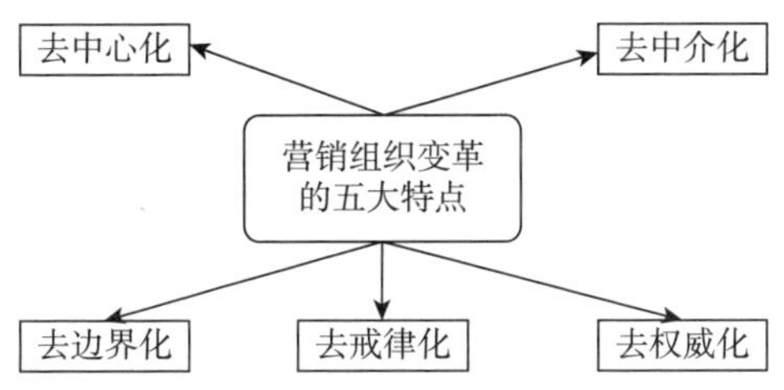

图 11 -4　营销组织变革的五大特点

营销组织变革有以下五大特点：

1. 去中心化

打破一切以行政领导为中心的垂直指挥命令系统，一切以客户为中心，构建多中心平行运行机制。去中心化不是组织不要核心，不是组织不要集中配置资源，而是要以客户为中心来实现资源的动态配置，中心不是来自于预先设计，而是来自于市场与客户动态选择。

2. 去中介化

缩减中间层，降低组织决策重心，减少管理层级，利用数字化技术及时快速传递信息，从而快速响应客户和市场竞争的需求，打造扁平化、平台化、赋能型的组织。

3. 去边界化

打破内外边界，构建生态圈，使整个组织内外跨界，开放融合，拆除部门墙，打破流程桶，以客户为中心平行自动协同，形成生态化系统，为客户提供基于工作和生活一体化的价值体验。

4. 去戒律化

打破固有秩序与规则，开放包容，鼓励员工创新创业，充分尊重人的自主创新精神，通过事业合伙人机制，真正让员工有更多机会参与管理与共治，使员工从被动工作转向自我担责、自我驱动。

5. 去权威化

淡化威权领导，倡导赋能领导，打破官本位，开放职业发展通道，尊重专业权威与业务权威，按角色与任务责任建立汇报沟通关系。

第三节　营销组织变革难点、模式及步骤

企业的营销组织变革乃至整体的变革都会遭遇原有的组织模式的阻碍，这些阻碍包括原有的管理机制和业务流程不支持，部分员工的抵制与不配合，以及员工能力不足，等等。我们知道营销组织的变革来自于企业经营模式和营销模式的变革，是一个从业务到管理的系统工程，需要有正确的变革模式，需要有强有力的领导力牵引，需要有以行为改变为核心的正确变革步骤，如图 11－5 所示。

在营销组织变革中，领导力是变革的决定要素，企业要建立一个强有力的指导团队，确立变革愿景，通过沟通使员工认同变革，实行授权，使更多员工参与变革并取得成效，坚定变革信心，持续坚持变革，营销组织变革自然水到渠成。

一、传统企业营销组织变革难点和常犯错误

我们从传统企业营销组织建设困境、变革难点和常犯错误三个方面逐一进行分析。

1. 传统企业营销组织建设困境

面对快速变化、不断迭代创新的营销新时代，“互联网＋”充斥各

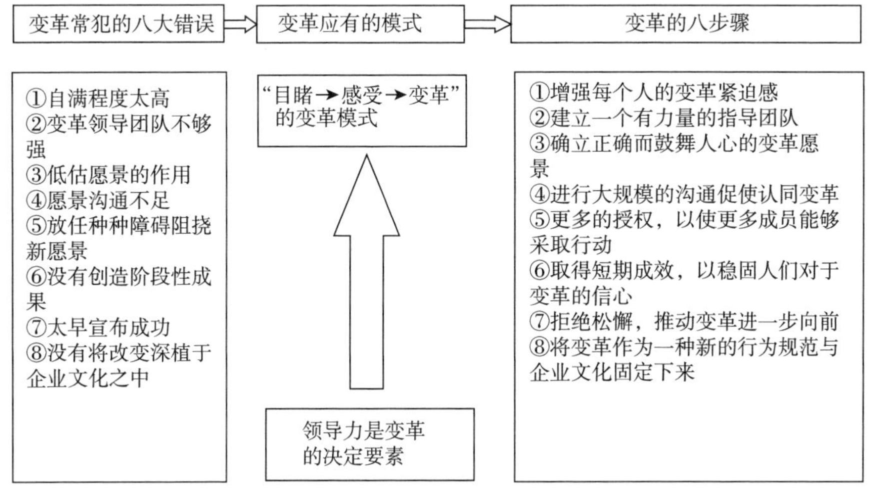

图 11－5　营销组织变革难点、模式及步骤

个行业，一个不可回避的命题产生：组织如何匹配业务的变革？很多企业都面临这样的组织结构进化滞后困境：处于高速增长期时无暇变革，企业处于衰退期又无力变革。在一些企业，组织结构基本上被业务拽着走，企业管理者只要能把所有的漏洞堵住，基本上就不会主动系统地去思考组织变革问题，而优秀企业都会依据组织的发展路径进行系统的、匹配业务变革的组织模式变革，企业的生命周期一般是从初创到发展动荡，再到成熟，直至跨越变革或衰败。初创期一般经历 3～5 年，发展动荡期少则 5 年，多则 10 年。在面临互联网创新和转型的今天，这个生命周期会更短。

2. 传统企业营销组织变革难点

一些传统企业没有经历工业化的进程，企业的基础管理还很薄弱，尚待夯实，随着数字化时代的来临，传统企业营销组织变革的难点在于如何做到"守正出奇"。一方面要守正补课，快速进行标准化、规范化的基本功补课；另一方面要创新出奇制胜，要看到数字化技术驱动的盈利模式和营销模式创新机会，要看到弯道超车机会。华为可以说是"守正出奇"的典范，创业至今，很好地把握了传统企业和互联网企业模式之间的优势互补，提出的前线"铁三角"、大后台、可变矩阵模式和互联网企业的小前台、大中台的模式有异曲同工之处。

3. 传统企业变革常犯错误

变革管理大师科特写过两本变革巨著：《变革之心》和《领导变革》。在《领导变革》一书中，他总结了组织变革常犯的八个错误，同样适用于新营销背景下的营销组织变革：①自满程度太高；②变革领导团队不够强；③低估愿景的作用；④愿景沟通不足；⑤放任种种障碍阻挠新愿景；⑥没有创造阶段性成果；⑦太早宣布成功；⑧没有将改变深植于企业文化之中。这八个错误常常会阻碍营销组织变革的进行，成为变革过程中的绊脚石。

二、营销组织变革应有的模式

实际的变革过程要比理论来得更为复杂，科特认为变革取得成功的方法是75%～80%靠领导，20%～25%靠管理，而不能反过来。领导和管理是两个互不相同但又互为补充的行为体系，在日趋复杂和变化无常的商业社会中，这两者缺一不可，都是取得成功的必备条件。领导未必优于管理，也不可以取代管理，要获得成功，真正的挑战在于将强有力的领导能力和管理能力结合起来，并使两者相互制衡。

组织当中人的行为的改变是一个组织想要取得变革成功的基本条件和关键所在。而人的行为发生改变，常常是因为亲眼看见的事实影响了感受，而不是因为分析改变了想法。基于此，科特主张用“目睹→感受→变革”的变革基调替代“分析→思维→变革”的传统基调，这一主张尤其适合如今体验为王的时代。

所谓的“目睹→感受→变革”的模式，也就是“帮助人们看到问题→人们的情感受到冲击→人们的行为开始改变”这样一个过程。具体来说，就是指通过戏剧性的、令人难忘的场景，使员工发现组织中存在的问题及不良情绪等，并且找到相应的解决方案。

从理论价值上看，科特主张的“目睹→感受→变革”模式与“分析→思维→变革”模式的差别同决策理论家西蒙提出的“刺激→反应”模式与“犹豫→抉择”模式的差别有异曲同工之处。科特强调在改变人们的行为上，与其给他们一堆分析数据，倒不如让他们直接看到事情的真相。西蒙也强调现实中人们的决策行为多数是“刺激→反应”的习惯行为，而不是深思熟虑的算计行为。两人的不同之处在于西蒙落脚于理性，而科特落脚于情绪。

三、营销组织变革应有的步骤

变革是一个过程，可以分为多个阶段，可以加速，但不可逾越，跳过任何一个阶段只会制造变革神速的假象，并不能带来令人满意的结果。在变革的任何阶段犯下严重错误都会延缓变革进程，甚至抹杀来之不易的成果，所谓欲速则不达。根据八个常犯错误，科特总结出组织变革的八个步骤，最核心的问题是改变人们的行为，“组织变革当中最核心的问题不是战略，不是系统，也不是文化，这些因素都非常重要，但最关键的问题无疑还是行为，也就是如何改变人们工作的内容和方式”。

以下是组织变革的八个步骤：

1. 增强每个人的变革紧迫感

让组织中有足够的人数在工作中保持一定的紧迫感是变革的必要前提，管理层中真正信奉变革的人如果少于75%，变革就不会顺利进行。紧迫感可以消除组织中存在的不良情绪，减少不良情绪对于变革活动的破坏。紧迫感常常通过一些富有创意的方法获得，而一旦获得了紧迫感，会使人们意识到进行变革的必要性和重要性，并且开始为变革采取行动。

真正的紧迫感是坚信巨大的危险和巨大的机会并存（不仅仅是前者）。更重要的是，真正的紧迫感是一系列的情感涌动，一种发自内心的感觉，认为我们必须在每天起床的时候就下定决心，以实际行动应对危险和机会，并取得进步——不管进步多么微小，今天就开始做。

2. 建立一个有力量的指导团队，推动即将到来的大规模变革

建立强大的变革领导集团的必要性在于，变革如果不能吸引越来越多的高管参与，迟早会因反对势力的阻挠而夭折。组织一旦获得了紧迫感，变革就势在必行。这时，有成功变革经验或是有远见的领导者就会着手组建变革的领导团队，而不是将领导变革的任务和重心放在某一个人身上。这个团队需要由一些有责任感、有权威、可信任的人员组成，

负责变革过程中的领导工作，这样更有利于变革的进行。如果由某一个人单枪匹马地领导变革，当这个人在工作中缺乏必要的能力和权威的时候，变革就会受到阻碍。

3. 确立正确而鼓舞人心的变革愿景

确立明确的愿景在于变革必须有一个简单、明确的努力方向，你必须能够在最多5分钟之内把愿景阐述清楚，让别人理解并产生兴趣。明确的变革愿景将有助于激发组织成员的干劲。变革愿景常与战略、规划和预算相联系，却不能与它们等同。详细的计划和预算仅仅是变革的必要条件，但是仅有这些远远不够，组织更需要符合实际情况的、能够得到组织认同的变革愿景，让组织成员明确努力的方向。

变革的愿景不能像一个5年规划那样只是罗列一些数字，否则变革行动很容易变成一堆毫无章法、互不相容的项目，致使公司走错方向或者止步不前。在那些失败的变革中，你常常能看到大量的计划、指令和项目，但是你找不到变革的愿景。变革的愿景是要阐明这个组织必须为之努力的方向。有的时候，愿景的初稿主要是由一个人草拟，它通常比较模糊，但是经过变革领导集团三五个月甚至一年的严谨分析和大胆想象之后，它会变得丰满起来。最后，用来实现这个愿景的战略也会出台。

4. 进行更大规模的沟通，以使员工认同这种变革

有效沟通愿景也就是将确立的变革愿景有效地传递到组织中的相关人员那里，使得所有的相关人员都能明确这一愿景，并为此达成共识，取得一致。公司不仅要借助一切可能的渠道，以生动有趣的方式向员工解释和传达愿景，而且要防止出现这种情况：高管说一套做一套。这个阶段中，实际的行动比言语更有效，表率比指令更起作用，领导需要用实际行动来影响相关人员。

5. 更多的授权，以使更多成员能够采取行动

有些身居要职的人可能会抗拒甚至破坏组织变革，要及时排除障碍。充分的授权是在组织中进行成功变革的必要环节。在这里授权不是将权力给予或者转移，而是为了清除变革过程中的障碍。具体执行变革措施的组织成员如果缺乏必要的权力，就很难开展工作，并且不得不为

自己进行辩护，这样很容易造成挫折情绪的蔓延，从而阻碍变革。

6. 取得短期成效，以稳固人们对于变革的信心

系统规划并取得短期成绩。长时间看不到希望会让人泄气，所以要设置一些短期目标，并且在目标达成之后加以庆祝。短期成效对于组织变革十分重要，因为变革通常是一个缓慢的过程，在具体某一阶段，变革的成效并不明显。这种情况持续太久，会给组织成员造成一定的心理压力，怀疑变革的结果。因此，变革领导者需要适时地创造短期成效，肯定变革成果，鼓舞人心。

7. 拒绝松懈，推动变革进一步向前

争取更大的胜利是持续推动变革的需求。庆祝胜利无可厚非，但是过早宣布取得整场“战役”的胜利会带来灾难性的后果。正确的做法是利用短期成绩树立起来的可信度向更大的问题发起冲击，直至按照计划完成对制度和结构的变革。在取得短期成果之后，组织成员士气高涨，变革行动获得支持，这个时候要继续推进组织变革，否则可能功亏一篑。

8. 将变革作为一种新的行为规范与企业文化固定下来

变革取得成功后，组织需要通过建立一定的企业文化来巩固变革成果，培养组织共同的价值观，深入推进变革活动，把变革固化到公司文化中。要有意识地向大家说明新方法、新行为和新态度对于提高公司业绩所起的促进作用，更重要的是公司的高管新班子确实能代表新的行为方式。如果变革没有融入公司的血液中，企业就无法完成转型。

第四节　传统企业营销组织变革实践案例

2018 年，家电市场风起云涌，传统零售业态加速裂变，中国电子商会发布的《2018 年中国电视消费及 2019 年趋势预测报告》显示：2019 年行业整体销量不容乐观，或下跌 3 ~ 5 个百分点。家电厂商早已认清一个事实：不改革、不变化，就难以在 2019 年的市场大战中生存和发展下去。但改革的道路应该怎么走，创新的发展方向在哪里，这些问题一直在困扰着家电从业者。本节浅谈 TCL 的营销变革之法，以期

对传统企业进行营销创新有所借鉴。

TCL公司LOGO如图11-6所示。

图11-6　TCL公司LOGO

我们从TCL营销变革的基本背景、企业营销战略的调整方向、营销组织变革的方向几个方面进行论述。

一、TCL营销变革的基本背景

促使TCL营销变革的内外部因素包括以下几点：

（1）市场环境发生很大变化。

彩电行业总体的市场环境变化极大，以前我们强调深度营销，包政老师带领我们“以速度抗击规模”，演绎了一段经典营销创新案例，关键策略就是：直抓终端，渠道下沉，区域精耕。其目的就是为了捕捉当时扑面而来的彩电加速普及的市场机会，在三四级市场需求爆发的情况下快速获取渠道红利和市场红利。

但是市场背景已经发生很大变化，彩电行业从使用场景来说已经被边缘化，开机率越来越低，新的消费者更喜欢看小屏幕。彩电在个人娱乐、交通出行和消费的主场景中逐渐成为一个配角。国内彩电市场相对饱和，主要需求来自于升级性的需求和新生代消费者的需求。说实话，国内彩电市场已经过了突飞猛进的风口阶段，进入平稳发展期。

（2）行业竞争发生很大变化。

彩电行业在中国家电行业中是率先进入寡头竞争和新增头部品牌竞争的一个行业，现在这个行业中就几个头部品牌，比如海信、TCL、创维，其他品牌只是在区部市场或细分市场上进行运作。以前风生水起的韩系、日系等外资品牌纷纷进入细分市场或者高端市场，已经逐渐脱离主战场。尽管几年来有些互联网电视品牌（乐视、小米等）搅局，但在主战场的仍是有规模优势的几大核心国产品牌，加之产能过剩和产品同质化，价格战、促销战此起彼伏，竞争对抗性越来越强，节奏越来越快。所以，多年以来中国彩电行业的拼杀几乎是国内家电领域中最残酷的。

（3）销售渠道发生很大变化。

在国内各行业的方向变革中，家电行业的销售渠道变化是最激烈的，前有从“大批发”到“渠道精耕”的第一次渠道变革，即深度营销模式的崛起，后有以苏宁、国美为代表的专业连锁渠道崛起，引发渠道变革，决胜终端的营销模式是这些企业成功的关键。第三次渠道变革，迪智成咨询团队认为是以京东和天猫为代表的电商主动转型线下渠道，以苏宁主动拥抱互联网等为特征，表现为线上、线下渠道相互融合，这次“O+O”一体化的全渠道模式是方向。在“广域分销，全网导流”的冲击下，以前TCL凭借区域化深耕三四级市场的终端优势被加速瓦解，原有分销体系受冲击非常大。

现在不管是天猫，还是京东，都声称要大力走向线下实体渠道，京东计划在三四级市场做五万个线下门店，覆盖国内乡镇和村级市场。与此同时，苏宁也加快了三四级市场的门店建设速度。它们用自身流量、网点和销量的规模优势从制造厂家套取利润和政策，然后“低价高促”（低批发价格、高返利政策），在三四级市场进行无序放货。所谓的京东专卖店、苏宁加盟店，其实就是以网上批发的形式把网上的爆款价格政策放到线下来，以求迅速抢占线下网点，扩大规模，但它们在短期内无法服务和管理好这么多线下门店，只能通过低价冲击和渗透，瓦解传统分销渠道。

以河北为例，苏宁、国美、天猫、京东在几个月的时间内就开了几百家线下门店，其中有批发加盟的形式，也有些只是换个门头，从网上接货。苏宁和京东还专门开发针对线下的To B低价批发业务，有些型号产品的价格甚至会低20%～30%，导致市场价格混乱，原有分销价值链近乎崩溃。

这种冲击其实是一种“囚徒困境”般的负和博弈，无论是厂家、电商、渠道经销商，还是消费者，其实都没有最终获益。传统经销商虽然低价进货，但由于信息对称，所以无法获得有差价的利润，也无法获得厂家的专业指导和服务，自然无法保证消费者的消费体验升级，以及实现高端产品的功能。顾客不满意，厂家就没有办法实现“推高卖新”的转型，电商不但没有赚钱，反而亏钱。

我们应该看到这种做法有一定的合理性和必然性，因为这些电商的品牌影响力、导流能力、金融支持能力和物流效率的确提高了三四级市场的分销效率，必然会使传统分销体系遭受冲击，当然也存在一些短期的恶意竞争行为，如亏钱补贴、低价倾销和忽悠性促销等。

这些电商还冲击和瓦解了传统渠道企业的营销组织，最直接的表现就是高薪挖人，不但直接从创维、海信、TCL 等彩电品牌企业挖人，而且从当地家电经销商那里挖优秀员工，几倍薪水和丰厚的福利的确动摇了营销队伍的人心。

二、企业营销战略的调整方向

企业整体经营战略的调整也决定了营销组织变革的前提条件和导向。TCL 集团近期发生过很大的资产重组与业务转型（具体见其上市公司公告），这就更加需要家电业务，包括彩电和空调、冰箱等业务，提高经营效益和运营效率。为此，其家电业务板块明确了营销战略转型方向：

（1）明确争先战略，确保“吨位、地位和品位”。

作为彩电行业的头部品牌，TCL 集团明确要求做到科技领先、规模领先和经营效益领先，既要实现规模的持续增长，保持市场份额领先，巩固和提升行业第一梯队的地位，同时要实现利润的同步增长，这就要求营销队伍在重点产品和重点市场上要有绝对领先优势。

（2）优化产品结构，着力“推高卖新”，提供一体化解决方案。

必须改变原有彩电越来越边缘化的消费场景，积极结盟新时代顾客群，主动迎接消费升级，发挥自身在品牌、技术、渠道、服务等方面的综合优势，集中战略性资源和队伍力量，重新定义和打造终端智能化使用场景，整合企业彩电、空调、洗衣机和消费类电子产品等各类终端产品，以提供一体化解决方案，重点推广大屏、智能、曲面等高端产品，坚决放弃低端同质化产品的价格战和促销战，以优化销售结构，提高经营效益，获得差异化竞争优势。

（3）顺应渠道变革，主动推进全渠道运作。

从前的营销模式以传统线下渠道为主，线上、线下各自为政；现在，在优化原有线下渠道的同时，积极转向协同的“O + O”全渠道运作。过去TCL彩电推行的深度营销模式将传统渠道做得非常好，尤其在广大乡镇和农村的三四级市场上，其网点覆盖广，终端建设非常扎实，已成为其核心竞争优势，也是经营利润的主要来源。现在面对渠道扁平化，电商下沉次级市场的局面，TCL积极顺应这种渠道发展趋势，主动进行渠道结构优化与管理升级，利用互联网电商、大数据和智能化技术手段，提高原有渠道的分销效率，比如积极推动“T销客”电商系统的运用，让各网点经销商学会和习惯在线上处理订单及业务，以提高信息流、资金流和物流的效率。

同时，有效协同线上与线下渠道的价格梯度、促销活动和销售政策等营销策略，达成有序分销，协调运作，共赢发展。

在和线上垄断渠道商博弈时，TCL坚持经营底线，拒绝简单粗暴的低价爆款促销冲击，在产品区隔、量利平衡、促销协同和政策配合等方面有效协同线上、线下的销售行为，随着原有渠道优化和品牌影响力的提升，逐步实现线上、线下“一盘货”运作的操作模式，即真正实现统一价格梯度、统一产品结构、统一促销政策、统一服务标准。既发挥线上渠道推广、导流和精准客户关系管理的优势，又提升线下终端门店的场景体验、专业服务能力和即时交付能力。相信TCL彩电能在行业内率先实现全渠道运作的营销模式变革，成为其营销环节新的核心竞争优势。

（4）强化终端助销，实现有效销售。

想实现份额领先、推高卖新和经营效益提升的战略意图，就要发挥 TCL 彩电见长的终端门店运作优势，要进一步强化终端建设力度和提高终端助销服务能力。以前营销组织的各级干部和业务人员的主要工作是做贸易，利用各种价格与促销策略跟渠道经销商做交易，以实现压货收款、完成销售任务为目的，其服务的客户价值不高，在互联网时代，这样做更加显得低效和无用。现在要主动转变营销组织和队伍的职能，从渠道压货变成终端助销——从 sale in 转向 sale out，同时提高专业服务与支持能力，升级传统网点终端形象，导流集客，专业导购和服务，以提升顾客的产品、场景和服务体验，实现推高卖新，让终端门店老板赚到钱。

（5）创新品牌建设策略，实现高效精准传播。

TCL 彩电作为国内行业的领先品牌，有着辉煌的发展历程和顾客心智基础，但面对消费升级和新生代消费者的崛起，品牌形象需要更加年轻化、时尚化和精品化，同时其传播、公关和促销等品牌活动需要更加贴近终端推高卖新的要求，在策划创意、主题、内容、形式和媒体组合等方面要持续创新，使其满足 IP 化、娱乐化和社交性的新时代品牌传播特点，提高品牌传播和促销推广的精准度和效率。以前，与很多传统家电品牌一样，TCL 在广告和推广方面没少花钱，比如赞助世界杯足球赛，请大牌明星代言，在各种节日开展大型公关活动，等等。现在，在移动互联网时代，面对新生代消费者和新的娱乐、社交方式，以及新媒体等变化，TCL 等传统家电企业的确不如小米等互联网企业更加有活力和吸引力，在品牌调性、传播策略、促销方式、消费者互动和关系经营等方面确实有很多亟待提升与改进的地方。

（6）协同各品类资源，实现整合营销。

以前 TCL 的白电（洗衣机、冰箱、空调等）和小家电等品类由产品事业部专业化运作和独立经营，尽管进入市场时间很早，但大都没能进入第一阵营。现在，企业上下达成共识，以彩电为龙头来整合白电和小家电，形成系统的整合营销方案进行市场运作，以提高资源配置效率和各自的经营效益。

这项变革举措满足了彩电生产企业营销创新与家电渠道门店经营提升的要求。以前，彩电贡献了三四级家电门店大部分的销量和利润额，在进货资金、安全库存、陈列位置、产品出样和活动配合等方面，各终端门店老板都是优先保证，所以 TCL 的深度营销模式对三四级市场家电终端门店的影响力很大。现在，在渠道变革的当下，其影响力在下降，很多经销商说："我在县级市场开个专卖店，没有彩电这个品类肯定不行，而且必须要有 TCL 彩电，但现在只靠单一品牌产品挣不着钱，卖低端的不赚钱，卖高端的电商冲击太厉害，没法卖，但是没有又不行。"所以，单靠彩电无法撬动渠道和终端的资源，需要以彩电为中心，把空调、洗衣机和小家电整合在一起，给经销商提供一个整合化推广促销方案。这样在政策力度、促销效率和终端利润等方面更具优势，对渠道和零售终端的影响力会有很大的提升，也提高了 TCL 各家电品类的分销效率和经营效益。

（7）积极推动营销组织变革，提高营销管理运营效率。

TCL 一直践行深度营销模式，注重终端网点建设，尤其是广大乡镇和农村的家电门店的开发和维护，为此 TCL 在全国建立 30 多个省区分公司，各级营销干部和一线销售人员（导购、推广员、业务人员）最多时达到几万人，运用人海战术，以便迅速拉开网点，抢占市场红利。但现在，家电市场尤其是彩电市场进入白热化竞争阶段，企业野蛮成长的风口已过，市场和渠道红利不再，加上电商的冲击，不管主动还是被动，企业必须降本增效，提高组织运行管理效率和人均产出。

现在 TCL 彩电的营销组织变革正如火如荼地推进，从营销组织经营定位、结构优化、专业职能发育、管理体系与流程再造、各级人员能力提升和管理技术手段升级等方面进行系统变革，以期降本增效，实现市场精耕和经营效益提高，保证集团经营战略调整的成功落地。

三、营销组织变革的方向

"战略决定组织"是基本的管理原则，紧跟企业整体经营战略调整的步伐，TCL 的营销战略提升和模式转型紧锣密鼓地展开，营销组织的变革方向变得清晰，主要包括以下六个要点：

1. 重新认识和明确各级营销组织定位

以前，企业的各省级营销平台主要是销售部，就是一个销售中心，主要追求短期销量任务的完成，不关心是否挣钱。现在，企业注重效益和持续发展，销售中心转变为经营中心，其管理导向和经营模式必须进行调整，要学会经营市场，经营客户和团队，同时权责对等，赋予相应的价格和政策的制定权、战术资源配置和人事决策权。

而作为基层组织的各区域办事处则明确为执行机构，必须执行总部的战略性指示和省区的工作计划，提高执行力，做到“带一个计划出去，带一个结果回来”。

总部的营销部门明确其专业职能或经营性定位，如品牌管理、产品线管理和客户管理等业务性职能部门专业化发展，重点是战略性规划和资源配置，对重点工作进行指导，服务和支持一线业务部门的经营需要。

2. 优化管理机制，激发队伍活力

在明确经营定位和目标的前提下，大胆探索和尝试新的管理机制，比如在省区公司和区域办事处组织层级上推进事业合伙人机制、增量分享机制和内部经销商机制等，充分授权经营，做到“理念共识、利益共创、风险共担、红利共享”，以激发各级骨干员工的奋斗精神和创业激情，使其与企业形成事业共同体，甚至是命运共同体，实现长期稳定和共赢发展。

3. 发育专业职能，打造支持服务平台

营销变革对企业一线营销组织和员工提出更高的要求，从销售中心转型为经营中心，从“sale in”转向“sale out”，从销售代表转型为客户顾问等，都是挑战性的、开拓性的变革转型，不能仅仅依靠各级营销人员独自摸索，需要强大的专业职能平台支持，在经营规划、策略制定、资源配置、网点建设和竞争应对等方面提供操作指引、专业指导，为员工保驾护航，才能激发大家的意愿和信心，敢于去迎接挑战和赢得胜利。

4. 强化横向协同，实现整合运作

要实现 TCL 家电各品类的整合营销，就必须从组织体制和运作机制上进行变革，以便在经营计划、资源配置和考核激励等方面进行自上而下有组织的推进。各品类整合营销首先是一把手工程，在总部层面成立跨部门的决策机构，明确责任主体，制定协调的策略和执行计划；在省区层面要形成区域性具体行动方案，并协调各品类的人力、物力，确保落实执行。

5. 强化各级营销队伍和经销商的赋能

营销战略转型和营销组织变革的成功一定是依靠营销队伍素质能力的提升，比如区域市场的经营规划，多品类整合营销的市场计划，推高卖新的销售策略，线上、线下全渠道的协调技巧，终端助销的促销方案和各级经销商的顾问服务等，这些都是新课题。这就需要尽快提高各级营销干部和人员的基础素质与专业能力，比如各级营销队伍的经营意识和能力，各个业务人员“sall out”的专业技能和职能部门人员推高卖新的策划能力等。

另外就是对渠道各级经销商和终端门店老板的有效赋能。面对电商强大的导流能力、高效的物流配送和快捷的资金支持，传统经销商只能锐意变革，提高自身运营效率和经营能力。这就需要厂家给他们赋能支持，为此 TCL 在总部和区域各级部门构建了经销商培训和学习平台，比如集团层面的优秀经销商的“共同社”，各区域的经销商定期论坛，以及一对一的帮扶指导，等等。

6. 积极运用互联网管理技术，提高运行效率

以往营销效率不高很大一部分原因是传统的管理技术手段所导致的，各级营销人员陷入文山会海，疲劳作战，结果还是管理不到位。所以 TCL 在内部管理和外部经营上进行互联网改造，推动管理信息系统的运用，提高大数据支持下的智能化管理水平，比如 OA、ERP、CRM 和钉钉等系统的运用，同时还打造自身特点的“T 销客”电子商务平台，让终端门店统一订货，逐步优化订单计划、资金结算、物流配送和费用核销等流程。

TCL 的这次营销变革是互联网智能化新时代背景下传统家电企业的生死抉择，可谓“退一步万劫不复，跨一步海阔天空”。好在 TCL 在其几十年的发展历程中，经历过几起几落，有着深刻的成功变革的文化基因和经验，相信这次营销变革必然能砥砺前行，最终傲立潮头！

第五节　互联网企业的营销组织变革

下面我们来谈谈互联网企业的营销组织变革。

一、互联网企业盈利模式和营销模式遵循的基本逻辑

互联网企业创业之初就是以客户为中心，通过投资明天获得今天价值的盈利模式，营销模式是以产品和服务为中心的策略组合模式，同时遵循三个基本原则：一是免费原则，当然不是指绝对的免费，它也包含性价比高的情况，可以使企业的经营规模迅速膨胀；二是长尾理论，产品要能够迭代，形成一个相对丰富的经济模型；三是共享经济，即充分地合作，在这个逻辑的基础上才能够进行生态横向的基于相同消费者生活方式的合作。

二、互联网企业经营模式、营销模式的特点，以及驱动营销组织变革的规律

“战略决定组织，组织决定人事”的经典组织理论适用于传统企业和互联网企业，这个系统理论应用于企业的实践，就是战略决定经营模式，也就是盈利模式，营销模式支撑经营模式，是经营模式的策略组合，是经营模式的执行。经营模式和营销模式决定营销组织的能力要求，从而决定营销组织的管理模式和具体措施。

我们从动态的成长历程来看，互联网企业的经营模式和营销模式是不断抓住机会的迭代过程，从 0 到 1 是机会导向，而且不同于传统企业，这个过程是残酷的竞争过程，是存在或消亡的命题。周鸿祎说：“在你没成长为‘藏獒’时，少叫，多干事。”因为巨头的流量封杀太可怕了。所以速度是关键，先保证方向正确，然后就是抢占风口，成为第一或者唯一是基本的模式，所以会叠加资本烧钱的模式进行助推。这一点和传统企业按照经营利润再投资为主的模式存在本质上的区别，从 0 到 1 的创新模式大部分都和“打劫”传统企业的模式相关。而从 1 到 n 是互联网企业巨头正在进行的组织化模式建设。

互联网企业的经营模式、营销模式和组织模式如图 11－7 所示。

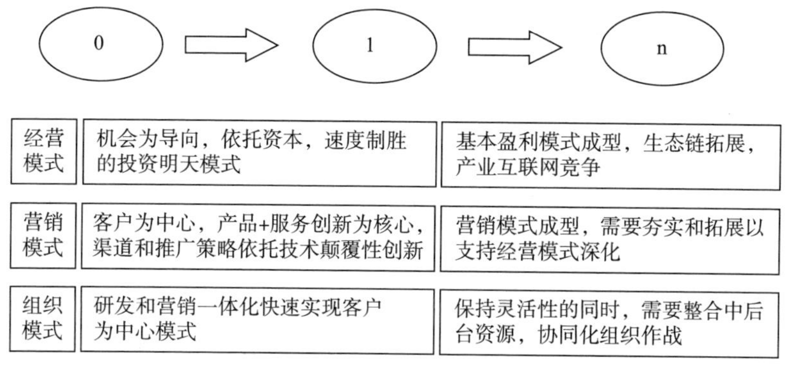

图 11－7　互联网企业的经营模式、营销模式和组织模式

传统企业以自身为主的经营管理模式被互联网企业以用户为中心的创造价值模式替代，互联网企业实现了德鲁克的预言：企业的唯一目的是创造客户，由此体现出组织模式的天然特点：

（1）组织高度敏捷：项目立项决策、实施与上线运营乃至项目关闭都非常敏捷，反应迅速。

（2）组织精简：层级少而扁平，组织运作效率高，内耗低。

（3）智能化运营：公司平台建设趋向规模化、自动化、智能化。

（4）生态开放：平台可轻松地面向生态开放，吸收社会资本、创业者、消费者与企业进入，成为生态乃至产业链平台运营模式。

（5）产业链经营：可以逐步发展壮大到技术、商业、产业链相聚合的超级企业体。

（6）民主开放式企业文化：激发组织个体的积极性与能动性，支持公司整体的创新式探索。

经营模式和营销模式决定营销组织的管理模式，管理为业务服务的逻辑依然适用于互联网企业。互联网企业在业务推进上给人的感觉是结果的机会导向，管理混乱，其实它有内在的逻辑，互联网企业讲究不是第一就是死亡，速度第一，客户第一，由涓涓细流汇聚为浩瀚大海。可以说互联网企业的组织发展过程，就是在探索如何做到与用户的零距离，如何快速地架构起一个资源配置的平台，并且能够动态地释放平台的网络价值的过程。

互联网企业营销模式对组织的要求有两点：一是速度和及时性，当大家在一个网络空间里同时在线，空间信息都是以光速传递的，任何一个组织都必须具备即时响应的能力，因为这将决定你的产品和服务是否比对手更快一步，即使用户半夜里可能“呼唤”你，你也要及时与他互动；二是要单点突破，这个“点”是体现企业的独一无二性，当用户有需求的时候，首先想到你。因为在一个无边界的空间里，任何企业都不可能在很多点上做到独一无二，但只要在一个点上取得突破，就等于占领了用户的大脑。为此，在组织架构的设计上，必须能够支撑这个点。

匹配经营和营销模式以客户为中心反复迭代创新的特点，互联网企业的组织模式是一种“因需而变”的混沌组织。正如腾讯掌门人马化腾对组织的变革做了畅想：“未来的组织架构要通过信息技术和互联网技术完成，社会的各个资源可以在它需要的时候，通过网络信息技术快速地聚集起来，完成一项任务后立刻消散，又能够进行下一轮新的组合。”自发、自主、快速聚散的组织共同体的大量出现，即《未来是湿的》一书所称的“无组织的组织力量”。Linux、维基百科、快速聚散的闪客、围绕国外电视剧形成的字幕组等，都是如此。

企业和员工在共享经济下，自组织模式是互联网企业的特点，百度的小团队制，韩都衣舍的“产品小组”，海尔的员工创客等一系列机制，都是企业在打破原本职能制划分的企业结构，推行“自组织”的一种尝试。传统企业经常提到的“内部创业”的跨职能团队的模式似乎在逐渐成为互联网时代“自组织”最广泛的模式。这种模式的发展实际上是弱化僵化的层级结构，发挥网络状结构灵活机动的优势，适应瞬息万变的网络时代，充分保障个体自主性、创造性的内在需要。

三、互联网企业和传统企业营销组织变革的融合性

随着互联网技术手段的不断创新，在大数据支持下的 AI、智能制造、物联网、新零售等概念从理论到实践的过程，是互联网企业和传统企业融合的过程。从互联网企业巨头在从 1 到 n 的过程中纷纷提出的组织化措施中，我们更能感受到这一点，互联网企业和传统企业的升级变

革都是有效围绕客户的需求，打造线上和线下同样的高效率、高体验的价值定义、价值创造、价值传播和实现的过程。这个过程是两者在逐步走向融合形成一体化的过程，也是各自生态化战略的实施过程。伴随经营模式和营销模式不断迭代升级，互联网企业和传统企业的组织建设也走向融合，体现出一样的内外部生态组织建设的特征，如华为、阿里巴巴、京东等企业都走向小前台、大中后台的模式，只是互联网是从营销、研发一体化创业模式走向专业化分工的中后台支持前台模式，而传统企业是从金字塔结构的专业职能分工即职能壁垒模式走向划小核算单元、授权赋能、扁平化的组织管理模式。

四、互联网企业营销组织变革的方向和要点

当互联网企业度过生存期进入发展期后，需要的是“阵地战”而非“游击战”，是从研发、营销一体化的小团队到专业化平台支持的小前台的组织模式的构建过程，需要讲究整体的组织能力，是从扁平化到适当层级化的过程，而经典的组织建设理论和方法就派上了用场，这种层级化不是典型意义上的金字塔式的层级化，而是基于小前台、大中后台的层级化，更多体现出在业务上的支持服务，以及基于大数据的策略支持。

1. 从0到1的1.0阶段变革的方向和要点

从0到1阶段的组织模式就是在探索如何做到与用户的零距离，如何快速地架构起一个资源配置的平台，并且能够动态地释放平台网络价值的过程。这个时候的营销组织模式升级变革的核心在于如何完成从个人到团体的构建，形成研发和营销一体化的模式。

典型的互联网企业，比如阿里巴巴、腾讯、京东、小米，它们都经历过这样的过程。开始是创始人洞察到互联网行业的商业机会，几个合伙人组团，开始从产品经理做起，各自组建团队，研发、营销一体化、扁平化运作。机会的竞争讲究速度，遵循存在或消亡的二元化极端发展模式，采用的是投资未来的免费模式，还会进行几轮融资。后台的职能并非借助传统企业熟悉的经典管理理论指导而来，而是被前台快速的机会牵引，企业管理者在做事的过程中凭借经验摸索出来的。

回顾腾讯的发展，它有一个特征：紧盯市场动态，以最快的方式复制成功者模式，利用用户规模优势进行后发超越。马化腾用一句话概括：“后发是最稳妥的方式。”其倡导“内部创新、鼓励竞争”这在游戏等典型的2C业务上非常有效，内部孵化和竞争甚至被视为腾讯最成功的经验，组织模式也体现了机会导向，表现出后发之后的速度优先的特点。从1998年成立至今，腾讯在2005年和2012年经历了两次重大的组织架构调整，每次间隔6～7年。腾讯在2005年进行的组织构架调整中，为了推进“在线生活”战略，组织架构被划分为8个序列，形成“章鱼之手”，像独立公司一样伸向竞争对手，形成了强大的执行力。腾讯所有的业务基础都来自于流量，然而在组织构架中并没有一个类似于“总参谋部”的机构来进行流量的统筹配置。这种兄弟爬坡各自努力的极端案例就是微信的产生。2011年年初，通过内部竞争的方式，张小龙带领的广州研发团队做出了微信，抢占了移动互联网时代一个重要的时间窗口。直到2012年5月，腾讯才正式宣布组织架构调整，2014年3月才正式成立微信事业群（WXG）。

2. 从1到n的2.0营销组织变革方向和要点

当互联网企业奠定了行业地位，盈利模式逐步成型，并有效形成了业务拓展模式之后，面向未来的发展，可预期性在一段时间内是稳定的。竞争的策略从“游击战”逐步进入“运动战”和“阵地战”之后，从机会导向到能力导向就是组织变革的方向。保持前台的灵活性的同时，强化资源整合，对一线有效支持的组织化的平台能力就是要点，前台灵活响应客户的需求，就需要有数据为中心的中台技术整合平台支持，以及以人力资源为中心的后台的有效支持。

阿里巴巴、腾讯、京东、小米等互联网企业目前已经到了这个时期，在成就市场地位的过程中，都不约而同开始注重经典组织管理理论的学习和运用，构建匹配规模要求的大中后台组织模式。“平台+个人（小组）”模式之所以能赋予企业更快的反应速度，在于由一线员工所组成的前端被赋予了更大的权力，他们不需要再将消费者的需求层层上报，前端人员可以自由做出决定以适应快速变化的市场，并能调动其他小组配合自己共同行动。这些一线员工由被管理、被控制、被激励变得更独立、更积极、更有权力，也更负责任。相应的，企业高管的职责也发生了改变，从管理、控制、激励变成服务、协调与赋能，并要落实到构建资源整合的中后台组织建设上，才能有效支持前端的运行，保证整个组织各部分间的良性互动。

阿里巴巴发展的实质就是搭建平台—做大平台—盈利—拐点出现，平台升级，反复循环。组织模式也承接了匹配的变革演进，如图 11－8 所示。

图 11－8　阿里巴巴变革发展史

2015 年 12 月 7 日，阿里宣布全面启动 2018 年中台战略，构建符合 DT 时代的更创新灵活的“大中台、小前台”组织机制和业务机制。作为前台的一线业务会更敏捷，更快速适应瞬息万变的市场；中台将集合整个集团的运营数据能力、产品技术能力，对各前台业务形成强力支撑。由此，推动集团电商零售平台全面改革升级。

阿里巴巴组织架构、中台战略如图 11－9、11－10 所示。

京东从 2014 年上市到 2018 年，也在整合业务模式的基础上，提出了构建小前台和大中台的组织模式，持续优化组织模式。2018 年 12 月，京东启动了有史以来最大规模的组织架构调整，围绕以客户为中心，划分为前、中、后台，在组织架构上首次突出“中台”作用。“大船必须要有龙骨，大中台将是京东商城永不停歇的超级引擎”，京东的中台建设包含供应链、技术、营销、客服、基础平台业务等，以支持不断细分覆盖的前台作战。

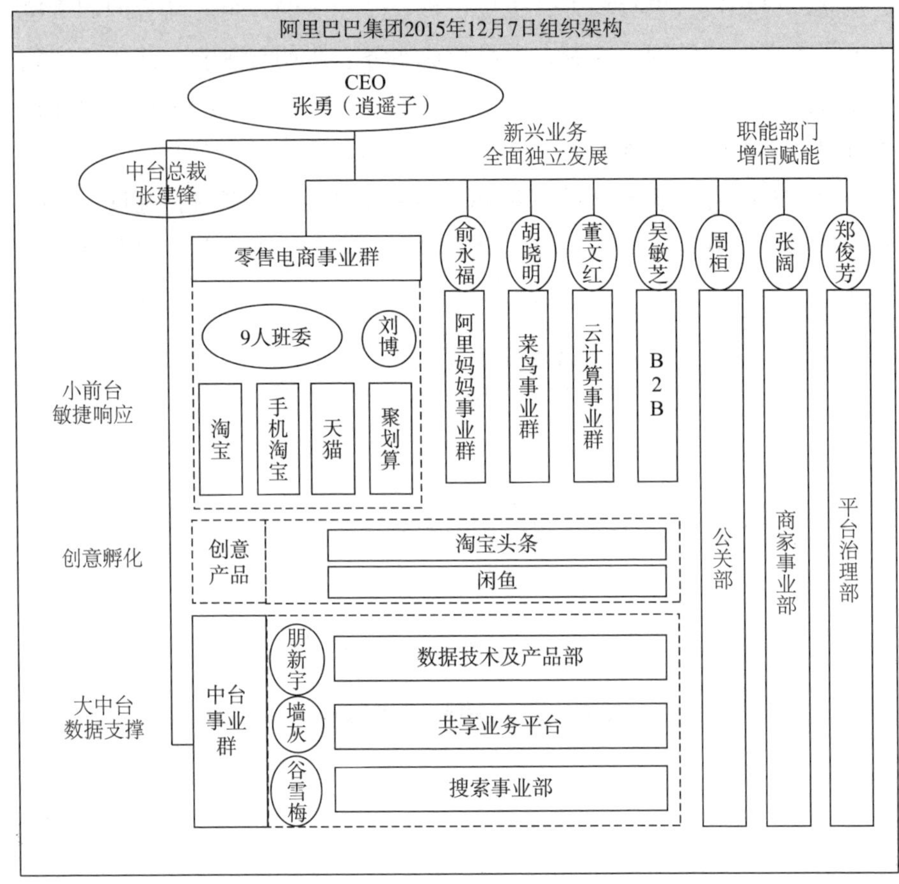

图 11－9　阿里巴巴组织架构

五、全景案例：小米的组织演变过程及变革方向

回顾小米的发展史，小米没有抓住某种商业模式不放，而是保持着十足的开放性。首先是在移动互联网的大趋势中站稳脚跟，然后再去实现自己的梦想。小米商业模式总是具有阶段性的。当小米发现操作系统是安卓手机巨大的痛点，便开始打磨 MIUI，从而占领市场。研发 MIUI 的过程使得小米聚集了大量发烧级用户，这些人不但能够帮助小米完善 MIUI，还成为小米手机的免费营销人员。小米依靠 MIUI 成功地将自己的触角扩张到手机硬件，随着手机达到一线品牌的吨位，掌握了巨大的线上流量后，小米开始构建自己的新商业模式，利用手机领域的经验，

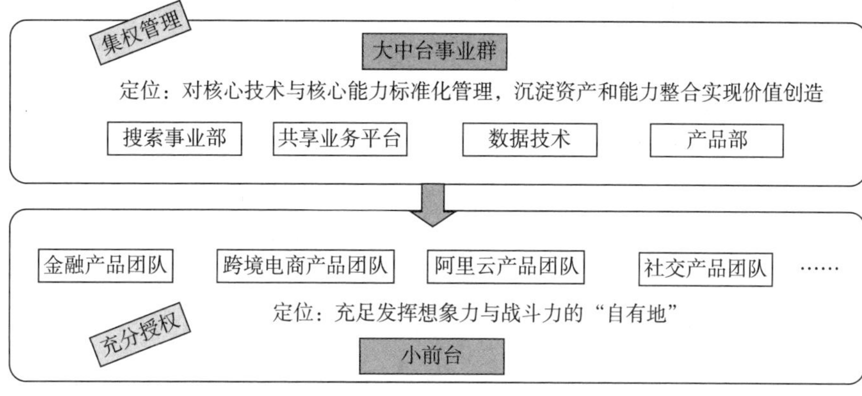

图 11－10 阿里巴巴中台战略

大规模涉猎其他产品，打造自身的生态链，形成自己的新零售体系。

可以说小米模式 1.0 就是把手机电商干好，干到中国第一。小米模式 2.0 不只是手机电商，还是一个生态零售漏斗模型。漏斗一是米家有品，现在改名为有品，较量的对象是网易严选。大概有 20000 个 SKU，有小米、米家、小米生态链企业自有品牌、第三方品牌等，目标是做到 100 亿元。漏斗二是小米之家，主打线下店，较量的对象是华为、OV（OPPO 和 vivo）的线下店。小米之家大概会有 200 个 SKU。小米是把线下门店当作爆品打造，每平方米的坪效是 27 万元，目前排在世界第二，三年目标开到 1000 家，五年内营业收入力争突破 700 亿元。漏斗三是全网电商，主攻外部流量，就是天猫、京东店。“双十一”“6·18”销售都要求做到第一。漏斗四是小米网。这是小米自有流量的核心，约有 2000 个 SKU。2015 年销售额 780 多亿元，大部分来自小米网。靠什么驱动这个漏斗？就是靠爆品战略。雷军说过：“爆品意味着流量，意味着口碑，意味着销售额，意味着高效率。”

小米的组织演变过程及变革方向包括以下几点：

（1）0 到 1 阶段（1.0 阶段）匹配经营和营销模式的组织管理模式特点：

小米 2010 年 4 月 6 日正式成立，2011 年 8 月 16 日在北京发布小米手机，从渡过危机进入持续发展阶段，到构建生态，拓展线下小米之家，可以说是小米从 0 到 1 的阶段。1.0 模式时期小米团队是铁人三项组织模式，几大合伙人带团队开拓市场，此时的研发和营销是高度一体化的，体现出小米与用户零距离的特点。在《参与感》的“三三法则”中，小米明确提出了“做爆品”“做粉丝”“做自媒体”三个战略。围绕着这三个战略，构建了三个战术：“开放参与结点”“设计交互方式”和“扩散口碑事件”。基于此，小米围绕着怎么与用户做朋友，如何充分地让用户参与企业经营决策，构建了它与用户保持零距离的扁平化组织架构，如图 11－11 所示。

此时小米的三层组织架构是扁平的，以小米核心合伙人作为最高一级管理层次，中间是各部门主管，最底下是员工，由员工直接面对用户，构成了一个由七个创始人各司其职的合伙人、中层到员工的三层扁平化的组织结构。小米此时跟用户零距离接触，充分挖掘用户需求，与用户进行互动，基层员工和用户做朋友的组织被称为“爆扁爽”机制，如图 11－12 所示。

“爆扁爽”组织机制简单来讲就是把老板爆扁一顿，员工就爽了。“爆”强调产品策略、产品机构一定要“爆”，而整个组织就要确保所有的资源能够聚焦在让用户尖叫、有参与感的爆品打造。“扁”是指用户的需求非常分散，碎片化，组织结构一定要扁，梳理和压缩组织，与用户真正保持零距离接触，充分加强组织对于用户需求和市场的响应能力，通过围绕着用户的需求，把团队结构碎片化。比如说成立一个 2～3 人小组，长期跟踪和改进一个功能模块，由工程师直接跟用户进行交流，然后根据用户需求和反馈来改善，长期进行功能模块的完善和改进。“爽”就是要构建让员工非常爽的激励机制。首先，采取比市场高 20%～30% 的薪水水平；其次，去掉传统用的 KPI、考勤这样的过程性考核手段。把员工的业绩激励、业绩考核和用户的反馈直接挂钩，根据用户的反馈来考核员工业绩，让用户来激励团队。小米从来没有实行过打卡制度，而且也没有实行公司范围内的 KPI 考核制度。雷军强调员工的责任感，不是为了创新而创新，而是为了用户而创新。工程师要把事情做好，对用户价值负责。晋升的唯一奖励就是涨薪。小米相信优秀的人本身就有很强的驱动力和自我管理能力。

这个阶段，小米营销、研发体现出的一体化是很明显的，体现出与

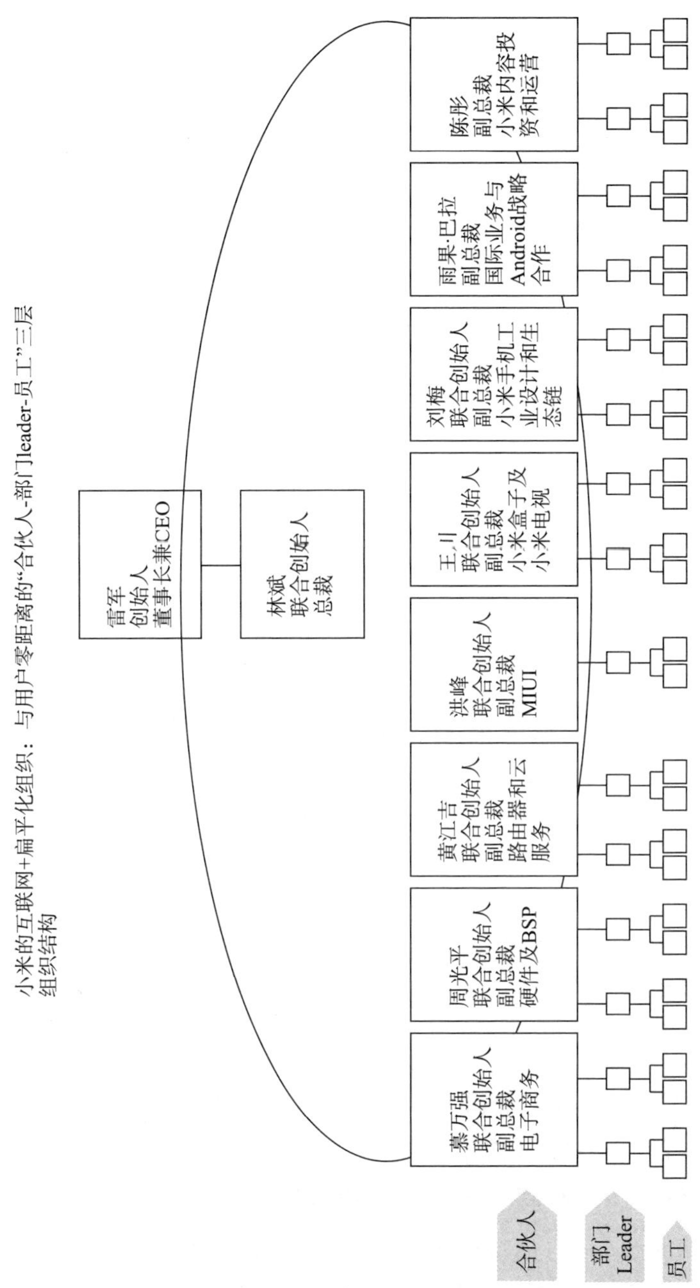

图11-11　小米扁平化组织架构

客户零距离，快速双向沟通，以匹配产品的快速迭代创新，同时匹配“线上销售和社交网络营销相结合”的营销模式：网络预订销售、与粉丝互动、发布纪念产品、微博推荐及海量的评测等。同时一人多职，没有庞大的营销团队，小米有全民客服的理念，鼓励大家真正近距离地接触用户。小米所有的工程师都在线上通过微博、小米论坛、贴吧等社交媒体与用户进行交互，通过这种交互进一步加强小米的品牌影响力，并形成快速反应的客服体系。小米在微博客服上有个规定：15 分钟快速响应。从雷军开始，每天会花一个小时的时间回复微博上的评论，包括所有的工程师，是否按时回复论坛上的帖子是工作考核的重要指

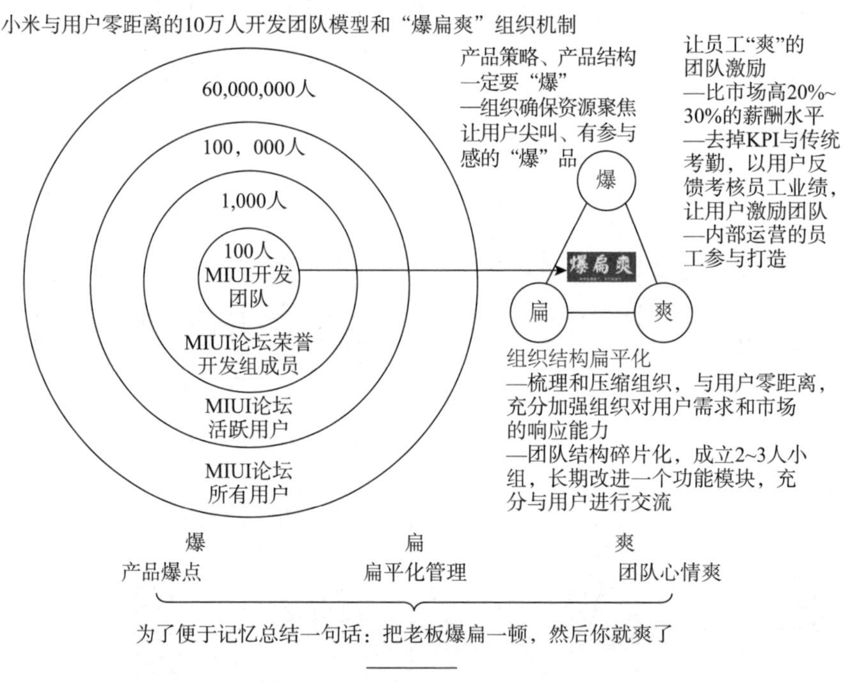

标。客户甚至可以参与产品研发，直接与产品研发工程师交流，这完全颠覆了传统的研发模式和工作流程。

（2）1 之后（2.0 阶段）的经营和营销模式特点：

对于小米来讲，1.0 阶段的 8 年是通过手机及 IoT 的布局来抢占入口、圈定用户，上市后是小米进入 1 到 n 的 2.0 发展阶段，主要体现为在稳固手机行业基础上大规模拓展生态系统，并构建线上粉丝造势、线

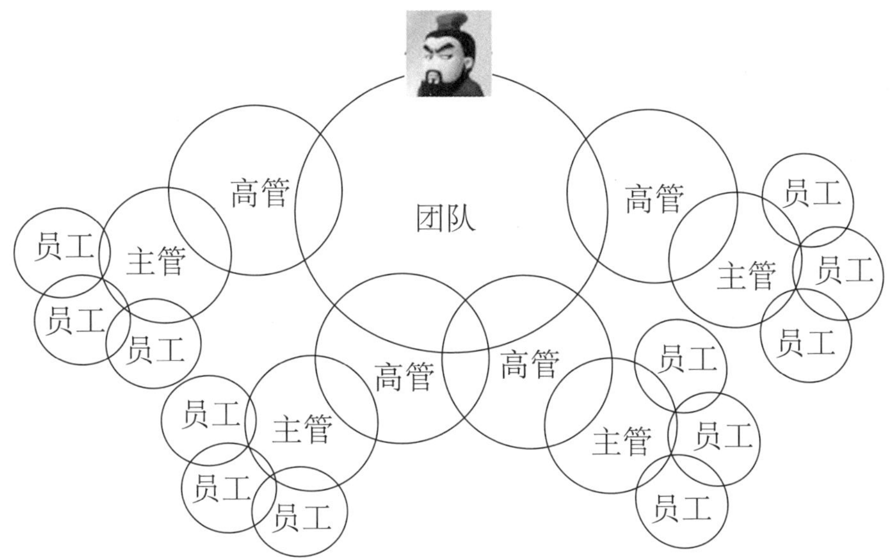

图 11－12　小米 10 万人开发团队模型和“爆扁爽”组织机制

下群众取量的模式。

物联网的突飞猛进使得手机逐渐演化为人们与外界连通必不可少的工具，对于这个大趋势，根据多次创业的经验，雷军创立小米时已经有了规划利用这一风口的想法，所以小米是以 MIUI 为切入点介入手机的制造，以占据流量入口。这一点凸显了小米人的眼光和抱负，也为小米生态链奠定了牢固的基础。其后小米通过投资和协作，组建起庞大的综合生态“舰队”。小米现在已经投资 300 余家公司，再加上小米手机、小米电视、小米路由器、小米生态链产品等，形成完整的智能家居生态系统商业模式，如图 11－13 所示。

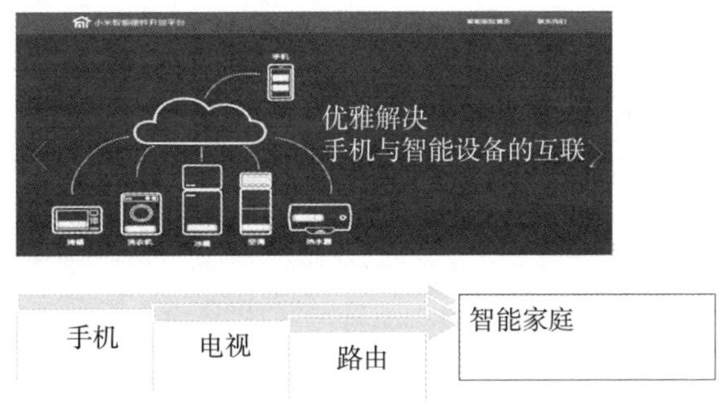

图 11－13　小米智能家居生态系统

2.0阶段是“阵地战”阶段，商业模式从手机到智能家居的生态链模式已经摸索成型，巨大的流量如何有效变现将是小米要经受的一大考验。因为线上和线下在定价模式、费用结构上的不同，各级渠道参与者的盈利模式有很大区别，如何在产品和服务上做到匹配线下渠道的需求，量利兼得，线上、线下真正地协同起来，产生“1+1大于2”的效果，这将是小米未来发展面临的挑战。

小米生态链模式下的营销模式可以归纳为二十四个字：深度场景、触点为王，数据驱动、利他利己，以终为始、相互赋能。设计是很好，关键要看各层级盈利模式的组合和协同如何有效支持。

手机还是小米的主业，小米的营收目前60%以上来自于手机，公司的目标是大力发展IoT和互联网服务业务，成为实质意义上的互联网公司。2018年上半年，小米IoT与生活消费产品收入为104亿元，同比增长103.92%，成为营收增长最快的细分业务。2019年一季度，尽管小米整体营收、利润普遍超预期，但智能手机业务却表现得不尽如人意：销量达2790万部，同比下降1.8%，毛利率同比下滑2.5%，毛利直降25.6%。在互联网服务业务发展方面，2018年上半年，公司互联网服务收入39.58亿元，同比大涨63.6%，贡献的毛利占总毛利的44%，是公司最大的利润来源，但不是主业。

2018年上半年小米集团营业收入构成如图11-14所示。

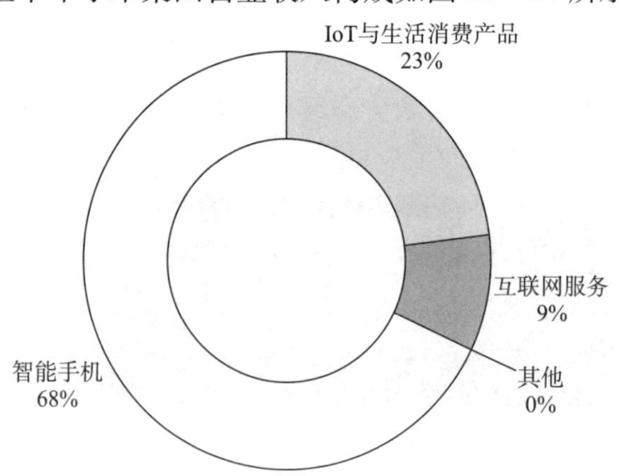

图11-14　2018年上半年小米集团营业收入构成

资源来源：前瞻产业研究院整理

2018 年一季度全球按已连接设备数量的消费级 IOT 市场份额如图 11－15 所示。

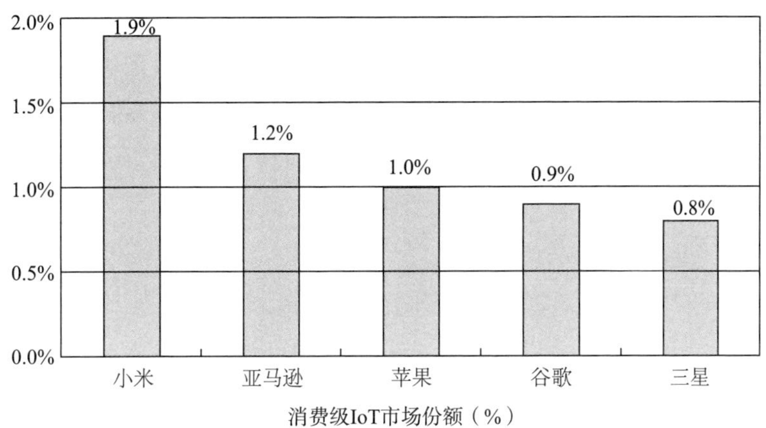

图 11－15　2018 年一季度消费级 IoT 市场份额

资源来源：前瞻产业研究院整理

小米首创的互联网手机模式被华为荣耀学到了“精髓”，加之依靠华为强大的研发能力和渠道能力，华为荣耀于 2018 年完成对小米手机的超越，成为国内最大的互联网手机品牌。尽管线下 2018 年大陆授权店同比扩增 22 倍，达 1378 家，小米之家同比扩增 2 倍，达 586 家，2019 年还成立“线下业务委员会”，小米依然不是华为、OPPO 和 vivo 的对手，线下利润很低，渠道主推的问题难以解决，体现在整体手机的利润上不尽如人意，并直接表现在腰斩的低迷股价上。

（3）小米营销组织变革方向和要点：

小米从 12 个人开始发展到现在近 2 万人，怎么让组织内部的协同性更好，管理工作效率更高，这是雷军关注的核心问题，也对小米继续高速、健康发展具有重要意义。随着生态模式的不断推进，业绩高速增长，一方面强化了小米追求营收过万亿的野心，需要更具长远眼光、战略能力的高层管理团队；另一方面，随着公司业务链的迅速扩张，前端需要大量人员，对公司细分业务的管理提出了更高的要求。

可以说“阵地战”后的组织和管理模式需要系统升级变革，连雷军都在公开信里十分罕见地使用了“系统性调整”的字眼：“早期的小米打法有点像游击战，创造了很多奇迹，今天小米营收过千亿，员工近2万，再靠打‘游击战’肯定不行了。要能打‘运动战’‘相持战’，更要能‘大兵团作战’，我们必须从‘游击队’变成‘正规军’‘集团军’。怎么办？既然是持续打仗，我们就得学习数千年来人类战争史的智慧，我们要有制订作战计划的参谋体系和有力的组织保障体系。”

小米的营销组织变革方向还是依据小前台、大中后台的模式进行，只是在此模式下需要有小米自己的业务特点和管理特点。小米需要在组织架构上不断优化和迭代。

2018年9月，雷军发送内部邮件宣布最新的组织架构调整和人事任命，这是小米上市之后非常重要的一次内部调整。雷军是一个很好的产品经理，如果把组织也看成一个产品，他这次相当于重新进行一次“产品定义”。公司有近2万人，这次调整才涉及原来的四个部门（MIUI、互娱、生态链、电视）的4700多名员工。

小米组织变革主要包括以下两个方面：

（1）后台组织化打造：强大脑，个人到组织决策，组织部和参谋部的建设。

组织系统升级为2.0，强化集团效率的同时如何激发万亿级的组织活力是小米面临的核心命题。小米一直擅长用创业思维进行内部的组织裂变，而这次变革升级新增组织部+参谋部，形成两大机制保证，解决人才选拔和战略制定难题。

小米后台组织化打造如图11－16所示。

图11－16　小米集团新设集团组织管理部门结构

资源来源：前瞻产业研究院整理

小米组织化打造的核心是要增强总部的“大脑”能力和地位。人才要优先供应集团总部支持建设，经验丰富、年富力强的核心高管要集中在总部工作，参谋部、组织部由两位联合创始人挂帅，在管核心业务和人才方面协助雷军，让组织“大脑”并不只有雷军一个人。小米在总部决策层开始组织化能力建设，在雷军看来，生态链布局后模式成型才是组织化的开始，之前都是野蛮成长和基于人管人的混沌管理，原来合伙人机制下的个人管理幅度的组织模式现在需要正式强调组织职能，也就是决策和管理组织化。

具体来说，首先是加强总部职能，合伙人回到集团，从战略和管理层面为年轻管理者引路护航。组建集团组织部，负责中高层干部的聘用、升迁、培训和考核激励，以及各个部门的组织结构设计和编制审批。组建集团参谋部，由王川、刘德带领参谋部、组织部协助 CEO 雷军制定集团的发展战略，并督导各个业务部门执行战略，还要做好核心人才培养和管理。同时强化集团职能的统合，由原公司市场部公关团队组成集团公关部，原公司市场部（除公关团队外）、销售与服务部的电商市场组和新媒体组三个团队合并，成立销售与服务市场部。

（2）小前台的打造：业务单元细分化裂变，干部年轻化。

打造强后台的同时，要强化小前台不断裂变和保持活力。多年来小米一直在建设生态链，不断增加的业态和产品让小米显得“触手”繁多，小米选择细分业务部门来理清错综复杂的关系。2018 年小米宣布启动“手机 + AIoT”双引擎战略，2019 年宣布启动“allinAIoT”，未来 5 年内持续在 AIoT 领域投入超过 100 亿元，如今已经裂变成十个细分业务部门，将小米原有的电视、生态链、MIUI、互娱四大业务拆分成十个部门，其中四个互联网业务部、四个硬件产品部、一个技术平台部和一个消费升级的电商部，并由雷军直接管理。小米意在借助组织架构调整，把业务重心不断转移至 IoT 和互联网服务业务，为这两项业务发展赋予更多的资源。

小米集团业务部门组织架构调整如图 11 – 17 所示。

部门重组包括以下内容：

①组建电视部，由原电视部的部分部门组成，负责电视业务，同时孵化空调等新业务。

②组建生态链部，由原生态链部的部分部门组成。

③组建笔记本电脑部，由原生态链部笔记本电脑部组成。

④组建智能硬件部，由原生态链部智能产品部组成。

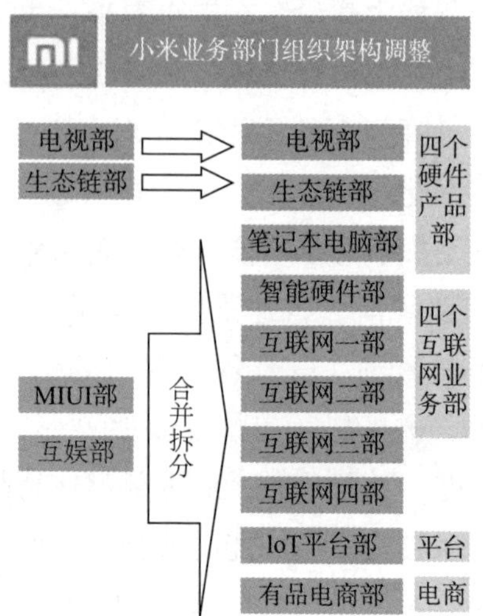

图 11－17　小米集团业务部门组织架构调整示意图

资源来源：前瞻产业研究院整理

⑤组建 IoT 平台部，由原生态链部 IoT 部组成。

⑥组建有品电商部，由原生态链部有品部组成。

⑦组建互联网一部，由 MIUI 部分部门和小米互娱部的部分部门组成，负责 MIUI 核心体验、技术中台、商业产品研发及广告销售、游戏发行、商务合作和 MIUI 国际业务等。

⑧组建互联网二部，由 MIUI 部分部门和小米互娱部的部分部门组成，负责应用商店、游戏中心、小米音乐、小米阅读、小米生活等。

⑨组建互联网三部，由 MIUI 部分部门组成，负责资讯、搜索类、开发者生态系统等业务。

⑩组建互联网四部，由原电视部的部分部门、MIUI 部分部门和小米互娱部的部分部门组成，负责电视版 MIUI、小米视频、画报、直播、米聊、米车生活、快视频及互联网创新业务等。

⑪ MIUI 系统底层团队和 MIUI 品质交付管理团队并入手机部。

“大脑”强了，业务细分裂变的同时，还要保持持续的“肌肉”力量。雷军认识到必须把一线业务阵地交给年轻人，让年轻人才像创业初期一样涌现出来建功立业，必须不断有新鲜血液融入，这样才能有人才梯队交接的长效机制。在一线，小米要保持锐气、闯劲和创新能力，要像创业初期着手培养、提拔一大批年轻的干部，建立更有活力，更有进取心的各级前线指挥团队。

由此有了伴随组织结构的调整，放权“80 后”新生代，构建一线优质人才库的举措。雷军表示：“没有老兵，没有传承，没有新军，没有未来!”此次改革同时任命 14 位正副总经理，10 多个业务骨干一下子提升为一线部门总经理，他们都是立过战功的，而且对小米有着罕见的忠诚度，多以“80 后”为主，最年长者也不过 42 岁。更多二级部门等分支团队中的年轻管理人才、专业人才脱颖而出。小米非常注重用户体验，要与用户交朋友，努力做好互联网业务，未来的用户将是 2000 年后出生的数字化原生代，这也是干部年轻化的必要性所在。结合集团组织部对储备人才的遴选培养和考核，集团参谋部为一线优质人才指点发展方向，提供成长机会。未来的小米将会在这套人才运行机制下建立一个优质的人才库，通过人才布局的独特方式持续支持生态战略的实施。

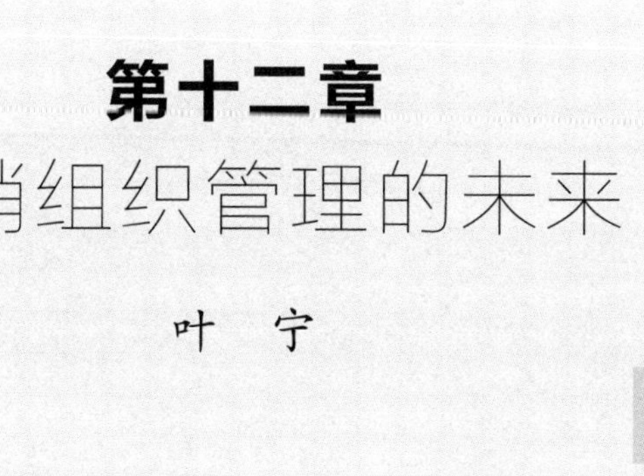

第十二章
营销组织管理的未来

叶　宁

营销组织管理的未来走向如何？我们将从未来营销的使命、未来营销组织管理体系的变化这两个方面进行探讨。

第一节　未来营销的使命

我们从企业价值创造源泉的变化趋势、未来营销职能的变化两个方面来探讨营销组织管理未来担负的使命。

一、企业价值创造源泉的变化趋势

企业价值创造源泉的变化趋势包括以下几点：

1. 技术创新和营销创新是企业价值创造的源泉

德鲁克很早就论述了只有创新和营销是企业的价值创造，其他的都是成本。创新和营销来自于外部环境和机会的变化。众所周知，每次技术的革新和迭代都会在产业发展中产生巨大的影响。从过去的 PC 互联网时代到现在的移动互联网时代，信息通道从过去的 2G 到现在的 5G，无一不是在内容和社交层面进行巨大的颠覆式革新。

工业化大规模生产时代，通过标准化、制度化、体系化的企业内部管理模式为社会提供标准化的产品和服务。而如今的信息时代正在由信息时代的第一阶段 IT 时代，转入第二阶段 DT 时代，ABC 时代（AI + BigData + Cloud）正在到来，新技术、新架构必然带来新颠覆。人类站在以量子计算为基础的人工智能窗口，广义“互联网 +”对商业变革的影响是深远的，因为它将同时改变生产力和生产关系，同时作用于“人与物”“物与物”“人与人”的关系，从而进入一个真正意义上的

“万物互联”时代。很多原本我们认为“隐性”的关系都将逐渐“显性化”，而这将深刻地改变企业设计商业模式的逻辑。在这个窗口之前，谁能够在创新和营销，以及匹配的组织架构上做好充分的准备，谁就能够在未来可能发生的技术和内容的革新之中占据优势。

2. 技术创新对企业未来的影响

技术创新对企业未来的影响包括以下几点：

（1）技术创新使得企业产品和服务的提供发生了本质的变化。

技术的发展使得消费者融入产品和服务的生产中，使得企业和客户的边界发生巨大的变化，不是原来界限分明的交易关系，而是更为融合的产品和服务的共建、共享。

这就是商业智能下的产品和服务，其与传统的物理形态的产品和服务有本质的区别，在数字技术驱动下，未来商业智能下的场景化产品和服务有两个方向：一个是硬件继续迭代发展，新媒介属性更加明显，就像手机会成为巨大流量平台；另一个是物联网发展，所有产品都联网，不管有没有屏，是否具备媒介属性，只需要找到表达方式就能承载营销功能，就是所谓的商业智能，就是常说的“端 + 云”模式下客户需求的满足和发掘。产品本身就可以和云端连接，将消费者的行为数据化上传云端，通过人工智能优化产品和服务，再服务于消费者，消费者海量的消费行为变成数字化的数据，驱动产品和服务的持续迭代更新。

比如小米就在畅想通过触点的规模扩大打通线上、线下，未来串联在一起价值会更大，假设一个场景：未来将有很多人同时使用小米电饭煲和小米电视，小米电饭煲能够智能采集到青海人吃的米最硬、海南人吃的米最软这样的用户口感数据。同时因为数据的智能串联性，当用户打开小米电视，对这个家庭推送的广告就应该聚焦到用户喜爱的米品类，用户对此就不反感。

（2）技术创新集中到量子技术普及阶段，信息的不对称将完全解决。

现在所有的大数据分析，AI、互联网、物联网技术都将归结到量子计算层级，量子计算将成为计算机工程的基本组成要素。它将从根本上被理解，而不再是被神秘面纱笼罩的技术，它将在许多学科和行业中成为解决问题的一种实用工具，会有足够大的系统，并且有足够低的错误率，我们会看到一些真正有价值的、有趣的东西。正如大多数工程师或科学家今天能够概括计算术语“bit”的含义一样，在5年的时间里，“量子位”一词将被广泛理解。到这个时候，大数据精准化研究每一个消费者就不是假设，同时消费者对产品和服务可以深入了解到每一个细节，而不会被信息不对称困扰，这样营销就是本质的价值营销，而不会有信息不对称带来的推销职能。微软第三任CEO纳德拉所写的《点击刷新》一书中就强调了量子计算是微软技术投资的三大领域之一。而在实际推进上，2019年1月8日，IBM推出了名叫“System One”的量子计算机。

（3）技术创新使得未来的生活方式发生改变的畅想。

数字化的技术创新将带来生活方式的完全改变，我们看看各方面的一些畅想吧。在城市生活上，2050年，全球将有七成人口在城市居住，成为城市发展进化的重要一步，我们将不再需要面对拥挤的道路，汽车不仅可以实现无人驾驶，还可以像科幻片里演的一样飞起来，建筑物的设计可以容许人们从不同楼层的入口进入，而不仅仅是单一正门。河流亦将成为主要支持无人驾驶飞机网络的运输走廊。在道德和伦理问题上，AI系统提供了一个无偏见的、客观的世界模型，这将帮助我们解决道德和伦理问题，这些问题将会被任何试图利用AI处理社会问题或做出影响人类生活决定的行业或研究领域所遇到。在医疗行业上，将人工智能应用到数字医疗可以革新医疗保健。即使医生没有相关经验，也可以收集数据，然后利用人工智能为病人诊断潜在病症。生活方式的改变给企业的创新和营销将带来本质的改变，如何融入消费者的生活方式，提供产品和服务，这将会是充满无限遐想的。

3. 伴随技术创新，营销将面临一体化、界限模糊的背景

（1）企业之间的产业链到生态链与个人工作和生活一体化的融合。

被誉为互联网行业先知的《失控》作者凯文·凯利说过，未来的企业组织会更类似于一种混沌的生态系统。在《失控》中，凯文·凯利提到互联网所代表的分布式管理的几个特点：没有强制性的中心控制；次级单位具有自治的特质；次级单位之间彼此高度连接；点对点间

的影响通过网络形成非线性因果关系。这几个特点准确描述了互联网+时代下组织变革的重要趋势：扁平化、网络化、垂直化、自组织、分权化、民主化、社会化、国际化，不仅确保组织高效灵活运行，而且极大激发了组织成员的创新能力。

企业之间的产业链到生态链与个人工作和生活一体化的融合如图12－1所示。

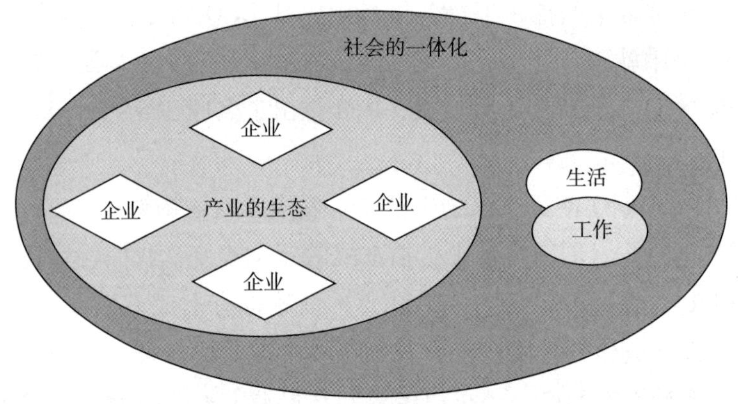

图12－1　企业之间的产业链到生态链与个人工作和生活一体化的融合

①组织边界开放化，企业之间的产业到生态的自组织化。

虽然互联网让企业内部的管理成本和外部交易成本都有所下降，但后者的下降速度却远快于前者。这种内外下降速度的不一致带来了一个重要的结果："公司"这种组织方式的效率大打折扣，"公司"与"市场"之间的那堵"墙"也因此松动。各个行业的特征变得越来越模糊。智能互联产品不但会影响公司的竞争，更会扩展整个行业的边界，竞争的焦点会从独立的产品本身转移到包含相关产品的系统，再到连接各个子系统的体系。

互联网让跨越企业边界的大规模协作成为可能。一方面是公司中很多商业流程游离于企业边界之外，用过去的概念来描述，就是外包的普遍化；另一方面则是自发、自主、快速聚散的组织共同体的大量出现，即《未来是湿的》一书所称的"无组织的组织力量"。Linux、维基百科、快速聚散的闪客、围绕国外电视剧形成的字幕组等，无一不是如此。除非公司承认自己与其他"物种"，包括顾客、供应商、合作伙伴、NGO、创业公司、大学及学术机构，彼此是互相依存的，否则将越来越难以存活。

企业需要获取整体的力量，需要能够集合更多人的智慧，有人称其为“受启发的个人结成的网络”。处在这样一个时代，组织必须能够整合这一切，无疑需要开放、整合创新的管理范式。这一范式使企业更加柔性，并可与环境做出协同，使企业能够组合到新的成本结构、进行不同的价值创造并拥有足够的灵活性。

从价值链的视角来看，研发、设计、制造等很多个商业环节都出现了一种突破企业边界、展开社会化协作的大趋势。比如宝洁公司注意到，虽然自己拥有 8500 名研究员，但公司外部还存在着 150 万个类似的研究人员，为吸引全球的研究人员在业余时间分享和贡献他们的才智，宝洁把内部员工解决不了的问题放到网上，给出解决方案的研究者将获得报酬。这正是研发环节的开放。

②工作及生活带来的组织和员工关系的变化，组织规模小微化的个人趋势。

未来社会组织方式的转变体现在用工模式的转变，雇佣关系的弱化使组织行为的自由度、灵活度更强。在去束缚、去捆绑、去中心化的变革中，以“人”为单位的劳动将过渡到以“心智”为单位的价值贡献，并形成有机合作的利益共同体，从而利他共创、事业共享。

互联网带来企业组织规模小微化的个人趋势如图 12－2 所示。

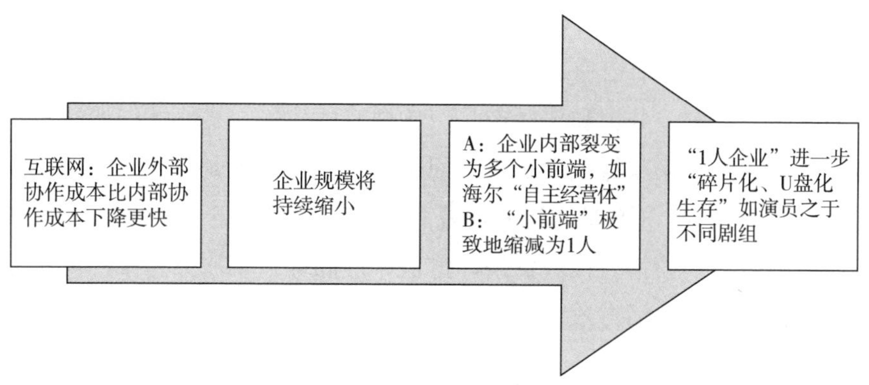

图 12－2　互联网带来企业组织规模小微化的个人趋势

在工作和生活一体化的过程，人人都是知识工作者，人人也都是某个领域的专家，这将让个体的工作与生活更加柔性化。一方面个体的潜能将得到极大释放，每个人的特长都可以方便地在市场上“兑现”，而不一定要全职加入某一企业组织，才能实现个人能力与市场的交换；另一方面工业时代那种工作、生活、学习割裂，个体无法柔性安排工作与生活的状态也将得到很大改变，类似于工作、生活、学习一体化的SOHO式工作、弹性工作等新形态将更为普遍。就目前的统计显示，Y世代（Generation Y，又称为千禧世代，通常指1980－2000年出生的年轻人）中有47%在员工人数少于100人的公司工作。

③企业营销创新将变成企业和消费者互动融合的模式。

以往的营销“挂羊头，卖狗肉”，企业即使说各种高大上的概念和模式也掩盖不了销售的职能，过去的营销本质上还是以自我为中心，可以简单地概括为产品加推销。其最终目的是不惜一切代价获得市场份额，就算这种代价是企业亏损，甚至是长期亏损，采用的是营销策略的Loss Leadership策略，就是指通过牺牲利润来获得销量和市场份额，日本企业在刚进入美国市场的时候多采取此种策略。中国的许多行业（特别是家电行业）的价格战就是这种营销思维和实践的典型代表，它的最大问题在于对顾客所知甚少，甚至是一无所知，属于粗放型营销，盲目性很大。

未来的营销一定是真正以顾客为中心，企业充分了解所服务的顾客，对于他们的人口统计特征、心理统计特征、生活方式、价值观、消费情境和消费目的有着全面而又深刻的了解。企业不断地根据顾客的需求和偏好来开发、分销和传播产品，这样有的放矢，最终才能通过取得最佳的市场份额来获得最大的投资回报。营销理论上是从4P到4R，再到4C的演进，唯一不变的是消费者和客户将成为真正的主导，未来的营销将彻底告别销售时代。价格即价值，产品即需求服务，推广即情景化互动，渠道即生活方式。

二、未来营销职能的变化

数字化时代的营销环境的变迁将影响到营销模式的变化，而这种变化是前所未有的。未来营销的使命就是真正以人为本的价值选择、价值创造和价值成就，体现在以客户为中心的模式真正实现，如前面谈到的，产品和服务从一开始就是通过数字化职能技术让消费者参与产品的创意、实现、交付和使用过程。这就使得我们传统的4P营销策略发生变化，营销的渠道和促销职能在人工智能数字化的产品和服务提供过程，必将是弱化到消失的过程。

1. 营销被强化的职能：智能、交互、实时体验、反馈闭环的产品及服务策略

营销将在实时动态的产品服务提供和反馈闭环下强化围绕产品提供的消费者价值的情感体验、服务和共鸣。不管未来如何变化，以客户为中心是不变的，变化的将是提供价值的策略组合中的不同职能的强弱，或者消失，或被其他核心价值要素替代。营销将被强化的是真正以客户需求为核心的产品+服务的真诚提供、真实价值的体验，发自内心情感的真心服务，由此和消费者的生活方式、个人价值兴趣产生完全信息对称的共鸣。万物互联下数字技术可以做到这一点，其中客户数据促成真正的资产驱动产品和服务的不断升级，产品成为连接客户的端口。由此，从4P的策略要素来看，以客户为中心是产品+服务策略不断强化的表现，是策略组合的核心，未来营销将在数字化技术的推动下，在选择、创造和传播客户价值的手段上不断发生创新性改变。研究和走进消费者的生活方式，乃至将消费者纳入其中，一起开发为消费者生活方式提供真正有价值的产品和服务，然后基于大数据进行一对一的价值传递和价值实现，其中不能被数字化改变的将是真诚地服务于客户，让客户由衷地体会到情感价值的人性化营销文化。

2. 营销被弱化的职能：渠道和促销成为多余，价格由客户而定

营销被弱化的职能表现在以下几个方面：

（1）渠道推动和促销拉动的弱化到消失。

从营销4P的角度来看，在销售成为多余的未来，渠道即生活工作方式，已经化为无形。推广从产品的概念阶段就已经和消费者完全信息对称，消费者甚至还是产品创意的主体，由此以往基于信息不对称的推广也消失了。

以往的营销一方面是渠道推动；另一方面是促销拉动。渠道商是推销为主的分销商，企业必须将很多利润分给他们，渠道商再花很多钱进入终端，招募促销人员进行推销。在过去很长一段时间里，营销的主要工作是花钱——花钱做广告，花钱搞促销。以往过度的营销由4P变成了1P——Promotions（销售促进），营销费用很厉害，形容它“猛于虎”一点也不过分。而未来的渠道将是和消费者生活工作方式融合的全渠道模式，比如围绕微信的应用深入就将越来越成为一种生活方式，而企业通过微信进行的产品和服务提供将越来越融入消费者的生活和工作方式，由此渠道将会消失。而在促销上，当越来越多的消费者介入产品的研发过程，从产品研发开始消费者已经知道自己的需求，促销将成为多余，我们从现在的小米发烧友之于小米手机一样可以看出端倪，未来的营销不需要促销推广，未来这样的产品比比皆是。

（2）价格将变成以价值提供，完全由消费者定价。

价格是产品提供价值的一方面，当产品和服务已经由消费者参与确定之后，价格策略同样从企业的成本加利润模式真正变成消费者价值定价，而且是由消费者来确定的，企业只能选择接受，并以此来组织内部的成本价值分析，真正通过价值导向的价格策略拉动内部或跨界整合的产品和服务提供，在提供价值的同时获得利润和回报。那种匹配渠道推力和促销忽悠的价格费用空间将完全消失，变成真正的产品价值或者为了产品价值而真正付出的产品价值成本。

第二节　未来营销组织管理体系的变化

未来，随着企业经营模式和营销模式呈现出以客户为中心，在“云（云计算）+网（互联网）+端（智能终端）”的计算模式下，开放性、分布式、对等性等技术特征必然会映射到组织管理之中。工业时代集中化、极大化、“被组织”的组织原则将迈向“柔性化、弱连接、小微化、自组织”的未来。当组织被比喻为机器，个体就会被比喻为螺丝钉；当组织被比喻为骨骼，文化就会被比喻为血液；当组织被比喻为网络，个体就会被比喻为节点。

以网络的视角来看企业，它面对的实际上有三张正在形成的“网”：消费者的个性化需求正在相互连接成一个动态的需求之网；企业之间的协作也走向协同网的形态；单个企业组织的内部结构被倒逼着从过去那种以（每个部门和岗位）节点职能为核心的、层级制的金字塔结构转变为一种以（满足消费者个性化需求）流程为核心的、网状的结构。

未来企业的网状化结构如图12－3所示。

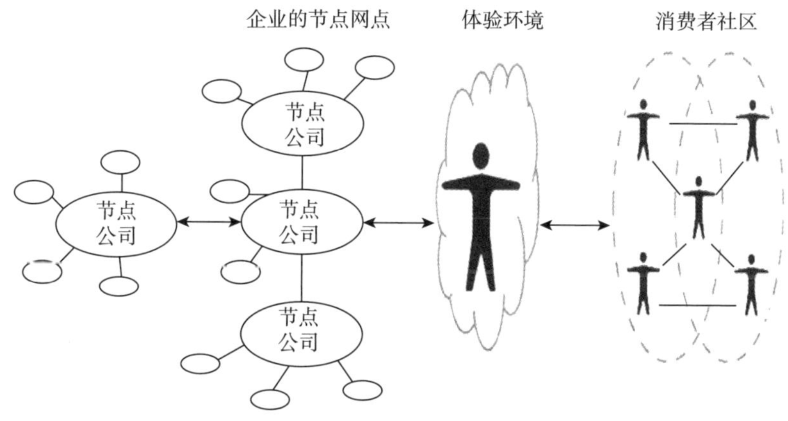

图12－3　未来企业的网状化结构

来源：《消费者王朝》

只有实现了这种结构上的转换与提升，企业才能够有效地实现自身内部的联网，以及企业与消费者之间的联网，由此才能真正有效地感知、捕捉、响应和满足消费者的个性化需求。

未来营销组织模式的转变是由营销职能决定的，主要体现在以下几个方面：

一、营销职能决定要素的外部化

未来的营销，销售成为多余，营销目标、资源配置、评价考核都来自于外部客户。权力的重要来源是信息的获取、处理、分发，信息技术是推动组织变革的根本驱动力。未来的营销环境中，企业和客户是完全信息对称的，并且是及时的。

1. 营销目标确定的外部化

当不再让消费者想象商家的产品，而是让消费者体验商家的产品，除了取悦客户，真正满足客户已有和潜在的需求，真正为客户的生活和工作提供情感化、极具体验价值的产品和服务，这些是营销真正的目的和企业存在的唯一理由。比如销售额的目标是由具体的每个大数据库里的客户价值贡献的。

2. 营销资源配置的外部化

首先，开发什么产品，投入什么成本，由大数据及客户的参与度决定，这是外部化；其次，用什么方式和客户互动，什么样的体验更有愉悦感和价值感也是由客户说了算。比如之前是依据销售额的费用点数进行营销费用的匹配，然后是营销人员在各种推销场景下使用费用，如渠道激励、促销激励等，而未来的营销是和客户互动的体验营销，花多少钱、如何花是由客户的参与度和满意度决定的。

3. 营销效果评价的外部化

首先，是以客户为中心的营销回归本质；其次，技术手段也使得由客户来评估企业产品和服务提供的价值成为可能，而且将是常态。互动体验式的营销效果是客户说了算，由此带来的规模也是可以清晰地看到是由客户的价值贡献实现的。

二、营销组织模式的平台化和一体化

营销组织模式的平台化和一体化表现在以下几个方面：

1. 前后台的概念弱化，营销完全一体化、平台化

战略决定组织的原则不变，随着销售职能的弱化到逐步消失，前台做销售、后台做规划的营销前后台职能划分从界限模糊到不再存在。

与客户的无缝连接：互联网+时代下，企业和用户之间的距离可以无限接近、无缝连接，商业机会就蕴藏在同用户零距离的接触中。用户对产品和服务的评价不单纯是产品质量的好坏，是对产品所带来的用户体验感受的综合评价，而用户体验的打造则是企业内所有价值创造环节共同产生的。当用户能够使用互联网对产品进行评价的时候，企业的所有部门都必须直接对接市场、对接用户。

2. 企业内部成为一个共享经济的自组织平台

组织仍将存在，但公司可能越来越弱化。社会性仍然是人们的基本属性，但人们发挥自我能力和与市场连接、实现自我价值的方式却与过去大不相同。

未来营销时代成长起来的员工不仅信息来源更加多元化，各种工具的出现也让一个个创新的想法更容易实现。如果企业仍然以传统的层级管理为主，员工可能就不会买账。在传统企业的经营管理思维框架里，如果企业是一座房子，屋顶就是KPI，撑起房子的两根柱子分别是经营和管理，KPI则按照经营管理的要素“授权、流程、制度”，被层层分解到员工身上。但是，传统的分配模式存在两个问题：一是员工在执行这套由企业自上而下制定的规则时，市场已经发生了新的变化，员工在落后的价值传递和真实的消费者需求之间进退两难；二是资源按照管理层被逐级分配，最熟悉市场和消费者的员工却拿到最少的资源，个体价值得不到充分展现。

华为的“三人战斗小组”、百度的小团队制、韩都衣舍的“产品小组”、海尔的员工创客等一系列机制都是企业在打破原本职能制划分的企业结构，推行“自组织”的一种尝试，是以往挂靠、承包、分兵突围、内部创业等“自组织”模式的升级版。而今看来，“内部创业”的跨职能团队的模式似乎在逐渐成为互联网时代“自组织”最广泛的模式。这种模式的发展实际上是在弱化僵化的层级结构，发挥网络状结构灵活机动的优势，适应瞬息万变的网络时代，充分保障个体自主性、创造性的内在需要。

随着未来的营销管理匹配复杂系统视角在组织管理领域的逐步兴起，将进入“管理3.0＝复杂性”时代。“管理1.0＝层次体系”，即金字塔；“管理2.0＝流行”，如“平衡计分卡”“六西格玛”等。BCG对100多家欧美上市公司的研究发现，过去15年，这些公司的工作程序、垂直层级、协调机构和决策审批步骤等增加了50%～350%；而过去50年，复杂性平均每年增加6.7%！《失控》一书主张：“有尊严地放手吧！”这本书对未来组织管理的提示是：不必困惑于互联网带来的复杂性，自然界的很多生态系统没有自上而下的管理，同样可以实现秩序。

三、营销执行的全员化

到营销变成真正为客户需求而创造价值、营销的动作变为和客户真正的互动、提供情感化的价值体验的时候，能成为企业中的一员，所有人就天然具备这样的营销职能。实现真正意义上的全员营销，是一种以市场为中心，整合企业资源和手段的化有形为无形的营销职能，体现在产品和服务产生的过程中就是微营销。

全员营销是企业所有员工对企业的产品 + 服务和需求、成本、便利、服务等可控因素进行互相配合，提供最佳组合以满足顾客的各项需求（营销手段的整合性），同时全体员工应以顾客为导向，进行营销管理（营销主体的整合性）。所有员工关注或参加企业和客户互动营销活动的分析、规划和控制，尽量为顾客创造最大的让渡价值，使顾客满意度最大化。现在小米手机的模式就有点类似这样的倾向，工程师天然就是粉丝群的群主或者主力军，负责收集客户信息、洞察客户需求、传播核心价值等。

四、营销管理的智能化

营销管理的智能化是以客户管理的智能化为中心的。随着数据维度的不断丰富，应用场景的不断增多，尤其是移动化所带来的位置数据、物联网数据的日趋丰富，数据营销也在快速演进。得益于通信、搜索、浏览、电商、社交这五大场景的丰富线上数据和来自于用户端的 GPS、运营商基站的线下数据，对产品生命周期、细分市场格局、交互与交易场景、移动端消费者行为洞察等多个层级进行全面细致的数据分析，可以精确详细地展现用户的全生命周期，智能营销时代正在到来。

智能营销的量子计算时代，大数据精准化带来了绝对的柔性化和精准化，实现真正的数据 + 场景的智慧营销，真正完成以用户为中心的大数据场景应用：整合用户数据、消费数据、行为数据、售后数据、商品数据等，标准化数据格式，线上、线下数据同步共享，沉淀数据资产；全网识别用户身份，定位多渠道同一用户，让深度数据挖掘和大数据分析成为可能，动态定位目标营销客户群，根据客户需求提前发起一次精准营销互动体验活动，给客户带来意外惊喜。由此可以想象客户管理的智能化：客户的需求信息从产品和服务的创意开始，就是量子级别的精确，而且动态全程化，通过精准的数据分析技术挖掘客户的信息，价值的感知无所不在。消费者在手机上点了哪个链接，读了什么新闻，搜索了什么内容，使用了什么 APP，出门是坐公交还是打车，受教育程度，娱乐偏好，收入理财，每月可支配收入，喜好什么品牌等都可以远程检测到。企业营销人员可能永远没见过消费者，但可能比消费者的家人更了解他的产品需求，甚至消费趋势，而在此期间的营销费用管理也将是智能化的。美国百货零售业之父约翰·华纳梅克（John Wanamaker）有一句堪称广告营销界“哥德巴赫猜想”的至理名言——“我知道在广告上的花费有一半是浪费的，但问题是我不知道是哪一半。”随着大数据的日益广泛应用，浪费的另一半正在被找到。产品营销早已不是单纯的打广告，而是围绕消费者需求形成一个闭环，是消费者深度参与的“创造需求，激发需求，最终满足需求”的闭环，大数据会将费用动态及时地反映在每一个过程，并有效进行智能化管理，知道什么时候投入什么，能产出什么。

总之，随着智能营销时代的到来，营销组织管理模式在工作、生活一体化的社会环境下，将真正地走向民主化、全员化和自组织的模式。

推荐作者得新书!

博瑞森征稿启事

亲爱的读者朋友:

感谢您选择了博瑞森图书!希望您手中的这本书能给您带来实实在在的帮助!

博瑞森一直致力于发掘好作者、好内容,希望能把您最需要的思想、方法,一字一句地交到您手中,成为管理知识与管理实践的桥梁。

但是我们也知道,有很多深入企业一线、经验丰富、乐于分享的优秀专家,或者忙于实战没时间,或者缺少专业的写作指导和便捷的出版途径,只能茫然以待……

还有很多在竞争大潮中坚守的企业,有着异常宝贵的实践经验和独特的洞察,但缺少专业的记录和整理者,无法让企业的经验和故事被更多的人了解、学习……

对读者而言,这些都太遗憾了!

博瑞森非常希望能将这些埋藏的“宝藏”发掘出来,贡献给广大读者,让更多的人从中受益。

所以,我们真心地邀请您,我们的老读者,帮我们搜寻:

推荐作者

可以是您自己或您的朋友,只要对本土管理有实践、有思考;可以是您通过网络、杂志、书籍或其他途径了解的某位专家,不管名气大小,只要他的思想和方法曾让您深受启发。

可以是管理类作品,也可以超出管理,各类优秀的社科作品或学术作品。

推荐企业

可以是您自己所在的企业,或者是您熟悉的某家企业,其创业过程、运营经历、产品研发、机制创新,等等。无论企业大小,只要乐于分享、有值得借鉴书写之处。

总之,好内容就是一切!

博瑞森绝非“自费出书”,出版费用完全由我们承担。您推荐的作者或企业案例一经采用,我们会立刻向您赠送书币 1000 元,可直接换取任何博瑞森图书的纸书或电子书。

感谢您对本土管理原创、博瑞森图书的支持!

推荐投稿邮箱:bookgood@126.com　　推荐手机:13611149991

1120本土管理实践与创新论坛

这是由100多位本土管理专家联合创立的企业管理实践学术交流组织，旨在孵化本土管理思想、促进企业管理实践、加强专家间交流与协作。

论坛每年集中力量办好两件大事：第一，“**出一本书**”，汇聚一年的思考和实践，把最原创、最前沿、最实战的内容集结成册，贡献给读者；第二，“**办一次会**”，每年11月20日本土管理专家们汇聚一堂，碰撞思想、研讨案例、交流切磋、回馈社会。

企业案例·老板传记

	书名．作者	内容/特色	读者价值
企业案例·老板传记	**你不知道的加多宝：原市场部高管讲述** 曲宗恺　牛玮娜　著	前加多宝高管解读加多宝	全景式解读，原汁原味
	借力咨询：德邦成长背后的秘密 官同良　王祥伍　著	讲述德邦是如何借助咨询公司的力量进行自身与发展的	来自德邦内部的第一线资料，真实、珍贵，令人受益匪浅
	娃哈哈区域标杆：豫北市场营销实录 罗宏文　赵晓萌　等著	本书从区域的角度来写娃哈哈河南分公司豫北市场是怎么进行区域市场营销，成为娃哈哈全国第一大市场、全国增量第一高市场的一些操作方法	参考性、指导性，一线真实资料
	六个核桃凭什么：从0过100亿 张学军　著	首部全面揭秘养元六个核桃裂变式成长的巨著	学习优秀企业的成长路径，了解其背后的理论体系
	像六个核桃一样：打造畅销品的36个简明法则 王　超　范　萍　著	本书分上下两篇：包括"六个核桃"的营销战略历程和36条畅销法则	知名企业的战略历程极具参考价值，36条法则提供操作方法
	解决方案营销实战案例 刘祖轲　著	用10个真案例讲明白什么是工业品的解决方案式营销，实战、实用	有干货、真正操作过的才能写得出来
	招招见销量的营销常识 刘文新　著	如何让每一个营销动作都直指销量	适合中小企业，看了就能用
	我们的营销真案例 联纵智达研究院　著	五芳斋粽子从区域到全国/诺贝尔瓷砖门店销量提升/利豪家具出口转内销/汤臣倍健的营销模式	选择的案例都很有代表性，实在、实操！
	中国营销战实录：令人拍案叫绝的营销真案例 联纵智达　著	51个案例，42家企业，38万字，18年，累计2000余人次参与……	最真实的营销案例，全是一线记录，开阔眼界
	双剑破局：沈坤营销策划案例集 沈　坤　著	双剑公司多年来的精选案例解析集，阐述了项目策划中每一个营销策略的诞生过程，策划角度和方法	一线真实案例，与众不同的策划角度令人拍案叫绝、受益匪浅
	宗：一位制造业企业家的思考 杨　涛　著	1993年创业，引领企业平稳发展20多年，分享独到的心得体会	难得的一本老板分享经验的书
	简单思考：AMT咨询创始人自述 孔祥云　著	著名咨询公司（AMT）的CEO创业历程中点点滴滴的经验与思考	每一位咨询人，每一位创业者和管理经营者，都值得一读
	边干边学做老板 黄中强　著	创业20多年的老板，有经验、能写、又愿意分享，这样的书很少	处处共鸣，帮助中小企业老板少走弯路
	三四线城市超市如何快速成长：解密甘雨亭 IBMG国际商业管理集团　著	国内外标杆企业的经验+本土实践量化数据+操作步骤、方法	通俗易懂，行业经验丰富，宝贵的行业量化数据，关键思路和步骤
	中国首家未来超市：解密安徽乐城 IBMG国际商业管理集团　著	本书深入挖掘了安徽乐城超市的试验案例，为零售企业未来的发展提供了一条可借鉴之路	通俗易懂，行业经验丰富，宝贵的行业量化数据，关键思路和步骤

互联网+

	书名．作者	内容/特色	读者价值
互联网+	**新营销** 刘春雄　著	新营销的新框架体系是场景是产品逻辑，IP是品牌逻辑，社群是连接逻辑，传播是营销逻辑	助力品牌商实现由传统营销到新营销的理念和行动的跨越，助力企业打赢升级转型之仗
	企业微信营销全指导 孙　巍　著	专门给企业看到的微信营销书，手把手教企业从小白到微信营销专家	企业想学微信营销现在还不晚，两眼一抹黑也不怕，有这本书就够

续表

互联网+	**企业网络营销这样做才对：B2B大宗B2C** 张 进 著	简单直白拿来就用，各种窍门信手拈来，企业网络营销不麻烦也不用再头疼，一般人不告诉他	B2B、大宗B2C企业有福了，看了就能学会网络营销
	互联网时代的银行转型 韩友诚 著	以大量案例形式为读者全面展示和分析了银行的互联网金融转型应对之道	结合本土银行转型发展案例的书籍
	正在发生的转型升级·实践 本土管理实践与创新论坛 著	企业在快速变革期所展现出的管理变革新成果、新方法、新案例	重点突出对于未来企业管理相关领域的趋势研判
	触发需求：互联网新营销样本·水产 何足奇 著	传统产业都在苦闷中挣扎前行，本书通过鲜活的案例告诉你如何以需求链整合供应链，从而把大家熟知的传统行业打碎了重构、重做一遍	全是干货，值得细读学习，并且作者的理论已经经过了他亲自操刀的实践检验，效果惊人，就在书中全景展示
	移动互联新玩法：未来商业的格局和趋势 史贤龙 著	传统商业、电商、移动互联，三个世界并存，这种新格局的玩法一定要懂	看清热点的本质，把握行业先机，一本书搞定移动互联网
	微商生意经：真实再现33个成功案例操作全程 伏泓霖 罗晓慧 著	本书为33个真实案例，分享案例主人公在做微商过程中的经验教训	案例真实，有借鉴意义
	阿里巴巴实战运营——14招玩转诚信通 聂志新 著	本书主要介绍阿里巴巴诚信通的十四个基本推广操作，从而帮助使用诚信通的用户及企业更好地提升业绩	基本操作，很多可以边学边用，简单易学
	阿里巴巴实战运营2：诚信通热卖技巧 聂嵘海 著	诚信通TOP商家赚钱的密码箱，手把手教你操作，拿来就用	图文并茂，内容齐全，直接可以对照使用
	抖音营销如何做：未来抖商 刘大贺 著	解密从0到1亿粉丝的实操路径，深度剖析抖音营销全系统策略	企业做抖音营销的第一书
	微商团队长：从入门到精通 罗品牌 著	由浅入深，涵盖微商团队长必学技能的方方面面	只要照着做，就能当好微商团队长
	互联网精准营销 蒋 军 著	怎么在互联网时代整体策划、包装品牌和产品，并在此基础上为企业设计商业模式，技术实现并运营落地	为有基础的小微企业（大企业的新项目）1年实现销售额过亿，2年对接资本，3年左右准IPO
	今后这样做品牌：移动互联时代的品牌营销策略 蒋 军 著	与移动互联紧密结合，告诉你老方法还能不能用，新方法怎么用	今后这样做品牌就对了
	互联网+"变"与"不变"：本土管理实践与创新论坛集萃·2016 本土管理实践与创新论坛 著	本土管理领域正在产生自己独特的理论和模式，尤其在移动互联时代，有很多新课题需要本土专家们一起研究	帮助读者拓宽眼界、突破思维
	创造增量市场：传统企业互联网转型之道 刘红明 著	传统企业需要用互联网思维去创造增量，而不是用电子商务去转移传统业务的存量	教你怎么在"互联网+"的海洋中创造实实在在的增量
	重生战略：移动互联网和大数据时代的转型法则 沈 拓 著	在移动互联网和大数据时代，传统企业转型如同生命体打算与再造，称之为"重生战略"	帮助企业认清移动互联网环境下的变化和应对之道
	画出公司的互联网进化路线图：用互联网思维重塑产品、客户和价值 李 蓓 著	18个问题帮助企业一步步梳理出互联网转型思路	思路清晰、案例丰富，非常有启发性
	7个转变，让公司3年胜出 李 蓓 著	消费者主权时代，企业该怎么办	这就是互联网思维，老板有能这样想，肯定倒不了
	跳出同质思维，从跟随到领先 郭 剑 著	66个精彩案例剖析，帮助老板突破行业长期思维惯性	做企业竟然有这么多玩法，开眼界

续表

<table>
<tr><th colspan="4">行业类：零售、白酒、食品/快消品、农业、医药、建材家居等</th></tr>
<tr><th colspan="2">书名．作者</th><th>内容/特色</th><th>读者价值</th></tr>
<tr><td rowspan="17">零售·超市·餐饮·服装</td><td>总部有多强大，门店就能走多远
IBMG 国际商业管理集团　著</td><td>如何把总部做强，成为门店的坚实后盾</td><td>了解总部建设的方法与经验</td></tr>
<tr><td>超市卖场定价策略与品类管理
IBMG 国际商业管理集团　著</td><td>超市定价策略与品类管理实操案例和方法</td><td>拿来就能用的理论和工具</td></tr>
<tr><td>连锁零售企业招聘与培训破解之道
IBMG 国际商业管理集团　著</td><td>围绕零售企业组织架构、培训体系建设等内容进行深刻探讨</td><td>破解人才发现和培养瓶颈的关键点</td></tr>
<tr><td>中国首家未来超市：解密安徽乐城
IBMG 国际商业管理集团　著</td><td>介绍了乐城作为中国首家未来超市从无到有的传奇经历</td><td>了解新型零售超市的运作方式及管理特色</td></tr>
<tr><td>三四线城市超市如何快速成长：解密甘雨亭
IBMG 国际商业管理集团　著</td><td>揭秘一家三四线连锁超市的经验策略</td><td>不但可以欣赏它的优点，而且可以学会它成功的方法</td></tr>
<tr><td>新零售　新终端
迪智成咨询团队　著</td><td>梳理和提炼新零售的系统打法，将之落地在新终端建设上</td><td>让新零售这一看似形而上的商业概念有了可以落地的立足点</td></tr>
<tr><td>新零售动作分解：建材　家居家具
盛斌子　著</td><td>第一本锁定在家居建材、家电、家装等耐用消费品领域谈新零售的书</td><td>第一本谈新零售的具体动作、策略、方法、招术的书，拿来就用</td></tr>
<tr><td>新零售进化趋势与未来格局
李政权　著</td><td>通过业态、品类、体验、场景等，逐一呈现新零售的未来进化</td><td>就新零售未来的发展方向与进化趋势给出一个确定性的未来</td></tr>
<tr><td>涨价也能卖到翻
村松达夫　【日】</td><td>提升客单价的 15 种实用、有效的方法</td><td>日本企业在这方面非常值得学习和借鉴</td></tr>
<tr><td>移动互联下的超市升级
联商网专栏频道　著</td><td>深度解析超市转型升级重点</td><td>帮助零售企业把握全局、看清方向</td></tr>
<tr><td>手把手教你做专业督导：专卖店、连锁店
熊亚柱　著</td><td>从督导的职能、作用，在工作中需要的专业技能、方法，都提供了详细的解读和训练办法，同时附有大量的表单工具</td><td>无论是店铺需要统一培训，还是个人想成为优秀的督导，有这一本就够了</td></tr>
<tr><td>百货零售全渠道营销策略
陈继展　著</td><td>没有照本宣科、说教式的絮叨，只有笔者对行业的认知与理解，庖丁解牛式的逐项解析、展开</td><td>通俗易懂，花极少的时间快速掌握该领域的知识及趋势</td></tr>
<tr><td>零售：把客流变成购买力
丁　昀　著</td><td>如何通过不断升级产品和体验式服务来经营客流</td><td>如何进行体验营销，国外的好经营，这方面有启发</td></tr>
<tr><td>餐饮企业经营策略第一书
吴　坚　著</td><td>分别从产品、顾客、市场、盈利模式等几个方面，对现阶段餐饮企业的发展提出策略和思路</td><td>第一本专业的、高端的餐饮企业经营指导书</td></tr>
<tr><td>餐饮新营销
杨　勇　程绍珊　著</td><td>在新环境下，对餐饮营销管理进行了全面深入的解读，提供了方式方法</td><td>全面性、系统性，区别于市面上的纯操作类作品</td></tr>
<tr><td>电影院的下一个黄金十年：开发·差异化·案例
李保煜　著</td><td>对目前电影院市场存大的问题及如何解决进行了探讨与解读</td><td>多角度了解电影院运营方式及代表性案例</td></tr>
<tr><td>赚不赚钱靠店长：从懂管理到会经营
孙彩军　著</td><td>通过生动的案例来进行剖析，注重门店管理细节方面的能力提升</td><td>帮助终端门店店长在管理门店的过程中实现经营思路的拓展与突破</td></tr>
<tr><td rowspan="2">耐消品</td><td>商用车经销商运营实战
杜建君　王朝阳　章晓青　等著</td><td>从管理到经营，从销售到服务，系统化运作全指导</td><td>为经销商经营开阔思路，掌握方法</td></tr>
<tr><td>汽车配件这样卖：汽车后市场销售秘诀 100 条
俞士耀　著</td><td>汽配销售业务员必读，手把手教授最实用的方法，轻松得来好业绩</td><td>快速上岗，专业实效，业绩无忧</td></tr>
</table>

续表

耐消品	润滑油销售:这样说这样做更有效 张金荣　著	针对渠道、经销商、终端的超实用话术	上车看,下车用,3分钟就能学会。
	新经销:新零售时代,教你做大商 黄润霖　著	从选址、产品、促销、团队、规模阐述新经销变与不变的市场手法和操作思路	实地拜访近100位经销商在传统营销手法上的创新、新营销工具的发现
	珠宝黄金新营销 崔德乾　著	营销、品牌、产品、连接、场景、社群、服务、传播、管理及产业价值链	新营销在珠宝行业的实战应用,业内必备第一书
	跟行业老手学经销商开发与管理:家电、耐消品、建材家居 黄润霖　著	全部来源于经销商管理的一线问题,作者用丰富的经验将每一个问题落实到最便捷快速的操作方法上去	书中每一个问题都是普通营销人亲口提出的,这些问题你也会遇到,作者进行的解答则精彩实用
白酒	酒水饮料快消品餐饮渠道营销手册 朱伟杰　著	主要针对快消品(酒水、饮料)的餐饮渠道,提供了区域、商圈、不同业态的规划和促销安排等多种工具,并提出了经销商、批发商等相关人员的管理方法	一本酒水饮料如何在餐饮渠道销售的全能手册,内容深入翔实,可以直接照搬套用,这样的便利简直千金不换
	白酒到底如何卖 赵海永　著	以市场实战为主,多层次、全方位、多角度地阐释了白酒一线市场操作的最新模式和方法,接地气	实操性强,37个方法、6大案例帮你成功卖酒
	变局下的白酒企业重构 杨永华　著	帮助白酒企业从产业视角看清趋势,找准位置,实现弯道超车的书	行业内企业要减少90%,自己在什么位置,怎么做,都清楚了
	1. 白酒营销的第一本书(升级版) 2. 白酒经销商的第一本书 唐江华　著	华泽集团湖南开口笑公司品牌部长,擅长酒类新品推广、新市场拓展	扎根一线,实战
	区域型白酒企业营销必胜法则 朱志明　著	为区域型白酒企业提供35条必胜法则,在竞争中赢销的葵花宝典	丰富的一线经验和深厚积累,实操实用
	10步成功运作白酒区域市场 朱志明　著	白酒区域操盘者必备,掌握区域市场运作的战略、战术、兵法	在区域市场的攻伐防守中运筹帷幄,立于不败之地
	酒业转型大时代:微酒精选2014－2015 微酒　主编	本书分为五个部分:当年大事件、那些酒业营销工具、微酒独立策划、业内大调查和十大经典案例	了解行业新动态、新观点,学习营销方法
快消品·食品	中国快消品营销的这些年 史贤龙　著	作者精华文章的合集,一本书浓缩了过去十五年,中国营销的实战历程与前沿思考	快消品营销行业的案例和方法都原汁原味呈现,在反映当时风貌的同时,展望与反思
	营销中国茶:2小时读懂茶叶营销 史贤龙　著	从不同视角对中国的茶营销进行了思考,内容涉及中国茶产业战略困境、茶企规模化、茶品牌崛起、茶文化、茶营销、茶消费、茶零售、茶道等	内容丰富扎实,文字流畅,浓缩的都是精华,让你2小时读懂茶叶营销
	这样打造快消品标杆市场 罗宏文　著	帮助你解决如何成功打造标杆市场和进行持续增量管理两大问题	一套系统的方法论,通俗易懂,可以直接套用
	5小时读懂快消品营销:中国快消品案例观察 陈海超　著	多年营销经验的一线老手把案例掰开了、揉碎了,从中得出的各种手段和方法给读者以帮助和启发	营销那些事儿的个中秘辛,求人还不一定告诉你,这本书里就有
	快消品招商的第一本书:从入门到精通 刘　雷　著	深入浅出,不说废话,有工具方法,通俗易懂	让零基础的招商新人快速学习书中最实用的招商技能,成长为骨干人才
	乳业营销第一书 侯军伟　著	对区域乳品企业生存发展关键性问题的梳理	唯一的区域乳业营销书,区域乳品企业一定要看

续表

快消品·食品	**金龙鱼背后的粮油帝国** 余　盛　著	讲述金龙鱼品牌及母公司丰益国际的商业冒险故事	在精彩的阅读体验中学到营销管理的方法
	食用油营销第一书 余　盛　著	10多年油脂企业工作经验，从行业到具体实操	食用油行业第一书，当之无愧
	中国茶叶营销第一书 柏　龑　著	如何跳出茶行业"大文化小产业"的困境，作者给出了自己的观察和思考	不是传统做茶的思路，而是现在商业做茶的思路
	调味品企业八大必胜法则 张　戟　著	八大规律性的关键成功要素，背后都有本土调味品企业的成功实践	"观点阐述＋案例描述"，行业必读
	调味品营销第一书 陈小龙　著	国内唯一一本调味品营销的书	唯一的调味品营销的书，调味品的从业者一定要看
	快消品营销人的第一本书：从入门到精通 刘　雷　伯建新　著	快消行业必读书，从入门到专业	深入细致，易学易懂
	变局下的快消品营销实战策略 杨永华　著	通胀了，成本增加，如何从被动应战变成主动的"系统战"	作者对快消品行业非常熟悉、非常实战
	快消品经销商如何快速做大 杨永华　著	本书完全从实战的角度，评述现象，解析误区，揭示原理，传授方法	为转型期的经销商提供了解决思路，指出了发展方向
	快消品营销：一位销售经理的工作心得2 蒋　军　著	快消品、食品饮料营销的经验之谈，重点图书	来源与实战的精华总结
	快消品营销与渠道管理 谭长春　著	将快消品标杆企业渠道管理的经验和方法分享出来	可口可乐、华润的一些具体的渠道管理经验，实战
	成为优秀的快消品区域经理（升级版） 伯建新　著	用"怎么办"分析区域经理的工作关键点，增加30%全新内容，更贴近环境变化	可以作为区域经理的"速成催化器"
	销售轨迹：一位快消品营销总监的拼搏之路 秦国伟　著	本书讲述了一个普通销售员打拼成为跨国企业营销总监的真实奋斗历程	激励人心，给广大销售员以力量和鼓舞
	快消老手都在这样做：区域经理操盘锦囊 方　刚　著	非常接地气，全是多年沉淀下来的干货，丰富的一线经验和实操方法不可多得	在市场摸爬滚打的"老油条"，那些独家绝招妙招一般你问都是问不来的
	动销四维：全程辅导与新品上市 高继中　著	从产品、渠道、促销和新品上市详细讲解提高动销的具体方法，总结作者18年的快消品行业经验，方法实操	内容全面系统，方法实操
农业	**饲料营销有方法：策略　案例　工具** 陈石平　著	跳出饲料看饲料，根据饲料营销的关键成功要素（KSF）提出7大核心命题	紧跟农牧产业发展大势，提高饲料企业营销竞争力
	新农资如何换道超车 刘祖轲　等著	从农业产业化、互联网转型、行业营销与经营突破四个方面阐述如何让农资企业占领先机、提前布局	南方略专家告诉你如何应对资源浪费、生产效率低下、产能严重过剩、价格与价值严重扭曲等
	中国牧场管理实战：畜牧业、乳业必读 黄剑黎　著	本书不仅提供了来自一线的实际经验，还收入了丰富的工具文档与表单	填补空白的行业必读作品
	中小农业企业品牌战法 韩　旭　著	将中小农业企业品牌建设的方法，从理论讲到实践，具有指导性	全面把握品牌规划，传播推广，落地执行的具体措施
	农资营销实战全指导 张　博　著	农资如何向"深度营销"转型，从理论到实践进行系统剖析，经验资深	朴实、使用！不可多得的农资营销实战指导
	农产品营销第一书 胡浪球　著	从农业企业战略到市场开拓、营销、品牌、模式等	来源于实践中的思考，有启发
	变局下的农牧企业9大成长策略 彭志雄　著	食品安全、纵向延伸、横向联合、品牌建设……	唯一的农牧企业经营实操的书，农牧企业一定要看

续表

医药	**在中国,医药营销这样做:时代方略精选文集** 段继东　主编	专注于医药营销咨询15年,将医药营销方法的精华文章合编,深入全面	可谓医药营销领域的顶尖著作,医药界读者的必读书
	医药新营销:制药企业、医药商业企业营销模式转型 史立臣　著	医药生产企业和商业企业在新环境下如何做营销?老方法还有没有用?如何寻找新方法?新方法怎么用?本书给你答案	内容非常现实接地气,踏实谈问题说方法
	医药企业转型升级战略 史立臣　著	药企转型升级有5大途径,并给出落地步骤及风险控制方法	实操性强,有作者个人经验总结及分析
	新医改下的医药营销与团队管理 史立臣　著	探讨新医改对医药行业的系列影响和医药团队管理	帮助理清思路,有一个框架
	医药营销与处方药学术推广 马宝琳　著	如何用医学策划把"平民产品"变成"明星产品"	有真货、讲真话的作者,堪称处方药营销的经典!
	医药行业大洗牌与药企创新 林延君　沈　斌　著	一方面,围绕着变革,多角度阐述药企的应对之道;另一方面,紧扣实践,介绍近百家医药企业创新实践案例	医改变革10年,医药企业如何应对大洗牌?重磅出击的药企人必读书
	新医改了,药店就要这样开 尚　锋　著	药店经营、管理、营销全攻略	有很强的实战性和可操作性
	电商来了,实体药店如何突围 尚　锋　著	电商崛起,药店该如何突围?本书从促销、会员服务、专业性、客单价等多重角度给出了指导方向	实战攻略,拿来就能用
	OTC医药代表药店销售36计 鄢圣安　著	以《三十六计》为线,写OTC医药代表向药店销售的一些技巧与策略	案例丰富,生动真实,实操性强
	OTC医药代表药店开发与维护 鄢圣安　著	要做到一名专业的医药代表,需要做什么、准备什么、知识储备、操作技巧等	医药代表药店拜访的指导手册,手把手教你快速上手
	引爆药店成交率1:店员导购实战 范月明　著	一本书解决药店导购所有难题	情景化、真实化、实战化
	引爆药店成交率2:经营落地实战 范月明　著	最接地气的经营方法全指导	揭示了药店经营的几类关键问题
	引爆药店成交率:专业化销售解决方案 范月明　著	药品搭配分析与关联销售	为药店人专业化助力
	处方药合规推广实战宝典 赵佳震　著	推广体系搭建、推广人员岗位工作内容、推广服务外包商管理等六个方面	解决"医药代表转型"和"推广服务外包商管理"的困惑
	医药代理商实操全指导:新环境　新战法 戴文杰　著	结合医药市场政策环境解读新环境下医药招商的战法,着重分析药品产业链的盈利机会	医药销售业务人员的必备读物
	攻略基层诊所:医药营销这样做 张江民　著	对基层诊所的开发、维护和动销,拿来就用的方式方法	实战是本书的主旨,只要用心去看,就能在基层诊所市场中运用
	互联网医药的未来 动脉网　编著	介绍了互联网医药发展的现状与趋势	帮助创业者和投资人看清未来,把握当下
	处方药零售这样做 田　军　著	阐述了处方药零售的重要性,以及做处方药零售市场的具体措施和方法	系统性了解和掌握处方药零售方法
建材家居	**成为最赚钱的家具建材经销商** 李治江　著	从销售模式、产品、门店等老板们最关注和最需要的方面解决问题、提供方法	只要你是建材、家具、家居用品的经销商老板,这就是一本必读的书
	定制家居黄金十年 韩　锋　翁长华　著	梳理了定制家居的商业模式和发展情况	帮助定制家居看清方向,把握当下
	家具建材促销与引流 薛　亮　李永峰　著	十大促销模式的详细方法和工具	让你天天签大单

续表

建材家居	**家具行业操盘手** 王献永　著	家具行业问题的终结者	解决了干家具还有没有前途？为什么同城多店的家具经销商很难做大做强等问题
	建材家居营销：除了促销还能做什么 孙嘉晖　著	一线老手的深度思考，告诉你在建材家居营销模式基本停滞的今天，除了促销，营销还能怎么做	给你的想法一场革命
	建材家居营销实务 程绍珊　杨鸿贵　主编	价值营销运用到建材家居，每一步都让客户增值	有自己的系统、实战
	家居建材门店6力爆破 贾同领　著	合盘道出一线品牌销量秘籍	6力招招见血，既有招数，又有策略
	建材家居门店销量提升 贾同领　著	店面选址、广告投放、推广助销、空间布局、生动展示、店面运营等	门店销量提升是一个系统工程，非常系统、实战
	10步成为最棒的建材家居门店店长 徐伟泽　著	实际方法易学易用，让员工能够迅速成长，成为独当一面的好店长	只要坚持这样干，一定能成为好店长
	手把手帮建材家居导购业绩倍增：成为顶尖的门店店员 熊亚柱　著	生动的表现形式，让普通人也能成为优秀的导购员，让门店业绩长红	读着有趣，用着简单，一本在手、业绩无忧
	建材家居经销商实战42章经 王庆云　著	告诉经销商：老板怎么当、团队怎么带、生意怎么做	忠言逆耳，看着不舒服就对了，实战总结，用一招半式就值了
工业品	**销售是门专业活：B2B、工业品** 陆和平　著	销售流程就应该跟着客户的采购流程和关注点的变化向前推进，将一个完整的销售过程分成十个阶段，提供具体方法	销售不是请客吃饭拉关系，是个专业的活计！方法在手，走遍天下不愁
	解决方案营销实战案例 刘祖轲　著	用10个真案例讲明白什么是工业品的解决方案式营销，实战、实用	有干货、真正操作过的才能写得出来
	变局下的工业品企业7大机遇 叶敦明　著	产业链条的整合机会、盈利模式的复制机会、营销红利的机会、工业服务商转型机会……	工业品企业还可以这样做，思维大突破
	工业品市场部实战全指导 杜　忠　著	工业品市场部经理工作内容全指导	系统、全面、有理论、有方法，帮助工业品市场部经理更快提升专业能力
	工业品营销管理实务 李洪道　著	中国特色工业品营销体系的全面深化、工业品营销管理体系优化升级	工具更实战，案例更鲜活，内容更深化
	工业品企业如何做品牌 张东利　著	为工业品企业提供最全面的品牌建设思路	有策略、有方法、有思路、有工具
	丁兴良讲工业4.0 丁兴良　著	没有枯燥的理论和说教，用朴实直白的语言告诉你工业4.0的全貌	工业4.0是什么？本书告诉你答案
	资深大客户经理：策略准，执行狠 叶敦明　著	从业务开发、发起攻势、关系培育、职业成长四个方面，详述了大客户营销的精髓	满满的全是干货
	两化融合管理系统贯标流程与方法 戴　勇　张华杰　张百荣　编著	全面梳理贯标流程和方法	帮助企业成功贯标
	一切为了订单：订单驱动下的工业品营销实战 唐道明　著	其实，所有的企业都在围绕着两个字在开展全部的经营和管理工作，那就是“订单”	开发订单、满足订单、扩大订单。本书全是实操方法，字字珠玑、句句干货，教你获得营销的胜利
金融	**交易心理分析** (美)马克·道格拉斯　著 刘真如　译	作者一语道破赢家的思考方式，并提供了具体的训练方法	不愧是投资心理的第一书，绝对经典
	精品银行管理之道 崔海鹏　何　屹　主编	中小银行转型的实战经验总结	中小银行的教材很多，实战类的书很少，可以看看

续表

金融	**支付战争** Eric M. Jackson　著 徐　彬　王　晓　译	PayPal创业期营销官，亲身讲述PayPal从诞生到壮大到成功出售的整个历史	激烈、有趣的内幕商战故事！了解美国支付市场的风云巨变
	中外并购名著专业阅读指南 叶兴平　等著	在5000多本并购类图书中精选的200著作，在阅读的基础上写的读书评价	精挑细选200本并一一评介，省去读者挑选的烦恼，快捷、高效
	新三板信息披露全流程：操作与工具 和珩科技　著	详细拆解董秘日常工作过程中所需的信息披露流程	董秘案头必备用书
	成功并购300本：一本书搞定并购难题 浩德军师并购联盟　著	从财务，税务，法律等角度详细解答疑问	能解决80%的并购问题
	互联网时代的银行转型 韩友诚　著	以大量案例形式为读者全面展示和分析了银行的互联网金融转型应对之道	结合本土银行转型发展案例的书籍
房地产	**产业园区/产业地产规划、招商、运营实战** 阎立忠　著	目前中国第一本系统解读产业园区和产业地产建设运营的实战宝典	从认知、策划、招商到运营全面了解地产策划
	人文商业地产策划 戴欣明　著	城市与商业地产战略定位的关键是不可复制性，要发现独一无二的“味道”	突破千城一面的策划困局
	中国城市群房地产投资策略 吕俊博　著	全方位、多角度分析城市群房地产现状是趋势	让亿元资产投资更理性、更安全
	电影院的下一个黄金十年：开发·差异化·案例 李保煜　著	对目前电影院市场存大的问题及如何解决进行了探讨与解读	多角度了解电影院运营方式及代表性案例
能源	**全能型班组：城市能源互联网与电力班组升级** 国网天津市电力公司　编著	借鉴国内外优秀企业的转型升级思路，通过对于新型班组组织模式和运行机制的大胆设想，力图构建充分适应内外环境变化的全能型班组	看看庞大的国企在新环境下是如何顺应时代的
	国网天津电力全能型班组建设实务 国网天津市电力公司　编著	本书聚焦于天津电力公司在探索全能型班组转型升级时的优秀实践	电力行业的班组实践，具体、可操作性强

经营类：企业如何赚钱，如何抓机会，如何突破，如何“开源”

	书名．作者	内容/特色	读者价值
抓方向	**让经营回归简单．升级版** 宋新宇　著	化繁为简抓住经营本质：战略、客户、产品、员工、成长	经典，做企业就这几个关键点！
	混沌与秩序Ⅰ：变革时代企业领先之道 **混沌与秩序Ⅱ：变革时代管理新思维** 彭剑锋　尚艳玲　主编	汇集华夏基石专家团队10年来研究成果，集中选择了其中的精华文章编纂成册	作者都是既有深厚理论积淀又有实践经验的重磅专家，为中国企业和企业家的未来提出了高屋建瓴的观点
	活系统：跟任正非学当老板 孙行健　尹　贤　著	以任正非的独到视角，教企业老板如何经营公司	看透公司经营本质，激活企业活力
	重构：快消品企业重生之道 杨永华　著	从7个角度，帮助企业实现系统性的改造	提供转型思想与方法，值得参考
	公司由小到大要过哪些坎 卢　强　著	老板手里的一张“企业成长路线图”	现在我在哪儿，未来还要走哪些路，都清楚了
	企业二次创业成功路线图 夏惊鸣　著	企业曾经抓住机会成功了，但下一步该怎么办？	企业怎样获得第二次成功，心里有个大框架了
	老板经理人双赢之道 陈　明　著	经理人怎养选平台、怎么开局，老板怎样选/育/用/留	老板生闷气，经理人牢骚大，这次知道该怎么办了

续表

抓方向	**简单思考:AMT 咨询创始人自述** 孔祥云　著	著名咨询公司(AMT)的 CEO 创业历程中点点滴滴的经验与思考	每一位咨询人,每一位创业者和管理经营者,都值得一读
	企业文化的逻辑 王祥伍　黄健江　著	为什么企业绩效如此不同,解开绩效背后的文化密码	少有的深刻,有品质,读起来很流畅
	使命驱动企业成长 高可为　著	钱能让一个人今天努力,使命能让一群人长期努力	对于想做事业的人,'使命'是绕不过去的
思维突破	**盈利原本就这么简单** 高可为　著	从财务的角度揭示企业盈利的秘密	多方面解读商业模式与盈利的关系,通俗易懂,受益匪浅
	经营:打造你的盈利系统 高可为　著	从盈利角度梳理了系统化的经营方式	让企业掌舵者把控经营全局
	创模式:23 个行业创新案例 段传敏　著	23 位行业精英的创新对话	创业者、转型者的实战参考
	企业良性成长:用顶层设计突破瓶颈 刘建兆　著	全方位介绍企业顶层设计的方法和思路	帮助企业用顶层设计突破成长瓶颈
	移动互联新玩法:未来商业的格局和趋势 史贤龙　著	传统商业、电商、移动互联,三个世界并存,这种新格局的玩法一定要懂	看清热点的本质,把握行业先机,一本书搞定移动互联网
	画出公司的互联网进化路线图:用互联网思维重塑产品、客户和价值 李　蓓　著	18 个问题帮助企业一步步梳理出互联网转型思路	思路清晰、案例丰富,非常有启发性
	重生战略:移动互联网和大数据时代的转型法则 沈　拓　著	在移动互联网和大数据时代,传统企业转型如同生命体打算与再造,称之为"重生战略"	帮助企业认清移动互联网环境下的变化和应对之道
	创造增量市场:传统企业互联网转型之道 刘红明　著	传统企业需要用互联网思维去创造增量,而不是用电子商务去转移传统业务的存量	教你怎么在"互联网 +"的海洋中创造实实在在的增量
	7 个转变,让公司 3 年胜出 李　蓓　著	消费者主权时代,企业该怎么办	这就是互联网思维,老板有能这样想,肯定倒不了
	跳出同质思维,从跟随到领先 郭　剑　著	66 个精彩案例剖析,帮助老板突破行业长期思维惯性	做企业竟然有这么多玩法,开眼界
	互联网 +"变"与"不变":本土管理实践与创新论坛集萃·2016 本土管理实践与创新论坛　著	加速本土管理思想的孕育诞生,促进本土管理创新成果更好地服务企业、贡献社会	各个作者本年度最新思想,帮助读者拓宽眼界、突破思维
	消费升级:实践　研究(文集) 本土管理实践与创新论坛　著	38 位管理专家及 7 位学者的精华思想,从经营、管理、行业及思想研究四个方面阐述中国企业在消费升级下的实践与研究	思想启发,行业借鉴
财务	**写给企业家的公司与家庭财务规划——从创业成功到富足退休** 周荣辉　著	本书以企业的发展周期为主线,写各阶段企业与企业主家庭的财务规划	为读者处理人生各阶段企业与家庭的财务问题提供建议及方法,让家庭成员真正享受财富带来的益处
	互联网时代的成本观 程　翔　著	本书结合互联网时代提出了成本的多维观,揭示了多维组合成本的互联网精神和大数据特征,论述了其产生背景、实现思路和应用价值	在传统成本观下为盈利的业务,在新环境下也许就成为亏损业务。帮助管理者从新的角度来看待成本,进一步做好精益管理

续表

财务	财报背后的投资机会 蒋　豹　著	以具体的公司案例分析，教你迅速看出财务报表与企业经营的关系、所反映的企业经营现状，从而找到投资机会	前四大会计所员工为读者解密财报，发现投资机会

管理类：效率如何提升，如何实现经营目标，如何“节流”

	书名．作者	内容/特色	读者价值
通用管理	让管理回归简单·升级版 宋新宇　著	从目标、组织、决策、授权、人才和老板自己层面教你怎样做管理	帮助管理抓住管理的要害，让管理变得简单
	让经营回归简单·升级版 宋新宇　著	从战略、客户、产品、员工、成长、经营者自身等七个方面，归纳总结出简单有效的经营法则	总结出的真正优秀企业的成功之道：简单
	让用人回归简单 宋新宇　著	从用人的原则、用人的难题与误区、用人的方法和用人者的修炼四大方面，总结出适合中小企业做好人才管理工作的法则	帮助管理者抓住用人的要害，让用人变得简单
	历史深处的管理智慧1：组织建设与用人之道 刘文瑞　著	对历史之典故、政事、人事、政制进行管理解析，鉴照企业人才的选用育留	推动理论与实践的对接，实现理性与情感的渗透，用中国话语说明管理智慧
	历史深处的管理智慧2：战略决策与经营运作 刘文瑞　著	对历史之典故、政事、人事、政制进行管理解析，鉴照企业战略设计与经营实践	推动理论与实践的对接，实现理性与情感的渗透，用中国话语说明管理智慧
	历史深处的管理智慧3：领导修炼与文化素养 刘文瑞　著	对历史之典故、政事、人事、政制进行管理解析，鉴照企业领导职业能力提升与文化修养	推动理论与实践的对接，实现理性与情感的渗透，用中国话语说明管理智慧
	管理的尺度 刘文瑞　著	对管理中的种种普遍性问题进行了批评	提高把握管理尺度的能力
	管理学在中国 刘文瑞　著	系统性介绍了管理学在中国的发展和演变	了解管理学在中国的发展脉络，更清晰理解管理学的本质
	看电影，懂管理 刘文瑞　著	16部经典电影，带你感悟管理智慧	能够帮助读者放松身心，驰骋想象，在不知不觉中增长智慧
	管理：以规则驾驭人性 王春强　著	详细解读企业规则的制定方法	从人与人博弈角度提升管理的有效性
	打造集成供应链：走出挂一漏十的改善困境 王春强　著	详解集成供应链全过程	帮助企业优化供应链管理
	用好骨干员工：关键人才培养与激励 王　敏　著	系统化分享关键人才打造与激励方法	企业能实在用人的最大化价值
	改变世界的管理学大师1：管理学的前世今生 刘文瑞　编著	介绍了古典管理学时期的大师事迹和思想	深入了解管理大师们的思想和智慧
	成为企业欢迎的咨询师 张国祥　著	从调研到落地，手把手教你咨询流程	不走弯路，方便直接的学到老咨询师的套路
	员工心理学超级漫画版 邢　雷　著	以漫画的形式深度剖析员工心理	帮助管理者更了解员工，从而更轻松地管理员工
	老板有想法，高层有干法：企业中的将帅之道 王清华　著	深入剖析老板与高管的异同	各司其职，各行其是，相辅相成
	分股合心：股权激励这样做 段磊　周剑　著	通过丰富的案例，详细介绍了股权激励的知识和实行方法	内容丰富全面、易读易懂，了解股权激励，有这一本就够了
	边干边学做老板 黄中强　著	创业20多年的老板，有经验、能写、又愿意分享，这样的书很少	处处共鸣，帮助中小企业老板少走弯路

续表

通用管理	成为敏感而体贴的公司 王　涛　著	本书为作者对企业的观察和冥想的随笔记录。从生活中的一个现象入手，进而探索现象背后的本质	从全新角度认识公司
	中国企业的觉醒：正直　善良　成长 王　涛　著	围绕着企业人如何发生转化展开，对中国人、中国文化及由此导致的企业现状的观察和思考	企业除了要利润，还需要道德
	有意识的思考：轻松化解问题的7个思考习惯 王　涛　著	本书是对思想、思考过程、思考方式进行的细致观察	养成好的思考习惯，更深刻地看问题
	中国式阿米巴落地实践之从交付到交易 胡八一　著	本书主要讲述阿米巴经营会计，"从交付到交易"，这是成功实施了阿米巴的标志	阿米巴经营会计的工作是有逻辑关联的，一本书就能搞定
	中国式阿米巴落地实践之激活组织 胡八一　著	重点讲解如何科学划分阿米巴单元，阐述划分的实操要领、思路、方法、技术与工具	最大限度减少"推行风险"和"摸索成本"，利于公司成功搭建适合自身的个性化阿米巴经营体系
	中国式阿米巴落地实践之持续盈利 胡八一　著	把企业做成平台，企业才能做大（格局）；把平台做成阿米巴，企业才能做强（专业）；把阿米巴做成合伙制，企业才能做久（机制）	中国式阿米巴落地实践三部曲的最后一部，告诉你企业如何做大做强做久
	集团化企业阿米巴实战案例 初勇钢　著	一家集团化企业阿米巴实施案例	指导集团化企业系统实施阿米巴
	阿米巴经营的中国模式 李志华　著	让员工从"要我干"到"我要干"，价值量化出来	阿米巴在企业如何落地，明白思路了
	欧博心法：好管理靠修行 曾　伟　著	用佛家的智慧，深刻剖析管理问题，见解独到	如果真的有'中国式管理'，曾老师是其中标志性人物
	领导这样点燃你的下属 孟广桥　著	领导者如何才能让员工积极主动地工作？如何让你的员工和下属保持工作的热情，自动自发？看了这本书就知道	只要你希望手下的"兵将"永远充满工作的斗志，这本书将使你获益良多
流程管理	1. 用流程解放管理者 2. 用流程解放管理者2 张国祥　著	中小企业阅读的流程管理、企业规范化的书	通俗易懂，理论和实践的结合恰到好处
	跟我们学建流程体系 陈立云　著	畅销书《跟我们学做流程管理》系列，更实操，更细致，更深入	更多地分享实践，分享感悟，从实践总结出来的方法论
	人人都要懂流程 金国华　余雅丽　著	当前各企业流程管理方面最为典型的痛点现象及问题案例	通俗易懂，适合企业全员阅读
质量管理	IATF16949质量管理体系详解与案例文件汇编：TS16949转版IATF16949:2016 谭洪华　著	针对IATF的新标准做了详细的解说，同时指出了一些推行中容易犯的错误，提供了大量的表单、案例	案例、表单丰富，拿来就用
	五大质量工具详解及运用案例：APQP/FMEA/PPAP/MSA/SPC 谭洪华　著	对制造业必备的五大质量工具中每个文件的制作要求、注意事项、制作流程、成功案例等进行了解读	通俗易懂、简便易行，能真正实现学以致用
	ISO9001:2015新版质量管理体系详解与案例文件汇编 谭洪华　著	紧密围绕2015年新版质量管理体系文件逐条详细解读，并提供可以直接套用的案例工具，易学易上手	企业质量管理认证、内审必备
	ISO14001:2015新版环境管理体系详解与案例文件汇编 谭洪华　著	紧密围绕2015年新版环境管理体系文件逐条详细解读，并提供可以直接套用的案例工具，易学易上手	企业环境管理认证、内审必备

续表

质量管理	**ISO9001:2015完整文件汇编:制造业** 贺红喜　著	按照ISO9001标准并超出标准的要求,提供了一套完整的制造业的质量管理体系文件	原汁原味完整收入,直接可以拿来就用
	SA8000:2014社会责任管理体系认证实战 吕　林　著	作者根据自己的操作经验,按认证的流程,以相关案例进行说明SA8000认证体系	简单,实操性强,拿来就能用
	精益质量管理实战工具 贺小林　著	制造类企业日常工作中所需要的精益管理工具的归纳整理,并进行案例操作的细致分析	可以直接参考,实际解决生产中的具体问题
战略落地	**重生——中国企业的战略转型** 施　炜　著	从前瞻和适用的角度,对中国企业战略转型的方向、路径及策略性举措提出了一些概要性的建议和意见	对企业有战略指导意义
	公司大了怎么管:从靠英雄到靠组织 AMT金国华　著	第一次详尽阐释中国快速成长型企业的特点、问题及解决之道	帮助快速成长型企业领导及管理团队理清思路,突破瓶颈
	低效会议怎么改:每年节省一半会议成本的秘密 AMT王玉荣　著	教你如何系统规划公司的各级会议,一本工具书	教会你科学管理会议的办法
	年初订计划,年尾有结果:战略落地七步成诗 AMT郭晓　著	7个步骤教会你怎么让公司制定的战略转变为行动	系统规划,有效指导计划实现
人力资源	**HRBP是这样炼成的之"菜鸟起飞"** 新　海　著	以小说的形式,具体解析HRBP的职责,应该如何操作,如何为业务服务	实践者的经验分享,内容实务具体,形式有趣
	HRBP是这样炼成的之中级修炼 新　海　著	本书以案例故事的方式,介绍了HRBP在实际工作中碰到的问题和挑战	书中的HR解决方案讲究因时因地制宜、简单有效的原则,重在启发读者思路,可供各类企业HRBP借鉴
	HRBP是这样炼成的之高级修炼 新　海　著	以故事的形式,展现了HRBP工作者在职业发展路上的层层深入和递进	为读者提供HRBP在实际工作中遇到种种问题的解决方案
	新任HR高管如何从0到1 黄渊明　著	全景式展现新任高管华丽转身全过程	助力新任高管安全着陆
	HR的劳动法内参 李皓楠　著	100个劳动法案例和分析	轻松掌握劳动法知识,方便运用
	把面试做到极致:首席面试官的人才甄选法 孟广桥　著	作者用自己几十年的人力资源经验总结出的一套实用的确定岗位招聘标准、提升面试官技能素质的简便方法	面试官必备,没有空泛理论,只有巧妙的实操技能
	人力资源体系与e－HR信息化建设 刘书生　陈　莹　王美佳　著	将作者经历的人力资源管理变革、人力资源管理信息化咨询项目方法论、工具和成果全面展现给读者,使大家能够将其快速应用到管理实践中	系统性非常强,没有废话,全部是浓缩的干货
	回归本源看绩效 孙　波　著	让绩效回顾"改进工具"的本源,真正为企业所用	确实是来源于实践的思考,有共鸣
	世界500强资深培训经理人教你做培训管理 陈　锐　著	从7大角度具体细致地讲解了培训管理的核心内容	专业、实用、接地气

续表

人力资源	**曹子祥教你做激励性薪酬设计** 曹子祥　著	以激励性为指导，系统性地介绍了薪酬体系及关键岗位的薪酬设计模式	深入浅出，一本书学会薪酬设计
	曹子祥教你做绩效管理 曹子祥　著	复杂的理论通俗化，专业的知识简单化，企业绩效管理共性问题的解决方案	轻松掌握绩效管理
	把招聘做到极致 远　鸣　著	作为世界500强高级招聘经理，作者数十年招聘经验的总结分享	带来职场思考境界的提升和具体招聘方法的学习
	人才评价中心．超级漫画版 邢　雷　著	专业的主题，漫画的形式，只此一本	没想到一本专业的书，能写成这效果
	走出薪酬管理误区 全怀周　著	剖析薪酬管理的8大误区，真正发挥好枢纽作用	值得企业深读的实用教案
	集团化人力资源管理实践 李小勇　著	对搭建集团化的企业很有帮助，务实，实用	最大的亮点不是理论，而是结合实际的深入剖析
	我的人力资源咨询笔记 张　伟　著	管理咨询师的视角，思考企业的HR管理	通过咨询师的眼睛对比很多企业，有启发
	本土化人力资源管理8大思维 周　剑　著	成熟HR理论，在本土中小企业实践中的探索和思考	对企业的现实困境有真切体会，有启发
企业文化	**36个拿来就用的企业文化建设工具** 海融心胜　主编	数十个工具，为了方便拿来就用，每一个工具都严格按照工具属性、操作方法、案例解读划分，实用、好用	企业文化工作者的案头必备书，方法都在里面，简单易操作
	企业文化建设超级漫画版 邢　雷　著	以漫画的形式系统教你企业文化建设方法	轻松易懂好操作
	华夏基石方法：企业文化落地本土实践 王祥伍　谭俊峰　著	十年积累、原创方法、一线资料，和盘托出	在文化落地方面真正有洞察，有实操价值的书
	企业文化的逻辑 王祥伍　著	为什么企业之间如此不同，解开绩效背后的文化密码	少有的深刻，有品质，读起来很流畅
	企业文化激活沟通 宋杼宸　安　琪　著	透过新任HR总经理的眼睛，揭示出沟通与企业文化的关系	有实际指导作用的文化落地读本
	在组织中绽放自我：从专业化到职业化 朱仁健　王祥伍　著	个人如何融入组织，组织如何助力个人成长	帮助企业员工快速认同并投入到组织中去，为企业发展贡献力量
	企业文化定位·落地一本通 王明胤　著	把高深枯燥的专业理论创建成一套系统化、实操化、简单化的企业文化缔造方法	对企业文化不了解，不会做？有这一本从概念到实操，就够了
生产管理	**精益思维：中国精益如何落地** 刘承元　著	笔者二十余年企业经营和咨询管理的经验总结	中国企业需要灵活运用精益思维，推动经营要素与管理机制的有机结合，推动企业管理向前发展
	300张现场图看懂精益5S管理 乐　涛　编著	5S现场实操详解	案例图解，易懂易学
	高员工流失率下的精益生产 余伟辉　著	中国的精益生产必须面对和解决高员工流失率问题	确实来源于本土的工厂车间，很务实
	车间人员管理那些事儿 岑立聪　著	车间人员管理中处理各种“疑难杂症”的经验和方法	基层车间管理者最闹心、头疼的事，‘打包’解决

续表

生产管理	**1. 欧博心法:好管理靠修行** **2. 欧博心法:好工厂这样管** 曾　伟　著	他是本土最大的制造业管理咨询机构创始人,他从400多个项目、上万家企业实践中锤炼出的欧博心法	中小制造型企业,一定会有很强的共鸣
	欧博工厂案例1:生产计划管控对话录 **欧博工厂案例2:品质技术改善对话录** **欧博工厂案例3:员工执行力提升对话录** 曾　伟　著	最典型的问题、最详尽的解析,工厂管理9大问题27个经典案例	没想到说得这么细,超出想象,案例很典型,照搬都可以了
	工厂管理实战工具 欧博企管　编著	以传统文化为核心的管理工具	适合中国工厂
	苦中得乐:管理者的第一堂必修课 曾　伟　编著	曾伟与师傅大愿法师的对话,佛学与管理实践的碰撞,管理禅的修行之道	用佛学最高智慧看透管理
	比日本工厂更高效1:管理提升无极限 刘承元　著	指出制造型企业管理的六大积弊;颠覆流行的错误认知;掌握精益管理的精髓	每一个企业都有自己不同的问题,管理没有一剑封喉的秘笈,要从现场、现物、现实出发
	比日本工厂更高效2:超强经营力 刘承元　著	企业要获得持续盈利,就要开源和节流,即实现销售最大化,费用最小化	掌握提升工厂效率的全新方法
	比日本工厂更高效3:精益改善力的成功实践 刘承元　著	工厂全面改善系统有其独特的目的取向特征,着眼于企业经营体质(持续竞争力)的建设与提升	用持续改善力来飞速提升工厂的效率,高效率能够带来意想不到的高效益
	3A顾问精益实践1:IE与效率提升 党新民　苏迎斌　蓝旭日　著	系统的阐述了IE技术的来龙去脉以及操作方法	使员工与企业持续获利
	3A顾问精益实践2:JIT与精益改善 肖志军　党新民　著	只在需要的时候,按需要的量,生产所需的产品	提升工厂效率
	化工企业工艺安全管理实操 黄　娜　编著	化工企业工艺安全管理全指导	帮助企业树立安全意识,强化安全管理方法
	手把手教你做专业的生产经理 黄　娜　著	物流、信息流、资金流,让生产经理管理有抓手	从菜鸟到能把控全局
员工素质提升	**TTT培训师精进三部曲(上):深度改善现场培训效果** 廖信琳　著	现场把控不用慌,这里有妙招一用就灵	课程现场无论遇到什么样的情况都能游刃有余
	TTT培训师精进三部曲(中):构建最有价值的课程内容 廖信琳　著	这样做课程内容,学员有收获培训师也有收获	优质的课程内容是树立个人品牌的保证
	TTT培训师精进三部曲(下):职业功力沉淀与修为提升 廖信琳　著	从内而外提升自己,职业的道路一帆风顺	走上职业TTT内训师的康庄大道
	培训师,如何让你的事业长青:自我管理的10项法则 廖信琳　著	建立了一套完整的培训师自我管理体系,为培训师的职业成长与发展提供有益的指引	培训师如何在自己的职业道路上越走越高,事业长青,一直有所收获与成长?本书将给你答案
	管理咨询师的第一本书:百万年薪　千万身价 熊亚柱　著	从问题出发,发现问题、分析问题、解决问题,让两眼一抹黑的新人快速成长	管理咨询师初入职场,让这本书开启百万年薪之路

续表

员工素质提升	**手把手教你做专业督导：专卖店、连锁店** 熊亚柱　著	从督导的职能、作用，在工作中需要的专业技能、方法，都提供了详细的解读和训练办法，同时附有大量的表单工具	无论是店铺需要统一培训，还是个人想成为优秀的督导，有这一本就够了
	跟老板"偷师"学创业 吴江萍　余晓雷　著	边学边干，边观察边成长，你也可以当老板	不同于其他类型的创业书，让你在工作中积累创业经验，一举成功
	销售轨迹：一位快消品营销总监的拼搏之路 秦国伟　著	本书讲述了一个普通销售员打拼成为跨国企业营销总监的真实奋斗历程	激励人心，给广大销售员以力量和鼓舞
	在组织中绽放自我：从专业化到职业化 朱仁健　王祥伍　著	个人如何融入组织，组织如何助力个人成长	帮助企业员工快速认同并投入到组织中去，为企业发展贡献力量
	企业员工弟子规：用心做小事，成就大事业 贾同领　著	从传统文化《弟子规》中学习企业中为人处事的办法，从自身做起	点滴小事，修养自身，从自身的改善得到事业的提升
	手把手教你做顶尖企业内训师：TTT 培训师宝典 熊亚柱　著	从课程研发到现场把控、个人提升都有涉及，易读易懂，内容丰富全面	想要做企业内训师的员工有福了，本书教你如何抓住关键，从入门到精通
	28 天速成文案高手 秦　士　安　丽　著	解构优秀品牌和出彩文案背后的逻辑，28 天循序渐进成为文案高手	让优质文案变成"智慧工厂"般的工序管理与稳定出品
	让投诉顾客满意离开：客户投诉应对与管理 孟广桥　著	立足于投诉处理的实践，剖析了不同投诉者投诉的特点和应对措施，并提供各种技巧方法、赢得客户信赖所需培养的品质修炼、处理投诉应掌握的法律法规等工具	是投诉处理人员适应岗位职能需要、提升工作技能的良师益友，是企业变诉为金、培养业务骨干的法宝

营销类：把客户需求融入企业各环节，提供"客户认为"有价值的东西

	书名．作者	内容/特色	读者价值
营销模式	**精品营销战略** 杜建君　著	以精品理念为核心的精益战略和营销策略	用精品思维赢得高端市场
	变局下的营销模式升级 程绍珊　叶　宁　著	客户驱动模式、技术驱动模式、资源驱动模式	很多行业的营销模式被颠覆，调整的思路有了！
	动销操盘：节奏掌控与社群时代新战法 朱志明　著	在社群时代把握好产品生产销售的节奏，解析动销的症结，寻找动销的规律与方法	都是易读易懂的干货！对动销方法的全面解析和操盘
	弱势品牌如何做营销 李政权　著	中小企业虽有品牌但没名气，营销照样能做的有声有色	没有丰富的实操经验，写不出这么具体、详实的案例和步骤，很有启发
	老板如何管营销 史贤龙　著	高段位营销 16 招，好学好用	老板能看，营销人也能看
	洞察人性的营销战术：沈坤教你 28 式 沈　坤　著	28 个匪夷所思的营销怪招令人拍案叫绝，涉及商业竞争的方方面面，大部分战术可以直接应用到企业营销中	各种谋略得益于作者的横向思维方式，将其操作过的案例结合其中，提供的战术对读者有参考价值
	动销：产品是如何畅销起来的 吴江萍　余晓雷　著	真真切切告诉你，产品究竟怎么才能卖出去	击中痛点，提供方法，你值得拥有
	1000 铁杆女粉丝 张兵武　著	连接是女性与生俱来的特质。能善用连接的营销人员，就像拿到打开女性荷包的钥匙	重新认识女性的传播力量
	360°谈营销：一位营销咨询师 20 年实战洞察 王清华　古怀亮　著	各个角度，全方位，多视点剥营销	思路单一，此书帮你破

续表

营销模式	**营销按钮:扣动一触即发的力量** 老　苗　著	提供各种奇形怪状的营销武器	一定会带给你不一样的思维震撼
	孙子兵法营销战 刘文新　著	逐句解读孙子兵法,以及在营销方面的感悟	帮助营销人用智慧打营销仗
销售	**资深大客户经理:策略准,执行狠** 叶敦明　著	从业务开发、发起攻势、关系培育、职业成长四个方面,详述了大客户营销的精髓	满满的全是干货
	大客户销售这样说这样做 陆和平　著	大客户销售十大模块68个典型销售场景应对策略和话术,直接拿来就用	从“为什么要这么干”到“干什么、怎么干”
	成为资深的销售经理:B2B、工业品 陆和平　著	围绕“销售管理的六个关键控制点”一一展开,提供销售管理的专业、高效方法	方法和技术接地气,拿来就用,从销售员成长为经理不再犯难
	销售是门专业活:B2B、工业品 陆和平　著	销售流程就应该跟着客户的采购流程和关注点的变化向前推进,将一个完整的销售过程分成十个阶段,提供具体方法	销售不是请客吃饭拉关系,是个专业的活计!方法在手,走遍天下不愁
	向高层销售:与决策者有效打交道 贺兵一　著	一套完整有效的销售策略	有工具,有方法,有案例,通俗易懂
	学话术　卖产品 张小虎　著	分析常见的顾客异议,将优秀的话术模块化	让普通导购员也能成为销售精英
组织和团队	**升级你的营销组织** 程绍珊　吴越舟　著	用“有机性”的营销组织替代“营销能人”,营销团队变成“铁营盘”	营销队伍最难管,程老师不愧是营销第1操盘手,步骤方法都很成熟
	用数字解放营销人 黄润霖　著	通过量化帮助营销人员提高工作效率	作者很用心,很好的常备工具书
	成为优秀的快消品区域经理(升级版) 伯建新　著	用“怎么办”分析区域经理的工作关键点,增加30%全新内容,更贴近环境变化	可以作为区域经理的“速成催化器”
	成为资深的销售经理:B2B、工业品 陆和平　著	围绕“销售管理的六个关键控制点”一一展开,提供销售管理的专业、高效方法	方法和技术接地气,拿来就用,从销售员成长为经理不再犯难
	一位销售经理的工作心得 蒋　军　著	一线营销管理人员想提升业绩却无从下手时,可以看看这本书	一线的真实感悟
	快消品营销:一位销售经理的工作心得2 蒋　军　著	快消品、食品饮料营销的经验之谈,重点突出	来源于实战的精华总结
	销售轨迹:一位快消品营销总监的拼搏之路 秦国伟　著	本书讲述了一个普通销售员打拼成为跨国企业营销总监的真实奋斗历程	激励人心,给广大销售员以力量和鼓舞
	用营销计划锁定胜局:用数字解放营销人2 黄润霖　著	全方位教你怎么做好营销计划,好学好用真简单	照搬套用就行,做营销计划再也不头痛
	快消品营销人的第一本书:从入门到精通 刘　雷　伯建新　著	快消行业必读书,从入门到专业	深入细致,易学易懂
产品	**产品开发管理方法·流程·工具:从作坊式到规范化** 任彭枞　著	产品研发管理体系全指导	既有工具,又能开拓思路
	新产品开发管理,就用IPD(升级版) 郭富才　著	10年IPD研发管理咨询总结,国内首部IPD专业著作	一本书掌握IPD管理精髓

续表

产品	**这样打造大单品：案例　策略　方法** 迪智成咨询团队　著	囊括十三个不同行业、企业的实际案例，从不同角度详细剖析、总结了这些品牌厂家打造大单品的成功经验或者失败教训	厘清大单品打造的策划与路径，得出持续经营的思路与方法
	研发体系改进之道 靖　爽　陈年根　马鸣明　著	提出一套系统性的方法与工具	指引企业少走弯路，提高成功率
	资深项目经理这样做新产品开发管理 秦海林　著	以 IPD 为思想，系统讲解新产品开管理的细节	提供管理思路和实用工具
	产品炼金术Ⅰ：如何打造畅销产品 史贤龙　著	满足不同阶段、不同体量、不同行业企业对产品的完整需求	必须具备的思维和方法，避免在产品问题上走弯路
	产品炼金术Ⅱ：如何用产品驱动企业成长 史贤龙　著	做好产品、关注产品的品质，就是企业成功的第一步	必须具备的思维和方法，避免在产品问题上走弯路
品牌	**中小企业如何建品牌** 梁小平　著	中小企业建品牌的入门读本，通俗、易懂	对建品牌有了一个整体框架
	采纳方法：破解本土营销8大难题 朱玉童　编著	全面、系统、案例丰富、图文并茂	希望在品牌营销方面有所突破的人，应该看看
	中国品牌营销十三战法 朱玉童　编著	采纳 20 年来的品牌策划方法，同时配有大量的案例	众包方式写作，丰富案例给人启发，极具价值
	今后这样做品牌：移动互联时代的品牌营销策略 蒋　军　著	与移动互联紧密结合，告诉你老方法还能不能用，新方法怎么用	今后这样做品牌就对了
	中小企业如何打造区域强势品牌 吴　之　著	帮助区域的中小企业打造自身品牌，如何在强壮自身的基础上往外拓展	梳理误区，系统思考品牌问题，切实符合中小区域品牌的自身特点进行阐述
渠道通路	**深度分销：掌控渠道价值链** 施　炜　著	制造商通过掌控渠道价值链，将管理触角延伸至零售层面及顾客现场，对市场根部精耕细作，从而挖掘需求，构筑区域市场尤其是三四级市场的竞争壁垒	深度分销是中国企业对世界营销的独特贡献。实践证明，互联网时代深度分销仍有生命力
	快消品营销与渠道管理 谭长春　著	将快消品标杆企业渠道管理的经验和方法分享出来	可口可乐、华润的一些具体的渠道管理经验，实战
	传统行业如何用网络拿订单 张　进　著	给老板看的第一本网络营销书	适合不懂网络技术的经营决策者看
	采纳方法：化解渠道冲突 朱玉童　编著	系统剖析渠道冲突，21 个渠道冲突案例、情景式讲解，37 篇讲义	系统、全面
	学话术　卖产品 张小虎　著	分析常见的顾客异议，将优秀的话术模块化	让普通导购员也能成为销售精英
	向高层销售：与决策者有效打交道 贺兵一　著	一套完整有效的销售策略	有工具，有方法，有案例，通俗易懂
	通路精耕操作全解：快消品 20 年实战精华 周　俊　陈小龙　著	通路精耕的详细全解，每一步的具体操作方法和表单全部无保留提供	康师傅二十年的经验和精华，实践证明的最有效方法，教你如何主宰通路

管理者读的文史哲·生活

书名．作者		内容/特色	读者价值
思想·文化	**德鲁克管理思想解读** 罗　珉　著	用独特视角和研究方法，对德鲁克的管理理论进行了深度解读与剖析	不仅是摘引和粗浅分析，还是作者多年深入研究的成果，非常可贵
	德鲁克与他的论敌们：马斯洛、戴明、彼得斯 罗　珉　著	几位大师之间的论战和思想碰撞令人受益匪浅	对大师们的观点和著作进行了大量的理论加工，去伪存真、去粗存精，同时有自己独特的体系深度

续表

思想·文化	德鲁克管理学 张远凤　著	本书以德鲁克管理思想的发展为线索，从一个侧面展示了20世纪管理学的发展历程	通俗易懂，脉络清晰
	王阳明“万物一体”论：从“身－体”的立场看（修订版） 陈立胜　著	以身体哲学分析王阳明思想中的“仁”与“乐”	进一步了解传统文化，了解王阳明的思想
	自我与世界：以问题为中心的现象学运动研究 陈立胜　著	以问题为中心，对现象学运动中的“意向性”“自我”“他人”“身体”及“世界”各核心议题之思想史背景与内在发展理路进行深入细致的分析	深入了解现象学中的几个主要问题
	作为身体哲学的中国古代哲学 张再林　著	上篇为中国古代身体哲学理论体系奠基性部分，下篇对由“上篇”所开出的中国身体哲学理论体系的进一步的阐发和拓展	了解什么是真正原生态意义上的中国哲学，把中国传统哲学与西方传统哲学加以严格区别
	中西哲学的歧异与会通 张再林　著	本书以一种现代解释学的方法，对中国传统哲学内在本质尝试一种全新的和全方位的解读	发掘出掩埋在古老传统形式下的现代特质和活的生命，在此基础上揭示中西哲学“你中有我，我中有你”之旨
	治论：中国古代管理思想 张再林　著	本书主要从儒、法墨三家阐述中国古代管理思想	看人本主义的管理理论如何不留斧痕地克服似乎无法调解的存在于人类社会行为与社会组织中的种种两难和对立
	车过麻城　再晤李贽 张再林　著	系统全面而又简明扼要地展示了李贽独到的学术眼力和超拔的理论建树	帮助读者重新认识李贽的思想
	中国古代政治制度（修订版）上：皇帝制度与中央政府 刘文瑞　著	全面论证了古代皇帝制度的形成和演变的历程	有助于读者从政治制度角度了解中国国情的历史渊源
	中国古代政治制度（修订版）下：地方体制与官僚制度 刘文瑞　著	全面论证了古代地方政府的发展演变过程	有助于读者从政治制度角度了解中国国情的历史渊源
	中国思想文化十八讲（修订版） 张茂泽　著	中国古代的宗教思想文化，如对祖先崇拜、儒家天命观、中国古代关于“神”的讨论等	宗教文化和人生信仰或信念紧密相联，在文化转型时期学习和研究中国宗教文化就有特别的现实意义
	史幼波《大学》讲记 史幼波　著	用儒释道的观点阐释大学的深刻思想	一本书读懂传统文化经典
	史幼波《周子通书》《太极图说》讲记 史幼波　著	把形而上的宇宙、天地，与形而下的社会、人生、经济、文化等融合在一起	将儒家的一整套学修系统融合起来
	史幼波《中庸》讲记（上下册） 史幼波　著	全面、深入浅出地揭示儒家中庸文化的真谛	儒释道三家思想融会贯通
	梁涛讲《孟子》之万章篇 梁　涛　著	《万章》主要记录孟子与万章的对话，涉及孝道、亲情、友情、出仕为官等	作者的解读能帮助读者更好地理解孟子及儒学
	两晋南北朝十二讲（修订版） 李文才　著	作为一本普及性读物，作者尊重史实，运用“历史心理学”的叙事方法，分12个专题对两晋南北朝的历史进行阐述	让读者轻松了解两晋南北朝的历史
	每个中国人身上的春秋基因 史贤龙　著	春秋368年（公元前770－公元前403年），每一个中国人都可以在这段时期的历史中找到自己的祖先，看到真实发生的事件，同时也看到自己	长情商、识人心
	与《老子》一起思考：德篇 与《老子》一起思考：道篇 史贤龙　著	打通文史，回归哲慧，纵贯古今，放眼中外，妙语迭出，在当今的老子读本中别具一格	深读有深读的回味，浅尝有浅尝的机敏，可给读者不同的启发

续表

思想·文化	**说服天下:《鬼谷子》的中国沟通术** 翟玉忠　著	由内圣而外王,从心力的培育到具体的说服理论,再到生动的说服案例	从商业到军事再到日常生活,沟通说服已经变得越来越重要
	读《管子》,知天下财富:轻重术与中国古典经济思想 翟玉忠　著	中国农业社会规模庞大的市场产生了复杂发展的经济理论——以《管子》轻重十六篇为核心的轻重术	本书分为道、术两大部分,有思想、有谋略,相信你会从中有所收获
	中国商道:从古典商书说开去 翟玉忠　著	对中国先秦和明清两个商品经济大发展时期商业典籍的第一次系统整理和诠释	中华商道一脉相承,造就了无数商业奇迹,成就了无数商业巨子。今人读之,必能获益
	跟陈忠建学写名家书法Ⅰ **跟陈忠建学写名家书法Ⅱ** 陈忠建　著	中国台湾著名书法教育家,用视频手把手教你摹写历代名家笔触	用拟古千字文的形式,学习名家的技巧
	像美国人一样讲话:教你记住800句最地道的美语 马方旭　著	本书基本囊括了在美国最常用最地道的800习惯用语表达,包含中英双语翻译,以及清晰明了的注解帮助增强记忆,加入视频等流行的记忆方法	易读易懂,趣味十足
	别让你的执着毁了孩子 廖信琳　著	让职场人在家庭教育中不再焦虑,重塑亲子互动模式	只要放下你的执拗,孩子可以更优秀
	非暴力抵抗的诞生 甘　地　著	甘地在南非的自传,介绍了非暴力抵抗诞生的历史	深入了解甘地及其伟大思想
	中东历史与现状二十讲 黄民兴　著	介绍了中东历史和现状的20个重要问题	为研究和教学人员提供指导和依据
	郑子太极拳理拳法 杨竣雄　著	走进郑子太极拳完整训练体系的大门,随着书中另一主角——师父的课程安排与每日功课的练习	当您学完这套书后,在掌握拳架的同时具备诸多正确的太极理念与系统知识
	内功太极拳训练教程 王铁仁　编著	杨式(内功)太极拳(俗称老六路)的详细介绍及具体修炼方法,身心的一次升华	书中含有大量图解并有相关视频供读者同步学习
	中医治心脏病 马宝琳　著	引用众多真实案例,客观真实地讲述了中西医对于心脏病的认识及治疗方法	看完这本书,能为您节约10万元医药费